KNAUR

Im Knaur Taschenbuch Verlag sind bereits folgende Bücher des Autors erschienen:
Das RAF-Phantom (mit W. Landgraeber und E. Sieker)
Verschlußsache Terror
Drahtzieher der Macht
Operation 9/11
Das *Titanic*-Attentat
ungeklärt – unheimlich – unfassbar 2014–2015
verheimlicht – vertuscht – vergessen 2007–2014

Über den Autor:
Gerhard Wisnewski, geboren 1959, beschäftigt sich mit den verschwiegenen Seiten der Wirklichkeit. Seit 1986 ist der studierte Politikwissenschaftler als freier Autor, Schriftsteller und Dokumentarfilmer tätig. Viele seiner Bücher wurden Bestseller, unter anderem *Operation 9/11, Das RAF-Phantom* und v. a. das seit 2007 erscheinende Jahrbuch *verheimlicht – vertuscht – vergessen.*
www.wisnewski.de

Gerhard Wisnewski

2015

Das andere Jahrbuch

verheimlicht vertuscht vergessen

Was 2014 nicht in der Zeitung stand

KNAUR

www.wisnewski.de

Besuchen Sie uns im Internet:
www.knaur.de

Originalausgabe Januar 2015

Ein Unternehmen der Droemerschen Verlagsanstalt
Th. Knaur Nachf. GmbH & Co. KG, München

Redaktion: Thomas Bertram
Umschlaggestaltung: ZERO Werbeagentur, München
Satz: Daniela Schulz, Puchheim
Druck und Bindung: CPI books GmbH, Leck
ISBN 978-3-426-78647-5

2 4 5 3 1

Die Demokratie wird so lange umdefiniert, bis eine Diktatur dabei herauskommt, die jeder für eine Demokratie hält.

Gerhard Wisnewski

Inhalt

Vorwort 9

Einleitung 11

Januar 2014:
Hitzlsperger: Wie sich ein Profifußballer
als schwul outete und warum 17

Februar 2014:
Gehackte E-Mails von Vitali Klitschko:
Verstrickung in den blutigen Terror in
der Ukraine? 32

März 2014:
Spurlos verschwunden: das Rätsel
von Flug MH370 58

April 2014:
50 Jahre Deutsche Krebsforschung:
das Geheimnis der »Krebs-Diät«. 119

Mai 2014:
Eurovision Song Contest: Wie »Conchita Wurst«
gemacht wurde 151

Juni 2014:
Tod von *FAZ*-Herausgeber Frank Schirrmacher:
Morddrohungen vom Mainstream? 184

Juli 2014:
Aufstand gegen den *Spiegel* 217

August 2014:
WHO ruft wegen Ebola »internationalen
Gesundheitsnotfall« aus 228

September 2014:
Zwischenbericht über den Absturz von
Flug MH17 264

Oktober 2014
The Making of Malala 321

November 2014
Republikaner-Sieg – die Bushs ante portas! 338

Trends 343

Bildnachweis 358

Register 359

Vorwort

Ist Barack Obama schwul? Gibt es doch eine Diät gegen Krebs? Wie und warum verschwand Flug MH370? Warum verlegt Großbritannien 6000 Panzerfahrzeuge nach Deutschland? Ist die Ebola-Epidemie ein Schwindel? Warum starb *FAZ*-Herausgeber Frank Schirrmacher? Hat Angela Merkel die Revolution in der Ukraine mit angezettelt? Wer schoss wirklich auf Flug MH17? All das sind Fragen, welche die Medien 2014 nicht beantworten oder gar nicht erst stellen wollten. Oder um es frei nach Mark Twain zu sagen: Auch 2014 waren die Lügen bereits mehrmals um die Welt gelaufen, bevor die Wahrheit überhaupt in die Strümpfe kam. Genau für dieses Aufwachen gibt es dieses Jahrbuch. Kaum ein Jahr war so mit komplexen Ereignissen vollgestopft wie 2014. Ja, das Jahr flog uns mit immer neuen Krisen, Zwischenfällen und Horrornachrichten regelrecht um die Ohren. Allein die beiden Flugzeugkatastrophen im Pazifik und über der Ukraine erforderten einen enormen Rechercheaufwand und ständige Aktualisierung – mit, wie ich denke, äußerst spannenden Ergebnissen.

In der Hoffnung, dass Sie dieses Urteil teilen mögen,
verbleibe ich, wie immer,

Ihr Gerhard Wisnewski
München, im November 2014

Einleitung

Washington, National Press Club, 15. Januar 2014: ganz großer Bahnhof für die Direktorin des Weltwährungsfonds, Christine Lagarde. Geld regiert bekanntlich die Welt, und so gesehen ist Lagarde die Chefin der Welt-Geldregierung. Dabei ist sie nicht etwa neutral, sondern managt das globale Geldsystem zum Nutzen ihrer Auftraggeber im amerikanischen Establishment. Lagarde war ein hohes Tier in dem US-amerikanischen Anwaltskonzern Baker & McKenzie (4100 Rechtsanwälte), ab 2004 sogar Vorsitzende des globalen Strategie-Komitees der Kanzlei. Als sie 2005 französische Außenhandelsministerin wurde, schrieben Kritiker: »Mit Christine Lagarde kommen US-Konzerne in die französische Regierung« (voltairenet.org, 25.6.2005). Von 1995 bis 2002 arbeitete sie mit einem der wichtigsten Globalstrategen überhaupt zusammen, dem Obama-Berater und Russenhasser Zbigniew Brzezinski, vermutlich der wichtigste Architekt des derzeitigen USA-Russland-Konflikts. Nicht zufällig stellte Lagarde zusammen mit dem gebürtigen Polen Brzezinski auch die Zusammenarbeit der US-amerikanischen und polnischen Rüstungsindustrien auf die Beine und vertrat dabei »die Interessen von Luftfahrtunternehmen wie Boeing und Lockheed Martin gegen jene von Airbus und Dassault« *(Encyclopedia Britannica)*.

Ein Bekenntnis zur Numerologie

Womit wir beim Thema wären – denn der Name Boeing sollte mit den beiden Flugzeugkatastrophen vom 8. März und 17. Juli 2014 in diesem Jahr noch eine zentrale Rolle spielen. Doch als Lagarde am 15. Januar 2014 ihre Rede vor dem National Press Club begann, ahnte davon noch niemand etwas. Oder vielleicht doch? Denn abweichend von ihren sonstigen nüchternen monetären Betrachtungen stellte Lagarde ihrer Rede einige äußerst bizarre

Überlegungen voran. Und die Hauptrolle spielte dabei ausgerechnet die Zahl Sieben, die 2014 in Form der beiden verschollenen bzw. abgestürzten Boeing-Maschinen vom Typ 777 traurige Berühmtheit erlangen sollte. Mit ihrer ganzen rhetorischen Kunst und Geschicklichkeit ritt Lagarde auf der Zahl Sieben herum, bis auch der Letzte kapierte, dass es mit dieser Zahl im Jahr 2014 wohl eine besondere Bewandtnis haben soll. Kurz nach der Begrüßung erklärte die Chefin des Weltwährungsfonds, die »Numerologie-Kenntnisse« ihres Publikums testen zu wollen, »indem ich Sie bitte, über die magische Sieben nachzudenken«. Gleich zu Beginn bekannte sich die globale Elite in Gestalt Lagardes also vor den Augen der Welt zur okkulten »Wissenschaft« der Numerologie, also zu jenem Aberglauben, der bestimmten Zahlen bestimmte Bedeutungen zuweist und manche Menschen dazu verleitet, ihre Handlungen an solchen Zahlen zu orientieren oder bestimmte Ereignisse nach »numerologischen« Gesichtspunkten zu planen (siehe »Die unheimliche Zahl 11«, S. 96).

Eine »ziemlich wichtige Zahl«

»Die meisten von Ihnen werden wissen, dass Sieben eine ziemlich wichtige Zahl ist …«, fuhr Lagarde am 15. Januar fort. Auch in der Jahreszahl 2014 stecke schließlich die Sieben: »2014, lassen wir die Null weg, vierzehn: zwei mal sieben.« 2014 werde ein Meilenstein und hoffentlich in vielerlei Hinsicht »ein magisches Jahr«. Der Ausbruch des Ersten Weltkriegs jähre sich zum 100. Mal, und es sei das 70-jährige Jubiläum der Bretton-Woods-Konferenz, bei welcher der Weltwährungsfonds gegründet wurde, sowie das 25-jährige Jubiläum des Falls der Berliner Mauer: »das fünfundzwanzigste«, betonte sie nochmals. Denn zwei plus fünf ergibt ebenfalls sieben. Des Weiteren jähre sich auch die Finanzkrise von 2007, »die sich schnell in die größte globale Wirtschafts-Katastrophe sei der Großen Depression verwandelte«, zum siebten Mal. Nach sieben mageren Jahren hoffe sie nun auf sieben fette, erklärte Lagarde. Ob allerdings der G7-Gipfel etwas mit diesem Wandel zu tun habe, wisse sie nicht. »G7« beinhaltet die Sieben gleich zweimal, denn »G« ist der siebte Buchstabe des Alphabets. Aber das war gar nicht der Punkt, denn die Direktorin des Internationalen Währungsfonds musste natürlich sehr gut wissen, dass der G7-Gipfel um diese Zeit gar nicht existierte, sondern vielmehr G8 hieß, als Konferenz der sieben wichtigsten westlichen Industriestaaten plus Russland. Zum G7 würde der G8 erst am 25. März 2014 (2+5=7) wieder werden, wenn die sieben westlichen Industriestaaten Russland aufgrund der russischen Politik während der Krim- bzw. Ukraine-Krise von der Konferenz ausschlössen. Aber woher wusste Lagarde das? Denn sie sollte ja am Ende recht behalten: Binnen zwei Monaten würde der G8 wieder zum G7 werden. Und auch sonst sollte die Sieben eine zentrale Rolle in diesem Jahr spielen. Zweimal würde sie in Gestalt der geheimnisvollen Unfälle zweier »Triple Seven« (Boeing 777) den Erdball geradezu hypnotisieren.

Okkulte Reden der Elite

Meine Leser werden sich erinnern, dass wir schon zu Beginn des Jahres 2013 eine solche okkulte Rede genießen durften, und zwar von dem damaligen luxemburgischen Premierminister und EU-Strategen Jean-Claude Juncker, seit 15. Juli 2014 Präsident der Europäischen Kommission. Dieser ritt beim Neujahrsempfang für die luxemburgische Presse am 7. Januar 2013 auf der Zahl 13 herum. 2013 sei nicht irgendein Jahr, sondern 2013 jähre sich das Vorkriegsjahr 1913 zum 100. Mal, sagte er. Das Jahr 2013 habe »eine besondere Bedeutung, wenn man sich für Geschichte interessiert«, meinte Juncker. In der Zahl 13 liege ja »so manches«. Ihm habe diese Zahl zwar immer Glück gebracht. Aber im Jahr 13 liege »viel Geheimnisvolles, viel, das es zu hinterfragen gilt, und im Jahr 1913 ist viel geschehen, was nicht ohne Parallelen mit dem Jahr 2013 ist«. Das um diese Zeit freilich erst beginnen sollte. 2013 sei ein Jahr, in dem »die Menschen meinten, der Friede sei für ewige Zeiten gesichert«. Und »jeder wäre gut beraten, diese Jahre miteinander zu vergleichen, 13 und 13. Und die 100 Jahre, die dazwischen liegen, sowie auch die Tatsache zu würdigen …, dass wir auch im Jahr 1913 gemeint haben, der Friede sei endgültig gesichert, weil wir damals auf 42 Jahre Frieden in Europa zurückblicken konnten.« »Die Dinge«, warnte Juncker damals, »liegen nahe beieinander, und die Dinge berühren sich, wie ich hoffe, auf nicht dramatische Art und Weise.« Auch dieser Mann sollte mit seinen dunklen Andeutungen über die Parallelen zwischen dem Vorkriegsjahr 1913 und dem Jahr 2013 recht behalten. Denn 2014 nahm das Kriegsgeschehen global deutlich Fahrt auf, und wir kamen einem neuen großen Krieg so nahe wie schon seit der Kubakrise von 1962 nicht mehr.

In den letzten Jahren habe auch ich wiederholt darauf hingewiesen, dass wir uns in Vorkriegszeiten befinden. Wobei damit natürlich Europa gemeint war. Viele andere Teile der Welt befinden sich ja schon seit langem im Krieg. Rückblickend muss man wohl sagen, dass der Dritte Weltkrieg tatsächlich am 11. September 2001 begonnen hat, als die USA mit einem Angriff auf das eigene Land den Kriegsgrund schlechthin schufen. Seitdem führten sie Kriege gegen Afghanistan, Irak und Libyen, und 2013 hätten sie am liebsten auch schon gegen Syrien losgeschlagen. 2014 befinden wir uns bereits in dem von George Orwell in seinem Roman *1984* prophezeiten Dauerkriegszustand. Welche Medien auch immer man konsumierte – überall gab es hauptsächlich Frontberichterstattung, etwa aus Syrien, Irak, Palästina und Nigeria. Wobei man nicht nur auf den klassischen Krieg blicken darf. Zwischendrin gab es spektakuläre Flugzeugabstürze oder Flugzeuge, die einfach verschwanden – Ereignisse, die ebenfalls auf die eine oder andere Weise mit den weltweiten Krisen verknüpft waren. Da moderne Kriege oft unterhalb der Ebene des offenen Waffengangs begonnen werden, vor allem als von außen gesteuerte Revolutionen, wurde in den vergangenen Jahren gleich noch eine ganze Reihe weiterer Länder in das weltweite Kriegsgeschehen verwickelt, zum Beispiel Tunesien, Ägypten und im Jahr 2014 (zum zweiten Mal) auch die Ukraine. Dass Rebellionen von außen kommen, zeigt das Beispiel Libyen, wo eine angebliche Revolution in US-amerikanische bzw. »alliierte« Luftangriffe mündete. In Syrien dasselbe Bild: Auch hier wollten die Amerikaner nach einer angeblich hausgemachten Revolte militärisch losschlagen. Oft ist die Revolution also nur das Vorspiel für einen offenen Angriff, nämlich dann, wenn der zivile Umsturz nicht zum Erfolg führt. Womit wir bei Europa und der Ukraine wären. Da der zivile Umsturz hier gestoppt wurde (Abspaltung der Krim, antiwestlicher Aufstand im Osten), hat die Kriegsgefahr auch in Europa rasant zugenommen.

Alles hängt mit allem zusammen

In wenigen meiner bisherigen Jahrbücher wurde so offensichtlich, dass »alles mit allem zusammenhängt«: Viele spektakuläre Vorfälle dieses Jahres sind in Wahrheit miteinander verknüpft. Das aufsehenerregende Verschwinden von Malaysia-Airlines-Flug MH370 am 8. März 2014 lässt sich nicht vom Absturz von MH17 am 17. Juli 2014 trennen. Beide Flugzeugkatastrophen hängen mit den Spannungen und Krisen auf diesem Globus zusammen, wie wir noch sehen werden. Das »Outing« des schwulen Fußballers Thomas Hitzlsperger im Januar 2014 hat natürlich auch mit dem aufsehenerregenden Auftritt des Transsexuellen Thomas Neuwirth (»Conchita Wurst«) bei dem Eurovision Song Contest 2014 zu tun und lässt sich nicht von der Frage trennen, ob der Menschheit zunehmend eine gleichgeschlechtliche Lebensform aufgedrängt werden soll. Die Frage, ob China eigentlich zu Recht Jahr für Jahr wegen des angeblichen »Tiananmen-Massakers« an den Pranger gestellt wird, hat mit der überall zu beobachtenden Geostrategie zu tun, China und Russland an den Rand der Weltgesellschaft zu drängen. In dem Kapitel über den plötzlichen Tod von *FAZ*-Herausgeber Frank Schirrmacher am 12. Juni 2014 klingen die Themen Propaganda und Beeinflussung der Gesellschaft an, die auch in dem Beitrag über Tiananmen oder die Zwangsabgabe für den öffentlich-rechtlichen Rundfunk aufscheinen. Hinter dem Artikel über einen stiefmütterlich behandelten Ansatz in der Krebstherapie steckt das Thema Manipulation unserer Gesundheit.

Es sind also die großen Akzente, die in diesem Jahr gesetzt wurden, denen sich dieses Jahrbuch gezwungenermaßen widmet. Wie man es auch dreht und wendet: Immer wieder landete man 2014 bei den Kernthemen Krieg, Frieden, Mann, Frau, Demokratie, Propaganda und Gesundheit. Wobei es auch 2014 darum geht, das Geschehen vom Kopf auf die Füße zu stellen. Denn wie gesagt: Es sind existenzielle Fragen, die dieses Jahr an uns herantrug. Und es ist ebenso existenziell, dass wir diese Fragen richtig beantworten. Und das geht nur, wenn wir die Welt richtig sehen. Dazu versucht dieses Buch einen Beitrag zu leisten.

Januar 2014

Thema des Monats *9.1.:*
Hitzlsperger: Wie sich ein Ex-Profifußballer als schwul outete und warum

1.1. Rumänen und Bulgaren bekommen die uneingeschränkte Arbeitnehmer-Freizügigkeit innerhalb der EU/Lettland bekommt den Euro **6.1.** Janet Yellen wird als neue Chefin der Federal Reserve Bank bestätigt ***9.1. Deutscher Ex-Profifußballer outet sich als schwul*** **10.1.** In Google Maps erschien der Berliner Theodor-Heuss-Platz bisher auch als Adolf-Hitler-Platz **13.1.** Nigeria gibt Unterzeichnung eines neuen Homosexuellengesetzes durch Präsident Goodluck Jonathan bekannt **21.1.** Thailändische Regierung verhängt wegen Unruhen den Notstand ***23.1. Bundeskanzlerin Angela Merkel steuert die Revolution in der Ukraine***

9. Januar
Hitzlsperger: Ein Profi-Betroffener packt aus

Die Sportler hielten uns im Januar 2014 ganz schön in Atem. Nach dem spektakulären Skiunfall von Michael Schumacher am 29. Dezember 2013 hatte der nächste zum Glück keinen Unfall, sondern outete sich bloß als schwul. Am 9. Januar 2014 bekennt sich der frühere Fußballprofi Thomas Hitzlsperger, 31, als homosexuell. An diesem Tag sagt er in einem Gespräch mit *Zeit Online*: »Ich äußere mich zu meiner Homosexualität. Ich möchte gern eine öffentliche Diskussion voranbringen – die Diskussion über Homosexualität unter Profisportlern« (13.1.2014).

Weg mit den Mädels, her mit den Kerlen?

Mein Gott – der Hitzi! Was haben wir uns nicht schon Gedanken um sein Liebesleben gemacht! Wer erinnert sich beispielsweise nicht an 2007, als noch alles im Lot und die Welt noch in Ordnung schien! Just in jenem Jahr wollte der damalige Spieler des VfB Stuttgart angeblich noch heiraten. Das Fachblatt für alle möglichen sexuellen Fragen, die *Bild*-Zeitung, weiß noch genau, wie das damals war. »Im Jahr 2007 schien das Liebesglück von Thomas Hitzlsperger (damals 25) und seiner Freundin Inga (damals 28) perfekt. Am 7. Juli wollte der Stuttgarter Profi seine Jugendliebe am Starnberger See heiraten. Verwandte und Freunde waren längst eingeladen.« Ja, und dann? Was ist dann passiert? »In den letzten Wochen haben wir uns beide nicht mehr gut gefühlt bei dem Gedanken, dass wir bald heiraten werden«, wird der damalige Hitzlsperger zitiert. Heute, nach seinem Coming-out 2014, fragten sich »nicht nur seine Fans«, »was tatsächlich an seiner langjährigen Beziehung zu Ex-Freundin Inga dran war, die er sogar heiraten wollte«, so die Website Promiflash: »Damals bedauerte Thomas die plötzliche Trennung sehr …« (8.1.2014). Und heute: Ist alles neu, alles anders, nach dem Motto: Weg mit den Mädels, her mit den Kerlen?

Ein politisch korrekter Aktivposten

Eigentlich nicht. Denn was der Öffentlichkeit natürlich nicht erzählt wurde: Der Mann macht schon seit Jahren Karriere als »Profi-Betroffener« des DFB: Gegen Diskriminierung engagiert er sich genauso wie gegen Fremdenfeindlichkeit, Rechtsradikalismus, Antisemitismus, Rassismus und rechtsextreme Gewalt. Außerdem kümmert er sich um Kranke und HIV-positive Kinder in Südafrika. 2011 erhielt er von dem damaligen DFB-Präsidenten Theo Zwanziger den Julius-Hirsch-Ehrenpreis des Deutschen Fußballbundes »für besonderes persönliches Engagement im Fußball«. 2012 legte sich Hitzlsperger einen Schnurrbart zu – und zwar für »ein Fundraising zur Vorbeugung von Prostatakrebs« *(Zeit Online*, 27.11.2012). Mit anderen Worten, Hitzlsperger war schon immer ein politisch korrekter Aktivposten und ließ sich vom DFB vor viele Karren spannen. Sein Coming-out begann nicht erst im Januar 2014, sondern dauert schon seit Jahren an – und zwar in Form seiner politisch korrekten Propaganda. Es fehlten nur noch die Homosexuellen.

Chefsache Homosexualität

Was Mitte Januar 2014 passierte, hatte ich schon 2011 vorhergesehen – im Jahrbuch *verheimlicht – vertuscht – vergessen:* »Was haben wir nicht schon alles für schwule Männer gesehen«, schrieb ich damals: »Sogar schwule Boxer haben wir schon erlebt und schwule Priester sowieso. Alle machen mit beim fröhlichen Outing.« Nur die Fußballer wollten »noch richtige Männer sein«. Und das geht nun mal gar nicht: »Der heterosexuelle Männerfußball muss unbedingt weg«, weil die kernigen Kerle »das letzte männliche Vorbild für unsere männlichen Kinder sind«, hieß es im Jahrbuch 2011: »Wo, wenn nicht auf dem Fußballplatz, kann man noch die letzten Männer besichtigen: Hier wird gerannt, gejagt, gerangelt, gekämpft und auch mal gefoult. Hier tobt man(n) sich aus und setzt sich durch. Denn Fußball ist ein ritualisiertes Jagd- und

Kriegsspiel. Und das Jagd- und Kriegsrudel war nun mal immer schon männlich« (S. 190 ff.). Nur passe »das Festival der Männlichkeit«, wie es in einem Medienbericht hieß, nun mal »nicht mehr in die Landschaft von Christopher Street Day, Loveparade und ›Gender Mainstreaming‹. Je mehr Menschen sich in der restlichen Gesellschaft als schwul, bi, lesbisch, transsexuell oder ›metrosexuell‹ ›outen‹, desto mehr erscheint der Männerfußball als Provokation und als Festung, die gestürmt werden muss. Wer wird also der erste sein – und wann?« Niemand geringerer als Theo Zwanziger wolle Geburtshilfe leisten, »wenn der erste Profifußballer sich öffentlich zu seiner Homosexualität bekennt«. Die sei im Fußball nämlich »Chefsache«: »DFB-Chef Zwanziger hofft auf ein Coming-out eines aktiven Profis – und die davon ausgehende Signalwirkung«, schrieb die *Süddeutsche Zeitung* am 26. Januar 2010.

Das letzte »Mannsbild« muss weg

Denn natürlich kennen auch die politisch korrekten Eliten die Vorbildfunktion von Fußballern – speziell für männliche Jugendliche. Solange es noch richtigen Männerfußball gibt, wird er ein letztes Rückzugsgebiet und einen Nährboden für männliche Identität darstellen: »Daher muss damit Schluss sein; das letzte ›Mannsbild‹ – der Fußballer – muss stürzen. Ein schwuler Fußballprofi muss her, koste es, was es wolle«, schrieb ich damals und zitierte den DFB-Präsidenten: »Der DFB signalisiert, dass er das Coming-out mit allen Mitteln begleitet und, soweit es nötig ist, unterstützen wird« (laut *Süddeutsche.de*, 26.1.2010). Theo Zwanziger kämpfte quasi zu Wasser, zu Lande und in der Luft und würde seinen heißersehnten schwulen Fußballprofi »sicher irgendwann bekommen« (S. 198). Deshalb machte er nach dem Coming-out von Hitzlsperger aus seiner Freude keinen Hehl: »Endlich hat ein Fußballer den Mut, seine Homosexualität öffentlich zu machen«, atmete Zwanziger bei *Zeit Online* auf und fügte hinzu: »… zumindest in engem Zeitabstand zu seiner Karriere« (8.1.2014).

Neue Existenz als schwuler Vorzeige-Fußballer?

Denn Zwanzigers Wunschkandidat ist Hitzlsperger noch nicht; eigentlich wollte er einen aktiven Profi haben. Zwanziger wünscht sich endlich einen bekennenden Schwulen, der an jedem Bundesliga-Spieltag auf dem Platz steht – und natürlich ins Fernsehen kommt. Hitzlsperger hatte sein Karriereende jedoch schon 2013 und war als Fußballprofi arbeits- und bedeutungslos. Noch im März 2013 sagte er in einem Interview mit *Zeit Online*, dass nicht alle »mit dem Bedeutungsverlust [zurechtkämen], wenn man nicht mehr im Rampenlicht steht und seine Gruppe verlässt« (20.3.2013). Hatte Hitzlsperger damals etwa sich selbst gemeint? War er vielleicht auch deshalb für dieses »medial vorbereitete Coming-out« (*Deutschlandfunk*, online, 9.1.2014) zu haben gewesen? »Bis er sich Anfang dieses Jahres zu seiner Homosexualität bekannte«, war Hitzlsperger schließlich »weitgehend von der Bildfläche verschwunden«, notierte *Bild.de* (16.5.2014). Das Coming-out versprach einen Ausweg aus der Versenkung. Der erste Gewinn: Nun war er wieder wer. Der schon fast vergessene Hitzlsperger kehrte auf die Fußballbühne zurück – wenn schon nicht als aktiver Kicker, so doch als homosexueller Held, der seinen feigen Kollegen zeigte, wie mutig es doch ist, die Öffentlichkeit über das eigene Sexualleben aufzuklären. Der zweite Vorteil, vermutete ich am 12. Januar 2014 bei *KOPP Online*, könnte (!) in Geld bestehen. Zumindest, ahnte ich, könnte in Zukunft welches fließen, nämlich durch Zeitschrifteninterviews und lukrative Buchverträge: »Die politisch korrekten Massenmedien werden die Werke bestimmt in die Bestsellerlisten katapultieren. Einem großen nationalen Vorbild winken auch gutbezahlte Werbeverträge. Dafür spricht, dass sich Hitzlsperger von einer professionellen Kommunikationsagentur beraten lässt. So könnte es sein, dass wir dem schwulen Thomas schon bald in der Joghurt- und Gummibärchenwerbung begegnen, wo er die ihm zugedachte Vorbildrolle erfüllen kann. Er selbst weiß, was er tut. Wie sagte er doch selbst so schön: ›Als Fußballer sind wir Vorbilder, gerade auch für Kinder und Jugendliche.‹« Mit anderen Worten. Hitzlsperger schuf sich mit seinem Homo-Bekenntnis möglicherweise eine neue Existenz als schwules Vorbild.

Weil ich natürlich genau wissen wollte, wie die Vermarktung des schwulen Hitzlsperger eingefädelt wurde, stellte ich seinem Medienberater Pietro Nuvoloni ein paar Fragen. Besonders interessierte mich, seit wann die Coming-out-Kampagne denn medial geplant worden war. Antwort: überhaupt nicht. Schließlich sei es gar keine Kampagne. Auch meine Frage nach Ross und Reiter, sprich: danach, *wer* das mediale Coming-out denn nun eigentlich »angestoßen bzw. geplant« habe, wurde nicht beantwortet. Stattdessen erhielt ich eine Beschreibung der Zusammenarbeit zwischen Hitzlsperger und Nuvoloni: »Thomas Hitzlsperger hat mit seinem Medienberater abgestimmt, in welchen Medien er ggf. ein Interview geben wird und wie die ersten Schritte gestaltet werden sollten. (…) Es wurde ein ausführliches Interview mit der *ZEIT* vereinbart und eine persönliche Stellungnahme sowie Statements als Videobotschaft produziert, die auf seiner neuen Internetseite eingestellt wurden« (E-Mail vom 13.1.2014).

Keine Kampagne, also?

»Eine neue berufliche Herausforderung«

Auch Honorare für sein öffentliches Coming-out seien nicht geflossen, und Zeitschriften-, Buch- und Werbeverträge gebe es in diesem Zusammenhang ebenfalls nicht. Hm – kaum zu glauben: Nicht mal eine klitzekleine Belohnung für das politisch höchstwillkommene Coming-out soll Hitzlsperger in Aussicht gestellt worden sein? Auf meine Frage, welche anderen Vorteile (z.B. berufliche Positionen) ihm im Zusammenhang mit seinem Coming-out zugesagt worden seien, rückte Nuvoloni dann doch noch mit der Sprache heraus: »Thomas Hitzlsperger hat bereits eine neue berufliche Herausforderung in Aussicht. Darüber will er noch nicht sprechen, aber es hat mit Fußball zu tun.« Und tatsächlich: Am 16. Mai 2014 wurde Thomas Hitzlsperger als neuer WM-Experte des *ZDF-Morgenmagazins* vorgestellt. War es also diese berufliche Position, die ihm im Zusammenhang mit seinem Coming-out zugesagt worden war? Ab dem 12. Juni sollte er täglich das WM-Turnier in Brasilien als Fußballexperte kommentieren – also rein rechnerisch 32-mal (bis zum 13. Juli). Sollte er zuvor also wirklich arbeitslos gewesen sein, dann hat sich die Sache für ihn jedenfalls gelohnt.

80 000 Pfund für ein Coming-out

In diesem Zusammenhang sei noch einmal erwähnt: Nicht jeder Fußballer wird glücklich mit dem Gewinn aus einem Coming-out. Denn letztlich werden solche Menschen ja nur für eine bestimmte politische Agenda benutzt. Ob ihnen das wirklich gut bekommt, interessiert niemanden. »Einmal schon ging so ein Coming-out schief, warnte ich 2011 in *verheimlicht – vertuscht – vergessen:* »Im Jahr 1990 outete sich ›als erster und bislang einziger homosexueller Fußballprofi‹ *(SZ)* der farbige britische Balltreter Justin Fashanu. Das britische Krawall-Blatt *The Sun* versüßte ihm sein öffentliches Bekenntnis mit 80 000 Pfund. Im Oktober 1990 zitierte es Fashanu auf der Titelseite mit den Worten ›Ich bin schwul!‹« (S. 193). 1998 erhängte sich Fashanu in London.

23. Januar
Ukraine: Die Revolution ist auch nur ein Event

Bundeskanzlerin Angela Merkel, die Frau, die sonst immer nur herumlaviert, nimmt den Mund plötzlich ganz schön voll. »Wir erwarten von der ukrainischen Regierung, dass sie die demokratischen Freiheiten – insbesondere die Möglichkeit zu friedlichen Demonstrationen – sichert, dass sie Leben schützt, dass Gewaltanwendung nicht stattfindet«, sagt sie am 23. Januar 2014 angesichts der aktuellen Unruhen in der Ukraine. »Wir sind aufs Äußerste besorgt und empört darüber, in welcher Art und Weise Gesetze durchgepeitscht wurden, die diese Grundfreiheiten in Frage stellen« (*Spiegel Online*, 23.1.2014). Gut gebrüllt – wie immer ist Merkel auf der Seite der Demokratie, als Jeanne d'Arc der unterdrückten Völker, sozusagen. Die Frage ist nur: War der Aufstand in der Ukraine wirklich ein mehr oder weniger spontaner Ausbruch des Volkszorns? Denn was die Bundeskanzlerin nicht erwähnt: Sie selbst bzw. ihre Partei hat die Rebellion mit angezettelt. Und ausgerechnet der Revolutionsheld Vitali Klitschko, mehrfacher Boxweltmeister im Schwergewicht, ist ihr Agent. Was auch der Grund dafür ist, dass er in den deutschen Staatsmedien so prominent in Szene gesetzt wurde. Monatelang beherrschten Klitschko-Bilder die Website der CDU-nahen *Bild*-Zeitung: Klitschko auf dem Maidan, Klitschko unter Demonstranten, Klitschko bei Wiktor Janukowytsch: Unermüdlich kämpfte er für die Befreiung seines ukrainischen Volkes. Und Merkels am 23. Januar zitierte Äußerungen sind eine gute Gelegenheit, einen Blick auf ihre eigene Rolle in dem blutigen Konflikt in der Ukraine zu werfen.

Es herrscht das manipulierte Volk

Kaum legte die Ukraine im Herbst 2013 das Assoziierungsabkommen mit der EU auf Eis, um sich Russland zuzuwenden, brach in dem Land die Hölle los. Als Retourkutsche zettelte der Westen einen Aufstand an mit dem Ziel, die russlandfreundliche Regierung der Ukraine zu stürzen. Auch in der Ukraine herrscht schließlich nicht das Volk, sondern das manipulierte Volk. Die Umgebung Russlands steht seit dem Zusammenbruch des Sowjetimperiums im Brennpunkt westlicher Umsturzbemühungen. Angeblich spontane Ausbrüche der Empörung und des Volkszorns sind das Vehikel, um Staaten und Regionen umzukrempeln. So dienten schon die früheren »Revolutionen« in der Ukraine und in anderen ehemaligen Ostblockstaaten nicht etwa dem Volk, sondern dem Bemühen, die früheren Sowjetstaaten aus dem Machtbereich Russlands herauszubrechen und an den Westen anzuschließen – einschließlich NATO und EU. Kaum weigert sich ein Land, mit der EU ein Abkommen zu schließen, zettelt man dort einen Aufstand an. Was man bisher nicht wusste: Ausgerechnet der angebliche ukrainische Revolutionsheld Vitali Klitschko ist nichts weiter als ein Einflussagent von EU-Freundin Angela Merkel und ihrer CDU.

Orangene Revolution 2.0

Das Netzwerk der westlichen Stiftungen in der Ukraine habe ich schon im letzten Jahrbuch beschrieben – quasi in düsterer Vorahnung der kommenden Ereignisse. Milliardenschwere US-Stiftungen beackern und unterwandern die politische Landschaft der Ukraine, schulen »Aktivisten« und konnten mit der Orangenen Revolution von 2004 bereits einen Regimewechsel in dem Land erreichen. Laut einem Bericht des kritischen Magazins *Zeitenschrift* vom Juni 2007 seien »Unsummen von Geldern« in diese Revolution geflossen, die Ende 2004 »die Marionette der USA, Juschtschenko«, an die Macht brachte. »Allein von Seiten der Regierung der USA« seien bis 2005 3,3 Milliarden US-Dollar in die Orangene Revolution gesteckt worden. Zunächst vergeblich: 2006 kehrte der zuvor abgesetzte Ministerpräsident Wiktor Janukowytsch an die Macht zurück. Aber just als sich Janukowytsch

2013 dem Assoziierungsabkommen mit der Europäischen Union verweigerte, brach der Aufstand los, sprich: die Orangene Revolution 2.0. Diesmal musste Janukowytsch nach Russland fliehen.

Das Nest der Revolutionäre

Die Revolutionäre sind also alles andere als Angehörige von Volks- oder Graswurzelbewegungen. In Wirklichkeit kommen sie von ganz oben, aus der Sphäre des globalen »Strato-Kapitals«. Denn auch eine Revolution gibt's nicht umsonst. Auch Volksaufstände müssen organisiert und bezahlt werden. Schon Lenin stieg nicht in irgendwelchen Fabrikhallen zum Revolutionär auf. Er begann seine Karriere auch nicht auf Apfelsinenkisten oder Lkw-Ladeflächen, um seine Reden zu halten, sondern reiste 1917 mitten im Ersten Weltkrieg bequem per Sonderzug von der Schweiz aus nach Russland – angeblich ausgestattet mit Millionen aus Deutschland. Die Deutschen erhofften sich von einer Revolution eine Schwächung der Kampfkraft der Russen. »Rund ein halbes Jahr« nach der Einreise des Luxusrevolutionärs »erlebte Russland seinen roten Oktober und die Gründung der Sowjetunion« (*Deutschlandfunk*, online, 16.4.2007). Und auch heute sind Revolutionen im Wesentlichen Operationen ausländischer Staaten, die auf diesem Wege andere Länder beeinflussen wollen. Neu ist nur, dass nicht nur die USA bei der »demokratischen Weiterbildung« anderer Völker mitmischen, sondern – nach langer Zeit – auch Deutschland. Vertreten sind in Kiew auch deutsche Einflussorganisationen wie die Friedrich-Naumann-Stiftung (FDP), die Friedrich-Ebert-Stiftung (SPD), die Heinrich-Böll-Stiftung (Grüne), die Konrad-Adenauer-Stiftung (CDU) und die Hanns-Seidel-Stiftung (CSU). Kurz, sämtliche etablierten deutschen Parteien haben Dependancen in Kiew eröffnet und untergraben unter dem Deckmantel der Demokratisierung die politische Landschaft der Ukraine.

Der Held der Angela Merkel

Womit wir wieder bei Angela Merkel und ihrem großen ukrainischen Revolutionshelden Vitali Klitschko wären. Klitschko ist nichts weiter als ein nur nachlässig getarnter deutscher Einflussagent. Laut Medien lebt er seit 1996 in Deutschland und spricht fließend deutsch (*Neues Deutschland*, Online-Ausgabe, 30.11.2013). Er selbst gibt auf seiner Website Kiew, Hamburg und Los Angeles als Wohnorte an. »Gemeinsam mit Bruder Wladimir betreibt er die Vermarktungsagentur Klitschko Management Group GmbH (KMG) mit Sitz in Hamburg-Ottensen«, berichtete das *Neue Deutschland* (ebda.). 2010 gründete Klitschko, der zuvor schon bei Bürgermeisterwahlen in Kiew angetreten war, die Partei mit dem vielsagenden Namen »Schlag« (UDAR, Ukrainische Demokratische Allianz für Reformen) – und zwar mit Hilfe von Angela Merkels CDU und der Konrad-Adenauer-Stiftung. Beim Aufbau der Partei »holte sich Klitschko Rat bei der CDU«, so das *ND:* »Im Konrad-Adenauer-Haus ließ er sich im Schnellkurs schulen.« Der starke Mann Vitali Klitschko ist nichts weiter als ein Claqueur der deutschen Regierungschefin: »Im November 2011, beim CDU-Parteitag in Leipzig, saß er in der zweiten Reihe und ›applaudierte euphorisch für die Kanzlerin‹«, zitierte das *ND* die *Leipziger Volkszeitung.* Auch die Konrad-Adenauer-Stiftung (KAS) selbst machte keinen Hehl aus ihrer Unterstützung für Klitschko und damit aus ihrer Einmischung in die inneren Angelegenheiten der Ukraine: 2011 wurde das Spektrum der politischen Kooperationspartner in der Ukraine erweitert, »in erster Linie durch eine vertiefte Zusammenarbeit mit der noch jungen, von Witalij Klitschko geführten Partei UDAR«, heißt es im Jahresbericht 2011 (S. 4). »Die Unterstützung demokratischer Kräfte in der Ukraine ist nicht einfach. Die UDAR bietet für uns die Chance, dies mit einer neuen politischen Kraft zu tun«, sagte der Leiter des Stiftungsbüros in Kiew, Nico Lange. Der Mann redete überhaupt Klartext: Das Ziel der UDAR bestehe darin, »die Ukraine so schnell wie möglich in die EU zu integrieren«. Dies wolle Klitschko »mit einer Programmpartei nach deutschem Vorbild erreichen, die vor allem auf Inhalte setzt und demokratische Reformen fördert« (KAS, online, 25.1.2011).

Das Faustrecht der Klitschkos

Was die Frage aufwirft: Wer sind eigentlich die Klitschkos? Was wollen die Klitschko-Brüder wirklich in der Ukraine? Dumme Frage: Freiheit, Demokratie und Bürgerrechte natürlich. Das dachte man jedenfalls bis dahin. In Wirklichkeit war Vitali Klitschkos Tätigkeit damit keineswegs hinreichend beschrieben. Denn in Wahrheit ging es bei seinen publikumswirksamen Auftritten, egal ob auf dem Maidan oder in Präsidentenbüros, nicht in erster Linie um das Wohl der Menschen, sondern zunächst mal um das Wohl der Klitschkos. Vitali ist im Grunde auch keine Speerspitze der Revolution oder der Freiheit, sondern des Big Business. Sein Anliegen ist weniger die Politik als das Marketing, und zwar im wahrsten Sinne des Wortes. Denn um die Öffnung von Märkten geht es ja schließlich – und zwar mit dem Brecheisen. Oder besser gesagt: mit der Faust. Eben nach Klitschko-Art.

Den Markt abschöpfen

Bei dem Gedanken an die riesigen Märkte des Ostens bekommen er und sein Bruder gleich dicke Dollarzeichen in den Augen. Oder wie soll man die Abhandlungen auf ihrer Website sonst verstehen, wo sie ihre wahren revolutionären Ziele formulieren: »Die Klitschko-Brüder haben für sich den Westen erobert, jetzt wollen sie den Osten für Sie erobern.« Es geht um die Öffnung der Märkte für US-Konzerne wie Chevron, Western Union, ExxonMobil, Microsoft, Coca-Cola, Philip Morris, oder wie die Finanziers einschlägiger US-Stiftungen in Kiew sonst noch heißen. »Der Osten ist in einem Prozess des Wandels und der Entwicklung«, heißt es in einem Web-Dokument der Klitschkos (»Die Dienstleistungen der Klitschko Management Group für Osteuropa«). »Die westliche Orientierung schreitet in allen Bereichen fort« – woran Revolutionär Vitali selbst kräftig mitwirkt, darf man hinzufügen. »Mit der Öffnung der osteuropäischen Länder nehmen die Chancen für westliche Unternehmen zu. Um diese Chancen zu erkennen und den Markt abzuschöpfen, ist die Klitschko Management Group ein erfahrener und verlässlicher Partner.«

Ein Revolutionär als Geldanlage

Vielleicht haben wir das Wort »Freiheit« aus dem Munde dieses »Revolutionärs« noch nicht so richtig verstanden. Ist damit in erster Linie etwa die Freiheit für westliche Konzerne gemeint, den Osten mit ihren ausgesuchten Produkten zu beglücken – zum Beispiel mit Zuckerbrause, Gengemüse oder Fett-Hamburgern? Und natürlich mit all den Medikamenten, die man braucht, um all das heil zu überstehen? Nein, damit haben die Klitschkos nichts zu tun. »Die Klitschko Management Group (KMG) bringt Unternehmen, Marken und Persönlichkeiten mit dem Ziel zusammen, gemeinsam Erfolg zu haben«, heißt es auf ihrer Website. »Dabei können die Gründer Vitali und Wladimir Klitschko sowie ihr Partner Bernd Bönte auf ihre langjährigen persönlichen Erfahrungen in den Bereichen Management, Marketing und PR zurückgreifen.« Der Osten sieht also herrlichen Zeiten entgegen, wenn westliche Konzerne endlich auch dort die Probleme beheben, die sie selbst geschaffen haben. Und goldene Zeiten warten auf Aufrührer und all jene, die ihnen unter die verschwitzten Arme greifen – finanziell, natürlich. Denn merke: Nirgendwo ist das große Geld so gut angelegt wie in einem Revolutionär. Erst recht, wenn der nach erfolgtem Umsturz in der Regierung oder auf dem Bürgermeisterstuhl der Hauptstadt sitzt – wie Vitali Klitschko von der Klitschko Management Group.

Ob Klitschko tatsächlich mit den oben genannten Konzernen zusammenarbeitet, wissen wir nicht. Aber seine Bewerbung hat

Klitschko laut und vernehmlich abgegeben. Und zwar nicht nur auf seiner Website, sondern vor allem auch als Dauerrevoluzzer auf dem Maidan. Die Frage ist nur: Fallen diese Aktivitäten nun unter »Marktanalyse«, »Standortanalyse«, oder ist das nicht schon der »Markteintritt« – alles Bereiche, in denen die Klitschko Management Group ihre Dienste anbietet. Oder müsste es nicht besser heißen »Marktvergewaltigung«, »Marktrevolution« und »Marktumsturz«? Denn der Umsturz und die Installierung einer marktgerechten Regierung gehören offenbar zu den Dienstleistungen der Klitschkos. Welche Marketingfirma kann das schon von sich behaupten?

Die Revolution ist auch nur ein Event

Und letztendlich ist die Revolution auch nur ein Event. Auch in der Hinsicht verfügt man bei KMG über reichlich Erfahrung: »Mit Events Menschen begeistern: Die Klitschko Management Group veranstaltet Großevents in den Bereichen Sport und Entertainment.« Fragt sich, worunter eine Revolution fällt – etwa unter beides? Denn körperlich wird ja einiges geboten, und unterhaltsam ist eine Revolution auch: Gebannt hängen Millionen vor den Bildschirmen und bestaunen ihren mutigen Helden, wie er sich den grässlichen Schergen des »Regimes« entgegenstellt. Und schließlich gibt es auch noch echte Tote – wo kriegt man so etwas sonst schon zu sehen? Wobei die Klitschkos für die Leichen natürlich nichts können. Die Toten werden von anderen geliefert und treiben das Revolutionsdrama erst so richtig auf die Spitze und die marktfeindliche Regierung aus dem Amt. Denn Leichen sind nun mal das Salz in der Suppe jeder Revolution. Dafür bringen die Klitschkos ihre »langjährige Erfahrung in der Organisation und Durchführung von Großevents« mit. Und Kämpfe veranstaltete die Klitschko Management Group schließlich auch. Nur dass diese neuerdings auch im Freistil auf öffentlichen Plätzen ausgetragen werden, ist manchem vielleicht neu. Aber auf dem

Maidan kann man immerhin »den Box-Weltmeister live erleben«, diesmal allerdings im Outfit des Revolutionärs. »Politik ist Showbusiness, nur mit hässlichen Menschen«, wie der Trendforscher Gerald Celente einmal sagte – oder auch mit brutalen Menschen, darf man hinzufügen. »Wir wollen unseren Kunden nicht nur Wege aufzeigen, wir gehen sie jeden Tag«, sagen die Klitschkos – und zwar mit Nagelstiefeln, darf man hinzufügen.

Februar 2014

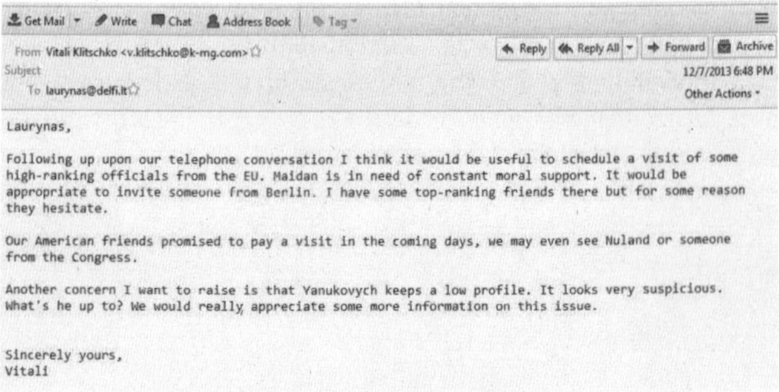

Get Mail | Write | Chat | Address Book | Tag

From Vitali Klitschko <v.klitschko@k-mg.com>
Subject
To laurynas@delfi.lt

Reply | Reply All | Forward | Archive
12/7/2013 6:48 PM
Other Actions

Laurynas,

Following up upon our telephone conversation I think it would be useful to schedule a visit of some high-ranking officials from the EU. Maidan is in need of constant moral support. It would be appropriate to invite someone from Berlin. I have some top-ranking friends there but for some reason they hesitate.

Our American friends promised to pay a visit in the coming days, we may even see Nuland or someone from the Congress.

Another concern I want to raise is that Yanukovych keeps a low profile. It looks very suspicious. What's he up to? We would really appreciate some more information on this issue.

Sincerely yours,
Vitali

Thema des Monats *12.2.:*
Gehackte E-Mails von Vitali Klitschko:
Verstrickung in den blutigen Terror in der Ukraine?

9.2. Bei einer Volksabtimmung spricht sich die Schweiz für eine Begrenzung der Zuwanderung aus **10.2.** Die Staatsanwaltschaft Hannover eröffnet ein Ermittlungsverfahren gegen den ehemaligen Bundestagsabgeordneten Sebastian Edathy wegen des Verdachts des Besitzes von Kinderpornografie ***12.2. Gehackte E-Mails weisen auf die Verstrickung von Angela Merkel und Vitali Klitschko in den blutigen Terror in der Ukraine hin*** **14.2.** Bundeslandwirtschaftsminister Hans-Peter Friedrich tritt im Rahmen der Edathy-Affäre zurück **21./22.2.** Der gewählte Präsident der Ukraine, Wiktor Janukowytsch, muss aus der Hauptstadt Kiew fliehen ***25.2. Großbritannien will heimlich 6000 Panzerfahrzeuge nach Deutschland verlegen*** **26.2.** Das Bundesverfassungsgericht kippt die Drei-Prozent-Hürde bei der Europawahl ***27.2. Der neue Ministerpräsident der Ukraine, Arsenij Jazenjuk, ist ein Agent der NATO***/Ex-Bundespräsident Christian Wulff wird vom Vorwurf der Bestechlichkeit freigesprochen

12. Februar
An Merkels Händen klebt Blut: Die »Klitschko-E-Mails« und der Westen

Ein Donnerschlag geht durch die Medien: Am 12. Februar 2014 tauchen plötzlich gehackte E-Mails von Vitali Klitschko im Internet auf. Der mehrfache Boxweltmeister im Schwergewicht avancierte als Chef seiner Partei UDAR (Ukrainische Demokratische Allianz für Reformen oder auch »Schlag«) zum Vorkämpfer der ukrainischen Revolution. Doch Klitschkos Selbstinszenierung als edler Held bekam zusehends Kratzer. Und nun hat eine Gruppe, die sich »Anonymous Ukraine« nennt, mehrere E-Mails des Berufsrevolutionärs veröffentlicht. Ab dem 12. Februar kann man sie von Portalen wie filefactory.com oder mediafire.com herunterladen. Der Inhalt ist äußerst kompromittierend. Man kann darin nachlesen, wie Klitschko mit ausländischen Politikern kungelte und vor allem auf die Destabilisierung der Ukraine hinarbeitete. Der edle Demokrat und Freiheitskämpfer Klitschko als Aufrührer und bezahlter Putschist entlarvt! Und auch er selbst zieht die Konsequenzen und sich selbst aus dem schmutzigen Spiel der künstlichen Revolutionen zurück.

Wie man die Freiheit zu Tode verteidigt

Schön wär's. Den Medienaufschrei und die Entrüstung hat es nie gegeben. Klitschko ist heute Bürgermeister von Kiew. Und in den hiesigen Medien herrscht eisernes Schweigen über die dubiosen Machenschaften von Vitali Klitschko, des neuen Medienlieblings der »freien Welt«. Doch eins nach dem anderen. Erst inszeniert der Westen einen Putsch gegen eine legal gewählte Regierung, dann beklagt er die daraus entstehenden Konsequenzen und trauert über die Todesopfer. Schließlich zeigt er sich überrascht, dass andere sich diese Putschpolitik nicht gefallen lassen wollen. Die Saat, die er gesät hat, geht auf und wird schon bald reife Früchte tragen: Früchte des Krieges nämlich, eines Krieges, bei dem Abermillionen Menschen sterben könnten. Unter den Drahtziehern ganz vorne mit dabei: die »lupenreine Demokratin« Angela Merkel, eine Frau, die angeblich unsere Freiheit verteidigt! Über die Lage in der Ukraine zeigte sie sich »besorgt«. Als am 20. Februar 2014 zahlreiche Tote aufgrund der Unruhen in der Ukraine gemeldet wurden, habe Merkel »bei einem Telefonat mit Janukowytsch die jüngste Eskalation scharf kritisiert und ihm die Hauptverantwortung dafür gegeben«, wurde Regierungssprecher Steffen Seibert zitiert (*Wirtschaftswoche*, Online-Ausgabe, 20.2.2014). Aber vielleicht ist alles ganz anders? Vielleicht spielte Merkel selbst eine viel aktivere Rolle bei den blutigen Aufständen in der Ukraine?

Todesengel Angela?

Vielleicht ist Angela (»Engel«) Merkel in Wirklichkeit ein Todesengel? Und zwar sowohl für die Menschen in der Ukraine als auch für uns – »ihr« Volk? Denn das Problem ist ja, dass Merkel den gefährlichen Aufstand in der Ukraine tatsächlich mit angezettelt hat – über ihre CDU und deren Konrad-Adenauer-Stiftung, die ukrainische Parteien wie Klitschkos UDAR erst auf die Beine stellte (siehe *23. Januar:* Die Revolution ist auch nur ein Event). Das plauderte jedenfalls auch der CDU-Landtagsabgeordnete Werner Jostmeier aus: »Klitschko wurde von der Konrad-Adenauer-Stiftung damit beauftragt, in der Ukraine eine christlich-konservative Partei unterstützend mit auf die Beine zu stellen und zu etablieren«, konnte man am 12. Dezember 2011 auf seiner Website lesen. Der Artikel wurde inzwischen zwar überarbeitet, aber zahlreiche Websites haben das Zitat trotzdem überliefert. Der Chef dieser »CDU-Partei« UDAR, Vitali Klitschko, sollte Präsident der Ukraine werden. Die entsprechende Kandidatur zog er erst am 29. März 2014 zurück, um sich mit dem Amt des Kiewer Bürgermeisters zu »begnügen«.

Angela Merkel sitzt selbst im Vorstand der Konrad-Adenauer-Stiftung. Und auch im Kuratorium der Stiftung finden sich einige illustre Persönlichkeiten, deren Rolle als Freizeitputschisten bisher kaum bekannt war. Zum Beispiel:

- Prof. Dr. Roman Herzog, Bundespräsident a. D., Vorsitzender
- Prof. Dr. Kurt H. Biedenkopf, Ministerpräsident a. D.
- Prof. Dr. Horst Köhler, Bundespräsident a. D.
- Ingrid Sehrbrock, stellv. Vorsitzende des Deutschen Gewerkschaftsbundes
- Prof. Dr. h.c. Dieter Stolte, ZDF-Intendant a. D.
- Professor Dr. Dr. h.c. Horst Teltschik, Ministerialdirektor a. D.
- Dr. h.c. Erwin Teufel, Ministerpräsident a. D.
- Prof. Dr. Bernhard Vogel, Ministerpräsident a. D. und Ehrenvorsitzender

Außerdem gehören noch Banker und Militärs zum Kuratorium – eine durchaus sinnvolle Kombination bei der »Erschließung« anderer Länder für die Demokratie. Zum Beispiel Hans Tietmeyer, ehemaliger Präsident der Deutschen Bundesbank, Klaus-Peter Müller, Aufsichtsratsvorsitzender der Commerzbank AG, und Klaus D. Naumann, Ex-Generalinspekteur und ehemaliger Vorsitzender des NATO-Militärausschusses.

Vitali, der Verräter?

Wie gesagt ist neues Material aufgetaucht, das zu belegen scheint, dass der hochgelobte Vitali Klitschko die legal gewählte Regierung seines Landes an westliche Mächte verriet: »Von Anonymous Ukraine veröffentlichte E-Mails zeigen Klitschkos Verrat«, titelte die Radio-Website *Voice of Russia* am 23. Februar 2014: »Anonymous arbeitet in einem Umfeld, das man nur noch als Kriegszone bezeichnen kann. Die Sicherheitsmaßnahmen, zu denen sie gezwungen sind, sind extrem.« Die gehackten Klitschko-

E-Mails zeigten, »dass Klitschko plant, das Land absichtlich zu destabilisieren, aus dem Ausland gesteuert und finanziert wird und seine Konten in Deutschland unterhält«.

Klitschko – bloßgestellt

Gepflegt werden die westlichen Kontakte über die Konrad-Adenauer-Stiftung, aber auch über Mittelsmänner und -frauen in der litauischen Regierung. Mit diesen unterhält der selbsterklärte ukrainische Präsidentschaftskandidat Klitschko offenbar regen E-Mail-Verkehr, falls die aufgedeckten Mails echt sind. Litauen ist Mitglied der NATO und der EU. Die Äußerungen in diesen E-Mails sind entlarvend und schockierend zugleich. So bedankte sich Klitschko den Enthüllungen zufolge am 27. November 2013 beim litauischen Präsidenten-Berater Laurynas Jonavičius für die Unterstützung seitens der litauischen Regierung. Das Treffen mit der litauischen Parlamentspräsidentin Loreta Graužinienė sei »sehr produktiv« gewesen. »Frau Graužinienė machte einige interessante Vorschläge hinsichtlich meiner Zukunft.« In der litauischen Botschaft habe man »finanzielle Fragen« besprochen und dabei auch »meine Kontonummer in Deutschland« überreicht. Er freue sich »auf eine erfolgreiche Zusammenarbeit in der Zukunft«.

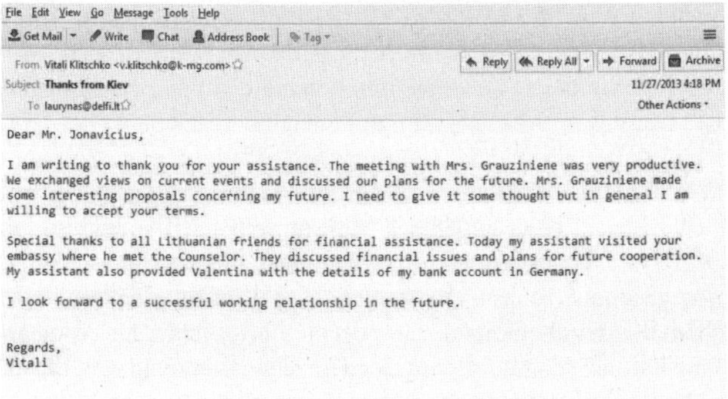

File Edit View Go Message Tools Help

Get Mail Write Chat Address Book Tag

From Vitali Klitschko <v.klitschko@k-mg.com> Reply Reply All Forward Archive

Subject Thanks from Kiev 11/27/2013 4:18 PM

To laurynas@delfi.lt Other Actions

Dear Mr. Jonavicius,

I am writing to thank you for your assistance. The meeting with Mrs. Grauziniene was very productive. We exchanged views on current events and discussed our plans for the future. Mrs. Grauziniene made some interesting proposals concerning my future. I need to give it some thought but in general I am willing to accept your terms.

Special thanks to all Lithuanian friends for financial assistance. Today my assistant visited your embassy where he met the Counselor. They discussed financial issues and plans for future cooperation. My assistant also provided Valentina with the details of my bank account in Germany.

I look forward to a successful working relationship in the future.

Regards,
Vitali

Gehackte Klitschko-E-Mail

Am 14. Dezember 2013 hatte sich die Sache offenbar erfreulich entwickelt. An diesem Tag bedankte sich der mutmaßliche Klitschko nochmals bei Jonavičius »für die starke Unterstützung«. Und versprach, »alles in meiner Macht Stehende [zu] tun, um die Erwartungen meiner europäischen Partner zu erfüllen«. Die Mail legt auch eine geheimdienstliche Unterstützung Klitschkos durch Litauen nahe. Botschaften sind traditionell Operationsbasen für die Geheimdienste ihres jeweiligen Heimatlandes. Bei dem Treffen in der litauischen Botschaft wurden offenbar Informationen über die Absichten des ukrainischen Präsidenten Janukowytsch übergeben: »Ich habe auch Deine Leute von der Botschaft getroffen. Die Informationen über Janukowytschs Pläne, die sie mir übergeben haben, sind sehr wichtig für unsere gemeinsame Sache. Ich würde solche Informationen gerne regelmäßig bekommen.«

Ein Präsident von Merkels Gnaden?

Offenbar erhielt der Merkel-Agent Klitschko auch personelle Unterstützung: »Dein Kollege ist angekommen und hat angefangen, mit meinem Team zu arbeiten«, schrieb er am 14. Dezember 2013 an Jonavičius: »Er ist ein wirklicher Profi, und ich glaube, seine Dienste werden selbst dann noch gebraucht werden, wenn das Land destabilisiert ist.« Wie bitte? Wenn das Land destabilisiert ist? Ging es in Wirklichkeit darum, das Land aus dem Gleichgewicht zu bringen und das Chaos für seine Zwecke zu nutzen – mit allen Risiken und Gefahren für die Bevölkerung? Offenbar, wie sich auch aus einer anderen E-Mail (vom 9.1.2014) ergibt: »Ich denke, wir haben den Weg für eine radikale Eskalation der Situation geebnet«, schrieb der mutmaßliche Klitschko da. Was sich ebenfalls so anhört, als habe er es auf eine gefährliche Verschärfung der Lage angelegt. Und diese Lage geriet alsbald außer Kontrolle. Des Weiteren fragte der angebliche Klitschko: »Ist es nicht an der Zeit, mit entschiedeneren Maßnahmen fortzufahren?« Aus der Mail vom 9. Januar 2014 ergibt sich außerdem, dass die Aktivisten der ukrainischen Revolution bezahlt wurden: »Ich bitte Dich, auch eine verstärkte Finanzierung unserer Unterstützer in Betracht zu ziehen.« Am 20. Februar 2014 meldete er quasi Vollzug. Die Situation sei »außer Kontrolle«, wurde er da in den Medien zitiert. Tatsächlich eröffneten am selben Tag angeblich »Sicherheitskräfte« das Feuer auf Demonstranten auf dem Maidan, wobei fast 80 Menschen ums Leben kamen. »Lokale Medien berichten von mindestens 30 getöteten Demonstranten, ein Reuters-Fotograf zählte 21 Leichen in Zivilkleidung auf dem Unabhängigkeitsplatz Maidan und in dessen unmittelbarer Umgebung«, hieß es am 20. Februar 2014 in den Medien (reuters, 20.2.2014). Nur: Wer in dem ganzen Chaos geschossen hatte und warum – wer konnte das noch sagen? Waren es wirklich Sicherheitskräfte der Regierung gewesen oder vielleicht doch anonyme Scharfschützen, die die Menge unter Feuer nahmen, um endlich ein paar Tote zur produzieren? Tote und Verletzte beladen den jeweiligen Machthaber mit so viel Schuld, dass er sich kaum noch im Amt halten kann. Ein echtes Revolutionsdrama braucht daher Leichen. Ohne Tote funktioniert die ganze Dramaturgie nicht. Erst sie sorgen für die richtige Zuspitzung des Geschehens und bringen die jeweilige Regierung zum Kippen. Ob nun in Nordafrika, Iran (»Neda«) oder in der Ukraine – immer folgen die Revolutionen demselben Drehbuch, ausgeheckt in irgendeiner US-Denkfabrik. Und in keinem Fall kann die betroffene Regierung Tote brauchen. Wenn, dann brauchen sie der bezahlte und entfesselte Mob und seine Auftraggeber. Und wer geschossen hat, bestimmen letztendlich die Medien und deren Tatsachenverdreher.

Wer schoss auf die Demonstranten?

Denn der Krieg wird nicht nur zusehends zu einem Krieg der Straße, sondern auch zu einem Krieg der Informationen. Bevor die Kanonen sprechen, sprechen erst mal die gehackten E-Mails und die Telefonmitschnitte – und zwar für sich selbst. Gut, dass die Lauscherei nicht nur den kleinen Mann trifft, sondern auch die Großkopferten, oder sollte man sagen: Großkotzigen? Ob der türkische Ministerpräsident Recep Tayyip Erdoğan von der islamischen Partei AKP oder Obamas Europa-Beraterin »Fuck the EU«-Victoria Nuland – 2014 wurden Politiker immer wieder von ihren eigenen E-Mails und Telefonaten eingeholt. In einem knapp zehnminütigen Gespräch mit der EU-Außenbeauftragten Catherine Ashton berichtete zum Beispiel der estnische Außenminister Urmas Paet am 26. Februar 2014 von seinen Erlebnissen bei einem Besuch in Kiew am Vortag. Und siehe da: Die angeblichen Scharfschützen der Regierung schossen demnach nicht nur auf Demonstranten, sondern auf beide Seiten – auf Protestler und Polizei. Der estnische Außenminister erinnerte sich an eine Unterhaltung mit einer Ärztin, die vor Ort Schusswaffenopfer behandelt hatte: »Was ziemlich beunruhigend war, die erwähnte Olha [Bohomolez] erzählte auch, dass sämtliche Beweise zeigen, dass die Leute, die von Scharfschützen beider Seiten getötet wurden, unter den Polizisten und den Menschen von der Straße, dass es dieselben Scharfschützen waren, die Menschen von beiden Seiten töteten.«

Die von Paet befragte Ärztin Olha Bohomolez ist nicht irgendwer, sondern eine in der Ukraine bekannte Medizinerin und ein Medienstar, wie früher die Ärztin Marianne Koch in Deutschland. Bohomolez ist Professorin an der Nationalen Medizinischen Bohomolez-Universität, die nach ihrem Großvater benannt wurde. Bis Oktober 2005 war sie Leibärztin des damaligen Präsidenten Wiktor Juschtschenko. 2013 rief sie ihre Studenten auf, an den Maidan-Demonstrationen teilzunehmen, und stellte sich als Ärztin zur Verfügung. Auch sie selbst galt laut Medien als »Hoffnungsträgerin der Maidan-Aktivisten« und sollte in einer neuen Regierung laut *Stuttgarter Zeitung* »Vizepremierministerin für humanitäre Angelegenheiten« werden (Online-Ausgabe, 27.2.2014).

Kugeln statt Fäuste?

»Sie zeigte mir anschließend auch einige Fotos und sagte dabei, dass sie als Arzt beurteilen kann, dass es sich um dieselbe Handschrift handelt, dieselben Kugeln«, erzählte Paet der EU-Funktionärin Ashton am Telefon. »Es ist wirklich beunruhigend, dass nun die Neue Koalition [der Ukraine] – dass sie nicht herausfinden will, was genau passiert ist. Deshalb verbreitet sich zunehmend die Einsicht, dass hinter den Scharfschützen nicht Janukowytsch stand, sondern jemand von der Neuen Koalition.« Der Neuen Koalition gehören »vor allem die bisherigen Oppositionsparteien Vaterland (Batkiwschtschina) von Julia Timoschenko, UDAR (»Schlag«) von Vitali Klitschko und Swoboda (Freiheit) des Rechtspopulisten Oleg Tjagnibok an« (zit. nach *cash.ch,* 27.2.2014).
War es das, was Klitschko in seiner E-Mail an den litauischen Präsidentenberater Laurynas gemeint hatte: »Ich denke, wir haben den Weg für eine radikale Eskalation der Situation geebnet.« Wie hatte man »den Weg für eine radikale Eskalation« denn geebnet, und warum hatte man daran überhaupt ein Interesse? Wäre »eine radikale Eskalation« nicht gefährlich für die Menschen? In

derselben E-Mail stellte Klitschko auch die kryptische Frage: »Ist es nicht an der Zeit, mit entschiedeneren Maßnahmen fortzufahren?« Was meinte er mit »mit entschiedeneren Maßnahmen«, und warum wurde Klitschko hier nicht konkreter? Als es am 20. Februar 2014 zahlreiche Tote in Kiew gab, äußerte Klitschko in den Medien, die Situation sei »außer Kontrolle« (*Wirtschaftswoche*, Online-Ausgabe, 20.2.2014). War das etwa die direkte Folge der von ihm angemahnten »entschiedeneren Maßnahmen«?

Ob er nun konkret Schüsse meinte oder nicht – festzustehen scheint jedenfalls, dass Klitschko sich für eine gefährliche Eskalation der Lage starkmachte. Eine Anfrage bei Klitschko hinsichtlich der Echtheit dieser Mails blieb bis jetzt unbeantwortet (siehe unten). Nützlich waren die Scharfschützen für die erwähnten politischen Kräfte in jedem Fall. Denn sie haben die Neue Koalition schließlich erst an die Macht gebracht. Erst Tote wiegeln die Massen richtig auf und drängen die Herrschenden endgültig in die Defensive. Noch »besser« ist es, auf beide Seiten zu schießen. Da jeder den anderen für verantwortlich hält, führt das zur totalen Eskalation. Wie der litauische Außenminister Paet in dem Telefonat mit Ashton weiter ausführte, war das Vertrauen der Bevölkerung in das neue Kabinett denn auch gleich null.

Willkommen in der neuen Demokratie

Außerdem sprach Paet davon, dass Parlamentsabgeordnete nachts von »ungebetenen Gästen« bedroht worden seien. Journalisten hätten mitbekommen, wie Bewaffnete einen Abgeordneten direkt vor dem Parlamentsgebäude schlugen. Später habe »Estlands Außenminister Urmas Paet … sich verärgert gezeigt über die Veröffentlichung seines Telefongesprächs mit EU-Chefdiplomatin Catherine Ashton über die Lage in der Ukraine, teilte das estnische Außenamt am Mittwoch in Tallinn mit«, hieß es am 5. März 2014 auf *RIA Novosti*. »Paet habe die Echtheit der Aufzeichnung bestätigt und erklärt, dass das abgehörte Gespräch am Mittwoch

›nicht zufällig‹ im Internet veröffentlicht worden sei. Es handle sich um ein Telefonat vom 26. Februar, das nach Paets Kiew-Besuch stattgefunden habe.«
In der Erklärung Paets vom 5. März 2014 wurde also nichts zurückgenommen, auch nicht die in dem Telefonat zitierten Aussagen der Ärztin. Nur dass die Opposition in die Schüsse verwickelt gewesen sei, will Paet plötzlich nicht mehr gesagt haben: »Wir weisen die Behauptung zurück, dass Paet dabei eine Beurteilung über die Verwicklung der Opposition in die Gewalt abgegeben hat«, heißt es in derselben Erklärung des estnischen Außenministeriums. Nun, so konnte man seine Worte aber durchaus verstehen. Denn der estnische Außenminister zeigte sich zumindest »beunruhigt«, dass die neuen Machthaber die Wahrheit über die Schüsse vom Maidan nicht herausfinden wollten.
Dafür machte die Ärztin Bohomolez einen kompletten Rückzieher. Der estnische Außenminister müsse sie komplett falsch verstanden haben. Denn »gegenüber dem *Daily Telegraph* sagte sie, sie habe niemals die Verletzungen der Toten auf beiden Seiten verglichen, da sie ›nur Teilnehmer der Proteste gesehen‹ habe«. Vermutlich wollte die renommierte Medizinerin keinen Krach mit den Machthabern in Kiew, um ihre Stellung in der Ukraine nicht zu gefährden. »›Ich weiß nicht, welche Art von Wunden die Soldaten hatten. Ich habe zu diesen Leuten keinen Zugang‹, sagte sie dem Blatt. Die Medizinprofessorin erklärte zudem, man könne aus der Behandlung von Wunden nicht einfach Aussagen über die Art der Waffen treffen.« (*Neues Deutschland*, Online-Ausgabe, 7.3.2014) Na, so was: Hatte der estnische Außenminister das alles etwa erfunden? Und wenn ja: warum? Warum sollte er sich solche Aussagen Bohomolez' aus den Fingern saugen? Denn von selbst würde eigentlich niemand darauf kommen. Wie auch immer. Wir können nun jedenfalls beruhigt sein, dass »unser« netter Vitali doch kein bezahlter Putschist ist, der nur nach Geld und einer glänzenden Zukunft lechzt und in (pseudo)revolutionäre Gewalt-

taten verwickelt ist. Nur zur Sicherheit habe ich Klitschko am 1. März 2014 eine Mail geschrieben:

»Sehr geehrter Herr Vitali Klitschko,
auf dem Internet werden Ihnen verschiedene E-Mails zugeschrieben. Zum Beispiel hier [Link]. Können Sie mir bitte bis morgen, 2.3.2014, 12 Uhr, sagen, ob diese E-Mails authentisch sind?
Vielen Dank im Voraus.
Gerhard Wisnewski«

Merkwürdigerweise traf bis heute keine Antwort bei mir ein. Obwohl seine E-Mails auf zahlreichen unabhängigen Websites kursieren, hat Klitschko ihren Inhalt bisher weder auf der Website der Klitschko Management Group noch auf seiner Fanseite dementiert. Es wurde auch nicht bekannt, dass er gegen eine oder mehrere der Websites vorgegangen wäre. So könnte man doch zu dem Schluss kommen, dass unter anderem Angela Merkel und Vitali Klitschko ihre Finger im Spiel hatten, wenn morgen aus dem Ukraine-Konflikt ein heißer Krieg mit Russland wird.

25. Februar
Dritter Weltkrieg: Briten machen Panzer mobil

An diesem Tag fröne ich einmal mehr meiner Lieblingslektüre, dem *Gloucestershire Echo.* Die kleine Tageszeitung aus dem Südwesten Englands hat uns möglicherweise eine Menge zu sagen. Vielleicht enthält sie sogar Informationen über unser aller Zukunft, genauer, über die seit mindestens zwei Jahren geplante Rochade von 6000 britischen Panzern und ihre Rolle in einem kommenden Krieg mit Russland. Lange Zeit war es still um die Sache gewesen, bis am 25. Februar plötzlich ein kleiner Artikel in besagtem *Gloucestershire Echo* auftauchte, in dem sich der Gewerkschafter Ian Holmes über die geplante Verlegung der Panzerfahrzeuge wundert: »Warum sollten sie einen neuen Standort aufbauen, wenn sie hier einen perfekten Standort haben? Einschließlich der Fachkräfte?« Tja, warum? Nun, offiziell liegt es am Geld. »Aus Spargründen muss die britische Armee ein Grundstück verkaufen, auf dem 6000 Panzer stehen. Die sollen in Deutschland geparkt werden«, berichtete die *Welt* zwei Jahre zuvor, am 6. März 2012, in ihrer Online-Ausgabe. Die Panzer oder Panzerfahrzeuge müssten »aus rein wirtschaftlichen Gründen« verlegt werden, schrieb die Zeitung damals. »Denn die Armee muss sparen und verkauft deshalb ein Grundstück in der Nähe von Birmingham, auf dem bisher 6000 Fahrzeuge parkten.« Zwar steht die stattliche Flotte noch in den klimatisierten Hallen des Ashchurch Army Camp im Südwesten Englands. Doch »jetzt muss ein neuer Standort gefunden werden, und die Logistikspezialisten des Verteidigungsministeriums entdeckten eine Menge Platz in Deutschland. Genauer gesagt auf dem Gelände der Ayrshire Barracks in Mönchengladbach.« Aber ist in der äußerst dicht besiedelten Besatzungszone Deutschland tatsächlich mehr Platz als im königlichen Mutterland? Wenn auch nur vorübergehend? Danach soll die Panzerflotte schließlich wieder nach Großbritannien.

Welches Milchmädchen sollte diese Rechnung glauben? Was würde der Transport von 6000 Panzerfahrzeugen von Großbritannien nach Deutschland und zurück wohl kosten? Könnte man ein Grundstück gewinnbringend verkaufen, wenn man dafür 6000 Panzer über den Kanal nach Deutschland und wieder zurück verlegen müsste? Und warum könnte man die Panzerfahrzeuge nicht gleich an jenen Ort in Großbritannien bringen, an den sie später von Deutschland aus wieder »zurückverlegt« werden sollten? Rechnet sich das wirklich? Wer 6000 Panzerfahrzeuge von einem Grundstück abzieht, der braucht dafür nun einmal eine andere

Unterbringungsmöglichkeit. Schließlich lösen sich die Fahrzeuge ja nicht in Luft auf. Das heißt … doch dazu gleich mehr. Und noch etwas kommt hinzu: Ehemalige Militärgelände lassen sich wegen der extrem teuren Altlastensanierung kaum wirtschaftlich vermarkten, schon gar nicht als Wohngebiete. Auch die betroffenen Mitarbeiter des Ashchurch Army Camp greifen sich deshalb an den Kopf. Und so kam es, dass das *Gloucestershire Echo* am 25. Februar 2014 den Gewerkschafter Ian Holmes aus Ashchurch zitierte: »Wir glauben fest, dass, sobald sie das mal durchrechnen, die Rechnung nicht aufgehen wird. Warum sollten sie einen neuen Standort aufbauen, wenn sie hier einen perfekten Standort haben? Einschließlich der Fachkräfte?«

Wiederholt sich die Geschichte?

In einschlägigen Foren wurden die Pläne zur Aufgabe des Ashchurch-Depots denn auch ungläubig diskutiert. Ein Nutzer des Historic Military Vehicle Forum meinte, dass die Basis doch gerade erst renoviert worden sei: »Wenn das die [Militär-]Basis ist, an die ich denke: Wurden dort wirklich all die Asbestverkleidungen durch feinstes Zinn ersetzt, nur um jetzt alles abzureißen?« – »Sag bloß, ich heiße Rip van Winkle und hab bis zum 1. April geschlafen«, reagierte ein anderer auf die Nachricht über die Verlegung der Panzerfahrzeuge nach Deutschland (Rip van Winkle ist eine angelsächsische Märchenfigur, die 20 Jahre in einer Höhle verschlief). »Wie kann es billiger sein, all diese schweren und teuren Panzer über den Kanal in einen vermutlich anderen klimatisierten Unterstand in einem anderen Land zu bringen, statt sie hier in Großbritannien zu behalten?«, fragte sich ein anderer. Und schließlich muss man die Sache auch einmal vom zivilen Standpunkt aus betrachten: Welche Verwendung hätte das 10 000-Einwohner-Städtchen Ashchurch für 550 Wohnungen, die auf dem Gelände angeblich entstehen sollen (*Gloucestershire Echo*, 2.7.2014)? Also mit Wohnraum für 1500 bis 2000

Menschen? Andere Vorschläge gingen gar von über 2000 Wohnungen auf dem ehemaligen Army-Gelände aus (ebda., 26.3.2013). Selbst wenn sich diese Wohneinheiten vermarkten ließen, wäre die Verkehrsinfrastruktur für derartige Siedlungen nicht ausgelegt. »Es gibt Befürchtungen, dass der Verkehr zu Spitzenzeiten zum Stillstand kommen könnte, insbesondere auf der A 46«, berichtete das *Gloucestershire Echo.* Aber was für »Spitzenzeiten«? Denn ob in der Region überhaupt Arbeits-, Kindergartenplätze und Schulen für 2000 oder sogar bis zu 8000 (bei 2000 neuen Wohnungen) zugezogene Neubürger vorhanden wären, ist äußerst fraglich. Denn schließlich fielen durch den Umzug des Depots erst einmal etwa 300 Arbeitsplätze weg. Die Planungen seien denn auch kontrovers, »wobei in den vergangenen Monaten einige Leute gegen den, wie sie glauben, exzessiven Wohnungsbau in Ashchurch protestiert haben« (ebda., 2.7.2014).

Mobilmachung ist die Schwester des Rückzugs

Mit anderen Worten, das alles sieht nach einer Scheinplanung aus, die lediglich plausibel machen sollte, warum die Armee das Gelände aufgeben und das Kriegsgerät verlegen muss. »Hat jemand schon mal davon gehört, dass sich Geschichte wiederholt?«, hieß es denn auch in einem weiteren Beitrag im Historic Military Vehicle Forum. »Ich will hier niemanden beunruhigen, aber die Regierung hat doch gerade ein gemeinsames Militärkommando mit den Franzosen vorgestellt. (…) Klingelt's bei den Worten ›August 1914‹?« Und ob es da klingelt, denn im August 1914 begann der Erste Weltkrieg. Und 6000 Panzerfahrzeuge entsprächen in etwa der gesamten britischen Panzerarmee, wenn man alle gepanzerten Fahrzeuge mitzählt. Denn die Briten haben nicht nur 400 schwere Kampfpanzer, sondern auch 600 leichte. Dazu kommen 1000 gepanzerte Truppentransporter (»Armoured Personnel Carriers«) und 3000 gepanzerte »Infantry Mobility Vehicles« sowie 2000 andere gepanzerte Fahrzeuge, macht zusammen sogar 7000.

Wobei sich schon die Frage aufdrängt: Wozu braucht ein Inselvolk überhaupt 7000 gepanzerte Fahrzeuge, davon 1000 Panzer im engeren Sinne? Denn mit Panzerschlachten ist auf den Britischen Inseln kaum zu rechnen. Und was soll nun der angebliche Verkauf des Ashchurch Army Camp? Ist er vielleicht nur eine äußerst dumme Ausrede für die Verlegung, um nicht zu sagen: »Mobilmachung« einer mächtigen Panzerarmee? Denn mobil (beweglich) soll die riesige Panzerflotte ja wohl gemacht werden. Mobilmachung bedeutet, dass Truppenteile oder Streitkräfte ihre Friedensstandorte verlassen. Reden wir also von einem Mobilmachungsplan. Aber wenn es tatsächlich eine Mobilmachung gäbe, würden wir das doch erfahren! Nicht unbedingt. Denn eine Mobilmachung kann sowohl offen als auch verdeckt erfolgen. Und die verdeckte Mobilmachung ist die natürliche Schwester des offenen Rückzugs, wie er in letzter Zeit von Briten und Amerikanern medienwirksam in Europa inszeniert wird.

Links blinken und rechts abbiegen

Noch im März 2013 verkündete die britische Regierung mit großem Brimborium ihre Abzugspläne aus Deutschland. Spätestens bis 2020 will man angeblich weg sein: »Die Rückkehr aus Deutschland markiert das Ende einer historischen Ära, die über 60 Jahre angedauert hat«, wurde der britische Verteidigungsminister Philip Hammond zitiert (BFGnet, British Forces Germany: »Future of British Army Bases in Germany revealed«, 5.3.2013). »Wir sind der deutschen Regierung und den deutschen Bürgern großen Dank für die Unterstützung schuldig, die sie unseren Streitkräften gegenüber gezeigt haben.« – »Bizarr«, wunderte sich ein Nutzer in dem erwähnten britischen Forum für »historische Militärfahrzeuge«, »wir verlegen Truppen von Deutschland zurück nach Großbritannien, während wir ihr militärisches Gerät nach Deutschland bringen. Eine seltsame Welt, in der wir leben …« Aber schließlich wäre es nicht das erste Mal, dass das

Militär links blinkt und rechts abbiegt. Wie sagte doch der Stratege Sun Tsu: »Jede Kriegführung gründet auf Täuschung. Wenn wir also fähig sind anzugreifen, müssen wir unfähig erscheinen; wenn wir unsere Streitkräfte einsetzen, müssen wir inaktiv scheinen; wenn wir nahe sind, müssen wir den Feind glauben machen, dass wir weit entfernt sind; wenn wir weit entfernt sind, müssen wir ihn glauben machen, dass wir nahe sind.«

Abzug oder Scheinrückzug?

Geht es also wirklich um das bloße »Umparken« einer riesigen Fahrzeugflotte aus »Spargründen«? Oder sind die Sparmaßnahmen und der angebliche Immobilienverkauf in Großbritannien in Wirklichkeit ein Täuschungsmanöver? Geht es in Wahrheit um eine verdeckte Mobilmachung? Rätsel über Rätsel. Zwar stand der anfangs zitierte *Welt*-Artikel ziemlich allein auf weiter Flur, aber mit Datum vom 7. März 2012 meldete auch die Website der *Westdeutschen Zeitung*: »In den kommenden Monaten will das britische Verteidigungsministerium entscheiden, ob 6000 Panzer, Lkw oder Jeeps nach Europa und damit womöglich nach Gladbach umziehen sollen.« Ein Jahr später, am 6. März 2013, meldeten die Grünen im nordrhein-westfälischen Landtag, dass noch keine Entscheidung über die Einlagerung von Panzern getroffen worden sei. Stattdessen hielt man sich bei dem Thema äußerst bedeckt. So bedeckt, dass selbst die mehr als 300 zivilen Beschäftigten des Ashchurch Army Camp in Großbritannien über ihre Zukunft im Unklaren gelassen werden. »Sie sind wütend, nicht nur weil das Camp verkauft werden soll, was sie für falsch halten, sondern auch über die Art und Weise, wie sie im Dunkeln gelassen wurden«, berichtete das *Gloucestershire Echo* am 12. Juni 2013. Die Gewerkschafter wollten nun wissen, »warum sie weder vom Verteidigungsministerium noch von ihrem Abgeordneten ordentlich informiert wurden«, so die Zeitung. »Es gibt keine Kommunikation«, beklagte sich einer. Merkwürdig, wird doch die

Schließung oder (friedliche) Verlegung jedes Truppenstandortes sonst groß und breit diskutiert. Die Gewerkschafter seien »fassungslos« über die Gespräche zwischen dem Staatsminister im Verteidigungsministerium Andrew Robathan und dem örtlichen Abgeordneten Laurence Robertson, wonach »die Anlage Ende 2014 geschlossen und nach Salisbury verlegt werden soll«, so das Blatt. Also doch nicht nach Deutschland?

Wir sollten uns nicht zu früh freuen, denn eines steht fest: Briten und Amerikaner haben ihre Weltherrschaftspläne in Wirklichkeit nie aufgegeben. Und der Weg zu dieser Weltherrschaft führt nun mal seit eh und je über Deutschland – und von dort nach Russland. Ein Arbeiter sagte denn auch, »es sei seltsam, dass Salisbury als Zielort für die Fahrzeuge genannt worden sei, weil es dort keine angemessenen Aufbewahrungsmöglichkeiten gebe« (*Gloucestershire Echo*, 12.6.2013). Denn auch Militärfahrzeuge kann man nicht einfach längere Zeit im Freien stehen lassen, sondern man braucht dafür speziell klimatisierte Hallen. Also ein Ablenkungsmanöver? Und tatsächlich bestätigte das britische Verteidigungsministerium bei anderer Gelegenheit, dass es weder eine Prüfung noch eine Entscheidung für Salisbury gebe. Selbst Ende November 2013 hielt man sich weiterhin bedeckt. Auf eine Anfrage, welche Ausweichquartiere es für das Ashchurch Camp gebe, antwortete das Ministerium allgemein: »Die Suche nach einem anderen Standort ist noch immer im Gange.« Also doch nicht Salisbury, sondern Deutschland?

Sehen wir uns dazu nochmals die oben zitierte Erklärung des britischen Verteidigungsministeriums vom 5. März 2013 an. Detailliert listet sie auf, welche britischen Standorte in Deutschland bis zu welchem Datum geräumt werden sollen – bis auf einen: Ayrshire Barracks in Mönchengladbach, also das geplante »Ausweichquartier« der Briten-Panzer. Über diesen Standort heißt es vage: »Ob es erforderlich ist, dass wir das Fahrzeug-Depot in Mönchengladbach weiterhin nutzen, unterliegt einer gesonderten

Prüfung, und bislang wurde noch keine Entscheidung getroffen« (BFGnet, a.a.O.). So bleibt es möglich, dass sich die Fahrzeuge am Ende tatsächlich in Luft auflösen und die Fragen nach einem neuen Depot sich von selbst beantworten – nämlich wenn die Mehrzahl der Fahrzeuge auf dem kontinentaleuropäischen Schlachtfeld liegen bleibt.

US-Panzer in Deutschland: Showdown mit Russland?

Auch anderswo in Europa wurden Militärfahrzeuge mobilgemacht. So öffneten die USA auf dem Höhepunkt der Ukraine-Krise im Februar 2014 erstmals seit Jahrzehnten geheime klimatisierte Höhlen in Norwegen und holten etwa 3000 Militärfahrzeuge für die Nutzung beim Manöver »Cold Response 2014« heraus. Während unbrauchbares Gerät zurück in die USA geschafft werden sollte, entlud der Marine-Frachter »Dewayne T. Williams« 400 neue Militärfahrzeuge und 350 Container mit Ausrüstung. Zu den noch brauchbaren Vehikeln in den Höhlen hinzu kamen unter anderem M1A1-Kampfpanzer, Panzerbergefahrzeuge und gepanzerte Planierfahrzeuge (Quelle: *Marine Times*, Online-Ausgabe, 12.8.2014). Während die deutsche Öffentlichkeit glaubt, dass die Westalliierten Deutschland und Europa den Rücken kehren, bringen die Vereinigten Staaten auch schwere Kampfpanzer nach Deutschland zurück. Auf dem Truppenübungsplatz Grafenwöhr wollen sie (zunächst) mit 29 Abrams-Panzern den Panzerkrieg üben. Aber »wozu eigentlich?«, fragte aus diesem Anlass misstrauisch die Radio-Website *Voice of Russia* (4.2.2014): »Und was hat die NATO-Eingreifgruppe damit zu tun, deren Soldaten oft nahe der russischen Grenze üben?«

Die Antwort: Der Aufmarsch würde nur allzu gut in die geopolitische Umgebung passen, in der westliche Kriegstreiber auf einen Showdown mit Russland zusteuern. Seit etwa zwei Jahrzehnten expandieren NATO und EU entgegen früher bekundeten Absichten hemmungslos nach Osten und stoßen so in den Raum hinein, der von Sowjetunion und Warschauer Pakt aufgegeben wurde. »Russlands Präsident Medwedew wirft dem Westen Wortbruch vor«, schrieb der *Spiegel* schon 2009: »Die Nato-Osterweiterung verstoße gegen Zusagen, die 1990 in den Verhandlungen zur deutschen Einheit gegeben worden seien.« Und:

> »Dokumente aus westlichen Archiven stützen den russischen Verdacht. (…) Der *Spiegel* hat mit zahlreichen Beteiligten gesprochen und vor allem britische und deutsche Dokumente gesichtet. Danach kann es keinen Zweifel geben, dass der Westen alles getan hat, den Sowjets den Eindruck zu vermitteln, eine Nato-Mitgliedschaft von Ländern wie Polen, Ungarn oder der CSSR sei ausgeschlossen. Nach einem bislang geheim gehaltenen Vermerk über ein Gespräch des damaligen deutschen Außenministers Hans-Dietrich Genscher mit seinem sowjetischen Kollegen Eduard Schewardnadse 1990 habe für die deutsche Seite festgestanden: ›Die Nato werde sich nicht nach Osten ausdehnen.‹ Und da es in dem Gespräch vor allem um die DDR gegangen sei, habe Genscher ausdrücklich hinzugefügt: ›Was im Übrigen die Nichtausdehnung der Nato anbetreffe, so gelte dieses ganz generell‹« (*Der Spiegel,* 23.11.2009).

Der vom Westen gesteuerte Putsch in der Ukraine passt da ins Bild. Die Ausdehnung von EU und NATO soll so lange weitergehen, bis Russland an die Wand gedrückt ist. Schon in den vergangenen Jahren waren (angebliche) Revolutionen und Revolten die Vorstufe zum Krieg (Libyen). Russland wiederum betrachtet »eine Übernahme der Ukraine durch die EU und die NATO als ›strategische Bedrohung‹ der russischen Unabhängigkeit«, wie der ehemalige Reagan-Berater Paul Craig Roberts schrieb. »Für Washington und die leichtgläubigen Ukrainer, die ihm auf den

Leim gegangen sind, würde es eine Niederlage bedeuten«, wenn sich die Hälfte der Ukraine nun Russland anschlösse. »Um sein Gesicht zu wahren, könnte Washington sogar versucht sein, eine Konfrontation der Großmächte zu provozieren …« (*Kopp Online*, 24.2.2014). Aber keine Angst: Für diesen Fall gibt es ja die 6000 britischen Panzerfahrzeuge. Unter anderem, versteht sich.

27. Februar
Ukraine: Auftrag Umsturz – neuer Ukraine-Staatschef ist ein Agent der NATO

Das Thema Krieg lässt einen in diesem Jahr nicht mehr los. Die zahlreichen Konflikte auf dem Erdball beherrschen die tägliche Berichterstattung und verwandeln diese zunehmend in eine reine Frontberichterstattung – wie schon von George Orwell prophezeit. Denn merke: Für die Sicherung seiner Macht braucht ein allmächtiges Imperium den immerwährenden Krieg. Aber das nur am Rande. Nun zu einer neuen »Verschwörungstheorie«: Der vom Rat der Ukraine am 27. Februar 2014 gewählte Ministerpräsident der Ukraine, Arsenij Jazenjuk, soll ein Agent der NATO sein!

Spion & Spion

Als Ende 2013 der Aufstand in Kiew hochkochte, erschien Arsenij Jazenjuk als einer der führenden Rebellen und Oppositionsführer auf dem Maidan. Zusammen mit Merkel-Agent Klitschko konferierte er wiederholt mit dem ukrainischen Ministerpräsidenten Wiktor Janukowytsch, sozusagen als »Spion & Spion«. Nachdem der legal gewählte Janukowytsch am 21. Februar 2014, nur einen Tag nach der dubiosen Schießerei auf dem Maidan, aus Kiew hatte fliehen müssen, erklärten ihn Teile des ukrainischen Parlaments für abgesetzt. Während Janukowytsch später aus

Russland nach wie vor Anspruch auf das Präsidentenamt erhob, gab das ukrainische Innenministerium am 24. Februar einen Haftbefehl gegen ihn bekannt. Der Vorgang erinnert an Ägypten. Auch dort wurde der legal gewählte Präsident 2014 von westlich gesteuerten Kräften abgesetzt, in diesem Fall vom ägyptischen Militär. Anschließend wurde er verhaftet und wird seitdem an einem unbekannten Ort gefangen gehalten. Offenbar kommt bei den vom Westen bejubelten »demokratischen Revolutionen« immer Chaos und Bürgerkrieg heraus.

»Der Boden wird brennen«

Und nun, am 16. März 2014, drohte der mit einem Aufstand in der Ostukraine konfrontierte ukrainische Ministerpräsident Arsenij Jazenjuk den »separatistischen russischen Rädelsführern«: »Wir werden sie alle finden – auch wenn es ein oder zwei Jahre dauert – und sie zur Rechenschaft ziehen und vor ukrainischen und internationalen Gerichten anklagen. Der Boden wird brennen unter ihren Füßen« (*CBS News*, 16.3.2014). Starke Worte – wobei sich die Frage stellt: Wer ist eigentlich dieser famose Ministerpräsident Jazenjuk, der angeblich im Auftrag des Volkes eine Revolution anzettelte und den legal gewählten Regierungschef aus dem Amt jagte, um sich selbst zum Herrscher der Ukraine aufzuschwingen?

Eine ehrenwerte Stiftung

Wer eine Antwort auf diese Frage sucht, muss im Internet nur nach den elektronischen Hinterlassenschaften des ehrenwerten Staatsmannes surfen, der nicht müde wird, Russland aller möglichen Einmischungen in die Angelegenheiten der Ukraine anzuklagen.
In diesem Fall sucht man nach der Arsenij-Jazenjuk-Stiftung »Open Ukraine«. Der erste Klick gilt natürlich der Seite mit den »Partnern« der Stiftung. Ganz oben steht der »Black Sea Trust«

des »German Marshall Fund« (GMF), eine US-amerikanische Einflussstiftung, praktischerweise mit deutschem Geld gegründet. Der »Black Sea Trust« ist eine Unterabteilung des GMF für Staaten, die am Schwarzen Meer liegen, wie beispielsweise die Ukraine. Nächster Partner auf Jazenjuks Website ist niemand geringerer als das Chatham House – besser bekannt als Royal Institute of International Affairs (RIIA), das britische Gegenstück zum amerikanischen Imperialisten-Netzwerk Council on Foreign Relations. Bezahlt werden die Projekte des Chatham House unter anderem von Rockefeller, Bill Gates, NATO, EU und der deutschen Konrad-Adenauer-Stiftung.

Als Nächstes prangt das Logo der NATO »höchstpersönlich« auf Jazenjuks Website, genauer: das Logo des NATO Information and Documentation Centre (NIDC), einer offenbar extra für die Ukraine gegründeten Propaganda-Organisation des Militärbündnisses. Es geht aber noch direkter, um nicht zu sagen: dreister. Denn zu Jazenjuks Förderern gehört auch das US State Department. Ganz offen prangte das Siegel des US-Außenministeriums auf der Stiftungs-Website des neuen ukrainischen Ministerpräsidenten. Weitere Organisationen, wie beispielsweise die berüchtigte amerikanische Nationalstiftung National Endowment for Democracy, fallen da kaum noch ins Gewicht.

NATO und US-Außenministerium: die ehrenwerten »Partner« des ukrainischen Ministerpräsidenten Jazenjuk

Und welche Ziele verfolgen diese Partner? Eigenen Angaben zufolge ist Jazenjuks »Open Ukraine«-Stiftung eine rein philanthropische Organisation – und »überparteilich«. Chaos, Revolution und Krieg gehören offiziell nicht zu ihren Aufgaben. Diese wiederum werden nur verklausuliert formuliert. Deshalb muss man ein bisschen »übersetzen«. Zum Beispiel: »Die Stiftung arbeitet mit einer neuen Generation von Künstlern, Unternehmern und Aktivisten aus unterschiedlichen Regionen zusammen, die sich um sozialen Wandel bemühen.« Wobei »sozialer Wandel« für Revolution und Umsturz steht. Zu diesem Zweck gründete die Stiftung »ein Netzwerk von jungen Leuten mit innovativen Ideen für sozialen Wandel« (=Aufstandsmethoden) und stellte »eine Plattform für den Austausch von Erfahrungen und den besten Methoden« zur »Umsetzung des Wandels« zur Verfügung. Mit anderen Worten, Arsenij Jazenjuks »Open Ukraine«-Stiftung erscheint als reinste NATO-Revolutionszentrale. Das ist aber noch nicht alles. Bei dem neuen ukrainischen Staatschef handelt es sich offenbar um einen lupenreinen Agenten fremder Mächte, nämlich der USA und Großbritanniens, dessen Auftrag lautet: Umsturz. Mit anderen Worten, es geht bei der sogenannten Revolution in der Ukraine in Wahrheit um einen Vorstoß des Westens nach Osten, der Teil einer langfristigen Strategie ist:

> »Das Wichtigste ist wohl, dass es sich hier um eine mindestens hundert Jahre alte Strategie handelt. (…) Man muss sich vor Augen führen, dass hier die Siegermächte des Ersten und Zweiten Weltkrieges, vor allem Großbritannien und die USA, wieder am Werk sind. Sie wollen jetzt einen Schritt weitergehen, einen dritten Schritt, und sich weitere Teile der Welt einverleiben. Das ist also eine langfristige Strategie, bei der es auch darum geht, sich Asien und Russland langfristig einzuverleiben« (Interview des Autors im iranischen Rundfunk IRIB (30.4.2014).

Die Ukraine-Politik der Hauptmächte der NATO, USA und Großbritannien, zielt also darauf, dem Westen die Macht in der Ukraine zu sichern. Dass der russische Präsident Wladimir Putin da noch schnell die strategisch und militärisch wichtige Schwarzmeer-Halbinsel Krim für Russland retten wollte (oder diese sich selbst), war da eigentlich kein Wunder. Am 16. März 2014 schloss sich die Krim der Russischen Föderation an.

Thema des Monats *8.3.:*
Spurlos verschwunden: das Rätsel von Flug MH370

5.3. Die Münchner *Abendzeitung* stellt Insolvenzantrag ***8.3. Spurlos verschwunden: Das Rätsel von Flug MH370*** **10.3.** In München beginnt der Prozeß gegen den FC Bayern-Präsidenten Uli Hoeneß ***15.3. Operation False Flag. US-Militärattaché plant eine militärische Provokation*** **16.3.** Die Halbinsel Krim stimmt für den Beitritt zur Russischen Föderation **18.3.** Das Bundesverfassungsgericht winkt endgültig den Europäischen Stabilitätspakt (ESM) und den Europäischen Fiskalpakt durch **20.3.** Die frühere Bundesbildungsministerin Annette Schavan verliert in einem Verfahren vor dem Verwaltungsgericht Düsseldorf endgültig ihren Doktortitel **25.3.** Der FC Bayern München wird Deutscher Fußballmeister **26.3.** Papst Franziskus nimmt den Rücktritt von Bischof Franz-Peter Tebartz-van Elst an ***27.3. Papst-Audienz: Schwule Vergangenheit von Barack Obama kocht hoch***

8. März
Flug MH370 meldet sich nicht

Flughafen Kuala Lumpur, Malaysia, 0.41 Uhr. Mit sechs Minuten Verspätung startet eine Boeing 777 der Malaysia Airlines mit 239 Menschen an Bord nach Peking. In den frühen Morgenstunden (um 6.20 Uhr Kuala-Lumpur-Zeit) soll sie dort ankommen. Die meisten Passagiere, etwa 150, sind Chinesen, knapp 40 stammen aus Malaysia, die restlichen aus 13 weiteren Nationen. 19 Passagiere gehören einer chinesischen Künstlergruppe an, 20 arbeiten bei der amerikanischen High-Tech-Firma Freescale Semiconductor. Die zwölfköpfige Besatzung kommt aus Malaysia. Kapitän der Boeing 777 ist der äußerst erfahrene 53-jährige Senior-Pilot Zaharie Ahmed Shah. Er steht seit 1981 in Diensten von Malaysia Airlines, hat rund 18 000 Flugstunden auf dem Buckel und prüft andere Piloten auf dem Simulator. Ko-Pilot Fariq Abdul Hamid ist 27 und hat bisher knapp 2800 Flugstunden absolviert. Etwa eine halbe Stunde nach dem Start meldet sich der Kapitän routinemäßig bei der malaysischen Flugsicherung ab: »Goodnight, Malaysian 370.« Denn nun sollen die vietnamesischen Fluglotsen die Kontrolle über das Flugzeug übernehmen. Doch statt nun dort artig »Guten Morgen« zu sagen, bleibt das Cockpit stumm und schaltet auch noch den Transponder ab – also jenes Funkgerät, das die Kennung und andere Daten der Maschine auf den Radarschirm der Fluglotsen überträgt. Kurz, die Maschine taucht unter und wird nie wieder gesehen – jedenfalls nicht auf einem Flughafen. Weder kommt sie in Peking an, noch wird sie auf einem anderen Airport gesichtet. Ein Rauschen geht durch den Blätterwald, und die Wellen schlagen hoch. Das Drama um den Flug Malaysia Airlines MH370 (Registrierung 9M-MRO) beherrscht wochenlang die Schlagzeilen. Oder sollte ich besser sagen: das »Verwirrspiel« um Flug MH370? Denn der Pilot sollte mal dieses, mal jenes zuletzt gesagt haben; mal sollte die Maschine hierhin geflogen sein, mal dorthin; mal wurden hier Trümmer gesichtet, mal dort; mal wurden die Suchmannschaften in dieses Seegebiet dirigiert, mal in jenes. Doch Flug MH370 blieb verschwunden.

Irrflug in der politischen Landschaft

Flug MH370 fand aber nicht nur in der geografischen, sondern auch in der politischen Landschaft statt. Tausende Kilometer entfernt, in der Ukraine, kämpften die Weltmächte um die Vorherrschaft auf dem Globus. Nachdem der gewählte ukrainische Präsident Wiktor Janukowytsch ein Assoziierungsabkommen mit der EU auf Eis gelegt hatte, zettelten westliche Agenten einen Aufstand gegen seine Regierung an und jagten ihn aus dem Amt (siehe *23. Januar:* Die Revolution ist auch nur ein Event). Maßgebliche ukrainische Oppositionspolitiker werden vom Westen unterstützt: Vitali Klitschko von der deutschen Konrad-Adenauer-Stiftung und Ministerpräsident Arsenij Jazenjuk von der NATO. Nachdem sich viele ehemalige Ostblockländer der EU und/oder der NATO angeschlossen haben, soll nun die Ukraine drankommen. In Syrien haben Russland und China die westliche Revolutionswalze vorerst gestoppt.

Die Waffe wird gespannt

Wenige Tage vor dem Start von MH370 geriet der Coup auch in der Ukraine ins Stocken. Unter den globalen Kräften, die an dem Land zerrten, brach es auseinander. Am 2. März 2014 erklärte die russisch dominierte Halbinsel Krim ihre Abspaltung von der Ukraine und schlug den Weg nach Russland ein. Internationalen Protesten zum Trotz hielt die Krim am 16. März eine Volksabstimmung über den Anschluss an Russland ab, bei der rund 97 Prozent der Bürger mit Ja gestimmt haben sollen. Und auch Russland ließ sich von den internationalen Protesten nicht beeindrucken, sondern nahm die Krim in die Russische Föderation auf. Denn hinter dem russischen Präsidenten Putin stehen China, Iran und noch weitere Größen. China und Iran – war da nicht was? An

Bord von MH370 befanden sich 153 Chinesen und zwei Iraner mit falschen Pässen. Was wäre zum Beispiel, wenn iranische Terroristen ein Flugzeug voller Chinesen in die 452 Meter hohen Petronas Towers in Kuala Lumpur steuern würden? Wäre das nicht ein ungeheurer Donnerschlag für die Welt? Und ob – vor allem für das russisch-chinesische Bündnis (SCO, Shanghai Cooperation Organization), in dem Iran als Beobachter mitmischt. Für den Westen höchste Zeit zu handeln. Denn diese Länder haben noch viel gefährlichere Pläne, als die Ukraine (und Syrien) gegen den westlichen Machtanspruch zu verteidigen: Sie formieren einen eigenen Machtblock auf dem Globus, die sogenannten BRICS-Staaten: Brasilien, Russland, Indien, China und Südafrika. Gemeinsam sind diese fünf aus westlicher Sicht nicht nur unausstehlich, sondern auch unbesiegbar. Zusammen bringen sie es auf drei Milliarden Menschen (40 % der Weltbevölkerung), ein Viertel der Landmasse und über ein Fünftel des Welt-Bruttoinlandsprodukts. Und nicht nur das: Sie legen auch Hand an das Herz der amerikanischen Macht – an das Finanzmonopol. Die BRICS-Staaten wollen nicht nur einen eigenen Währungsfonds, sondern auch eine eigene Weltbank gründen: die New Development Bank (NDB). Am 15. Juli 2014 sollte es so weit sein. Höchste Zeit, einen Keil in diese hochgefährlichen Allianzen zu treiben. Was wäre also zum Beispiel, wenn iranische »Terroristen« eine Maschine voller Chinesen entführen und zum Absturz bringen würden? Vielleicht auf so spektakuläre Weise wie am 11. September 2001 – so dass es die Welt nicht übersehen könnte? Der Krach zwischen Peking und Teheran wäre wohl perfekt. Und damit wären auch die Bündnisse von SCO und BRICS angeschlagen. So gesehen beinhaltete Flug MH370, der bald nach dem Start auf Nimmerwiedersehen verschwinden würde, eine hochexplosive Mischung: die beiden Iraner und die 153 Chinesen. Weitere »Zutaten« waren 38 Malaysier, drei Amerikaner, vier Franzosen, fünf Inder, sechs Australier, sieben Indonesier, je zwei Neuseeländer, Kanadier und Ukrainer sowie je ein Russe, Taiwanese und Niederländer. Alle diese Nationen würden hinterher die Schuld für die schrecklichen Schicksale der Opfer auf den Iran schieben, der schon seit vielen Jahren das Ziel amerikanischer und israelischer Kriegsbemühungen ist. Im Prinzip saßen an Bord von Flug MH370 also schon eine »Koalition der Willigen« und eine »Koalition der Hilflosen« – Angehörige jener Länder nämlich, die zusehen müssten, wenn Iran am Pranger stünde und die eigenen Bündnisse auseinanderflögen. Zunächst nahm auch alles den geplanten Verlauf.

Ein Drama in drei Akten

Ein Flugzeug verschwindet spurlos – samt Insassen! So etwas hat es ja noch nie gegeben! Oh, doch, so etwas gab es schon mehrmals, und zwar am 11. September 2001, als gleich vier Airliner verschwanden und durch andere Objekte ersetzt wurden, und am 10. April 2010, als angeblich die polnische Regierungsmaschine mit dem Präsidenten Lech Kaczynski an Bord bei Smolensk abstürzte, in Wirklichkeit aber ebenfalls verschwand und durch ein altes Wrack ersetzt wurde. Es gibt nur einen wichtigen Unterschied: Diesmal, bei Flug MH370, hörte die Geschichte mittendrin auf: Ein Flugzeug verschwand – aber dann? Nichts mehr: kein Terroranschlag, keine Notlandung, keine Trümmerteile oder Ölspuren auf dem Wasser – nichts. Der Schluss der Geschichte fehlt einfach komplett. Wie hätte er aussehen sollen? Erinnern wir uns an den US-Kommandeur Lyman Lemnitzer und seine Operation Northwoods. Ein Stück aus dem militärischen Tollhaus, das er 1962 aufschrieb und mit dem er einen Krieg gegen Kuba anzetteln wollte. Es ist eine Aufführung in drei Akten:

1. Akt: Auf irgendeinem Flughafen startet eine Maschine voller Passagiere.
2. Akt: Nach einer Weile stellt die Maschine den Funkverkehr ein, ändert Flughöhe und Kurs und verschwindet vom Radar.

3. Akt: Anstelle der verschwundenen Maschine taucht eine ferngelenkte Drohne auf und fliegt weiter. Während die Maschine mit den Menschen an Bord sicher auf einer US-Basis landet, wird die Drohne über feindliches Gebiet gelenkt, dort gesprengt und das Ganze dem Feind in die Schuhe geschoben – damals eben Kuba.

Fertig ist der Krieg! Zwar wollte US-Präsident John F. Kennedy das Stück damals nicht haben – was einer der Gründe dafür war, warum das Militär Kennedy nicht mehr haben wollte (der ein Jahr später ermordet wurde). Aber das steht auf einem anderen Blatt.

Ein abgeschmacktes Drehbuch

Dafür fanden sich später andere Abnehmer für das Drehbuch, zum Beispiel George W. Bush und seine Regierung. Sie führten das Ganze am 11. September 2001 unter dem Namen »9/11« auf. Ein einprägsamer Titel, nur leider war die Inszenierung lausig. Regiefehler häuften sich genauso wie Verrisse. Aber die Kritiker wurden einfach mundtot gemacht. Das Stück wurde denn auch keineswegs beerdigt, sondern tingelt seitdem als drittklassiger Schocker über die Weltbühne. Es wurde in verschiedenen Varianten aufgeführt – mal hier, mal dort – und überzeugte auch Gegner. Unter anderem wurde es am 10. April 2010 in Smolensk gegeben, wo auf einen Schlag die gesamte polnische Regierung bei einem Flugzeugabsturz umkam und in Särgen nach Hause geschickt wurde. Und nun am 8. März 2014. Neu war eben nur, dass nach dem zweiten Akt plötzlich Schluss war. Nach dem Verschwinden von Flug MH370 fiel einfach der Vorhang, und das Publikum wurde nach Hause geschickt. Da war die Verwirrung natürlich groß: Unerhört! Was sollte das denn? Wie ging es denn nun weiter? Und wo war das Flugzeug? Doch listen wir zunächst einmal die Ähnlichkeiten zwischen Flug MH370 und den Attentaten des 11. September 2001 auf:

- Am Ausgangsort des Flugs stehen zwei riesige Zwillingstürme: die Petronas Towers in Kuala Lumpur, 88 Stockwerke (für Numerologen: 8 x 11) und 452 Meter hoch (Quersumme 11).
- 2011 waren die Zwillingstürme drei Monate für Touristen geschlossen, angeblich wegen Renovierung (Vorbereitung für eine Sprengung?).
- Bei dem Flug gehen zwei iranische Sündenböcke mit falschen Pässen an Bord, die später als angebliche »Entführer« verkauft werden sollen. Die »Verdächtigen« gelangen wider jede Wahrscheinlichkeit in das Flugzeug.
- Ihre gestohlenen Pässe waren den Behörden bereits bekannt.
- Die Pässe waren in Interpol-Datenbanken verzeichnet und hätten bei Passkontrolle und Check-in auffliegen müssen. Der Check-in der beiden wird also geduldet, wenn nicht sogar von den Behörden eingefädelt.
- Die beiden haben vorher die Zwillingstürme in Kuala Lumpur besichtigt (wichtig für die spätere Legende).
- Bald nach dem Start stellt das Flugzeug die Kommunikation ein und schaltet den Transponder ab.
- Zur selben Zeit findet eine US-Militärübung mit zwei identischen Maschinen statt.
- MH370 vollführt eine scharfe Richtungsänderung zurück zum Ausgangsort und geht in den Tiefflug über.
- Die malaysische Flugabwehr reagiert nicht.
- Das Flugzeug wird *nicht* von Abfangjägern abgefangen.
- Gemeinsam mit der Passagiermaschine ist noch ein baugleicher Zwilling unterwegs.

Agenten und ihre Assoziationen

Gespenstisch, nicht wahr? Das Drehbuch des 11. September 2001 ist überdeutlich zu erkennen. So schrieb der international bekannte Anti-Terror-Spezialist und Ex-Mossad-Mann Michael Ross: »Im November vergangenen Jahres flog ich in einer Boeing 777 von Kuala Lumpur nach China. Es war ein ruhiger, ereignisloser Flug, der pünktlich gestartet war – eine angenehm häufige Erfahrung in diesem Teil der Welt. Es war dunkel, und ich erinnere mich an den Blick auf das schillernde Kuala Lumpur unter mir. Vor allem erinnere ich mich an die leuchtenden massiven, 88-stöckigen Petronas Twin Towers inmitten der Stadt.« (*National Post*, Online-Ausgabe, 10.3.2014). Dies alles habe ihm wieder vor Augen gestanden, als er von dem Verschwinden von Malaysia-Airlines-Flug MH370 gehört habe – und dass der vermisste Jet angeblich nach nur 40 Minuten in Richtung Kuala Lumpur umkehrte. »Ist es möglich, dass MH370 ein Plot vom Typ 9/11 war, bei dem die Petronas Towers in Kuala Lumpur das Ziel waren?«, fragte der Geheimdienstspezialist. »Bis vor kurzem waren sie die höchsten Gebäude der Welt. Und auch jetzt noch sind sie spektakuläres Herzstück von Kuala Lumpurs Skyline. Man kann sich vorstellen, dass Terroristen sie als ein verlockendes Ziel ansehen würden.« Handelte es sich bei diesen Gedanken eines »Anti-Terror-Experten« wirklich nur um Assoziationen – oder wusste Ross mehr? Immerhin war er selbst schon einmal zwei »iranischen Agenten« auf der Spur gewesen, die angeblich versucht hatten, Waffen in Südafrika zu beschaffen. Und schließlich gibt es gar keine Anti-Terror-Spezialisten, sondern nur Terrorspezialisten, und auch keine Ex-Mossad-Agenten, sondern nur Mossad-Agenten. Denn schließlich kann man bei dieser »Firma« gar nicht so leicht kündigen.

Und auch in diesem Fall gab es zwei Iraner »unter falscher Flagge«. Und da die beiden Iraner an Bord von Flug MH370 gelangen konnten, war die Spur für die kommenden Ereignisse gelegt, genau wie am 11. September 2001 mit den Hijackern um Mohammed Atta. Und es gab auch Leute, die diese gelegte Spur sofort begierig aufgriffen, zum Beispiel ein weiterer früherer »Anti-Terror-Experte« der israelischen Geheimdienste und als Fachmann für »passenger screening« und »passenger inspection« später Sicherheitschef der israelischen Fluglinie El Al. Also ein Experte genau für die Bereiche, bei denen es am 8. März offenbar »gehakt« hatte, als die beiden Iraner mit den falschen Pässen an Bord von Flug MH370 gehen konnten. Das Verschwinden des Malaysia-Airlines-Fluges weise »direkt auf den Iran«, so Isaac Yeffet laut der israelischen Zeitung *The Times of Israel* (Online-Ausgabe, 16.3.2014).

Was passierte wirklich?

Wie könnte die Operation denn nun in Wirklichkeit abgelaufen sein? Etwa so:

- Dem Kapitän von Flug MH370 wird per Funk mitgeteilt, auf sein Flugzeug sei ein Anschlag geplant – wahrscheinlich mit einer Rakete.
- Der Kapitän wird angewiesen, sämtliche Kommunikation einzustellen und den Transponder abzuschalten, um eine Ortung seiner Maschine zu verhindern.
- Der Kapitän wird angewiesen, tiefer zu gehen und einen Notlandeplatz anzufliegen.
- Eine Drohne startet irgendwo in Vietnam oder Thailand, um Flug MH370 zu ersetzen und den Anschlag auf einen der Twin Towers in Kuala Lumpur durchzuführen.
- Flug MH370 landet, wie in Operation Northwoods vorgesehen, auf einer US-Basis, wahrscheinlich Diego Garcia.
- Die Insassen der Maschine werden nach der Landung gefangen genommen oder liquidiert.
- Mit dem Double gibt es jedoch ein Problem. Es wird entweder von feindlichen Kräften abgeschossen oder wegen Fehlfunktion von den Befehlshabern gesprengt: Vor Vung Tau, Südostvietnam, sieht ein Arbeiter einer Ölbohrplattform nachts eine brennende Verkehrsmaschine abstürzen (siehe unten).
- Die geplante Aktion (spektakulärer Doppel-Selbstmordanschlag »von iranischen Agenten« auf die Zwillingstürme in

Kuala Lumpur mit vielen chinesischen und malaysischen Opfern) wird daraufhin abgeblasen.

- Ein zweiter »eingeplanter« Flug (der »Zwilling« für den zweiten Petronas-Turm in Kuala Lumpur) fliegt unbehelligt weiter.
- Der Kapitän des Zwillings erhält keinen Befehl zum Untertauchen.
- Der Flug landet planmäßig an seinem Bestimmungsort.
- Die zweite Drohne wird gar nicht erst gestartet.
- Weil die erste Drohne ausfällt, wird die Operation »verstümmelt«: Der Geschichte fehlt der Schluss.
- Die Sündenböcke (die beiden Iraner mit den falschen Pässen) werden nach dem Verschwinden von Flug MH370 aus dem Fokus der Berichterstattung genommen. Angeblich wollten sie nur in Deutschland Asyl beantragen, hieß es plötzlich.
- Da weder der originale Flug MH370 noch die Drohne jemals (wieder) auftauchen darf, entsteht der Mythos der »auf geheimnisvolle Weise« verschwundenen Boeing 777.
- Die Suchaktion wird maßgeblich von den USA und ihren Verbündeten Großbritannien und Australien bestimmt und in die falsche Richtung dirigiert.
- Weil der geplante Abschluss der Operation fehlt, sind die Beteiligten konfus und verstricken sich in Widersprüche.

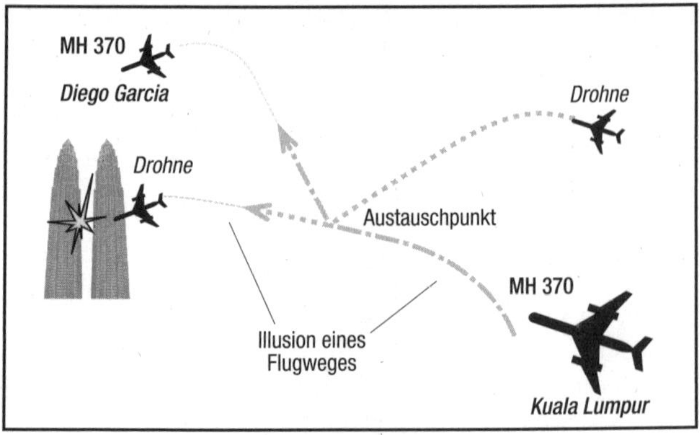

Mögliches Schema der »Operation MH370«

Irgendetwas muss zwischen dem Verschwinden der (ersten) Originalmaschine und dem Auftauchen der Drohne schiefgelaufen sein. Während die erste Maschine plangemäß untertauchte, fiel der »Dummy« aus unbekannten Gründen aus. Vielleicht, weil er defekt war oder abgeschossen wurde. Und all die Falschmeldungen, widersprüchlichen Nachrichten und die Verwirrung resultierten daraus, dass für diesen Fall kein Plan B existierte.

»Falschfahrer« am Himmel

Nun ist der Gedanke der Ähnlichkeit zwischen Flug MH370 und 9/11 natürlich schön und gut, aber gibt es dafür auch Beweise? Nun, ein Teil der Beweise ist in den obigen Listen ja bereits enthalten: Fakt ist, dass die Piloten den Funkverkehr einstellten und den Transponder abschalteten. Fakt ist auch, dass – nachdem die Maschine wieder über Malaysia flog – keine Kampfjets abhoben, um die Lage aufzuklären. Ein in der internationalen Luftfahrt eigentlich zwingend vorgeschriebenes Verfahren. Normalerweise geht man in so einem Fall nicht gleich von einem Terroranschlag, sondern eher von einem Luftnotfall aus. Wenn eine solche Maschine ohne Genehmigung und Erklärung vom Kurs abweicht, muss vor Ort nach dem Rechten gesehen werden. So können die Kampfpiloten beispielsweise ins Cockpit blicken und per Handzeichen einen Kontakt aufbauen. Der Zeithorizont dafür beträgt rund 15 Minuten. Das Ganze funktioniert etwa so, als würde eine Polizeistreife einen Falschfahrer auf der Autobahn verfolgen. Denn das Flugzeug ist in diesem Fall ja sozusagen ein »Falschflieger«.

Eine verdächtige Ereigniskette

Dass dieser Abfangversuch unterblieb, spricht bereits Bände. Denn dies bildet zusammen mit den Handlungen im Cockpit eine Ereigniskette, die bereits in Operation Northwoods vorgezeichnet und am 11. September 2001 erstmals im großen Stil in die Praxis umgesetzt wurde (jedenfalls, soweit wir wissen). Da die Ereigniskette auf Handlungen von zwei verschiedenen Akteuren (in der Luft und am Boden) beruhte, heißt das, dass die Aktionen (oder Nichtaktionen) aufeinander abgestimmt gewesen sein müssen. Während nach dem Verschwinden der Maschine alle Aufmerksamkeit auf die Rolle der beiden Piloten gelenkt wurde, übernahmen Flugsicherung und Militär in dem Drama in Wirklichkeit den zweiten Part – nämlich, indem sie nicht reagierten. Nur so ist es überhaupt möglich, dass ein solcher Airliner »verschwindet«. Andernfalls würde das Flugzeug umgehend aufgespürt und abgefangen werden. Es hat hier also nicht nur einer »verrückt gespielt«, sondern zwei – neben der Besatzung der Boeing 777 auch die Kräfte am Boden. »Die eine wirklich unbeantwortete Frage ist die grundlegende Tatsache oder Realität, dass dieses Flugzeug über einen sehr großen Zeitraum in malaysischem Luftraum flog«, sagte Sarah Bajc, die Freundin des verschollenen MH370-Passagiers Philip Wood:

»Eine halbe Stunde oder 45 Minuten. Es gibt hier also eine 777, ein nicht identifiziertes Objekt, das theoretisch keine Verbindung zum Boden unterhält, das sich in ihrem [malaysischen] Luftraum bewegt. Und sie sagen, dass ihr Militär es schlicht nicht gesehen habe. Oder dass sie nicht von einer Bedrohung ausgingen, sondern dass es freundlich war. Ich glaube das nicht. Das malaysische Militär ist ziemlich hoch entwickelt und besitzt eines der besten Radarsysteme in der Region; ganz offensichtlich verbergen sie etwas. (…) Ich glaube, sie tun das, um zu verbergen, was mit dem Flugzeug geschah. Ob das nur eine malaysische Initiative war oder ob auch andere Länder involviert waren, weiß ich nicht. Ich weiß wirklich nicht, wie und warum sie das durchgeführt haben. Aber ich weigere mich zu glauben, dass das malaysische Militär eine 777 in seinem Luftraum ignoriert hat.« (TV-Beitrag)

Leute mit Verbindungen zum malaysischen Militär und zu den Sicherheitskräften hätten ihr gesagt, sie seien von einer militärischen Operation ausgegangen.

»Gemäß neuer schockierender Berichte hat eine ganze Reihe von Behörden, einschließlich des malaysischen Militärs, MH370 verschwinden lassen«, berichtete die australische Website news.com.au (20.5.2014). Der frühere malaysische Vize-Premierminister Anwar Ibrahim sagte dem zufolge, das Militär habe die Standardverfahren bei einem unbekannten Flugzeug (ohne eingeschalteten Transponder) komplett missachtet: »Die Luftwaffe wird alarmiert und muss dann zu diesem Gebiet fliegen, um die Maschine entweder zur Landung zu bringen oder dazu, den malaysischen Luftraum zu verlassen [sollte es sich um eine fremde Maschine handeln]. Das sind Standardprozeduren, aber sie wurden nicht angewendet. Das ist ein großer Skandal und summiert sich zu einer ernsten Bedrohung der nationalen Sicherheit.« Das Verschwinden von Malaysia-Airlines-Flug 370 wurde demnach organisiert – anders wäre es gar nicht möglich gewesen. Und weil die Kräfte am Boden (Militär, Flugsicherung u.a.) mitspielten, rückten sie hinterher nicht oder nur häppchenweise mit der Wahrheit heraus und verstrickten sich auch noch dauernd in Widersprüche. Ein Fall, der so nicht eingetreten wäre, wenn der Vorfall den geplanten logischen Abschluss gefunden hätte, zum Beispiel mit einem Anschlag auf die Petronas Towers. In dem anschließenden globalen Nachrichtenchaos und den wachsenden Spannungen hätte ohnehin keiner mehr nach irgendwelchen Details gefragt – und nach dem Verbleib von Flug MH370 natürlich schon gar nicht. Denn der war doch in den ersten Turm geflogen – oder nicht? Nun aber standen die malaysischen Militärs und Luftsicherheitsbehörden im Regen und reagierten mit allen Anzeichen von Konfusion.

Das Protokoll des Flugs

Aufgrund der Widersprüche, Desinformationen und »Irrtümer« kann man den wirklichen Verlauf von Flug MH370 am 8. März 2014 Ortszeit nur unter Vorbehalt rekonstruieren:

00:41 Uhr Start auf dem Flughafen Kuala Lumpur. In UTC – Coordinated Universal Time – schreibt man den 7. März, 16.41 Uhr.

01:19 Uhr Zwischen Malaysia und Südvietnam verabschiedet sich der Kapitän von den malaysischen Fluglotsen. Zunächst angeblich mit den Worten »All right, good night«, später mit »Goodnight, Malaysian 370«. Dass es bereits in Bezug auf diese primitive Information Ungereimtheiten gibt, deutet darauf hin, dass der wahre Funkverkehr verschwiegen wird. Tatsächlich erklärte ein Team von Malaysia Airlines den Angehörigen der chinesischen MH370-Passagiere, »es gebe gesperrte Informationen, die nicht veröffentlicht werden können. Wie die Mitarbeiter bei einem Briefing in Peking mitteilten, umfassten die gesperrten Beweise den Funkverkehr, Radardaten und Aufzeichnungen des Flughafens«, berichtete das bekannte alternative Nachrichtenportal *Before its news* (29.3.2014). Also ist der Funkverkehr ganz oder teilweise geheim. Das ist äußerst ungewöhnlich. In der Regel kann man den letzten Funkverkehr eines verunglückten Airliners ein paar Tage später in der Zeitung lesen – oder zumindest in einschlägigen Fachpublikationen. Warum nicht in diesem Fall? Warum darf man den Funkverkehr nicht hören oder lesen? Zum Beispiel, weil dem Kapitän Anweisungen erteilt wurden, von denen die Öffentlichkeit besser nichts wissen soll? Oder weil die Crew versucht hat, Notrufe abzusetzen, die nicht erhört wurden?

01:21 Uhr Der Transponder wird abgeschaltet. Trotzdem kann das Flugzeug noch auf dem »Primärradar« gesehen werden, allerdings ohne Kennung und weitere Daten (z.B. Flughöhe).

01:25 Uhr Die Maschine ändert die Richtung, vollführt eine fast komplette Kehrtwende und fliegt nach Malaysia zurück.

01:30 Uhr Zwei malaysische Fischer sehen einen Airliner im Tiefflug vor der Küste von Kota Baru, also auf dem (Rück-)Weg nach Malaysia. Zeitpunkt und Beschreibung passen zu Flug MH370.

Nachts (ohne Uhrzeit) Ein Plattformarbeiter auf der Ölbohrplattform Songa Mercur vor Vung Tau, Südvietnam, sieht eine brennende Verkehrsmaschine abstürzen. Er ist davon überzeugt, dass es sich um die Boeing 777 der Malaysia Airlines handelt. Die Behörden reagieren aber nicht auf seine Eingaben. Wenig später wird der Mann entlassen.

ca. 02:00 Uhr Gemäß einem Bericht der *New Straits Times* vom 12. April 2014 versucht das Handy von Co-Pilot Fariq Abdul Hamid eine Verbindung aufzubauen, bevor das Flugzeug auf die Straße von Malakka hinausfliegt. Es sei aber kein Gespräch zustande gekommen, und auch der Adressat des Telefonats sei unbekannt.

02:01 Uhr Ein unbekanntes Flugzeug, wahrscheinlich MH370 (9M-MRO), wird von einer militärischen Radarstation in der Straße von Malakka erfasst. Wahrscheinlich hat Flug MH370 die Malaiische Halbinsel in Richtung Westen überquert und bewegt sich parallel zu offiziellen Luftstraßen und möglichst außerhalb von Radarerfassungszonen.
02:22 Uhr Das unbekannte Flugzeug hat die Straße von Malakka verlassen und fliegt in Richtung Andamanen auf den Indischen Ozean. Am Waypoint IGREX in der Andamanensee wird es zum letzten Mal vom malaysischen Militärradar erfasst.
06:15 Uhr Mehrere Bewohner der Malediven-Insel Kudahuvadhoo sehen einen extrem lauten, tief fliegenden weißen »Jumbo Jet« mit roten Streifen – was dem Aussehen von Flug MH370 nahekommt – die Insel auf dem Weg nach Südosten überfliegen.

Die letzte heiße Spur

Und das ist denn auch die letzte heiße Spur: »Ich habe noch nie einen Jet so tief über unsere Insel fliegen sehen«, sagte ein Bewohner von Kudahuvadhoo: »Wir haben schon Wasserflugzeuge gesehen, aber dies war ganz sicher keines davon. Ich konnte sogar ganz deutlich die Türen des Flugzeugs sehen. Es ging nicht nur mir so. Mehrere andere Bewohner haben exakt dasselbe berichtet. Manche Leute sind aus ihren Häusern gekommen, um nachzusehen, was so einen enormen Lärm macht.« Ein Luftfahrtexperte sagte dem maledivischen Nachrichtenportal *haveeruonline* am 19. März 2014, es sei wahrscheinlich Flug MH370 gewesen. Die Wahrscheinlichkeit, dass irgendein anderes Flugzeug die Malediven überflogen habe, sei »extrem gering«. Laut Augenzeugen flog die Maschine in südöstlicher Richtung zur Südspitze der Malediven.
Und damit nähern wir uns auch schon des Rätsels Lösung. Denn

in Verlängerung dieses Kurses liegt der angloamerikanische Militärstützpunkt Diego Garcia, ein ursprünglich malerisches Atoll und Inselparadies im Indischen Ozean, inzwischen aber eine waffenstarrende Festung, deren ursprüngliche Bewohner vor etwa 50 Jahren vertrieben wurden. »Satellitendaten lassen darauf schließen, dass das letzte von einem Satelliten empfangene ›Ping‹ aus der Gegend der Malediven und der US-Marinebasis Diego Garcia empfangen wurde«, hieß es auf *haveeruonline.* Denn wohlgemerkt: Der angebliche Absturz von Flug MH370 ist wie ein Mord ohne Leiche. Bis heute gibt es nicht den geringsten Beweis für einen Crash von Flug MH370 (9M-MRO): weder Trümmer noch eine Blackbox oder einen Voicerecorder; weder entsprechende Radaraufzeichnungen noch Signale eines »Crashsenders« (ELT). »Nach 71 Tagen wird das Schweigen des Crashsenders immer lauter«, schrieb die malaysische Zeitung *The Star* am 17. Mai 2014 in ihrer Online-Ausgabe. Angesichts der heutigen technischen Möglichkeiten ist ein Absturz damit im Prinzip ausgeschlossen. Interessanterweise wurde Diego Garcia in den Grafiken unserer Mainstream-Medien einfach weggelassen. Dort fliegt MH370 über einen völlig leeren Ozean, um schließlich irgendwo in der Nähe Australiens abzustürzen oder zu verschwinden. So sieht man etwa im *Spiegel* Nr. 13/2014 Flug MH370 auf einer Doppelseite in einem großen Bogen mitten über den Indischen Ozean fliegen – von Diego Garcia gibt es dort jedoch keine Spur. Hier eine Grafik des wahrscheinlich letzten Flugweges:

1. Start in Kuala Lumpur
2. Letzter Kontakt und Kursänderung
3. Ein unbekannte Maschine (wahrscheinlich Flug MH 370) wird über der Straße von Malakka geortet.
4. Das unbekannte Flugzeug wird in der Andamanensee erfasst.
5. Bewohner der Malediven-Insel Kudahuvadhoo sehen einen tief fliegenden weißen »Jumbo Jet« mit roten Streifen
6. MH 370 landet auf dem US-Stützpunkt Diego Garcia?

Ein geheimer Stützpunkt

Das Diego-Garcia-Atoll gehört den Briten, wurde ab 1966 aber für 50 Jahre den USA überlassen. Es beherbergt einen ausgewachsenen Militärflughafen, auf dem auch Langstreckenbomber vom Typ B-1 und B-2 landen können. Fest steht darüber hinaus, dass die Passagiere von Flug MH370 nicht die ersten Entführungsopfer wären, die auf Diego Garcia verschwanden. Spätestens seit einem *Time*-Bericht vom 31. Juli 2008 ist klar, dass dort ein Gefangenenlager à la Guantánamo existiert – nur viel geheimer. Nach einem Artikel des britischen *Telegraph* vom 13. August 2014 soll das Lager für nicht weniger als 500 Häftlinge ausgelegt sein. Zwischen 2002 und 2003 sollen dort zum Beispiel die beiden angeblichen Planer der Anschläge vom 11. September 2001, Ramzi Binalshibh und Khaled Sheikh Mohammed, gefangen gehalten worden sein. Diego Garcia ist genau wie Guantánamo eine Basis der US Navy, also jener Waffengattung, die am 11. September 2001 und im anschließenden »Krieg gegen den Terror« eine zentrale Rolle spielt(e). Offenbar wurden in Sachen Flug MH370 dieselben Techniken und Infrastrukturen genutzt wie bei den Anschlägen auf das World Trade Center (siehe Gerhard Wisnewski: *Operation 9/11. Angriff auf den Globus*, München 2011).

Notlandeplatz Diego Garcia

Rein zufällig ist der Flughafen für die Landung einer Boeing 777 sogar vorgesehen. Diego Garcia ist offizieller Notlandeplatz für zweimotorige Maschinen (ETOPS, *Extended Range Twin Engine Operations*), die längere Nonstop-Flüge über den Indischen Ozean durchführen. Nur so ist es ihnen erlaubt, mit nur zwei Triebwerken nonstop 9000 oder 10 000 Kilometer zu fliegen, davon große Streckenabschnitte über den Indischen Ozean. Und das dürfte auch der Grund sein, warum der Kapitän von Flug MH370, Zaharie Ahmad Shah, in seinem Flugsimulator die Landung auf Diego Garcia geübt hat. Zwar hat dort wohl noch nie die Notlandung eines großen Airliners stattgefunden, aber trotzdem gehört die Landung auf Diego Garcia zu den Standardprozeduren für Piloten, die im Bereich des Indischen Ozeans unterwegs sind. Deshalb wäre es für Kapitän Shah auch keine große Überraschung gewesen, im Rahmen einer Notfallübung oder eines angeblichen Notfalls dorthin dirigiert zu werden. Zwar hätten andere Flughäfen viel näher gelegen, aber Befehl ist nun mal Befehl. Hätte Shah von der Flugsicherung oder dem Militär tatsächlich die Anweisung bekommen, auf Diego Garcia zu landen, hätte er sich dem kaum widersetzt. Genauso wenig wie der Anweisung, sich dabei möglichst unsichtbar zu machen.

Die bereits erwähnte Lebensgefährtin des Passagiers Philip Wood, Sarah Bajc, glaubte noch im April 2014 fest daran, »dass die Maschine intakt ist und die Passagiere am Leben sind«. In einem Interview mit dem US-Nachrichtensender MSNBC (Microsoft/National Broadcasting Company) erklärte sie, sie glaube nicht, »dass wir schon die ganze Geschichte erfahren haben«. Es gebe da zu viele Zufälle, um zu glauben, dass dieser Flug einfach so sechs bis sieben Stunden (wie aus Satellitendaten geschlossen wurde) vor sich hinflog und dann in den Indischen Ozean stürzte. »Ich bin zuversichtlich, dass es etwas gibt, das wir nicht wissen, und ich hoffe, dass es der Umstand ist, dass die Passagiere noch am Leben sind.« Sie glaubte, dass die Maschine entführt worden sei, und zwar von sehr cleveren Leuten, die »herausgefunden haben, wie man die Kommunikationseinrichtungen der Maschine manipulieren, das Flugzeug vom Kurs abbringen und trotzdem nur noch eine dünne Spur hinterlassen konnte« (MSNBC, online, 28.3.2014). Mit anderen Worten, von Experten also.

Bajc: »Es gab mehrere Wochen der Irreführung und Fehlinformationen, die sich dauernd änderten, aber in der letzten Woche bin ich zu dem Schluss gekommen, dass das Flugzeug mit Sicherheit noch intakt ist und die Passagiere noch am Leben sind. Weil die Abfolge der Informationen, die uns gegeben wurden, darauf hinweist. Ich glaube, die anderen Familien sehen das genauso.« Offiziell werde nur eine einzige Spur verfolgt, nämlich die eines Absturzes: »Das ist das offenbar das Einzige, was sie untersuchen. Und sie weichen sämtlichen Fragen aus, die durch die Lücken in ihrer Geschichte aufgekommen sind.« Merkwürdig: Sollte man nicht meinen, dass die Behörden in einem solchen Fall ergebnisoffen ermitteln und alle Möglichkeiten in Betracht ziehen? Aber an eine Entführung oder Ähnliches auch nur zu denken hatte wohl nicht die höchste Priorität.

Satellitendaten vom Großen Bruder

Stattdessen wurde verbreitet, die Maschine sei ganz tief nach Südwesten geflogen, bis fast vor die Küste Australiens, und dann abgestürzt. Deshalb auch die intensiven Suchmaßnahmen in dieser Region. Die aber lediglich der Ablenkung dienten! Die zugrundeliegenden Satellitendaten stammten von Großbritannien und den USA, also den Eigentümern bzw. Betreibern von Diego Garcia selbst. Das Satellitensystem, das die letzten Daten von Flug MH370 lieferte, gehört ebenfalls Briten und Amerikanern, die zusammen mit Israelis auch im Vorstand sitzen. 28 Prozent von Inmarsat gehörten zeitweise der Finanzholding Harbinger Group (seinerzeit Harbinger Capital), früher besser bekannt als Zapata Corporation – die Ölbohrfirma von George H. W. Bush, 1976 bis 1977 CIA-Direktor und von 1989 bis 1993 US-Präsident. Unter seinem Sohn George W. Bush fanden die Attentate des 11. September 2001 statt, weitere Familienmitglieder bekleideten Schlüsselpositionen der damaligen Attentatsoperation. Der Bruder von George W., Jeb Bush, unterschrieb ein Strategiepapier, das bis heute als »Vorhersage« der damaligen Anschläge gilt. Marvin Bush leitete jahrelang die Sicherheitsfirma des World Trade Center, des Washington Dulles Airport (von wo Flug 77/Pentagon startete) und der United Airlines (die mit zwei Flugzeugen in die Anschläge verstrickt war).

Die geheimnisvollen »Rundbögen«

Die Harbinger Group war also vorübergehend beteiligt an dem Satellitennetz Inmarsat, mit dessen Hilfe Flug MH370 zuletzt angeblich vor Australien geortet worden war und die Suchgebiete festgelegt wurden – möglichst weit weg von Diego Garcia, versteht sich. Inmarsat ist ein Satellitensystem, das eine ganze Reihe von Kommunikationsdiensten anbietet, zum Beispiel Satellitentelefonie (wobei man davon ausgehen kann, dass die britische, die amerikanische und andere Regierungen immer mithören). Darüber hinaus wickeln Fluggesellschaften den technischen Datenaustausch mit ihren Maschinen über Inmarsat ab, so dass der weltweite Flugverkehr auch auf diese Weise von den USA und Großbritannien überwacht werden kann. Keine große Maschine bewegt sich auf dem Planeten, ohne dass diese beiden Mächte darüber Bescheid wissen. Und auf exakt solchen automatisch übermittelten Daten sollen die letzten »Ortungen« von Flug MH370 beruhen – die berühmten »Rundbögen« –, die in Wirklichkeit nur auf Schätzungen und Modellen fußten. Aufgrund der Satellitendaten wurden um den Standort des Inmarsat-Satelliten über dem Globus quasi mit dem Zirkel zwei Teilkreise gezogen – und die Suchmannschaften für Wochen in den südlichen Indischen Ozean geschickt. Ohne Ergebnis. Die Zeugenaussagen der Bewohner von Kudahuvadhoo wurden dagegen ohne plausible Begründung verworfen.

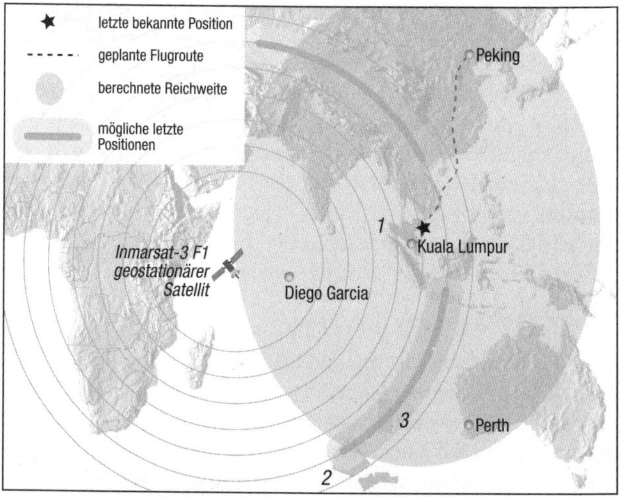

Aufgrund von Satellitendaten berechnete mögliche letzte Positionen von MH370 (»Rundbögen«)

Dass die Daten, die zu der Suchaktion im südlichen Indischen Ozean führten, gar keine objektiven Werte oder harten Beweise darstellten, wissen die wenigsten. Vielmehr beruhten die beiden geschwungenen Bögen, in denen sich die Maschine zuletzt angeblich aufgehalten haben könnte, nur auf Extrapolationen der Rohdaten. Inmarsat zeigte sich denn auch lediglich »zuversichtlich«, dass seine Interpretation der Werte korrekt sei. Kein Wunder, dass Inmarsats Berechnungen »in Zweifel gezogen« wurden, hieß es am 27. Mai 2014 auf *CNN News Hour*. Um Inmarsats Berechnungen zu prüfen, verlangten die Familien der verschollenen Passagiere die Rohdaten der Satelliten. Aber Mark Dickinson, Inmarsat-Vizepräsident für den Satellitenbetrieb, lehnte das ab und wollte nur Inmarsats Interpretation der Daten zur Verfügung stellen. Ob man denn seine Berechnungen nachvollziehen könne, wollte daraufhin *CNN*-Reporter Richard Quest von Dickinson in einem Interview wissen. »Nein«, lautete die Antwort. Man brauche dafür eine Menge Experten aus verschiedenen Bereichen, beispielsweise Satelliten- und Modemingenieure. Man benötige ein gutes Verständnis aller beteiligten Komponenten. Woraufhin *CNN*-Mann Quest Inmarsat-Vize Dickinson fragte: »Sie geben den Menschen die Möglichkeit, ihre Arbeit zu bewerten, aber sie fordern sie nicht auf, sie nachzuvollziehen?« – »Nein, wie ich schon sagte, wir machen die Arbeit, wir haben Experten in sehr vielen verschiedenen Bereichen …«

Ein unbefriedigendes Dokument

Die Angehörigen der vermissten Passagiere wollten jedoch keine Modelle oder Interpretationen von Inmarsat, dem sie offenbar grundsätzlich misstrauten, sondern die Rohdaten der Satelliten, um sie von unabhängigen Experten untersuchen zu lassen. Diese Daten war Inmarsat jedoch laut Dickinson nicht bereit herauszugeben. Zwar erklärte Inmarsat-Geschäftsführer Rupert Pearce am 27. Mai 2014, man habe alle Daten, die man besitze, veröffentlicht. Aber der eigentliche Experte dafür war nun mal Inmarsat-Vize Dickinson. Und der hatte bereits erklärt, die Rohdaten eben nicht veröffentlichen zu wollen. So erhielten die Angehörigen am 27. Mai 2014 denn auch lediglich ein 47-Seiten-Dokument mit bereits aufbereiteten Daten. In dem von der malaysischen Regierung zur Verfügung gestellten Dokument heißt es: »Die beiliegenden Datenaufzeichnungen samt zusätzlichen Bemerkungen für (9M-MRO) Flug MH370 wurden von Inmarsat erstellt.« – »Wir sind nicht damit zufrieden, dass der Bericht in einem Format geliefert wurde, das ganz klar bearbeitet wurde«, sagte dazu Sarah Bajc am 27. Mai 2014 zu *CNN*. Insbesondere sie machte Inmarsat, den malaysischen Behörden und allen, die in diesem Fall womöglich logen oder pfuschten, die Hölle heiß. Nicht nur durch ihre Eingaben, sondern auch durch ihre klare Ausdrucksweise, Ausstrahlung und Persönlichkeit. Sie wurde von einem Fernsehsender zum anderen gereicht und wurde zu einer Art inoffizieller Sprecherin der Angehörigen. Mit der Strenge einer Lehrerin sagte sie: »Was wir erwartet haben, waren die Logfiles. Die Rohdaten, die vom Satelliten heruntergeladen werden, könnten viel schwerer manipuliert oder gefälscht werden als ein PDF-Dokument.« Plötzlich stand ein schwerer Vorwurf im Raum: Könnte es sein, dass Inmarsat die mit Hilfe der Rohdaten erzielten Ergebnisse gefälscht hatte? »Ich beschuldige nicht Inmarsat, das getan zu haben«, beeilte sich Bajc jedoch zu erklären, »weil ich glaube, dass es eine gute Firma ist, die ihr Bestes tut, um in dieser Lage zu helfen. Aber diese Daten wurden ihr aus der Hand genommen und nun auch von der malaysischen Regierung geschönt, bevor sie veröffentlicht wurden.« Was man angesichts des oben Gesagten nicht so einfach unterschreiben kann. Vielmehr hatte Inmarsat-Vize Dickinson ganz klar bekundet, keine Rohdaten veröffentlichen zu wollen. Aber vermutlich bemühte sich Bajc lediglich um ein gutes Verhältnis zu dem Satellitenmulti, auf den sie bei der Suche nach ihrem Lebensgefährten und den anderen Vermissten schließlich angewiesen ist. Aber letztendlich kann niemand die Satellitendaten so gut verstehen und möglicherweise auch manipulieren wie Inmarsat, der Betreiber des Satellitennetzwerks selbst. Es darf bezweifelt werden, dass Malaysia die Experten besitzt, um plausible Änderungen an den Inmarsat-Daten vorzunehmen, ohne dass die ganze Sache auffliegt und auch auf Widerspruch von Seiten Inmarsats stößt. Inzwischen hat Inmarsat übrigens von seinen eigenen Daten Abstand genommen und mitgeteilt, dass der Standort von MH370 unbekannt sei (Epoch Times, online, 20.10.2014).

»Eine sehr, sehr unheimliche Angelegenheit«

Schließlich behauptet die malaysische Regierung in dem Papier ja auch, dass die Daten von Inmarsat stammten. Dass die Malaysier die Werte eigenmächtig »geschönt« hätten, wie Bajc vermutete, ist daher kaum zu glauben. Die Daten enthielten aber »auch nicht alles, was wir verlangt haben«, so Bajc. Beispielsweise gebe es 50 verschiedene Angaben, welche die Familien gefordert hätten, nachdem es wiederholt Fehler durch das (malaysische) Ermittlungsteam gegeben habe und man Informationen nicht mehr ohne weiteres traue. Die malaysische Regierung vertusche »entweder ihre eigene Inkompetenz oder Fehlverhalten, oder sie vertusche im Auftrag eines anderen, einer mächtigeren Regierung – es könnte alles sein«. – »Aber es gibt keine andere Erklärung für dieses andauernde Sich-bedeckt-Halten. Ich habe es nun schon so oft gesagt, dass es sich anhört wie ein Sprung in einer Schallplatte: In den meisten Ländern der Erde sind die Daten der Flugsicherung öffentlich. Zivile Radardaten sind öffentlich. Bei diesen Ermittlungen haben wir nichts davon gesehen. Es gibt einfach zu viele Dinge, die man erwartet hatte, die aber nicht mitgeteilt wurden.« Es gehe schließlich auch um die Sicherheit des Luftverkehrs:

»Jeden Tag steigen acht Millionen Menschen in ein Flugzeug, und wir haben hier ein Flugzeug, das gänzlich verlorenging. Und die Mächte der Welt behaupten, dass sie darüber nichts wüssten. Und das ist eine sehr, sehr unheimliche Angelegenheit. Und ich bin einfach erstaunt, dass dies nicht mehr Menschen ernst nehmen. Irgendjemand vertuscht hier etwas. Ich glaube das einfach nicht. Ich glaube einfach nicht, dass hier nicht jemand mehr weiß.«

Diesem Jemand gefielen solche Sätze vielleicht nicht. Schon in der zweiten Woche nach dem Verschwinden von Flug MH370 wurde bei Bajc zu Hause in Peking eingebrochen: »Wer immer das war, war nicht sehr vorsichtig. Ich bin ein echter Ordnungsfreak und habe sofort gemerkt, dass einige Gegenstände bewegt wurden«, sagte sie hinterher. Das heißt aber auch, dass es sich nicht um Vandalismus oder einfachen Einbruchdiebstahl handelte – denn um den zu erkennen, musste sie schließlich kein »Ordnungsfreak« sein. Der oder die Einbrecher hatten es auf den Safe abgesehen: »Der Code von meinem Tresor wurde zurückgesetzt, was immer dann passiert, wenn man dreimal die falschen Zahlen eingibt.« Also doch Einbruchdiebstahl? Von Einbruchsspuren erzählte sie jedoch nichts. Dafür bekam sie nun obszöne Fotos und Morddrohungen auf ihr Handy geschickt: »Ich werde kommen und dich töten«, lautete eine SMS. Außerdem gab es »unheimliche Anrufe«. Ganz offensichtlich versuchte »irgendjemand«, Bajc Angst zu machen. Einige Wochen später wurde zum zweiten Mal bei ihr eingebrochen bzw. eingedrungen: »Mein Nachbar sah, wie zwei Leute meine Wohnung verließen«, sagte sie.

Blackbox-Signale, die keine waren

Auch das australische Militär, der dritte angloamerikanische Beteiligte neben Großbritannien und den USA, lenkte die Aufmerksamkeit der Weltöffentlichkeit weit weg von Diego Garcia in den südwestlichen Indischen Ozean. Maßgeblich bei der Suche nach Flug MH370 vor Ort waren Angaben des Joint Agency Coordination Centre (JACC), das von einem ehemaligen australischen Luftwaffenoffizier namens Angus Houston geleitet wird. Dem zufolge hatte ein australisches Marineschiff am 5. und 8. April 2014 angeblich vier Ultraschallsignale einer Blackbox aufgefangen, die sofort an ein geheimes Labor der australischen Marine übermittelt wurden. Einmal mehr sei man »sehr zuversichtlich«, dass es sich um die Blackbox-Signale von Flug MH370 gehandelt habe, so Australiens Premier Abbott (*The Straits Times*, Online-Ausgabe, 11.4.2014). Der Ex-Luftwaffenoffizier Houston behauptete, »die von einer Sonde des Schiffs Ocean Shield abgefangenen Signaltöne ›stimmen mit denen überein, die von Flugschreibern ausgesendet werden‹. Houston sprach von ›sehr ermutigenden‹ Informationen aus den vergangenen 24 Stunden«, berichtete die *heute*-Website am 7. April 2014.

Signale auf der falschen Frequenz

Aber warum konnte sich nicht jeder Interessierte ein Bild von diesen Blackbox-Signalen machen? »Während die Zweifel an ihrer Echtheit wachsen, werden die Blackbox-Signale von Malaysia Airlines MH370 nicht veröffentlicht«, hieß es am 19. Mai 2014 auf Australiens führender Nachrichtenseite news.com.au. Die zur Schau getragene Euphorie war denn auch eine glatte Lüge – oder sagen wir lieber: ein Irrtum. Denn es stellte sich heraus, dass die Frequenzen der Signale nicht mit den Blackbox-Frequenzen übereinstimmten. Während eine Blackbox bei 37,5 Kilohertz sendet, betrug die Frequenz der ersten Signalfolge vom 5. April nur 33,331 Kilohertz. Die Frequenz der zweiten Signalfolge vom 8. April betrug sogar nur 27 Kilohertz. Hatte man hier einfach irgendwelche unterseeischen Geräusche zum Blackbox-Signal erklärt und die Öffentlichkeit so eine Weile in Atem gehalten? Ein paar Tage lang konnten die TV-Sender wieder Bilder von Suchschiffen zeigen und

Beobachter an Bord von Flugzeugen, denen bei der angestrengten Suche nach Flug MH370 die Augen aus dem Kopf traten. Schöne Aufnahmen – aber ohne jeden Wert. Ging es etwa nur darum, Zeit zu gewinnen? Bis dahin war in der Weltöffentlichkeit – nicht zuletzt auch wegen der Inmarsat-Daten – der Eindruck entstanden, die Maschine sei in der Nähe von Australien abgestürzt. Die angeblichen Blackbox-Signale führten zu einer Intensivierung der Suche vor der australischen Westküste – ohne Erfolg, versteht sich. Doch schon am 11. April verneinte JACC-Chef Houston die Echtheit der Signale. Auch Meldungen über Blackbox-Signale, die von einem chinesischen Schiff aufgefangen worden seien, erwiesen sich als voreilig. Die Signale seien auf sehr unprofessionelle Weise von einem kleinen Boot empfangen worden, hieß es. Die Chinesen führten im selben Boot eine weitere »Soundbake« (Ultraschallsender) mit, die – sollte sie denn feucht gewesen sein – leicht ähnliche Ultraschallsignale wie die empfangenen hätte abgeben können *(CNN,* online, 7.4.2014). Trotzdem behauptete der australische Premierminister Tony Abbott: »Wir suchen nach einem Flugzeug, das sich auf dem Grund eines sehr tiefen Ozeans befindet …« Seltsam: Woher wusste er das? Wenn es für diese Behauptung keine Fakten gab, was war sie dann anderes als Fantasie – oder Desinformation?

Keine Spur von Flug MH370?

Kurz, die Behörden wussten nichts. Trotz wochenlanger Suche konnten weder malaysische noch amerikanische, britische, australische oder chinesische Dienststellen auch nur die geringste Spur von Flug MH370 vorweisen. Was eigentlich ein Ding der Unmöglichkeit ist. Nehmen wir beispielsweise Flug AF447 der Air France von Rio de Janeiro nach Paris, der in der Nacht zum 1. Juni 2009 über dem Atlantik verschwand. Nachdem die Maschine den Bereich des brasilianischen Radars verlassen hatte, sendete sie trotzdem noch ihre GPS-Daten. Unter Berücksichtigung von

Geschwindigkeit und Richtung konnte man so eine wahrscheinlich letzte (Absturz-)Position ermitteln. Schon sechs Tage später, am 6. Juni 2009, wurden erste Leichen, Wrackteile und Gepäckstücke gefunden. Wenig später hatte man über 50 Leichen und Hunderte von Wrackteilen geborgen. Flug MH370 dagegen wurde seit nunmehr sieben Monaten vermisst, ohne dass irgendeine Spur gefunden werden konnte (Stand: Oktober 2014). Anders als bei Flug AF447 waren auch die GPS-Daten kein Thema. Während heute schon jeder Lastwagen und sogar jedes Handy per GPS verfolgt werden kann, soll dies bei einem modernen Passagierjet nicht möglich sein? In Wirklichkeit senden auch moderne Flugzeuge über die verschiedensten Netzwerke ihre GPS-Daten. Nur bei Flug MH370 soll das nicht der Fall gewesen sein? Oder wie es der ehemalige malaysische Premierminister Mahathir Mohamad formulierte: »Flugzeuge verschwinden nicht einfach. Sicherlich nicht heutzutage, bei all den mächtigen Kommunikationssystemen, Funk- und Satellitenverfolgung sowie digitalen Kameras, die nahezu unendlich lange arbeiten können und riesige Speicherkapazitäten besitzen«, schrieb er am 18. Mai 2014 in seinem Blog. »Heutzutage werden der Aufenthaltsort und die Bewegungen von allen Airlinern beobachtet. Jedermann kann die Symbole der Flugzeuge, die um die Welt fliegen, auf seinem Smartphone verfolgen: ihre Registrierungsnummer, ihren Hersteller, ihren Eigentümer, ihren Startflughafen und Bestimmungsort. Und trotzdem konnte Flug MH370 vollständig verschwinden, sogar von den Bildschirmen von Ländern mit hochentwickelten Spionagesatelliten.« Wohl kaum. Vielmehr kann man davon ausgehen, dass gleich mehrere Nationen gestochen scharfe Bilder von Flug MH370 besitzen, angefangen bei den USA über Frankreich, Großbritannien und Israel bis hin zu Russland und China – eben alle, die über geeignete Spionagesatelliten verfügen. Diese Staaten dürften sehr genau wissen, was mit Flug MH370 passiert ist. Während die einen wegen ihrer Mittäterschaft schweigen, schweigen die anderen, weil sie keine diplomatische Konfrontation und Krise heraufbeschwören wollen.

Eine einflussreiche Persönlichkeit

»Eine der einflussreichsten Personen in Malaysias regierender Partei behauptet, dass Informationen über Flug MH370 zurückgehalten werden und dass die von Australien geleitete Suchaktion vor Westaustralien eine Verschwendung von Zeit und Geld darstellt«, zitierte auch der *Sydney Morning Herald* Mahathir Mohamad. Und Mohamad hatte auch einen bestimmten Grund für sein Misstrauen: »Dr. Mahathir vermutet, die Central Intelligence Agency wusste über das Verschwinden des Flugzeugs mit 239 Menschen an Bord Bescheid, aber informierte Malaysia nicht. Er behauptete auch, dass Boeing, der Hersteller des Flugzeugs, und ›bestimmte‹ Regierungsstellen die Möglichkeit haben, Airliner wie die verschwundene Boeing 777 per Fernsteuerung zu übernehmen und zu steuern« (19.5.2014). »›Aus irgendeinem Grund berichten die Medien nichts über Boeing oder die CIA‹, sagte der ehemalige Malaysia-Premier.« Die malaysische Zeitung *Utusan Malaysia* blies in dasselbe Horn. In einem Kommentar hieß es, es sei an der Zeit, »über den Tellerrand hinaus zu blicken«. »Wenn die CIA die Anschläge des 11. September durchführen konnte, ist es nicht weit hergeholt, MH370 mit dem amerikanischen Geheimdienst in Verbindung zu bringen.« – »Viele haben anerkannt, dass der 11. September ein Plan der USA war, um ein kostenloses Ticket für den Angriff auf Afghanistan und den Irak zu bekommen. Die Verschwörung des 11. September, die früher als Unsinn angesehen wurde, ist inzwischen eine Tatsache, und Putrajaya [der Regierungssitz Malaysias] muss die Sache einmal aus einer anderen Perspektive betrachten.« – »Was, wenn die Tragödie von MH370 arrangiert worden wäre, um Malaysias Beziehungen zu China in Gefahr zu bringen?« (6.4.2014) Die offiziellen Dementis aus Kuala Lumpur waren fast so gut wie eine Bestätigung dieser Vermutungen. So wies der malaysische Verkehrsminister Datuk Seri Hishammudin entsprechende Spekulationen mit der Bemerkung zurück: »Wenn es eine CIA-Beteiligung gäbe, glaube ich nicht, dass wir hier eine so starke US-Präsenz sehen würden« (*Daily Mirror*, Online-Ausgabe, 14.4.2014). Ein Argument, das wohl nach hinten losgeht. Denn die starke US-Präsenz spricht ja gerade für eine CIA-Beteiligung. Schließlich war MH370 ja kein amerikanischer Flug. Warum dominierten die USA trotzdem die gesamte Suchaktion?

Übung macht den Meister

Genau wie am 11. September 2001 und bei anderen großen Attentaten, beispielsweise den Bombenanschlägen von London am 7. Juli 2005, gab es auch am 8. März 2014 eine große US-Militärübung in der Region. Diese Übungen dienen bei solchen Attentaten als Tarnung. Möglicherweise hat man MH-370-Kapitän Shah im Rahmen dieser Übung angewiesen, den Kurs zu ändern und auf Diego Garcia notzulanden. Attentate können bekanntlich ganz offiziell als Übung vorbereitet und erst im letzten Moment in einen Anschlag umfunktioniert werden – zum Beispiel, indem plötzlich echte Bomben explodieren, wie am 7. Juli 2005 in London. Oder indem plötzlich wirklich zwei Flugzeuge in das World Trade Center fliegen – was eigentlich nur ein Übungsszenario sein sollte. Oder indem plötzlich zwei Flugzeuge in die Twin Towers von Kuala Lumpur fliegen? Inhalt der Übung vom 8. März soll exakt das gewesen sein, was dann tatsächlich passierte: Ein Flugzeug verschwindet und muss gesucht werden. Die Frage ist nur, warum man dafür dann ein Double brauchte. Im Rahmen dieser Übung sei auch eine andere malaysische Boeing 777 »in hochverdächtiger Weise« benutzt worden, berichtete das alternative Nachrichtenportal *Humans Are Free* im Mai 2014. Gleichzeitig mit Flug MH370 (Registrierung 9M-MRO) sei ein »Klon« mit der Registrierungsnummer 9M-MRQ an der Übung beteiligt gewesen. Und auch das Nachrichtenportal *Before its News* titelte am 3. April

2014: »Zwei Malaysia-Airlines-Jets wurden bei der MH370-Operation benutzt.« Ein Zwilling also. Das typische 9/11-Szenario. Denn schließlich gibt es in Kuala Lumpur ja auch zwei Türme …

China, Indien, Pakistan, Vietnam?

Natürlich kursierten auch Theorien, wonach MH370 (9M-MRO) doch nach China, nach Vietnam oder gar nach Pakistan, Afghanistan oder Kasachstan geflogen sei. Dabei dürfte es sich durchweg um Ablenkungsmanöver gehandelt haben. Denn in all diesen Szenarien wäre die Maschine durch den zivil und militärisch kontrollierten Luftraum gleich mehrerer Staaten geflogen – und dabei mit Sicherheit »aufgeflogen«. Viele Länder besitzen mehrere »Area Control Centers« und Radarstationen, die das Flugzeug auf seinem Weg durch den eigenen Luftraum verfolgen. Nein, damit das Flugzeug verschwand, musste es so schnell wie möglich aus jedem kontrollierten Luftraum heraus, und das ging nur über dem offenen Meer. Es musste also vom Ausgangsland aus schnurstracks auf einen Ozean hinausfliegen. So würde man nur dieses Ausgangsland »einweihen« bzw. »kontrollieren« müssen. Die Radarabdeckung der Weltmeere endet in der Regel 100 bis 200 Kilometer vor der Küste, so dass jede Maschine, die über einen Ozean fliegt, zwangsläufig vom Radar »verschwindet«. Je tiefer sie fliegt, umso schneller verschwindet sie hinter dem Horizont. Daher spricht auch der beobachtete Tiefflug von MH370 auf den Malediven dafür, dass es darum ging, Radarkontakt zu vermeiden. Wenn eine solche Maschine nicht wieder auftaucht, gibt es nur zwei Möglichkeiten: Entweder ist sie über dem Meer abgestürzt oder auf einem seegestützten Flugfeld gelandet, das nicht von zivilen Flugsicherungsbehörden erfasst wird. Da ein Absturz aufgrund fehlender Spuren im Prinzip unwahrscheinlich ist, kommt im Grunde nur Letzteres in Frage. Um jedes Risiko einer Erfassung durch fremdes ziviles oder (fremdes) militärisches Radar auszuschließen, sollte das Flugfeld möglichst von vielen Meilen Wasser umgeben sein. Außerdem sollte es sich unter absoluter Kontrolle einer einzigen Macht befinden, sprich: Es sollte sich um militärisches Sperrgebiet handeln, auf dem keine Personenfreizügigkeit herrscht. Und da gab es innerhalb der Reichweite von Flug MH370 nur sehr wenige Möglichkeiten. Denn schließlich sollte der Flug von Kuala Lumpur nach Peking nur über etwa 2600 Meilen gehen. Kerosin war daher für maximal 3300 Meilen an Bord (inklusive Reserve). Und wenn man sich einmal fragt, wo auf der Welt es völlig abgelegene Inseln mit einem ausgewachsenen Flughafen gibt, die weder von zivilem noch von fremdem militärischem Radar erfasst werden und außerdem militärisch abgeschottet sind, dann bleiben innerhalb der Reichweite von Flug MH370 gar nicht so viele übrig. Zwar hätte es auch in östlicher Richtung, im Pazifik, vereinzelte Kandidaten gegeben; von Malaysia aus erstreckt sich in dieser Richtung jedoch kein offenes Meer, vielmehr liegen dort Küsten und unübersichtliche Inselreiche wie Indonesien und die Philippinen – voller Radarstationen und jeder Menge Augenzeugen an Land und auf See (Fischerboote). Am einsamsten ist in jedem Fall das vollkommen abgelegene Diego Garcia inmitten des Indischen Ozeans. Genau das dürfte übrigens auch den eigentlichen Wert dieser Marinebasis ausmachen: dass die USA hier, vollkommen unbeobachtet von fremdem Radar, schalten und walten können, wie sie wollen.

Ein Handy im Hintern

Googelt man Diego Garcia, so trifft man auf die schönsten Südseebilder: ein grünes Inselparadies mit Sandstrand, Palmen und weißer Brandung – und mit dem erwähnten Militärflughafen natürlich. Es gibt aber auch andere Bilder von Diego Garcia. Eines davon ist zum Beispiel schwarz – rabenschwarz. Es enthält nicht einen einzigen Lichtpunkt. Am 19. März 2014 tauchte es plötzlich auf einem Imageboard namens 4chan.org auf. Dazu folgender Text:

»Ich werde von unbekanntem Militärpersonal als Geisel gehalten (mit verbundenen Augen), nachdem mein Flug entführt wurde. Ich arbeite für IBM und habe es geschafft, mein Handy während der Entführung in meinem Hintern zu verstecken. Ich wurde von dem Rest der Passagiere getrennt und befinde mich in einer Zelle. Mein Name ist Philip Wood. Ich glaube, ich wurde unter Drogen gesetzt, da ich nicht klar denken kann.«

Philip Wood? Das war doch der Lebensgefährte von Sarah Bajc, jener Frau, die mit den Ermittlern so hart ins Gericht gegangen war? Sofort begann eine aufgeregte Diskussion im Internet: Könnte das stimmen? Kann man in absoluter Dunkelheit mit verbundenen Augen überhaupt einen Text schreiben? Konnte das Smartphone elf Tage nach dem Flug überhaupt noch »Saft« haben? Und warum war das Foto überhaupt schwarz – hatte das Handy keinen Blitz? Und natürlich die Frage: Kann man ein ausgewachsenes Smartphone wirklich im Allerwertesten unterbringen? Die Antwort auf die letzte Frage war wohl die leichteste Übung. Anhand zahlreicher Röntgenbilder aus Krankenhäusern wurde bewiesen: Man kann. Tatsächlich bringen Menschen noch ganz andere Gegenstände in ihrem Rektum unter. Auch die Antwort auf die Frage, ob man im Dunkeln eine Textbotschaft schreiben könne, lautete ja. Denn schließlich besitzen viele Smartphones eine Sprachsteuerung. Tatsächlich existiert sogar ein Hinweis darauf, dass die Nachricht diktiert wurde. So ist im englischen Original beispielsweise von »military personal« die Rede, was offenkundig »Militärpersonal« heißen soll. »Personal« heißt auf Englisch jedoch *personnel; personal* heißt dagegen »persönlich«. Ein typischer Verständnisfehler einer Sprachsoftware. Ähnlich klingende Wörter werden von solchen Programmen häufig verwechselt. Auch dass das Foto schwarz war, falsifiziert die Geschichte noch nicht – denn der Blitz muss ja nicht eingeschaltet gewesen sein. Dass das Smartphone elf Tage nach dem Flug noch ausreichend geladen war, ist ebenfalls möglich – denn bekanntlich werden die Passagiere eines Flugzeugs ja aufgefordert, ihre elektronischen Geräte auszuschalten. Gut möglich also, dass das Handy seine Ladung so lange halten konnte, bis es elf Tage später wieder eingeschaltet wurde. Aber hatte Philip Wood das Handy wirklich so lange in seinem Allerwertesten verstaut? Und wenn nicht, warum hat er dann nicht früher eine Nachricht geschickt?

Wenn Daten zu sprechen beginnen

Am spannendsten waren wohl die sogenannten Meta- oder Exif-Daten des Fotos *(exchangeable image file format)*. Wie man weiß, enthalten Digitalfotos jede Menge Angaben über ihre Entstehungsbedingungen, wie Kameramodell, Aufnahmedatum und oft auch die GPS-Koordinaten. Praktischerweise gibt es im Internet Tools, mit denen man diese Exif-Daten auslesen kann, zum Beispiel auf metapicz.com. Man muss nur die Webadresse des Bildes in eine Maske eingeben, und schon zeigt die Seite die Exif-Daten an (falls vorhanden). Was also enthalten die Meta-Daten von Philip Woods angeblichem Foto?
Zunächst erfahren wir aus den Exif-Daten, dass es sich bei dem Handy um ein iPhone 5 handelte, Belichtungszeit eine 15tel Sekunde bei Blende 2,4. Also muss es sehr dunkel gewesen sein. Die Angabe für den Blitz lautet: »Ausgeschaltet, blitzte nicht«. Als Aufnahmedatum wird der 18. März 2014, 20.49 Uhr, angegeben, also zehn Tage nach dem Flug. Warum wurde das Foto also nicht früher aufgenommen? Die GPS-Koordinaten haben es in sich: 7.316197 Süd, 72.426544 Ost. Metapicz.com generiert daraus sogleich eine Karte. Und da steht deutlich zu lesen: »British Indian Ocean Territory« – also Diego Garcia. Interessanterweise hat hier aber nicht einfach irgendein Scherzbold die GPS-Daten von Diego Garcia aus Wikipedia in die Exif-Datei des Bildes kopiert. Diese lauten nämlich 7.313333, 72.411111 und zeigen direkt auf die

Landebahn des Atolls. Tippt man hingegen die Daten aus der »Wood-Nachricht« bei Google Earth ein, landet man in einem hallenartigen Gebäude auf dem US-Stützpunkt – abseits der Landebahn. Ein Hangar? Wohl kaum, denn zu dem Gebäude führen nur einfache Straßen und keine »taxiways«, wie sie für große Flugzeuge erforderlich wären. In der Nähe befinden sich kleine, in Reihen angeordnete grünliche Behausungen. Erklärung: Es ist die Zeltstadt des geheimen Gefangenenlagers »Camp Justice«. Der moderne Flachbau gehört offenbar dazu. Und sollte Wood sich in einer Zelle befunden haben, dann sicher auch in einem festen Gebäude und nicht in einem Zelt. Sollte es sich bei dem angeblichen Wood-Foto also um einen aus der Luft gegriffenen Schwindel handeln, dann hat sich der Scherzbold immerhin die Mühe gemacht, ein wenig über Diego Garcia zu recherchieren.

»Viele Grüße auch an Bello ...«

Apropos Schwindel: Wie soll Wood das Bild überhaupt ins Internet gestellt haben? Und warum? Konnte er wirklich mit seinem iPhone auf Diego Garcia nur mit Sprachsteuerung im Internet surfen und bei 4chan einen Beitrag einstellen? Theoretisch ja, denn für die mehreren tausend Soldaten und Angestellten auf dem Stützpunkt gibt es auch Mobilfunk und Breitbanddienste. Aber warum postete er den Beitrag dann anonym und nicht ebenfalls unter seinem Namen? Denn in der Absenderzeile des Beitrags taucht sein Name nicht auf. Naheliegender wäre natürlich gewesen, das Bild per MMS einfach an einen seiner Telefonkontakte zu verschicken, der es dann bei 4chan hätte einstellen können. Aber dann hätte er den Empfänger wohl persönlich angesprochen und nicht geschrieben: »Mein Name ist Philip Wood«. Und wenn jemand per MMS einen solchen Hilferuf eines Freundes oder Angehörigen erhalten sollte, würde er ihn dann tatsächlich auf irgendein anonymes Imageboard stellen, statt zur Polizei, zu den Behörden und zur Presse zu laufen, sprich: Himmel und Hölle in Bewegung setzen, um dem Absender zu helfen? Natürlich würde er Letzteres tun. Außerdem würde ein echter Philip Wood wahrscheinlich ein Erkennungszeichen in seiner Botschaft unterbringen, etwas, das nur er und eine weitere Person wissen können. Und wenn es nur der Name eines Haustiers wäre. Zum Beispiel: »Viele Grüße auch an Bello.« Auch so etwas war in der Nachricht nicht enthalten. Rein inhaltlich ließ sie kein persönliches Merkmal von Wood erkennen.

Spuren einer Fälschung?

Vielleicht ist die ganze Geschichte also wirklich ein Scherz? Greifen wir dazu auf die digitale Forensik zurück: »Im Rahmen unserer Recherchen über das Foto haben wir auch Informationen von verschiedenen Experten aus der Welt der digitalen Fotografie eingeholt, um zu erfahren, was sie über das Foto denken«, hieß es am 3. April 2014 auf einer Internet-Security-Seite. Die Computerspezialisten meinten, Anzeichen einer Fälschung entdeckt zu haben. So wiesen die Meta-(Exif-)Daten des Fotos angeblich Merkmale des Bildverwaltungsprogramms Picasa auf. »Der Eintrag in der Exif-Information des Fotos entspricht nicht einem Original-iPhone-5-Foto (wir haben ein echtes iPhone-5-Foto damit verglichen)«, schrieben die Experten, »und so ist bewiesen – soweit man in der Welt der digitalen Forensik etwas beweisen kann –, dass das Foto ein Schwindel ist« (thatsnonsense.com). Natürlich, räumten die Ermittler gleichzeitig ein, »ist nichts davon ein Beweis für irgendetwas. In der digitalen Forensik ist es naturgemäß schwierig, irgendetwas zu beweisen, angesichts der Natur der digitalen Cyber-Welt. Aber in diesem Fall, und das ist der Punkt, ist das Foto kein Beweis für irgendetwas. Die digitale Analyse zeigt, dass das Bild nicht glaubwürdig ist und eindeutige Anzeichen von Veränderungen zeigt …«
Das kann natürlich sein, aber auf der anderen Seite werden Digitalfotos einer Handykamera nun mal häufig bearbeitet. Sollte das

Bild Woods Handy doch zuerst als MMS verlassen haben, dürfte es beispielsweise automatisch verkleinert worden sein. Hat vielleicht Picasa diese Aufgabe erledigt? Oder, wie ein Kommentator im Internet vermutet, »Wood könnte die Nachricht an einen seiner Telefonkontakte gesendet haben, der sie in Photoshop geöffnet hat, um zu schauen, ob etwas zu erkennen ist, und sie dann auf das Board gestellt hat«. Auch eine Möglichkeit. Man kann derartige Metadaten – wie alle anderen Daten auch – aber auch gezielt von Hand ändern, zum Beispiel mit Picasa oder auch mit dem Exif Pilot 4.7.2. Das ist ein nützliches Programm, mit dem sich die Exif-Daten eines Bildes bearbeiten lassen. Wenn wir das Dokument in diesem Fall also ansehen, gibt es einerseits Anzeichen für Veränderungen, andererseits aber keine inhaltlichen Beweise für die Identität und die Behauptungen des Absenders. Der Absender kann weder ein Foto von Diego Garcia vorweisen (deshalb ist das Bild schwarz), noch kennt er die Telefonkontakte von Philip Wood oder irgendetwas aus seinem Privatleben. Vielleicht ist das auch der Grund, warum Woods Freundin Sarah Bajc das Bild Berichten zufolge angeblich nicht für echt hält.

Der dritte Weg

Aber vielleicht gibt es noch eine dritte Möglichkeit, sozusagen einen Mittelweg. Es könnte sich nämlich weder um ein Bild von Philip Wood noch von einem Scherzbold handeln – sondern um das Foto eines Insiders und/oder Angestellten der Marinebasis Diego Garcia, der einen Hinweis auf den Verbleib von Flug MH370 geben wollte. Wie das? Zunächst mal ist das Imageboard, auf dem das Bild zuerst eingestellt wurde, ein Fun- oder auch Trash-Board für amerikanische Japanfans, wo Japanfreunde alles posten, was sie lustig oder auch erregend finden – zum Beispiel Anime, Manga oder Pokemon. Außerdem gibt es Bereiche für Origami, Spiele, Sport und Sex. Die meisten Japanfreunde unter den Amerikanern dürfte man wohl unter amerikanischen Soldaten in Japan finden. Auf der anderen Seite gibt es zwischen Japan und Diego Garcia interessanterweise eine Verbindung. Einer der Wege nach Diego Garcia führt über die Yokota Airforce Base in Japan. Von dort fliegt das Air Mobility Command (AMC) nach Diego Garcia. Dass unter den hauptsächlich männlichen Soldaten auf der Yokota Airforce Base japanophile Fun-Websites wie 4chan.org die Runde machen, ist gut möglich, vor allem auch wegen der pornografischen Inhalte. Möglicherweise wandte sich der Autor der Nachricht also an seinesgleichen – militärisches Personal in Yokota und anderswo. Oder er benutzte das Board eben, weil er es nun mal kannte. Außerdem kann man auf 4chan.org Beiträge anonym einstellen. Auf 4chan.org gibt es keine Registrierung. Wer keinen Namen angibt, der erscheint einfach als »anonymous«. Zwar ist es nach wie vor möglich, dass es sich um einen schlechten Witz handelt. Doch schlechte Scherze sind nun mal vor allem eins – schlecht. Erstens sind sie meistens auf den ersten Blick erkennbar. Zweitens sind schlechte Witze normalerweise oberflächlich. Dass jemand detailliert über Diego Garcia recherchiert, die GPS-Daten eines Gebäudes von »Camp Justice« ermittelt und sie anschließend in die Metadaten eines »schwarzen« Fotos einfügt, ist zumindest nicht gerade naheliegend. Wenn, dann wollte hier jemand vielleicht wirklich einen Hinweis geben. Ob der Tipp auf Wissen oder auf Vermutung beruht, ist allerdings die Frage.

Die unheimliche Zahl 11

Die letzte Spur von Flug MH370 war bezeichnenderweise kein Radarsignal und auch kein Trümmerteil, sondern ein bizarres Vorkommnis. So wurde plötzlich von Konten der verschollenen Passagiere Geld abgehoben. Aber von wem? Lebten die Passagiere vielleicht noch irgendwo? Waren sie ausgeplündert worden, und hatte man ihnen die Kreditkarten abgenommen? Und warum ausgerechnet die okkult bedeutsame Summe von 111 000 malaysischen Ringgits? Wer hebt schon 111 000 Einheiten irgendeiner Währung von einem Konto ab? Die Zahl 11 wurde schließlich schon immer »verdächtigt«, bei verschiedenen Anschlägen eine Rolle gespielt zu haben. So enthielten zahlreiche Daten der Anschläge vom 11. September 2001 die Zahl 11, zum Beispiel:

- 11. September (254. Kalendertag, Quersumme 11)
- Zeit bis zum Jahresende: 111 Tage
- 11.9. (Quersumme 11)
- Flug AA 11 (1 x 11) mit 92 Passagieren (Quersumme 11)
- Flug AA 77 (7 x 11) mit 65 Passagieren (Quersumme 11)
- 254 Opfer in den Flugzeugen (Quersumme 11)
- New York (11. Bundesstaat der USA)
- New York City (11 Buchstaben)
- Afghanistan (11 Buchstaben)
- George W. Bush (11 Buchstaben)

Mit Flug MH370 kann man ähnliche Spielchen treiben, in diesem Fall mit der Sieben. Vielleicht erinnern Sie sich noch an die in der Einleitung zitierten okkulten Bemerkungen der Chefin des Weltwährungsfonds, Christine Lagarde:

- Boeing 777 = dreimal die Sieben
- MH370 = dreimal die Sieben
- 239 Passagiere (Quersumme 14 = 2 x 7)
- der 8.3. war der 7.3. in UTC (Universal Time, Coordinated) (7 x 3)
- MH370 sollte zunächst (laut Medien) noch sieben Stunden weitergeflogen und dann im 7000 Meter tiefen Meer versunken sein

Und der 8.3. nach malaysischer Zeit, der Tag des Verschwindens von Malaysia-Airlines-Flug MH370, ergibt schließlich auch die

Quersumme 11. Und nun hebt jemand ausgerechnet 111 000 malaysische Ringgits von den Konten von vier Passagieren ab? Ist das nicht gespenstisch? Bei näherer Betrachtung dürfte es wohl eher Zufall sein, bedingt durch die Umrechnung von Dollars in Ringgits. So muss man ja auch keineswegs die Passagiere in seiner Gewalt haben, um ihre Konten zu plündern. Es genügt, wenn man ihr Geld in seiner Gewalt hat, zum Beispiel als Angestellter einer Bank. Durch die Medien erfährt man, dass dieser oder jener Kunde vermisst und wahrscheinlich nicht mehr auftauchen wird. Flugs macht man sich daran, seine Konten zu plündern. Jedenfalls wurde im Juli 2014 eine 32-jährige Bankangestellte festgenommen, der genau das vorgeworfen wurde. Sie soll Geld von drei Passagierkonten auf ein viertes überwiesen und dann mit Hilfe einer neu ausgestellten Bankkarte von diesem Konto abgehoben haben. Bei der Summe von 111 000 Ringgits handelte es sich um eine Aufrundung. Laut einem Bericht des malaysischen Informationsportals *The Rakyat Post* ging es in Wirklichkeit um 110 643 Ringgits (20.8.2014). Nun, das ist immer noch eine krumme Summe – wer stiehlt schon genau 110 634 Ringgits? Die Antwort: niemand. Zahlreichen Quellen zufolge zweigten die Verdächtigen 34 000 Dollar von den Konten ab, was seinerzeit 110 634 Ringgits entsprach.
Was also war am 8. März 2014 tatsächlich vorgefallen? Warum und wohin verschwand Flug MH370 der Malaysia Airlines? Nun, wie bereits angedeutet, sieht es so aus, als sollte an jenem Tag eine neue globale Katastrophe im Stil von 9/11 inszeniert werden. Unübersehbar für die Welt sollten Schurken aus dem Iran ein spektakuläres Desaster anrichten und eine Passagiermaschine in die Petronas-Türme in Kuala Lumpur steuern. In diesem Flugzeug sollten dabei 153 Chinesen sowie 38 Malaysier, drei Amerikaner, vier Franzosen, fünf Inder, sechs Australier, sieben Indonesier, je zwei Neuseeländer, Kanadier und Ukrainer sowie je ein Russe, Taiwanese und Niederländer ums Leben kommen, von den

Menschen in den Türmen ganz zu schweigen. Die Aktion sollte die Welt mit einem Schlag traumatisieren und emotional gegen Iran und seine Verbündeten (China, Russland u. a.) aufhetzen. Genau wie am 11. September 2001 sollte das Denken aussetzen und durch spektakuläre Bilder und Emotionen ersetzt werden. Die Welt sollte geeint werden im Kampf gegen die »Schurkenstaaten« vom Schlage Irans, Russlands und auch Chinas. Für die USA und ihre Verbündeten Großbritannien, Israel, aber auch Australien sollten damit gleich zwei existenzielle Krisen kontrolliert werden:

03

- das Desaster und der westliche Schwächeanfall in der Ukraine (Abspaltung der Krim, Scheitern der Expansion nach Osten, wie in Syrien)
- die Pläne des mächtigen BRICS-Bündnisses, einen eigenen Währungsfonds und eine eigene Weltbank zu gründen

Zusammenfassung

Mit anderen Worten, das westliche globale Imperium wollte mit einem Befreiungsschlag wieder die psychologische, moralische und politische Führung auf dem Globus übernehmen, wie das bereits am 11. September 2001 gelungen war. Man könnte es auch einen Peitschenhieb nennen. Dabei sollte auch ein schon lange anvisierter Feind unter Kontrolle gebracht und wahrscheinlich vernichtet werden, nämlich Iran – wie Afghanistan und der Irak nach dem 11. September 2001. Der Angriff der Iraner auf die Petronas-Türme wäre der Casus Belli im Fall Iran gewesen, während Irans Verbündete China und Russland psychologisch auf die Seite der Opfer gezogen worden wären. Wie schon gesagt, saß in Flug MH370 beinahe das, was man als eine neue psychologische »Koalition der Willigen« bezeichnen könnte. Das technische Konzept für den Anschlag ist in Operation Northwoods und im 11. September 2001 zu suchen: Zwei Flugzeuge verschwinden, zwei andere tauchen auf und fliegen in die Petronas-Türme. Vorbereitet und abgewickelt wurde das Ganze im Rahmen einer unverdächtigen »Übung«, bei der es um das Verschwinden von Flugzeugen ging, einer Übung, die an einem bestimmten Punkt in einen »Ernstfall« verwandelt werden sollte, und einer Übung, von der die malaysischen Behörden natürlich wussten. Die Besatzung von Flug MH370 wurde in die beschriebene Übung eingebunden und hatte unter Wahrung absoluter Funkstille einen Notlandeplatz anzusteuern. Dabei wurde der Transponder ausgeschaltet, offizielle Luftstraßen wurden gemieden, und die Maschine flog möglichst tief. Vielleicht wurde das Flugzeug dabei aber auch von außen via Fernsteuerung übernommen. Weil es während der Gesamtoperation zu einem Zwischenfall kam, konnten wir nur ein Fragment dieser Operation beobachten – nämlich das Verschwinden des ersten Fluges MH370. Die als Ersatz für diesen Flug vorgesehene Drohne wurde entweder von den eigenen Befehlshabern gesprengt oder von Gegnern, wie etwa China, Iran oder Russland, abgeschossen. Daher konnte der Mitarbeiter einer Ölplattform vor Südvietnam auch eine brennende Boeing abstürzen sehen. Da die Operation damit gescheitert war, wurde eine zweite eingeplante Verkehrsmaschine nicht mehr gebraucht – vielleicht die Malaysia-Airlines-Boeing 777 9M-MRQ, die sich an diesem Tag ebenfalls in Kuala Lumpur befand und »auf hochverdächtige Weise« an den beschriebenen Übungen teilgenommen haben soll. Da Besatzung und Passagiere von Flug MH370 und möglicherweise auch weitere Zeugen von außen (Flugsicherung) die Vorgänge mitbekommen hatten, war Flug MH370 nicht mehr zurückzuholen. Er steuerte eine abgelegene US-Marinebasis an, wahrscheinlich Diego Garcia im Indischen Ozean. Diego Garcia ist militärisches Sperrgebiet und eine von der Außenwelt abgeschottete *black site.* Zeugen auf den Malediven haben einen »Jumbo Jet« in den malaysischen Farben im Tiefflug in diese Richtung fliegen sehen. Was mit Passagieren und Besatzung auf Diego Garcia geschah, kann man natürlich nur ahnen. Vermutlich wurden sie interniert oder liquidiert, und die Maschine wurde versteckt oder zerlegt. Was für »normale« Menschen unwahrscheinlich, ja geradezu irrsinnig klingt, ist in der Welt der Militärs, Geheimdienste und Geostrategen gang und gäbe. Spätestens seit dem Buch *The Grand Chessboard* (dt. *Die einzige Weltmacht. Amerikas Strategie der Vorherrschaft*, Weinheim 1997) des Obama-Beraters Zbigniew Brzezinski wissen wir schließlich, dass die Welt nur ein Schachbrett ist und wir alle kleine Bauern, oder besser gesagt: Ameisen.

15. März
Operation False Flag: US-Militärattaché plant militärische Provokation

Wie fängt man einen Krieg an? Ganz einfach: Mit einer False-Flag-Aktion. Zurzeit haben diese Werkzeuge wieder Hochkonjunktur, wie wir bereits in dem Kapitel über Flug MH370 gesehen haben (siehe *8. März* »Flug MH370 meldet sich nicht«). False-Flag-Operationen bringen die Geschichte voran und ebnen dem Aggressor den Weg – siehe auch 9/11. Wenn sich feindliche Truppen gegenüberstehen, wechselt man gerne mal die Hoheitsabzeichen, um im Namen des Feindes Attentate, Überfälle oder Greueltaten zu begehen und anschließend empört »zurückzuschlagen«. Und schon ist der schönste Krieg im Gange. Mitte März 2014 konnte man einen faszinierenden Blick in die Werkstatt der Kriegsprovokateure werfen, als es nämlich darum ging, die Volksabstimmung auf der Krim am 16. März über den Beitritt zu Russland zu verhindern.

Wie bereits berichtet, hatte eine Gruppe namens »Anonymous Ukraine« eine Reihe von E-Mails gehackt, darunter auch welche des deutsch-ukrainischen Putschisten Vitali Klitschko, deren

Echtheit von ihrem Absender bis heute nicht bestritten worden ist. Aus derselben Quelle tauchten dann weitere gehackte E-Mails auf, aus denen die Planung einer gegen Russland gerichteten False-Flag-Aktion hervorzugehen schien. Demnach verfasste der stellvertretende Militärattaché in der Kiewer US-Botschaft, Oberstleutnant Jason P. Gresh (GreshJP@state.gov), am 9. März 2014 eine E-Mail an Oberst Igor Protsyk (igor.protsyk@gmail.com), den Chef der Kommission für bilaterale militärische Zusammenarbeit der ukrainischen Armee. Darin heißt es:

> »Igor, die Ereignisse überschlagen sich auf der Krim. Unsere Freunde in Washington erwarten entschiedenere Maßnahmen von Ihrem Netzwerk. Ich denke, es ist an der Zeit, den Plan umzusetzen, den wir kürzlich besprochen haben. Ihre Aufgabe ist es, einige Probleme an den Verkehrsknotenpunkten im Südosten zu verursachen, um dem Nachbarn [Russland] eine Falle zu stellen. Das wird für das Pentagon und die Firma [CIA] günstige Bedingungen zum Handeln schaffen. Verschwenden Sie keine Zeit, mein Freund.
>
> Hochachtungsvoll
> Jason P. Gresh, US Army«

»Es soll wie eine echte Attacke aussehen«

Der angeschriebene Igor Protsyk wiederum verfasste zwei Tage später, am 11. März 2014, eine E-Mail an einen Vasil Krivonis (krivonis.te@gmail.com), in der er ihm einen Angriff auf einen ukrainischen Flugplatz vorschlug:

> »Vasil, man muss schnellstmöglich eine Aktivität in Melitopol [Großstadt im Südosten der Ukraine] durchführen. Dort ist eine Lufttransport-Brigade stationiert. Unsere verfluchten Freunde [die Russen] soll man beschmutzen. Ich glaube, Du

weißt, was ich meine. Aber handelt mit Bedacht und Vorsicht. Die Brigade ist jetzt in Kampfeinsatz-Übungen, das heißt, bringt die Flugzeuge nicht zu Schaden. Dort gibt es genug defekte/alte Flugzeuge, mit denen könnt Ihr alles machen. Die Flugzeugnummern bekommt Ihr zugeschickt. Denkt daran, es soll wie eine echte Attacke des russischen SpezNas [russische Spezialeinheit] aussehen. Der Brigade-Kommandeur ist ein kluges Kerlchen. Einzelheiten wird er nicht kennen, aber im Ernstfall kann man sich auf ihn verlassen/sich an ihn wenden. Wir warnen ihn.«

»Mit dem Messer eines anderen töten«

Vasil wiederum schrieb am 11. März 2014 um 17.20 Uhr eine E-Mail an einen gewissen Oleg Kolyarny (kolyarny@gmail.com). Deadline für das Unternehmen sollte demnach der 15. März sein:

> »Oleg, man muss einen Termin ausmachen und Unruhe im Namen von Moskowitern [Russen] am Flughafen in Melitopol veranstalten. Das muss man bis zum 15. März machen. (…) Du weißt, warum. Erstens musst Du Dich mit Paschko Tarasenko in Verbindung setzen. Du müsstest ihn kennen. (…) Zu Dir kommen 10–12 junge Leute zum Zentrum. Sie sind die besten Kämpfer von Trizub [Name]. Der Anführer ist Mischko, den müsstest Du auch kennen. Die Einzelheiten erfährst Du vom ihm. Man muss die Leute treffen und mit dem Nötigen ausstatten. Handelt im Stillen. Sprecht nur auf Russisch! Die 25. Brigade bereitet gerade Kämpfer vor. Macht ihnen keine Probleme mit den Flugzeugen. Dort gibt es viel altes Eisen [Schrottflugzeuge], mit dem man alles machen kann. Die nützlichen Flugzeuge werden euch gezeigt. Man muss es aussehen lassen wie eine gezielte Attacke von ›SpezNas‹. Aber ohne Tote.«

Natürlich soll Oleg das alles nicht umsonst tun:

> »Gib mir noch mal Deine Angaben. Das Geld kommt sofort. Keine Sorge. Befolge die Anweisungen. (...) Triff die Entscheidungen mit Bedacht.«

Abenteuerlich? Nicht unbedingt. Vorbild ist ganz offensichtlich die schon vor Jahrzehnten vom US-Militär entworfene Operation Northwoods, bei der Terroranschläge und Sabotageakte simuliert werden sollten. Die Ursprünge solcher Operationen sind allerdings noch viel älter. Schon der chinesische General Tan Daoji beschrieb das Verfahren im 5. Jahrhundert in seinen 36 Strategemen. Dort heißt es: »Mit dem Messer eines anderen töten.« Die Attentate des 11. September 2001 erkennt man in den Strategemen ebenfalls wieder, und zwar in der »List der Selbstverstümmelung«: »Sich selbst verletzen, um Mitgefühl zu erregen und eigene Schwäche vorzutäuschen«.

An die letzte Mail von Krivonis an Kolyarny ist ein Luftbild eines Flugplatzes mit den eingezeichneten Zielen angehängt, demnach der Flughafen Melitopol.

Neben einem Rechteck mit einem Oval steht »Militärfahrzeug GAZ-66«. Neben einem Kreis rechts steht »Schießerei« und unten links neben einigen Kreuzen »2 Flugzeuge IL-76«. Das sollen die Schrottmaschinen sein.

Mit anderen Worten, die False-Flag-Aktion flog mit Hilfe der Hacker-Gruppe »Anonymous Ukraine« auf. Der E-Mail-Verkehr und vor allem die Namen und E-Mail-Adressen der Protagonisten verbreiteten sich millionenfach im Internet. Wahrscheinlich haben die Verschwörer deshalb auch selbst jede Menge E-Mails bekommen. Ein Dementi von amerikanischer oder ukrainischer Seite wurde jedoch nicht bekannt. Die Frage ist natürlich: Handelte es sich hier um Sandkastenspiele, oder war für den 15. März tatsächlich etwas vorgesehen? War das Ganze nur ein Planspiel, oder wurde hier durch die breite Öffentlichkeit wirklich eine konkrete Operation verhindert? Vieles spricht für Letzteres, unter anderem auch das Datum. Natürlich wäre es aus amerikanisch-ukrainischer Sicht fast schon zwingend gewesen, vor der Krim-Abstimmung am 16. März »eine Bombe platzen zu lassen«, die das ganze Verfahren sabotieren würde. Da dies scheiterte, ging die Krim an Russland. Die Absage der Operation bedeutete aber noch lange nicht, dass nun überhaupt keine Aktion mehr stattfinden würde. Tatsache ist, dass sich die Ukraine ab dem 15. März laufend hysterisch über »russische Provokationen« und eine angebliche »Invasion« beschwerte: »Die Ukraine hat der Regierung in Moskau einen Tag vor dem umstrittenen Referendum über einen Anschluss der Krim an Russland massive Provokationen vorgeworfen und vor einer Invasion gewarnt«, hieß es am 15. März bei Reuters. »Dem ukrainischen Innenminister Arsen Awakow zufolge wurden am späten Freitagabend in Charkiw ein 20- und ein 31-jähriger Mann getötet. ›Angeheuerte Provokateure aus einem Nachbarland betreiben professionelle Provokationen‹, sagte er.« Fest steht aber, dass die USA und die Ukraine einen Krieg mit Russland wollten, wie aus dem ständigen Spiel mit dem Feuer der Ukraine hervorging. Zumindest einen Wirtschaftskrieg. Und zu diesem Zweck musste Russland als Schurke dargestellt werden. Zum Beispiel verbreitete die Ukraine einen Hilferuf über eine angebliche Invasion der Russen nach dem anderen, was sehr leicht zu einer militärischen Konfrontation zwischen Ost und West hätte führen können. So wurde auch das Konzept einer False-Flag-Operation gegen Russland mit Sicherheit weiterverfolgt. Man darf davon ausgehen, dass in diesen Monaten laufend Operationen entworfen, erwogen und wieder verworfen – oder auch durchgeführt wurden. Und im Laufe des Jahres konnten wir denn auch noch einige einschlägige Inszenierungen beobachten (siehe *9. September:* »Aktenzeichen MH17 gelöst«.

27. März
Schwuler US-Präsident: »Ich habe Obama einen geblasen«

US-Präsident Barack Obama besucht Papst Franziskus! Also der aggressivste Imperialist dieses Planeten, der Menschen in geheime Gefängnisse sperrt, der mit Drohnen ebenso mordet wie mit Uranmunition, der blutige Revolutionen genauso anzettelt wie blutige Kriege, macht dem Oberhaupt der katholischen Kirche seine Aufwartung! Eine spannende Begegnung. Denn kontroverse Themen gibt es genug, zum Beispiel auch einige von Obamas Lieblingsprogrammen zur Entwicklung bzw. Rückentwicklung der Menschheit, als da wären Abtreibung, Empfängnisverhütung und Homo-Ehe. Wobei »Rückentwicklung« vor allem quantitativ gemeint ist, nämlich in Bezug auf die Auswirkungen dieser politischen Projekte auf die Geburtenraten. Vielleicht ist Geburtenkontrolle sogar manchmal nötig, allerdings bitte nicht »unter falschem Etikett«. Warum war die »Weltgemeinschaft« zum Beispiel so wild darauf, die Homo-Ehe einzuführen? Um Schwulenrechte ging es dabei bestimmt nicht, sondern darum, Homosexuelle auf einen gleichgeschlechtlichen Partner »festzunageln«. Schließlich ist ja auch eine Homo-Ehe ein Bund fürs Leben – jedenfalls dem Anspruch nach. Merkwürdigerweise hat der Papst Obama aber nicht gleich die Tür gewiesen, sondern ihn äußerst herzlich begrüßt und geschlagene fünfzig Minuten mit ihm geredet. Ganz nebenbei hat man so auch genug über den neuen Papst Franziskus erfahren.

Sex, Lügen und Kokain

Apropos »schwul«: Wie schwul ist eigentlich Barack Obama selbst? Antwort: Na, sehr schwul, wie die Mainstream-Presse bereits 2012 bemerkte. Damals kokettierten die großen Medien offen mit der Homosexualität des US-Präsidenten, allerdings nur in Bezug auf seine Gesetzesvorhaben für Homosexuelle, wie beispielsweise die erwähnte Homo-Ehe. Das Nachrichtenmagazin *Newsweek* ernannte Obama wegen seiner Schwulenpolitik auf seinem Titelblatt vom 21. Mai 2012 gar zum »First Gay President«. Über dem Haupt des Präsidenten schwebte dabei ein Heiligenschein in den Regenbogenfarben. Wer das Blatt dann allerdings nach Neuigkeiten über das Sexleben Obamas durchforstete, der wurde enttäuscht. Dabei war die Titelzeile in Wirklichkeit gar kein Witz. In Wirklichkeit kokettierte das Magazin lediglich mit einer Art offenem Geheimnis, das nur hierzulande kaum jemand kennt: der Homosexualität von Barack Obama.

Glaubt man Leuten, die es wissen müssen, dann ist der gute Barack Obama, der auch 2014 in allerlei Krisen den starken Mann markierte, nämlich eine Komplettfälschung. Dabei rede ich noch nicht einmal von seiner gefälschten Geburtsurkunde. Nein, auch seine Existenz als Mann und Familienvater ist demnach möglicherweise gefälscht. Schon am 4. November 2013 hatte eine angebliche Jugendfreundin namens Mia Marie Pope aus dem Nähkästchen geplaudert. Demnach fiel der junge Obama vor allem durch drei Merkmale auf: durch Koks, Lügen und schwule Freunde. Solche Erinnerungen haben auch andere Obama-Bekannte. Einer erklärte öffentlich: »Ich habe Obama einen geblasen.« 2014 kochte das Thema wieder hoch. Im Januar kam die Bürgerrechtsorganisation Human Rights Campaign, die sich für die Gleichstellung lesbischer, schwuler, bisexueller und transsexueller Menschen einsetzt, mit einer Studie heraus, wonach Obama der US-Präsident sei, der in seinen Reden und Stellungnahmen das Wort »schwul« am häufigsten benutzt habe: 272-mal. Und natürlich ist auch Obamas Sexualität nicht seine Privatsache. Denn wie Sie vielleicht bemerkt haben, ist Sex schon lange keine Privatsache mehr. Ob Fußballspieler oder Schauspieler, Sänger oder Politiker: Jeder muss heute bekennen, zu wem er sich sexuell hingezogen fühlt– und da soll ausgerechnet der US-Präsident eine Ausnahme machen? Zumal er uns auch noch eine glückliche »Hetero-Familie« vorlebt.

Was heißt hier »Barack Obama«?

Die Erinnerungen der Jugendfreundin Mia Marie Pope an den heutigen US-Präsidenten beginnen damit, dass sie ihn gar nicht als Barack Obama kannte, sondern als Barry Soetoro – ein Name, der schon mehrfach in der Diskussion um Obama auftauchte. Die Amerikanerin Pope, Jahrgang 1963, sagt, Obama alias Soetoro habe Ende der siebziger Jahre zu ihrer Jugendclique auf Hawaii gehört, wo man zusammen am Strand von Waikiki herumhing. Bekanntlich soll Obama ja auch auf Hawaii geboren worden sein, nämlich in Honolulu. Das heißt, so genau weiß das niemand, denn die Geburtsurkunde erwies sich als gefälscht. An der »amerikanischen Geburt« (Voraussetzung für das Amt des Präsidenten) gibt es denn auch viele Zweifel. Popes Aussagen passen dazu. Im Jahr 2013 sagte Pope in der Online-TV-Show *The Manning Report,* dass sich Soetoro immer als »ausländischer Student« bezeichnet habe. Auf Hawaii habe sich Soetoro laut Pope in der Schwulenszene herumgetrieben, die schon zu jener Zeit florierte. »Wir kannten Barry, es war allgemein bekannt, dass er sich noch nie für Mädchen interessiert hatte; für mich als junges Mädchen war klar, dass sich Barry ausschließlich für Männer interessierte.« Außerdem sei Barry ein »krankhafter Lügner« gewesen. Seine Lügen seien alle egoistisch motiviert gewesen und hätten einzig den Zweck verfolgt, sich selbst zu inszenieren. »Es sah so aus, als sei er unfähig, in irgendeiner Beziehung ehrlich zu sein.« Die perfekte Qualifikation für einen Politiker also.

Darüber hinaus sei Soetoros Kokainkonsum Thema in der damaligen Clique gewesen. Und er habe sich immer »mit diesen alten weißen Männern abgegeben«. Die Jugendlichen nahmen an, dass er so auch an das Koks kam. »Mit anderen Worten, er hatte Sex mit diesen alten Männern, und so kam er auch zu seinem Kokain und dazu, es zu rauchen«, so Pope.

Keine Verbindung zur Zukunft

Obama schwul? Unglaublich! Dabei ist das ja keineswegs verboten. Sein eigenes Volk und die Welt zu belügen und ihnen Theater vorzuspielen, das sollte sich hingegen von selbst verbieten. Zumal die Mehrheit der Menschen nun mal heterosexuell ist und vielleicht ein Problem mit Politikern hat, die aufgrund ihrer sexuellen Orientierung nicht über eigene Kinder mit der Zukunft verbunden sein können (siehe unten). In Deutschland haben wir bereits einige solcher Führungsfiguren, wobei nur wenige namentlich bekannt sind (Guido Westerwelle, Barbara Hendricks, Klaus Wowereit, Volker Beck u.a.). Eine Website zählt insgesamt ein Dutzend derzeitige und ein weiteres Dutzend ehemalige homosexuelle Bundestagsabgeordnete auf. Außer der offen lesbischen Umweltministerin Hendricks hat sich aber niemand im derzeitigen Kabinett Merkel zu seiner Homosexualität bekannt. Unvergessen ist die Frage von Sandra Maischberger (11.2.2014) an die Berufstranse »Olivia Jones« (alias Oliver Knöbel): »Glauben Sie, es gibt jemals eine transsexuelle Kanzlerin in Deutschland, und wenn ja, wann?« Antwort: »Haben wir nicht schon eine?« Verklemmtes Lachen: natürlich ein Scherz. Aber »es wäre schön«, findet Oliver Knöbel. Aber warum wäre es eigentlich »schön«, wenn wir eine transsexuelle Kanzlerin hätten – oder einen transsexuellen Kanzler? Welchen Vorteil könnte das für das regierte Volk haben?

Denn das Problem ist ja, dass homosexuelle und kinderlose Politiker nicht mit der Mehrheit der Bevölkerung, die sich um ihren Nachwuchs sorgt, in einem Boot sitzen. Und das ist eigentlich ein Ausschlusskriterium für Politiker, denn schließlich eröffnen eigene Kinder eine ganz andere Perspektive auf die Welt. Je weniger Politiker über diese Perspektive verfügen, umso gefährlicher könnte es für uns alle werden.

Ein vergessener Zeuge

Für die USA gilt das selbstverständlich genauso. Vielleicht wäre es dort für die Bürger ebenfalls von Interesse, wenn ihr Präsident in Wirklichkeit schwul ist und es sich bei seiner Ehe mit Michelle Obama um eine Scheinehe handelt. Ebenso interessant wäre es, wenn der amtierende Präsident nicht nur als Jugendlicher, sondern auch noch als späterer Senator von Illinois illegale Drogen konsumiert hat. Tatsächlich steht die erwähnte Mia Marie Pope mit ihren Aussagen keineswegs alleine da. Das Pope-Interview rief einen bereits fast vergessenen Zeugen für Obamas Homosexualität in Erinnerung, nämlich den (nach eigenen Aussagen) früheren Obama-Liebhaber Larry Sinclair, der 2009 ein Buch über seine Erfahrungen mit dem späteren US-Präsidenten veröffentlichte: *Barack Obama & Larry Sinclair: Cocaine, Sex, Lies and Murder?* (»Barack Obama und Larry Sinclair: Kokain, Sex, Lügen und Mord?«).

Zwei »Linien« mit Obama

Es habe damit begonnen, so Sinclair, dass er Anfang November 1999 zwei Treffen mit Obama gehabt habe – der damals natürlich kein Jugendlicher mehr war, sondern 38 Jahre alt. Seinem Buch zufolge hielt Sinclair sich seinerzeit für einige Tage in Chicago auf. Abends habe er die Dienste eines Limousinen-Service in Anspruch genommen und den Chauffeur gefragt, ob er jemanden kenne, der Lust auf Gesellschaft habe und ihm Chicago zeigen könne. Der Chauffeur habe daraufhin telefoniert und ihn zu einer Bar gefahren: »Als ich aus der Limousine stieg, sah ich einen schmal gebauten, adrett gekleideten, hellhäutigen Schwarzen mit großen Ohren.« Der Fahrer »stellte ihn als ›mein Freund Barack Obama‹ vor«. Ein Name, der Sinclair nichts sagte, denn damals war Obama gerade mal Mitglied im Senat von Illinois, in etwa vergleichbar einem deutschen Landtag. In der Bar habe man sich etwa eine Stunde unterhalten und einige Drinks genommen: »Ich sagte, ich könnte ein oder zwei Linien zum Aufwachen gebrauchen. Obama fragte mich, ob ich ›Koks‹ meinte, und nachdem ich bejaht hatte, antwortete er, dass er welches besorgen könne.«

Ein Mann mit einem Faible für Crack

Anschließend seien sie in der gemieteten Limousine an einen ihm unbekannten Ort gefahren. Obama habe den Wagen mit 250 Dollar von Sinclair verlassen und sei mit einem »eight-ball« Kokain zurückgekehrt (⅛ Unze = 3,5 Gramm). »Ich zog ein paar Linien, und kurz darauf zog Obama eine Crack-Pfeife aus seiner Hosentasche. Obama rauchte Crack, während ich Oralverkehr bei ihm praktizierte.« Danach habe sich Sinclair zu seinem Hotel zurückfahren lassen. Am nächsten Tag sei Obama überraschend im Hotel aufgetaucht, wo sie beide erneut Kokain konsumiert und Sex gehabt hätten. Bis zum Jahr 2004 habe er keine Ahnung gehabt, mit wem er es damals zu tun hatte:

> »Die meisten Leute würden nicht erwarten, mit einer Person zu feiern, Drogen zu nehmen und einen doppelten One-Night-Stand zu haben und dieselbe Person einige Jahre später im Fernsehen beim Parteitag der Demokraten sprechen zu sehen. Aber genau das passierte mir. Bis ich 2004 den Parteitag der Demokraten im Fernsehen sah, hatte ich keine Ahnung, wer der Crack rauchende Freier mit den großen Ohren aus Chicago war.«

Aber erst als sich Barack Obama 2007 als Saubermann und Kandidat für das Präsidentenamt präsentierte, habe er, Sinclair, den Entschluss gefasst, ihn mit seiner Crack-Vergangenheit zu konfrontieren. Er wollte »Barack Obama die Gelegenheit geben, seinen illegalen Drogenkonsum als Erwachsener einzuräumen«. Andernfalls werde er ihn öffentlich einen Lügner nennen. Ein Vorhaben, das Sinclair später als seinen »größten Fehler« bezeichnete.

03

Denn laut Sinclair begann nun eine Schmieren- und Pressekampagne gegen seine Person. Darüber hinaus berichtet er in seinem Buch von mindestens einem seltsamen Todesfall – es handelte sich um einen früheren Obama-Liebhaber und -Vertrauten namens Donald Young: »Ein Mann, der aus keinem anderen Grund starb als dem, das Image von Barack Obama zu schützen. Sein früher Tod verhinderte, dass die Welt Barack Obama als das erkennen konnte, was er ist: ein Toiletten-Schwuler …« Tatsächlich wird Obama mit insgesamt drei merkwürdigen Todesfällen in der Chicagoer Schwulenszene in Verbindung gebracht. Young war Chorleiter in Obamas Kirchengemeinde. Young und zwei weitere homosexuelle Gemeindemitglieder seien Ende 2007, als Obamas Aufstieg zum Präsidentschaftskandidaten der US-Demokraten begann, plötzlich und unerwartet verstorben, berichtete auch das Nachrichtenportal *Pat Dollard* am 12. November 2011. Demnach seien Young und eine weitere Person am 23. Dezember bzw. 17. November 2007 regelrecht hingerichtet worden. Eine dritte Person sei am 26. Dezember 2007 gestorben, angeblich an Blutvergiftung, Lungenentzündung und Aids. In einem Interview mit der Boulevardzeitung *The Globe* behauptete Youngs Mutter Norma Jean, ihr Sohn sei ermordet worden, um Barack Obama vor Enthüllungen über seine sexuelle Beziehung zu ihm zu schützen.

Oder hatte Sinclair etwa selbst eine Schmierenkampagne gegen Obama geführt? Vielleicht noch im Auftrag politischer Gegner? Denn immerhin war der Mann mehrfach vorbestraft und konsumierte selbst illegale Drogen. Zweitens nützten seine Vorwürfe zweifellos Obamas demokratischer Gegenkandidatin bei den Vorwahlen von 2007, Hillary Clinton. Das Clinton-Lager trat allerdings erst an Sinclair heran, nachdem dieser seine Drogenvorwürfe öffentlich gemacht hatte. Laut der bekannten Nachrichten-Website *Wayne Madsen Report* wurde Clinton mit der Drohung gestoppt: »Sollten die Clinton-Leute die Schwulensache auf die Tagesordnung heben, würde das Obama-Lager die Frage aufwerfen, ob Hillary Clinton in Wirklichkeit lesbisch sei.« Das erwähnte Buch, in dem Sinclair seine Vorwürfe Wort für Wort wiederholte, erschien 2009 und ist bis heute lieferbar, zum Beispiel über amazon.com, was für seinen Wahrheitsgehalt spricht, wäre es doch andernfalls mit Sicherheit per gerichtlicher Verfügung vom Markt genommen oder geschwärzt worden.

Michelle oder Michael?

Aber wenn US-Präsident Barack Obama in Wirklichkeit schwul ist – was ist dann seine Frau? Lebt denn dann wirklich eine normale Frau mit Obama zusammen? Oder stimmt auch mit Michelle Obama etwas nicht? Fakt ist: Im Internet tobte 2014 eine heiße Diskussion über die amerikanische Präsidentenfamilie, in der es neben Barack Obama auch um seine Frau Michelle ging. Immer mehr Beobachter glauben, dass Michelle Obama in Wahrheit ein Mann sei. Ihr wahrer Name sei Michael.

Eine angeblich glückliche Frau

Dabei geben die beiden bei jeder Gelegenheit die strahlend Verliebten. Ob bei Staatsbesuchen, Banketten oder anderen Anlässen, stets sieht man sie Händchen halten und schmusen, als hätten sie sich gerade erst gestern unsterblich ineinander verliebt. Dabei sind sie schon 22 Jahre verheiratet. Angeblich jedenfalls. Denn nichts Genaues weiß man nicht. Je näher man die Obamas betrachtet, desto mehr verschwimmt das scharfe Bild, das man bisher zu sehen glaubte, bis sich alle Spuren im Nebel von Propaganda und Fälschungen verlieren. Beispielsweise sieht es so aus, als seien viele alte Familien-, Jugend- und Kinderfotos entweder von den erwachsenen Gesichtern der beiden zurückentwickelt und/oder mit anderen Gesichtern gemischt worden. Die Methode ist ganz einfach: Per Photoshop kopiert man erwachsene Gesichtszüge in die Gesichter von irgendwelchen Kindern hinein – und schon hat man ein »Kinderfoto« der betreffenden Person. Glaubt man etwa dem studierten Psychologen und Pädagogen Ronald J. Polland aus Jacksonville, dann ist die amerikanische Präsidentenfamilie der »größte Identitätsbetrug« aller Zeiten (Buchtitel: *Alias Barack Obama. A Lie is Born. The Greatest Identity Fraud in History*). Die meisten Familienbilder seien mit Hilfe von Photoshop am Computerbildschirm zusammenmontiert worden. Die Obamas seien ein Konstrukt, oder besser gesagt: ein Produkt. Tatsächlich ging es ja, wenn man sich erinnert, auch darum, dem amerikanischen Volk nach dem unsäglichen George W. Bush einen charismatischen Wohlfühlpräsidenten anzubieten. Der weiße, engstirnige, verkrampfte, holprige und reaktionäre Republikaner Bush, verwurzelt in einem texanischen Familienclan, war einfach verbraucht. Deshalb benötigte man nun einen weltoffenen, toleranten, total globalen Demokraten, der am besten auch noch schwarz sein sollte, also das genaue Gegenteil von Bush.

Im Land der menschlichen Puppen

Was lag da näher, als diesen Präsidenten maßzuschneidern? Nach dem Motto: »If you can't make it – fake it?« Immerhin befinden wir uns hier im Land der Inszenierungen. Schließlich wurden in der Geschichte schon andere Homunkuli auf die Bedürfnisse der Nation und vor allem auf die Bedürfnisse der Propaganda maßgeschneidert, wie beispielsweise Marilyn Monroe (eigentlich Norma Jean Mortenson), Miley Cyrus (alias Destiny Hope Cyrus alias Hannah Montana) oder auch der geschlechts- und rasselose Michael Jackson. Alle diese Personen hatten oder haben mit dem ursprünglich geborenen Menschen nichts mehr gemeinsam. Im Kreieren menschlicher Puppen sind die USA Meister.

Alice im Obamaland

Von der gefälschten Geburtsurkunde Barack Obamas war in dieser Buchreihe ja schon die Rede. Zahlreiche andere Dokumente und Urkunden aus Obamas Vergangenheit werden nicht herausgegeben oder sind nicht auffindbar. Der Autor Mondo Frazier hat die eindrucksvolle Liste der fehlenden Dokumente in seinem Buch *The Secret Life of Barack Hussein Obama* zusammengestellt (New York 2011). Doch zurück zu Michelle. Sollte ihr Mann also in Wirklichkeit schwul sein – was wäre dann mit der »schwarzen Prinzessin« Michelle und mit ihren blitzsauberen Mädels Malia Ann und Natasha? Ist sie zum Beispiel wirklich eine »alleinerziehende Mutter«, wie sie sich Anfang April 2013 bei *CBS News* selbst bezeichnete? In einer Sendung über gesundes Essen und ihre Anti-Fettsucht-Kampagne »Let's Move« berichtete sie über die Schwierigkeiten, einen gesunden Lebensstil zu pflegen: »Glauben Sie mir, als eine vielbeschäftigte alleinerziehende Mutter … oder, ich sollte nicht ›alleinerziehend‹ sagen, als eine beschäftigte … Mutter. Wissen Sie«, korrigierte sie sich, »wenn Ihr Ehemann Präsident ist, fühlen Sie sich alleinerziehend. Aber er ist da!« Sicher doch, Michelle – oder sollte ich sagen »Michael«, wie Barack Obama seine Frau in einer Rede einmal nannte (am 30.9.2011, siehe YouTube: »Obama Refers to His Wife as ›Michael‹«, 1.10.2011)? Wie gesagt, Michael war angeblich der Geburtsname von »Michelle«. Und wie schon an anderer Stelle berichtet, haben es die Freudschen Versprecher der Mächtigen in sich. Da sie unter enormem Druck stehen, wirken ihre Versprecher wie Ventile bzw. kurze »Druckentlastungen«, bei denen versehentlich die Wahrheit herausrutscht. Michelle als »single mother« wäre angesichts der Ehe mit einem schwulen Mann ja auch nur logisch. Oder ist auch das noch nicht die ganze Wahrheit, sondern nur das Eintrittstor in das wundersame Reich der Obama-Lügen? Tatsächlich geht es einem so ähnlich wie Alice im Wunderland: Kaum ist man mal in das Erdloch des Zweifels gefallen, hält den Sturz nichts mehr auf, und man landet in einem irrsinnigen Land der Illusion und Täuschung.

Eine Frau im Körper eines Mannes

So zitiert das alternative Nachrichtenportal *Before its news* einen Blogger namens Matthew B. Glosser, der angeblich von einer anonymen Quelle aus dem Weißen Haus kontaktiert wurde (14.3.2014). Der Informant habe behauptet, »ein früherer Angehöriger des Mitarbeiterstabs der First Lady« zu sein, und nachvollziehbare Gründe für seine Kontaktaufnahme vorgebracht: »Ich kann einfach nicht zu den großen Medien gehen, denn diese sitzen mit Obama und seiner Medienpolitik in einem Boot, jegliche kritische Berichterstattung über den Präsidenten und seine Familie zu unterbinden. Das Weiße Haus hat regelrechte Staatsmedien gegründet …« Was der Informant dann angeblich enthüllte, war ungeheuerlich:

> »Michelle Obama, First Lady der Vereinigten Staaten, wurde am 17. Januar 1964 als Michael LaVaughn Robinson in Chicago geboren. Er war der zweite Sohn von Fraser Robinson III, einem bekannten Kokain-Dealer und Gewerkschaftsschläger für den Gangsterboss und Bürgermeister Richard J. Daley, und Marian Shields Robinson, einer zeitweiligen Straßenprostituierten, die 1998 als HIV-positiv diagnostiziert wurde. Er [also Michael/Michelle] war ein bekannter Highschool-Sportler. 1982 bekam er ein Stipendium, um in der Abwehr für die [Football-Mannschaft der] Oregon State Beavers zu spielen. Nach Abschluss einer respektablen Anfänger-Saison … ging er plötzlich von der Schule ab. Teamkollegen hörten Robinson regelmäßig darüber klagen, eine ›Frau im Körper eines Mannes‹ zu sein, und am 13. Januar 1983 unterzog er sich in der Chirurgie an der Johns Hopkins University School of Medicine einer Geschlechtsumwandlung. Aus Scham über die

neue Identität verließ Michael die Oregon State University, um sich unter seinem neuen legalen Namen ›Michelle Robinson‹ in Princeton zu immatrikulieren. Jahre später traf er Barry Obama jr., einen kenianischen Einwanderer, der ›Michelles‹ wahre Identität erkannte. Später heirateten sie und adoptierten zwei Kinder.«

Die ideale Gattin für einen Schwulen

Wäre eine Frau, die in Wirklichkeit ein Mann ist, nicht die ideale »Gattin« für einen schwulen Mann? Natürlich. Oder auch nicht. Denn das Ganze ist einfach zu abenteuerlich. Glaubt man denn auch *Wikipedia*, ist die Website christwire.org, wo der zitierte Artikel von Matthew B. Glosser am 30. Juni 2011 zuerst erschien, eine »Satire-Seite«. Doch der Artikel selbst ist ganz ernst gemeint, und die oben zitierten Informationen sind zumindest in sich stimmig. Die Obamas lebten bekanntlich wirklich in Amerikas Gangsterhauptstadt Chicago, und der erwähnte Chicagoer Bürgermeister Richard J. Daley (für den Michelles/Michaels Vater als Schläger gearbeitet haben soll) führte tatsächlich eine durch und durch korrupte Stadtverwaltung. Nur er selbst wurde nie angeklagt. Darüber hinaus war der Bürgermeister der sprichwörtlich »windigen Stadt« ein hohes Tier und ein einflussreicher Strippenzieher in der Demokratischen Partei, der stets deren Präsidentschaftskandidaten, wie etwa John F. Kennedy, unterstützt hatte. Sein Sohn Richard M. Daley erbte später nicht nur das Bürgermeisteramt, sondern auch die Fürsorge für Präsidentschaftskandidaten, diesmal Barack Obama. Richard M. Daleys Bruder William wurde unter Obama zum Stabschef des Weißen Hauses ernannt. Auch die übrigen Namen stimmen: Tatsächlich gelten eine gewisse Marian Shields Robinson und ein gewisser Fraser Robinson III als Michelles Eltern – nur über die angeblichen Tätigkeiten der Eltern als Prostituierte bzw. Schläger/Dealer findet sich nichts bei *Wikipedia*. Wahr ist auch, dass Michelle über zahlreiche männliche Merkmale verfügt, die auch zu einem Football-Spieler passen würden – angefangen bei ihrem starken Körperbau über die breiten Schultern bis hin zu ihrer auffälligen männlichen Trapezmuskulatur. Nicht zu vergessen die stattliche Körpergröße: Auf Bildern wirken der 1,87 Meter große Barack und seine Frau Michelle gleich groß – nicht unmöglich, aber auch nicht naheliegend.

So schnell werden die Gerüchte also nicht verstummen: »Ich spreche nicht nur als ehemaliger Militär, sondern auch als ehemaliger Strafverfolger«, erklärte zum Beispiel ein Ex-Polizeibeamter aus Amerikas Transsexuellen-Hauptstadt Trinidad in einem YouTube-Video über »Michelle«: »Die ersten siebeneinhalb Jahre meiner Karriere verbrachte ich als Polizeioffizier in Trinidad, Colorado, einer Stadt, die als die Hauptstadt der Geschlechtsumwandlung bekannt ist. Wenn ich dort auf Streife war, war es nicht ungewöhnlich, auf Leute zu treffen, die zur Geschlechtsumwandlung angereist waren. Ich kann ganz klar sehen, dass Michelle ein Mann ist« (YouTube: »Michelle Obama IS A MAN!«, 15.3.2014).

Wir sind in dieser Sache aber gar nicht auf Vermutungen oder gar Kaffeesatzleserei angewiesen. Vielmehr gibt es eine Zeugin aus dem Herzen der amerikanischen High Society, nämlich die bekannte 81-jährige Entertainerin Joan Rivers. Als sie am 4. Juli 2014 von einem Reporter gefragt wurde, ob die USA zuerst einen weiblichen oder einen schwulen Präsidenten bekommen würden, antwortete sie: »Wir haben doch schon einen mit Obama, also mal ganz ruhig.« Und nach einer Pause: »Wissen Sie, Michelle ist eine Tranny.« – »Entschuldigung, Sie ist was?«, fragte der verblüffte Journalist. Antwort: »Eine Transsexuelle. Wir wissen alle Bescheid. Es ist okay« (siehe YouTube: »Joan Rivers: Obama is gay, Michelle is a tranny«, 3.7.2014).

Rivers starb auf den Tag genau zwei Monate nach ihrer Bemerkung über Barack und Michelle Obama plötzlich und unerwartet nach einem Eingriff an den Stimmbändern.

Thema des Monats *23.4.:*
50 Jahre Deutsche Krebsforschung: das Geheimnis der »Krebs-Diät«

3.4. NSA-Untersuchungsausschuss beginnt seine Arbeit **5.4.** Die italienischen Steuerbehörden beschlagnahmen wegen Steuerhinterziehung die Villa der Rocksängerin Gianna Nannini **6.4.** In Berlin eröffnet der erste Friedhof für lesbische Frauen **8.4.** Europäischer Gerichtshof kippt die EU-Richtlinie zur Vorratsdatenspeicherung **9.4.** Die Staatsanwaltschaft Augsburg gibt dem Kunstsammler Cornelius Gurlitt seine Bilder zurück **10.4.** In Bayreuth beginnt das Wiederaufnahmeverfahren im Fall Peggy Knobloch/Ulvi Kulac **14./15.4.** In der nigerianischen Region Chibok entführen Terroristen der Boko Haram über 200 Schulmädchen ***23.4. 50 Jahre Deutsche Krebsforschung: das Geheimnis der »Krebs-Diät« 27.4. Heiligsprechung: vom Papst geheilt oder geheilt vom Papst?***

23. April
50 Jahre Deutsche Krebsforschung: das Geheimnis der »Krebs-Diät«

Das Deutsche Krebsforschungszentrum in Heidelberg wird 50 Jahre alt! Wenn das kein Grund zum Feiern ist! Und ob – und zwar ein doppelter. Weshalb am 23. April 2014 auch gleich die Kanzlerin zum Gratulieren vorbeikommt. Denn pünktlich zum 50. Jubiläum des DKFZ verkündet deren Leiter Otmar Wiestler auch den endgültigen Sieg über den Krebs und die Schließung des DKFZ. Nach 50 Jahren und vielen Milliarden D-Mark bzw. Euro ist die »Bestie Krebs« endlich besiegt, und die rund 2800 Mitarbeiter des DKFZ können sich beglückt anderen Aufgaben zuwenden. Der Aufwand hat sich also gelohnt.
April, April! Das Ganze ist natürlich ein Scherz. In Wirklichkeit steigen die Krebsraten trotz solch vortrefflicher Großforschungseinrichtungen dramatisch an: Jedes Jahr rafft die tückische Krankheit weltweit Millionen Menschen dahin, und es werden immer mehr. Rein rechnerisch erkrankt heute jeder dritte Europäer im Laufe seines Lebens an Krebs. In Deutschland sind es jedes Jahr fast eine halbe Million Menschen. Nach den Herz- und Kreislauferkrankungen ist Krebs hierzulande die zweithäufigste Todesursache. Und was passiert? Nichts! Jedenfalls nicht in Bezug auf eine entscheidende Eindämmung der Krankheit. Trotz aller Chemo- und Hightech-Therapien steigt die Zahl der Krebsfälle. Irgendetwas kann hier also nicht stimmen: »Bis 2025 könnten jährlich 20 Millionen Menschen weltweit an Krebs erkranken – rund 40 Prozent mehr als derzeit«, meldete die *taz* (Online-Ausgabe, 3.2.2014): »Zu diesem Ergebnis kommt eine Studie der Weltgesundheitsorganisation (WHO). In den kommenden zwei Jahrzehnten sei gar ein Plus von rund 70 Prozent möglich.« Apropos »möglich«: Wie ist das trotz all der schulmedizinischen Therapien möglich? Trotz all der Götter in Weiß in ihren festungsarti-

gen Termitenbauten voller medizintechnischer Fetische? Wird die Menschheit langsam vom Krebs aufgefressen? Oder eher vom medizinisch-industriellen Komplex?

Geheilt und trotzdem tot

Nicht doch – das Ganze liege nur daran, dass wir immer älter werden und damit die Wahrscheinlichkeit für eine Krebserkrankung bei jedem Einzelnen zunehme, behauptet die Krebsmedizin. Was im Umkehrschluss bedeutet, dass in Wirklichkeit zumindest »altersbereinigt« Stillstand an der Krebsfront herrscht. Keineswegs, denn schließlich sei man heute so weit, »dass wir jeden zweiten Patienten und jede zweite Patientin heilen können«, rühmte sich DKFZ-Vorstand Wiestler aus Anlass des 50. Jubiläums seiner Wissenschaftsfestung. »Das ist ein erheblicher Fortschritt, verglichen zu den sechziger Jahren, als das Krebsforschungszentrum gegründet worden ist.« Aber wenn so viele Menschen von Krebs geheilt werden, wieso steigt dann die Zahl der Todesfälle durch Krebs permanent an? Nun, das liegt daran, dass man von Krebs geheilt werden und trotzdem daran sterben kann! Denn um als geheilt zu gelten, muss ein Patient in der Regel nur fünf Jahre krebsfrei bleiben. Die vermeintlichen Erfolge dienen lediglich dazu, den enormen finanziellen Aufwand zu rechtfertigen, und verstellen den Blick auf eine simple Tatsache: Gemessen an dem Gesamtproblem, hat die Krebsforschung bis heute noch immer nichts Entscheidendes geleistet. Gefragt sind nämlich nicht nur marginale Verbesserungen und statistische Tricks, welche die Forschung für weitere Jahrzehnte in die Länge ziehen, sondern wirkliche Durchbrüche. Kann es sein, dass ganze Forschergenerationen immer noch keine Ahnung haben, wie man den Krebs wirklich »besiegen« kann? Oder leben sie einfach zu gut davon? Offenbar ja. Und so »versterben immer noch viele Menschen an Krebs«, räumte Wiestler ein, und so werde man »noch erhebliche Forschungsanstrengungen brauchen, um auch denjenigen zu helfen, die wir heute noch nicht erfolgreich behandeln können«. Im Klartext heißt das, dass das Deutsche Krebsforschungszentrum auch in den nächsten 100 Jahren über 200 Millionen Euro pro Jahr haben möchte. Da stellt sich die Frage: Ist die moderne Krebsmedizin wirklich Teil der Lösung? Oder eher Teil des Problems?

Der Krebs erfreut sich bester Gesundheit

Milliardenschwere Forschungs- und Pharmaetats haben den Krebs bislang nicht besiegen können. Aber will man das überhaupt? Denn was würde dann mit den milliardenschweren Etats für die gesamte Krebsindustrie geschehen? Eben. Also erfreut sich der Krebs weiter bester Gesundheit, und die Medizin kommt einfach nicht darauf, wie man ihn endlich besiegen könnte. Es ist ja auch einfach zu kompliziert. Was nicht alles Krebs erregt: Alkohol, Zigaretten, Grillfleisch, Übergewicht, Bewegungsmangel, Sonnenlicht (UV-Strahlung), Luftschadstoffe, Radioaktivität, aber auch Farben, Reinigungsmittel, Möbelpolituren und anderes mehr. Kurz, unser gesamter moderner Lebenswandel steht unter Krebsverdacht. Eigentlich können wir den Krebs nur besiegen, indem wir uns gleich selbst umbringen. Das heißt … Doch dazu gleich mehr.

Zerlegt in die Atome

Zunächst: Die Forschung über die Krebsentstehung sieht den Wald vor lauter Bäumen nicht. Sie verirrt sich immer tiefer im Mikrokosmos: Ist es nun dieses oder jenes Gen? Welche Rolle spielen Zellstoffwechsel und Mutationen? Gilt nun eher das monoklonale oder das Stammzellenmodell? Oder vielleicht das Mehrschritt- bzw. das Dreistufenmodell? Welche Rolle spielen Tumorsuppressorgene, und was ist mit Reduplikation und Apoptose? Es steht zu befürchten, dass Forscher auch in den kommenden Jahrzehnten auf der Suche nach dem einen »Krebsschalter« den Menschen immer weiter in seine Bestandteile zerlegen und atomisieren werden, ohne eine Antwort zu finden. Oder will man sie etwa gar nicht finden? Irgendwie ist es wie mit dem Automechaniker, der einem liegengebliebenen Fahrzeug mit dem Mikroskop zu Leibe rückt und sich erst einmal mit der Molekularstruktur des Auspuffs beschäftigt, statt einfach nachzusehen, ob sich genügend Sprit im Tank befindet. Auf der Mikroebene wird er den Tank jedoch nicht finden, und wenn, dann dauert es Jahre. Dass hier schlicht auf der falschen Ebene gesucht wird, leuchtet unmittelbar ein. Den Grund, warum das Auto nicht fährt, wird man nicht auf der Mikro-, sondern nur auf der Makroebene finden. Und beim Krebs soll das alles anders sein? Hier wird der Mensch in seine Moleküle zerlegt und, wenn es sein muss, auch in seine Atome.

Nehmen wir eine andere geheimnisvolle und »unheilbare« Krankheit wie die Migräne. »Der Pathomechanismus des Migräneanfalls ist nicht völlig aufgeklärt«, erfahren wir ohne große Überraschung bei *Wikipedia*. »Mit Hilfe von verschiedenen sich ergänzenden Hypothesen wird versucht, die Entstehung einer Migräne zu beschreiben.« Das ist beim Krebs genauso. Und – was ist dabei rausgekommen? »Eine Projektion der Reizung des Nervus trigeminus über Dehnungsrezeptoren oder Chemorezeptoren der Blutgefäße im unteren Abschnitt des Nucleus spinalis nervi trigemini und darüber hinaus in die Großhirnrinde wird für das Schmerzempfinden verantwortlich gemacht.« Aha. Für die Begleitsymptome der Migräne »wird eine Projektion in den Hypothalamus (Photophobie, Phonophobie) und in die Chemorezeptoren-Triggerzone (Übelkeit, Erbrechen) diskutiert«. Alles klar? Nichts ist klar. Die Forscher gucken so angestrengt in ihr Mikroskop und bohren so lange im Mikrokosmos herum, dass sie die scheunentorgroßen Antworten glatt übersehen: Wie in einer früheren Ausgabe dieses Jahrbuches bereits ausführlich dargelegt, ist die Migräne in der Mehrzahl der Fälle ein Verdurstungssymptom und entsteht durch Wassermangel (Dehydrierung). Fast alle bekannten Migränefaktoren wie Stress, Aufregung, Streit, Wetter (Föhn), Süßigkeiten und Alkoholkonsum erhöhen den Flüssigkeitsbedarf bzw. das -defizit und können bei disponierten Personen zu Migräne führen. Auf der anderen Seite senken fast alle bekannten symptomatischen Behandlungsmethoden der Migräne wie Entschleunigung, Entspannung, Meditation, Stressvermeidung, Schlaf und Ruhe den Flüssigkeitsbedarf und damit das Migränerisiko. Dazu ist noch eine jederzeit ausreichende Vitamin-B-Zufuhr erforderlich. Bei Krebs fällt ebenfalls auf, dass sich die Wissenschaftler immer mehr auf die molekularen Vorgänge konzentrieren und dabei den Blick für das große Ganze verlieren. Sie ähneln dabei Kindern, die sich im Wald verirren. Deshalb soll das Thema hier einmal ein bisschen anders »angedacht« werden, als die Medien das normalerweise tun. Vielleicht gelingt es so, einen neuen Zugang zu entdecken oder einen bereits vorhandenen noch besser zu »asphaltieren«.

Guten Appetit, Tumor!

Fangen wir mit einer einfachen Frage an: Was ist eigentlich Krebs? Oder besser gesagt: Was ist eigentlich ein Tumor? Die naheliegende Antwort, die man allerdings viel zu selten hört, lautet natürlich: Der Krebs ist ein Lebewesen! Obwohl es uns durch ihre vermeintliche Unbesiegbarkeit so vorkommt, sind Krebs und Tumoren keine übersinnlichen Existenzen, die sich quasi von den Naturgesetzen verabschiedet haben. Wie jedes andere Lebewesen muss auch der Tumor zum Beispiel »essen«. Er braucht Energie. Und wenn er die nicht bekommt, gerät er in Schwierigkeiten. Vereinzelt klingt das an, wenn die Wissenschaft staunend beobachtet, dass Tumoren eigene Blutgefäße anlegen, von denen sie versorgt werden. Denn was fließt in diesen Blutgefäßen? Richtig: Blut. Und was transportiert dieses Blut? Richtig: Nährstoffe und Energie! Ergebnis Nr. 1 lautet also: Auch ein Tumor muss etwas

»essen«. Und dieses Essen bekommt er von uns. Letztlich haben also *wir* die Gewalt über den Tumor und nicht der Tumor über uns! Und damit bestimmen wir auch, was die Geschwulst bekommt und was nicht. Das heißt mit anderen Worten: Nicht wir sind dem Tumor, sondern de facto ist der Tumor uns ausgeliefert! Das kann man auch ganz leicht beweisen. Denn wenn man die Sache einmal zu Ende denkt, können wir ihn spätestens umbringen, wenn wir uns selbst zu Tode hungern. Fakt ist also: Letztlich sitzt der Krebs in unserem Boot und nicht wir in seinem. Er braucht uns und nicht wir ihn. Und das ist doch schon mal eine erstaunliche und wichtige Erkenntnis.

Wer zuerst stirbt, hat verloren

Wenn auch nur eine akademische. Denn sich umzubringen, um den Krebs zu besiegen, wäre doch eine ziemlich dumme Therapie! Wirklich? Immerhin wird diese Therapie millionenfach in unseren Krankenhäusern angewendet. Denn nach exakt diesem Muster werden hier Menschen bestrahlt und vor allem mit Chemotherapien vergiftet in der fragwürdigen Hoffnung, dass der Krebs zuerst sterbe. Ein etwas merkwürdiges Spiel nach dem Motto: Wer zuerst stirbt, hat verloren. Und wenn der Patient im Grab liegt, ist der Krebs ja auch besiegt – oder nicht? So gesehen, sind unsere Mediziner die reinsten Siegertypen. Stellen Sie sich vor, Sie hätten eine Schädlingsplage im Haus. Und während Sie den Kammerjäger rufen, damit er Sie und die lieben Tierchen nach allen Regeln der Kunst vergiftet, stellen Sie dem Viehzeug täglich auch noch eine üppige Schale Zuckerwasser hin! Wäre das nicht absurd? Und ob. Aber der Kammerjäger wird natürlich den Teufel tun, Sie auf diesen Irrsinn hinzuweisen. Denn so müssen Sie ihn immer wieder rufen. Und während Millionen Menschen mit derart fragwürdigen Methoden behandelt werden, sagt ihnen niemand, dass sie endlich aufhören sollen, ihren Tumor zu füttern.

Der Tumor ist auch nur ein Junkie ...

Während die Mehrzahl der Ärzte entweder nichts weiß oder aber eisern schweigt und weiter auf Gift und Strahlen setzt, haben einige wenige Mediziner angefangen, sich mit diesen Fragen zu befassen. Sie sind die Helden in diesem Spiel. Doch davon später mehr. Unser erstes Ergebnis bestand also darin, dass wir das Verhältnis von Krebs und Mensch vom Kopf auf die Füße gestellt haben: Wie jedes andere Lebewesen braucht auch der Tumor Nahrung, und wenn er die nicht mehr bekommt, verkümmert und stirbt er. Wir dürfen dem Krebs also keine Nahrung mehr liefern. Ergebnis Nr. 2: Rein logisch gesehen, ist der Krebs also von uns abhängig und nicht wir von ihm. Wie auch immer der verdammte Tumor tickt – wir dürfen ihn nicht mehr füttern! Damit ist der angeblich so übermächtige Krebs in Wahrheit äußerst verwundbar. Denn genau wie ein Junkie ist er von einem ganz bestimmten Stoff abhängig. Und wenn ihm dieser Stoff entzogen wird, bekommt er enorme Probleme bis hin zu Entzugserscheinungen und Exitus. Aber sterben wir dann nicht auch? Nicht unbedingt, denn die gute Nachricht ist, dass wir nicht im selben Maße von diesem Stoff abhängig sind wie der Krebs. Dass wir also auf diesen Stoff notfalls verzichten können, der Krebs aber nicht.

Energie für die Krebszelle

Um was für einen Wunderstoff handelt es sich denn nun? Und warum haben wir noch nie etwas davon gehört? Nun, vereinzelt konnte man durchaus etwas davon hören, aber eben nur vereinzelt und im Medizinbereich sehr wenig. Dort werden die einfachen Wahrheiten über Krebs in der Regel totgeschwiegen. Diese Sichtweise auf den Krebs hat sich also leider noch nicht einmal ansatzweise durchgesetzt. Stattdessen wird sie gnadenlos bekämpft. Und deswegen ist sie hier auch ein Thema. Wie gesagt, ein Tumor ist ein Lebewesen, genauer: ein Verband aus Zellen, die sich explosionsartig vermehren. Nehmen wir beispielsweise eine Laborschale, in der Bakterien oder andere Zellen gezüchtet werden. Um das Zellwachstum zu fördern, braucht man eine Nährlösung. Und diese Nährlösung enthält vor allem Zucker. Und unsere Krebszellen sind regelrecht verrückt nach Zucker! Und zwar, weil Zucker pure Energie ist.

Ein »raffinierter Brandbeschleuniger«

Womit ich bei den weniger bekannten Forschungsergebnissen wäre: »An der Universität Harvard geht ein internationales Forscherteam einem unheimlichen Verdacht nach«, hieß es einmal in einem *ARD*-Beitrag: »Die Wissenschaftler um Professor Lewis Cantley untersuchen, ob es wahrscheinlicher ist, an Krebs zu erkranken, wenn man viel Zucker isst. (…) Denn eines wissen die Forscher ganz sicher: Tumorzellen lieben Zucker!« Klar, denn der Tumor will schließlich wachsen, und was wäre da besser als reinste Energie in Form von (Industrie-)Zucker. Raffinierter Zucker ist bereits so weit aufbereitet, dass er ohne weitere Verarbeitung und Verdauung im Körper verbrannt werden kann. Raffinierter Zucker ist also so etwas wie Benzin, und wenn man ihn einem Tumor gibt, wirkt er wie ein Brandbeschleuniger. Zwar können sich auch komplexere Zucker – wie beispielsweise natürlicher Fruchtzucker – negativ auswirken, nur sind sie eben nicht so schnell in so großen Mengen verfügbar, weil sie erst »verdaut« werden müssen. Der »reine« Industriezucker schießt dagegen sofort vom Darm ins Blut.

Die Achillesferse des Tumors

Der Zucker ist denn auch die Achillesferse des Tumors. Die Wissenschaftler kamen nun auf die Idee, den Krebs mit Hilfe seiner Zuckersucht zu entlarven. Die Methode ist ganz einfach: Man spritze dem Patienten eine Lösung, die einerseits viel Zucker enthält und andererseits radioaktiv ist, und schon kann man mit einem Röntgengerät (PET-Scan) sehen, wohin die Zuckerlösung wandert. An erster Stelle in die Nieren und ins Gehirn, das einen sehr hohen Glukosebedarf hat. Wenn nun »auf dem Scan aber sichtbar wird, dass auch andere Zellen des Körpers besonders gierig nach Zucker sind, lautet meist die Diagnose: Dort sitzt ein Tumor. Krebszellen konsumieren so viel Zucker, weil sie sich sehr oft teilen. Aus Zucker gewinnen sie Bausteine für neue Krebszellen« (*daserste.de,* Website, 20.6.2013). Auf dem PET Scan erscheinen die Tumoren als große dunkle Flecken. Davon haben Sie noch nie etwas gehört? Kein Wunder, denn der Sechs-Minuten-Beitrag lief an einem Montag um 17 Uhr in der Reihe *W wie Wissen* (TV-Beitrag vom 10.3.2013).

Kein Zucker für den Tumor

Moment – Zucker? Dachten wir nicht bisher, die wichtigsten Krebsfaktoren seien beispielsweise Bewegungsmangel, Rauchen, Junkfood und Alkohol? Allerdings – und deswegen müssen wir das Problem auch noch etwas abstrakter angehen und nicht nur von Zucker, sondern von Energie reden. Und damit haben wir den gemeinsamen Nenner dieser Krebsfaktoren entlarvt – sie alle führen zu einem Energieüberschuss im Körper:

- Zucker- und weißmehlhaltiges Junkfood (= Energie)
- Alkohol (vergorener Zucker = Energie)
- Bewegungsmangel (kein Verbrauch der überschüssigen Energie)
- Rauchen (zu diesem Thema komme ich gleich)

Ganz zu schweigen vom zuckergetränkten Junkfood-Beiwerk, wie Ketchup, »sauren« Gurken und sogenannten Soft-Drinks, die alles andere als soft sind, sondern harte Drogen enthalten – nämlich Zucker für uns und unseren Tumor. Mit anderen Worten, Krebs ist vor allem ein Input-Output-Problem: zu viel Energie rein und zu wenig Energie wieder raus. Das Unheimlichste kommt aber noch: Tumoren können auch unser Verhalten steuern, nämlich indem sie uns erst richtig Lust auf Zucker machen. Der Körper verfügt bekanntlich über Mechanismen, sich das zu holen, was er »braucht« oder haben will, beispielsweise in der Schwangerschaft. Auch Parasiten können das, und in gewisser Weise ist ein Tumor ja nichts anderes als ein Parasit: Er hat sich in uns eingenistet und lässt sich von uns verwöhnen. Und wenn er nicht genug bekommt, bestellt er eben Nachschub. Letztlich können alle Lebewesen in unserem Körper unsere Ernährung steuern, egal ob Föten, Parasiten oder Krebsgeschwulste. Und eigentlich weiß das auch die Schulmedizin. So kann der Tumor sowohl den Energieverbrauch des Patienten erhöhen als auch sein Geschmacksempfinden verändern.

Wenn der Tumor Hunger hat

Einen besonders krassen Fall schilderte eine Nutzerin mit dem Alias »ploppy« im Forum »Hirntumorhilfe« (Rechtschreibung bei den Nutzerzitaten beibehalten):

> »Mein Mann hat eine übermäßige Verlangen nach Süßes – in Form von Spekulatius, Stollen, Gummibärchen usw. Sofort nach sein Frühstück fängt er an zu suchen. Ich glaube es kommt von sein Tumor der wieder angefangen hat zu wachsen. Ich versuche ihm zu sagen dass er futtert nur sein Tumor, der nach Zucker verlangt. Es ist ein regelrechte Kampf zwischen uns. Wenn ich nichts kaufe (oder kaufe und verstecke) dann wird er sehr aggressiv. Wiederum denke ich, vielleicht ist es sein letzte Weihnachten – vielleicht soll ich ihm alles gönnen. Aber wenn ich sehe wie er die Keks usw. verschlingt, denke ich das ich muss was dagegen tun. Aber was? Hat noch jemanden erfahren? Übrigens! Verzeihe meine Deutschfehler! Deutsche Sprache schwere Sprache.«

Das Zitat zeigt, dass eine gute Beobachtungsgabe und gesunder Menschenverstand ausreichen, um entscheidende Schlüsse zu ziehen:

- Der Krebs ist wild auf Zucker.
- Er bringt seinen »Wirt« dazu, die ganze Wohnung danach zu durchwühlen.
- Der Tumor hat wieder angefangen zu wachsen.

Und das ist kein Einzelfall. Eine andere Nutzerin des Forums (»MissMuffin«) antwortete:

> »Hallo, Ich weiß genau wovon du redest mir geht es genau so … es knallt immer wieder richtig heftig deswegen bei uns … Ich habe ihm als alternative zu schoki & co so fruchtriegel ohne zucker gekauft, gib es in jedem reformhaus, dm usw.. kleiner tip für kleinen geldbeutel, gibts in der babyabteilung auch, günstiger aber leider nicht so viel auswahl.«

Das heißt also, diese Krebspatienten haben nicht nur ein starkes Verlangen nach Zucker, sie werden auch aggressiv, wenn sie keinen bekommen. Dabei ist das nicht ihre eigene Aggressivität, sondern die Aggressivität des Monsters, das in ihnen heranwächst und das vehement nach Nahrung verlangt. Es ist Ausdruck des Überlebenskampfes zwischen dem Tumor und seiner Umgebung. Eine dritte Nutzerin (»etuledör«) schreibt:

> »Hallo Ploppy, ich kann dich sehr gut verstehen, weil ich mit meinem LG [Lebensgefährten] das Gleiche durchmache und es geht ja nicht nur um Süsses ja oder nein, es geht ja um die MENGEN. Meiner hat leider auch kein maaß mehr und behauptet nach dem 3. Stück Stollen, er hat noch keine bekommen und wird dann auch aggressiv. Ich biete dann auch immer

Obst an, oder Trockenobst, irgendwann bekommt er einfach nichts mehr und irgendwann schläft er einfach wieder ein. Zum ›Glück‹ ist er nicht so mobil, daß er selber die Schränke durchsuchen würde.«

Der »Krebshunger« kommt vor der Diagnose

Hier kann man beobachten, wie der Krebs um sein Überleben und vor allem um sein Wachstum kämpft. Aber es geht noch weiter. Oft kommt der »Süßhunger« sogar vor der Diagnose. Und das ist auch logisch, da der Tumor natürlich schon vor der Diagnose existiert. »Mir fällt dazu gerade noch etwas ein«, schreibt die eben zitierte Nutzerin »etuledör«:

> »Dieses extreme Verlangen nach Süßem hat mein LG seit ca Juli diesen Jahres. Da hatten wir die Diagnose GLIO [Glioblastom/bösartiger Hirntumor] aber noch nicht, erst am 23.9.2013!!! Ein Beispiel: Ich kaufte abgepacktes Eis und er bekam dann eins davon, dann wollte er noch eins und noch eins. Nach 3 Stück sagte ich dann nein. Dies erzählte ich in der damals betreuenden Tagesstätte der Diakonie und die meinten, ich solle ihn nur lassen. Ich ließ ihn dann mal und in NullKommaNix war er bei 10 EIS hintereinander weg, dann habe ich wieder de Riegel vorgeschoben.«

Auch diese Frau zieht Schlüsse, welche die meisten Ärzte nicht ziehen: »Ich lasse mir also nicht weismachen, daß dieses Eßverhalten nichts mit dem Tumor zu tun haben soll. Und wenn der Tumor Einfluss auf das Essverhalten hat, so hat nach meiner Logik auch die Ernährung Einfluss auf den Tumor.« Bingo! Es war, als wäre in dem Forum ein Damm gebrochen: »So, jetzt muss ich auch mal was dazu los werden!«, schreibt eine »sunnyneun«: »Mein Mann hat sich vor der Diagnose praktisch von Süßigkeiten ernährt. 9 – 10 Eis vor dem Schlafen waren keine Seltenheit.

Gummibärchen, Schoki, Zucker mit Milch & Kaffee.« Mit steigendem Konsum des Vitamins B_{17} habe der Zuckerkonsum aber wieder nachgelassen. Das ist interessant, denn das würde ja heißen, dass dieses alternative Krebsmittel (»Vitamin B_{17}«) Wirkung gezeigt hätte. Eine »Andrea 1« berichtet aus eigener Betroffenheit:

> »Hallo ihr Lieben, ich kann hier auch nur auf meine persönlichen Erlebnisse zurückgreifen. Je näher mein ›Tumornotfall‹ – also bis zur Einlieferung in die Uni – damals kam, desto mehr futterte ich Süßkram in mich hinein. Mein Lebensgefährte war entsetzt, dass ich so viel naschte und ich BRAUCHTE jeden Tag meinen Kuchen oder Torte. Hatte ich keins, fühlte ich mich unwohl.«

Und jetzt kommt's:

> »Nach der OP (Mein Oligodendrogliom [Hirntumor] konnte zu 98 % Anfang 2011 entfernt werden!) war mein extremer Appetit auf Süßes schlagartig wieder weg. Hin und wieder mal einen Haps naschen, aber das wars. (…) Ich bin der Meinung, dass mein Tumor meinem Körper suggerierte, dass er viel Zucker haben wollte, um fleißig wachsen zu können. Kaum war der raus, war meine gesteigerte Naschwut wie verflogen.«

Woraus sich die zwingende Frage ergibt: Sollten wir wirklich essen, was der Tumor verlangt?

Den Zucker in der Pfeife rauchen

Selbst beim Rauchen geht es auch um Zucker. Denn auch Tabak enthält Zucker. Angeblich zur Geschmacksverbesserung. In Wirklichkeit bedeutet das, dass die Zigaretten nicht nur Ihnen, sondern auch dem Tumor schmecken. Sie enthalten nicht nur die

Karzinogene (also die Zellgifte bzw. Entstehungsfaktoren), sondern auch gleich die Energie für den Tumor! Denn zur Krebsentstehung braucht es zwei Dinge: zum einen defekte (»entartete«) Zellen, deren Genmaterial durch irgendein Karzinogen geschädigt wurde – seien es Strahlung, Chemikalien oder vielleicht sogar psychische Schocks –, zum anderen Nährstoffe. Denn auch die am stärksten »entartete« Krebszelle hat nun mal Hunger! Und im Fall des Raucher-Lungenkrebses stehen wir vor der bizarren Situation, dass der Zucker mit den Karzinogenen frei Haus bzw. Lunge geliefert wird. Mit anderen Worten, da wird eine regelrechte Zucht angelegt. Und es könnte sogar sein, dass der Krebs selbst letztlich Ihren Appetit auf Zigaretten steigert!

Die Zuckerverschwörung

Warum Ihnen das so noch niemand erzählt hat? Ganz einfach, weil niemand ein Interesse daran hat – und die meisten Ärzte gar nicht wissen, wie Krebs und Ernährung wirklich zusammenhängen. Oder es nicht wissen wollen. Was dazu führt, dass Krebspatienten geraten wird, während der Behandlung einfach »normal« weiter zu essen! Und »normal« heißt bei den meisten: mit viel Zucker. Und das, obwohl viele Krebspatienten übergewichtig und/oder Diabetiker sind, die sich durch einen besonders hohen Zuckerspiegel auszeichnen. Und welches Lebensmittel man auch betrachtet – es enthält jede Menge Zucker, manchmal gleich mehrere Zuckerarten. Bisweilen so viel, dass man es kaum essen kann, wie zum Beispiel Rotkraut. Das schmeckt heutzutage süß wie ein Dessert. Und »saure« Gurken sind längst nicht mehr nur sauer, sondern vor allem süß. Aber selbst Brötchen vom Bäcker oder Produkte wie Würstchen, Leberkäse und Fertigbratkartoffeln, also Lebensmittel, bei denen man es gar nicht vermuten würde, enthalten Zucker. Wir haben es hier mit einer regelrechten Zucker-Verschwörung zu tun, die die Menschen jeden Tag mit Zucker vollpumpt, ohne dass sie es überhaupt wissen und merken, und zwar von Jahr zu Jahr mehr. Wenn man einmal den Zuckergehalt unserer Lebensmittel mit den steigenden Krebsraten abgleichen würde, dann würde man wahrscheinlich einen Zusammenhang entdecken. Dabei gibt es zwischen der Pharma- und der Lebensmittelindustrie durchaus Verbindungen – beides ist eben Chemie. Der Pharma-Riese Pfizer beispielsweise wurde von einem Lebensmittelhändler und Konditor mit gegründet. Und einem anderen Pharma-Giganten gehörte jahrelang das Süßgetränk Ovomaltine.

Die drei Säulen der Krebsbehandlung

Während die Ärzte mit der herkömmlichen Krebsbehandlung also ein Streichholz nach dem anderen an die Lunte legen (sprich: durch Chemo- und Strahlentherapien weitere entartete Zellen erzeugen), wird der Patient laufend mit Zucker vollgepumpt und gießt damit weiter Benzin ins Feuer. Schlägt man beispielsweise ein absolutes Standardwerk, eine Broschüre der Deutschen Krebshilfe mit dem Titel »Ernährung bei Krebs«, auf, so wird direkt nach der Einleitung klargestellt, dass »die drei Säulen der Krebsbehandlung« Operation, Chemotherapie und Strahlentherapie sind. Die Ernährung wird nicht als Ursache oder Heilungsmethode, sondern als Beiwerk betrachtet. Im Wesentlichen dient sie nur dazu, Beschwerden zu lindern. So enthält die Broschüre beispielsweise Empfehlungen

- bei Kau- und Schluckbeschwerden
- bei trockenem Mund
- bei Entzündungen im Mundbereich
- bei Durchfall
- bei Verstopfung
- nach Entfernung des Magens
- usw.

Rund und gesund?

Über das eigentlich brisante Thema, nämlich den Energieaspekt der Ernährung, finden sich dagegen äußerst missverständliche Aussagen, zum Beispiel:

- »Es ist bekannt, dass ein guter Ernährungszustand eine Krebstherapie günstig beeinflussen kann.« Doch was ist ein »guter Ernährungszustand«? Für den Laien klingt das nach dicken roten Bäckchen und einem ordentlichen Bauch als Reserve, nach dem Motto: rund und gesund.
- »Alles, was Sie essen und trinken, soll Ihren Körper so gut wie möglich mit Energie versorgen.« – »So gut wie möglich mit Energie versorgen«? Für einen Krebskranken kann diese Empfehlung tödlich sein, da er sie so verstehen könnte, möglichst gut und viel (sprich: energiereich) zu essen.
- Des Weiteren soll man »Mangelernährung vorbeugen« und »die Zufuhr von Nährstoffen sicherstellen«. Siehe oben.
- Eine besonders dicke Headline lautet: »Ernährung bei Krebs: So normal wie möglich«. Ebenfalls siehe oben. Für einen Laien stehen damit alle Signale auf Essen.

Solche Überschriften haben natürlich Signalcharakter. Der eilige Leser könnte den kleingedruckten Text darunter entweder übersehen oder ihm eine geringere Bedeutung beimessen. Dabei tauchen erst dort (auf S. 26) wichtige Hinweise auf. Zum Beispiel die Empfehlung einer abwechslungsreichen, vollwertigen Ernährung. Zwar ist dies noch nicht der eigentliche Punkt, da man vielmehr eine Ernährung wählen müsste, die dem Tumor Energie vorenthält und ihn so in die Enge treibt. Aber immerhin. Noch weiter unten auf der Seite finden sich Empfehlungen des World Cancer Research Fund, die zwar für sich genommen äußerst interessant sind, aber nicht kausal mit dem Energiebedarf des Tumors in Verbindung gebracht werden, so dass man ihre Bedeutung nicht richtig verstehen kann. Also holen wir das hier (in Klammern) nach:

- Bleiben Sie so schlank wie möglich (geringe Energieüberschüsse und -reserven).
- Bewegen Sie sich täglich körperlich (Energieverbrauch).
- Essen Sie nur begrenzt energiereiche Lebensmittel (geringe Energiezufuhr).
- Vermeiden Sie zuckerhaltige Getränke (»Brandbeschleuniger«).
- Trinken Sie wenig oder keinen Alkohol (ein weiterer »Brandbeschleuniger«).

Hier geht es ausschließlich darum, die Energieversorgung des Tumors zu reduzieren! Denn auch die Schulmedizin hat inzwischen festgestellt: »Ein Krebs erhöht eventuell den Energieverbrauch des Kranken.« Es geht hier keinesfalls darum, die Schulmedizin generell abzulehnen – dafür hat sie schon zu vielen Menschen geholfen und tut es auch heute noch jeden Tag. Das Problem ist aber, dass sie Richtiges und Falsches zugleich empfiehlt, ja, dass ihre Lehren inzwischen zu einer einzigen Kakophonie von Irrtum und Erkenntnis verkommen sind, in der sich kein Patient und oft auch der Arzt nicht mehr auskennt. Die Medizin steckt in einer wissenschaftlichen, vor allem aber in einer moralischen Krise. Mit dem Krebs hat sie jedenfalls ein Problem. Während einige Therapien erfolgversprechend sind, wie etwa viele Operationen, sind andere – wie Chemo- und Strahlentherapie – überaus dubios und ist die Sichtweise auf die eigentliche Natur des Krebses verzerrt und verstellt. In den USA etwa verlangten nur 30 medizinische Fakultäten, »dass ihre Studenten Kurse in Ernährungsmedizin belegen«, enthüllte jüngst Jonathan Landsman von der Naturheilkunde-Website *Natural News:* »Der durchschnittliche amerikanische Arzt erhält in seinem vierjährigen Studium nur 2,5 Stunden

Unterricht über Ernährung. Fazit: Ärzte können Krebs nicht behandeln, weil sie von den Interessen der Medizin und Pharmakologie im Dunkeln gelassen wurden« (*Kopp Online*, 3.1.2014). Denn kaum etwas generiert so hohe Umsätze wie ein Krebspatient. Gerade Chemo- und Strahlentherapien gehören zu den teuersten Behandlungen überhaupt. Dabei muss man nun wirklich kein Genie sein, um zu erkennen, dass das, was man in einen Menschen »hineingibt«, darüber entscheidet, was in seinem Inneren geschieht.

Auf dem Weg zu einer Krebsdiät

Das Beste kommt aber erst noch. Während die Chemotherapeuten mit Milliarden an Forschungsgeldern nach »selektiven« Medikamenten suchen, die sozusagen zwischen gesunden Zellen und Krebszellen unterscheiden, gibt es diesen Mechanismus längst. Tumorzellen können sich nämlich nur von Zucker ernähren, gesunde Zellen aber auch von Fett und Eiweiß. Damit sind wir auf dem Weg zu einer »Krebsdiät«, über die es in der Broschüre der Deutschen Krebshilfe heißt, dass es sie gar nicht gebe: »Nach allem, was die Wissenschaft heute weiß, gibt es keine Ernährungsform, mit der sich eine Krebserkrankung gezielt heilen lässt.« Zwar werde beispielsweise behauptet, man könne »Tumoren aushungern«, aber »für all diese Empfehlungen gilt, dass es keine wissenschaftlichen Untersuchungen gibt, die deren günstige Wirkungen eindeutig bestätigen«. Ein Satz, der eine entscheidende Schwäche offenlegt. Und zwar in dem Wörtchen »eindeutig«. Denn nur sehr wenige medizinische Studien belegen irgendetwas »eindeutig«. Mit dieser »Studienkeule« könnte man auch eine ganze Reihe anerkannter Therapien vom Tisch putzen. Im Umkehrschluss bedeutet dies, dass es sehr wohl Untersuchungen gibt, welche die genannten Empfehlungen bestätigen.

Was die Schulmedizin vehement bestreitet. In dem oben erwähnten Forum »Hirntumorhilfe« meldete sich denn auch ein »Dr. Orchidee« zu Wort, der sich auch inhaltlich als Mediziner zu erkennen gab. Offensichtlich war der Mann sehr besorgt – und zwar um den Tumor: Zuckerfreie Ernährung in Bezug auf Tumorerkrankungen sei glatter »Unfug«, »da der Körper in der Lage ist dank zahlreicher biochemischer Prozesse wie z.B. der Gluconeogenese sich seine Glucose selbst zu produzieren, die er für alle Stoffwechselvorgänge benötigt«. Aber eben nur so viel, wie *er* benötigt – und nicht der Tumor. Der Tumor ist nämlich das Luxusproblem eines Körpers, der mit Energie überschwemmt wird. Doch hören wir, was der Doktor weiter schreibt: »Da wo erhöhte Stoffwechselprozesse ablaufen (z.B. erhöhte Mitoserate in Tumoren), findet sich natürlich auch mehr Glucose –, aber die holt der Körper sich selbst, zur Not durch Umbau von Depotfett.« Entscheidend ist aber, dass dieser Umbau bedarfsdeckend vor sich geht und dadurch keine Energieschwemme erzeugt wird, wie durch unsere industrielle Ernährung. Außerdem deckt der Körper im sogenannten Hungerstoffwechsel seinen Energiebedarf nicht nur durch die erwähnte Herstellung von Glukose (Gluconeogenese), sondern zum großen Teil durch die Erzeugung von Ketonkörpern, mit denen ein Tumor überhaupt nichts anfangen kann (siehe unten). Werden dem Körper keine Kohlenhydrate *von außen* zugeführt, wird der Tumor also definitiv ein Energieproblem bekommen. Besonders entlarvend ist die arrogante Scheinargumentation dieses Doktors, der die Entstehung (Genese) eines Tumors mit der Energieversorgung in einen Topf wirft: »Tumore entstehen durch aneuploide Polyploidisierung in der Mitosephase«, stopft er dem Laienpublikum zunächst einmal das Maul, um dann zu argumentieren: »Dass hier Glucose die DNA fehlprogrammiert [mit anderen Worten das Erbgut schädigt], behauptet hoffentlich niemand.« Die weitere Argumentation ist schlicht falsch: »Allen ängstlichen

Zuckermeidern sollte auch zu denken geben, dass es ca. 1 Million mäßig bis schlecht eingestellte Diabetiker in Deutschland gibt mit dauerhaft erhöhten BZ[Blutzucker]-Werten: findet sich in dieser dank DMP-Programmen gut kontrollierten Bevölkerungsgruppe ein signifikanter Anstieg von Tumorerkrankungen, geschweige denn von Hirntumorerkrankungen???? Nein.« Doch. Diabetes ist nämlich einer der Hauptrisikofaktoren für Krebs. Und das muss natürlich auch der gute Doktor wissen. Nur warum das so ist, weiß angeblich niemand: »Diabetes Typ 2 ist eine Stoffwechselerkrankung, bei der die Insulinwirkung beeinträchtigt ist und Betroffene daher ohne Therapie einen erhöhten Blutzuckerspiegel aufweisen«, heißt es auf einer Diabetes-Ratgeber-Website *(diabetes-ratgeber.net)*: »Bei Krebs entarten dagegen Körperzellen und bilden eine bösartige Geschwulst.« Was soll also beides miteinander zu tun haben? Und tatsächlich: »Auf den ersten Blick scheint die beiden Krankheiten wenig zu verbinden.« Aber: »Studien haben mittlerweile allerdings gezeigt, dass Zuckerkranke häufiger an bestimmten Krebsarten erkranken.« Nämlich an den häufigsten Krebsarten überhaupt, wie Tumoren der Bauchspeicheldrüse, »des Darms, der Harnblase sowie … Frauen [an] Brust- und Gebärmutterkrebs«. Die Erklärung ist natürlich, dass die entarteten Krebszellen Zucker für ihr Wachstum brauchen.

Drei Ärzte, vier Meinungen

Das müsste eigentlich auch in der erwähnten Broschüre der Deutschen Krebshilfe über »Ernährung bei Krebs« stehen – tut es aber nicht. Von den Zusammenhängen zwischen Zucker(krankheit) und Krebs erfährt man nur verklausuliert und quasi im Kleingedruckten: »Da Tumorzellen oft andere Nährstoffe benötigen als normale Körperzellen, lohnt sich der Versuch, den Krebszellen Nährstoffe zu entziehen.« Und was für »Nährstoffe«? »So kann es zum Beispiel sein, dass ein Krebskranker Kohlenhydrate schlecht verwerten kann, der Tumor dagegen reichlich Traubenzucker benötigt.« Dem schlauen »Dr. Orchidee« würde das widersprechen nach dem Motto: drei Ärzte, vier Meinungen. Und laut dieser Broschüre gibt es nun plötzlich doch Studien, vielleicht keine »eindeutigen«, aber solche, die »gezeigt« haben, »dass dann eine fettreiche und kohlenhydratarme Kost, die außerdem reichlich Eiweiß enthielt, einer normalen Kost überlegen war« (S. 33), also jener »normalen« (und zuckerreichen) Kost, die einige Seiten zuvor noch ausdrücklich empfohlen wurde. Und »überlegen« ist ein ziemlich unauffälliges Wort für eine ziemlich bedeutende Sache. Denn dies ist die Chance für den Patienten.

Die vertuschte Krebsdiät

Der Unterschied liegt also in der Formulierung. Die wichtigen Dinge werden so ausgedrückt, dass sie dem Leser einfach durchflutschen. So wird man in der Broschüre beispielsweise mit Begriffen wie »metabolisch adaptierte Ernährung« behelligt; und statt von Zucker ist von »Kohlenhydraten« die Rede. Was nicht jeder gleich mit einem einfachen Problem in Verbindung bringt, nämlich der Energieversorgung des Tumors. Analysiert man Aufbau, Gliederung, Typografie und Formulierung dieser Krebsbroschüre, kann man daraus nur den Schluss ziehen, dass die Bedeutung der »Krebsdiät« bewusst vertuscht werden soll. Man will einfach nicht, dass wir verstehen, dass die Energiezufuhr auch bei einem Tumor entscheidend ist, so wie bei jedem anderen Lebewesen auch. Zwar ist oben (auf S. 33 der Broschüre) ganz allgemein von einer »fettreichen und kohlenhydratarmen Kost« die Rede, »die außerdem reichlich Eiweiß enthält«. Verschwiegen wird aber, dass es sich dabei um eine durchaus bekannte und klar definierte Diät handelt, die sogar einen Namen hat, nämlich »ketogene Diät«. Und das »Beste« ist, dass diese Diät in der gesamten 100-Seiten-Broschüre nicht ein einziges Mal erwähnt wird! In einer Broschüre also, die von Millionen verzweifelter Krebspatienten gelesen wird. Die ketogene Diät beruht darauf, dass sich gesunde Zellen im Gegensatz zu Krebszellen nicht nur von Zucker, sondern auch von Eiweiß und Fett ernähren können. Im Gegensatz zu Krebszellen können sie den erforderlichen Zucker nämlich selbst herstellen, und zwar gerade so viel, wie gebraucht wird. Der Trick bei dieser Diät besteht darin, dass die Zucker-(Kohlenhydrat-)Aufnahme praktisch auf null gesetzt wird und sich der Mensch nur noch von Eiweiß und Fett ernährt, etwa so wie bei der bekannten Atkins-Diät. Hier geht es allerdings nicht in erster Linie ums Abnehmen, sondern darum, dem oder den Tumor(en) die Nahrungsgrundlage zu entziehen. Die Fettsäuren werden in der Leber zu einer Art Glukose-(Zucker-)Ersatz umgebaut, den sogenannten Ketonkörpern, von denen sich das Gehirn und andere Organe fast genauso gut ernähren können wie von Glukose. Nicht aber die Krebszellen. Offenbar will aber niemand, dass Sie das wissen. Der einfachste Beweis dafür ist wohl der entsprechende *Wikipedia*-Artikel über »Ketogene Diät«. Demnach ist sie ausschließlich bei seltenen Erkrankungen wie Epilepsie anzuwenden. Das Wort »Krebs« sucht man in diesem Artikel vergebens (Stand 24.8.2014).

Die Heilung der »Krebsmäuse«

Die ketogene Diät ist also ein mächtiges Werkzeug im Kampf gegen den Krebs nach dem Motto: Die ketogene Diät ist nicht alles, aber ohne sie ist alles nichts. Zunächst einmal muss dem Monster die Nahrung entzogen werden. Und dann gibt es noch eins obendrauf, vielleicht mit Vitamin B_{17} oder mittels Chemotherapie, die in Verbindung mit der ketogenen Diät oder sogar mit Fasten viel besser wirken soll als bei »normaler« Ernährung. Für die Krebszellen ist Fasten »ein regelrechter Alptraum«, wie eine *arte*-Dokumentation einmal feststellte. Die meisten Ärzte wollen davon allerdings nichts wissen, wie ein Beitrag in einem Prostatakrebsforum zeigt:

»Mein Mann wurde von ärztlicher Seite belächelt, gewarnt, und es wurde ihm mitgeteilt, dass man durch die Ernährung den Verlauf der Krebserkrankung nicht positiv beeinflussen kann. Dennoch hat er sich nicht beirren lassen und hat nach Breuss 42 Tage lang gefastet, er fühlte sich meist fit, ging weiter arbeiten, nur die letzten Tage ging es ihm eher schlecht. Nach der 6 wöchigen Fastenzeit, wurde erneut der PSA Wert gemessen und dieser war weiter gesunken. Seitdem ernährt sich mein Mann kohlenhydratreduziert, kommt damit sehr gut klar, ist aktiv wie eh und je und betrachtet sich selbst als gesund …«

Kein Wunder, denn beim Fasten wird das Glukose- bzw. Zuckerangebot stark verknappt. Ein Pionier auf diesem Gebiet ist Valter Longo, Professor für Biogerontologie an der Universität von Südkalifornien. Er erforschte an »Krebsmäusen« einen sehr interessanten Zusammenhang, nämlich den zwischen der Reduktion der Energiezufuhr (z.B. durch Fasten) und Chemotherapie. Dabei stellte sich heraus, dass eine extrem problematische Behandlung wie die Chemotherapie wesentlich sicherer und wirksamer ist, wenn der Patient dabei (oder davor) fastet. Während die krebskranken »Chemo-Mäuse«, die normal ernährt wurden, starben, überlebten die fastenden Mäuse die Chemotherapie und wurden auch noch zu einem hohen Prozentsatz von ihrem Krebs geheilt. Was man sich auch sehr leicht vorstellen kann. Denn die Krebszellen haben nun gleich zwei Probleme: Sie bekommen erstens keine oder kaum Nahrung und zweitens stattdessen Gift. Die gesunden Zellen dagegen bekommen zwar dasselbe Gift, aber ihre Nahrungsversorgung bleibt durch die beschriebenen Anpassungsmechanismen (z.B. ketogene Prozesse) erhalten. Das heißt, sie vertragen das Gift viel besser als die geschwächten Krebszellen. Und das macht den Unterschied. Damit haben wir eine regelrecht selektive Behandlungsmethode für Krebs gefunden. Von Longos fastenden Mäusen, die mit Chemotherapie gegen ein Melanom behandelt wurden, waren hinterher 60 Prozent krebsfrei, von den nicht fastenden Mäusen (bei derselben »Chemo«) null Prozent. »Fasten schützt vor einer ganzen Reihe von Chemotherapien«, so Longo. »Die Chemotherapie wirkt und kann ihren Job machen, wenn man vorher gefastet hat« (siehe YouTube: »Prof. Valter Longo – Fasten, Langlebigkeit und Krebs«, 27.6.2014). Auch menschliche Patienten (und einige engagierte Ärzte natürlich) berichten, dass die Chemotherapie unter Fasten und/oder ketogener Diät nicht nur leichter verträglich war, sondern auch viel besser wirkte.

»In Wirklichkeit entsteht eine Krankheit«, schrieb der Autor Jay Ricci am 20. April 2014 auf *Kopp Online,* »wenn unsere Zellen durch Nährstoffmangel und Toxizität nicht mehr richtig funktionieren, und nicht durch einen Mangel an neuen Medikamenten, Bestrahlung oder Operationen.« Was Krebs betrifft, ist das nur halb richtig. Denn zwar »entsteht« Krebs wirklich durch »nicht mehr richtig funktionierende Zellen« – aber erst, wenn diese auch »gemästet« werden! Also nicht in erster Linie durch Nährstoffmangel, sondern durch Energieüberschuss, wie auch die Geschichte zeigt, die Ricci anschließend als Beweis anführte. Darin ging es um einen Dr. George Malkmus, Begründer der Ernährungsrichtung Hallelujah Acres, bei dem in den 1970er Jahren Darmkrebs diagnostiziert wurde – »dieselbe Krankheit, an der auch seine Mutter gelitten hatte. Malkmus stellte eigene Nachforschungen an, die ihn davon überzeugten, dass seine Mutter nicht am Krebs selbst, sondern an den Behandlungsmethoden des Medizin-Establishments gestorben war.«

Weder Voodoo noch Wunderheilung

So weit, so schlecht. Interessant ist aber, was der erwähnte Dr. Malkmus gegen seine Krankheit unternahm: »Anstatt den schulmedizinischen Weg einzuschlagen, beschloss George, seinen

Körper nur mit reinem Gemüsesaft und den rohen Nahrungsmitteln zu versorgen, die in der Bibel im ersten Buch Mose, Kapitel 1, Vers 29, beschrieben werden« (Kräuter und Baumfrüchte). Malkmus blieb mit seiner Energiezufuhr also offenbar noch unterhalb der ketogenen Diät, die auch tierische Produkte erlaubt. Als »Geburtsstunde« der ketogenen Diät gelten erst die 1980er Jahre, als der kanadische Sportmediziner Mauro di Pasquale sie entwickelte. Und wie ging es mit Malkmus weiter? »Nach einem Jahr war der Krebs vollkommen verschwunden, er ist seitdem nicht wiedergekommen, genauso wenig wie irgend eine andere körperliche Erkrankung. Malkmus ernährt sich noch heute so wie zu der Zeit seiner Krankheit.« Und wie wir nun wissen, handelte es sich dabei weder um Voodoo noch um Wunderheilung, sondern schlicht darum, den Krebs von seiner Energiezufuhr abzuschneiden.

Krebs – das Luxusproblem des Körpers

Krebs ist nun mal das Luxusproblem eines Körpers, der sowohl mit krebserregenden Stoffen als auch mit Nährstoffen überschwemmt wird. Wenn diese Nährstoffschwemme auf entartete Zellen trifft, kann ein Tumor entstehen. Wohlgemerkt: kann – muss aber nicht. Da jeder Mensch verschieden ist, gibt es auch Menschen, die krebserregende Umwelteinflüsse und Überernährung wegstecken, ohne an Krebs zu erkranken. Man stelle sich vor, man hätte ein kleines, gesundes Biotop, sagen wir einen Tümpel mit etwas Schilf und Wiese drum herum. Wenn man nun anfangen würde, tonnenweise Dünger, also Nährstoffe, über diesem Biotop auszukippen, würde es wahrscheinlich »entgleisen«. Das heißt, neben den erwünschten Effekten hätte der Dünger auch unerwünschte Effekte, weil nämlich plötzlich auch unerwünschte Dinge wachsen würden. Vielleicht hätte man Glück, und es würde sich um ein besonders gesundes Biotop handeln, in dem noch keine »bösartigen« Unkräuter, Samen oder Ähnliches vorhanden sind. Dann könnte der Dünger auch nichts Schädliches heranfüttern. Aber wahrscheinlich würde man mit dieser Nahrungsschwemme auch Gewächse hochpäppeln, die man beim besten Willen nicht haben will.

Wie schon gesagt, viele tonangebende Fachleute und Institutionen halten nichts von solchen Diäten. Denn schließlich sind sie selbst von einem ganz bestimmten Nährstoff abhängig, nämlich von Geld. Auch Geld führt zu Wucherungen, und zwar zur Wucherung teurer und nutzloser Institutionen. Auf diese Weise schießt Forschung ins Kraut, die überhaupt nichts bringt, und wuchern »Forschungseinrichtungen«, die so überflüssig sind wie der berühmte Kropf. Nehmen wir das eingangs erwähnte Deutsche Krebsforschungszentrum (DKFZ): Was hätte es noch zu erforschen, wenn der Krebs besiegt wäre? Schließlich lebt es auch von Kooperationen mit der Pharma- und Medizinindustrie. Beim DKFZ heißt das: »Schulterschluss von Wissenschaft und Wirtschaft: Gemeinsam für eine optimale Krebsbehandlung«. Ganze vorne mit dabei ist die Pharmafirma Hoffmann-La Roche, laut DKFZ »weltweit größter Hersteller von innovativen Krebsmedikamenten«. Und wer schlachtet schon die Henne, die goldene Eier legt?
Welche Wirkung dagegen die ketogene Diät habe, sei »bei weitem noch nicht so gut untersucht, wie die Anbieter es darlegen«, heißt es auf der Website des DKFZ. So stehe beispielsweise nicht fest, ob Krebszellen grundsätzlich auf den Entzug von Kohlenhydraten oder »Zucker» so empfindlich reagieren, wie häufig verkündet werde. Noch seien viele Fragen zur ketogenen Diät offen, »und aussagekräftige Studien mit vielen Krebspatienten gibt es bisher kaum«. Wobei »kaum« im Umkehrschluss bedeutet, dass es also zumindest einige »aussagekräftige Studien mit vielen Krebspatienten« geben muss.
Unsere Mainstream-Medien mögen es noch gröber. In Sachen Fasten, das ebenfalls wichtiger Bestandteil einer Krebsbehandlung sein kann, sprechen sie gern vom »Humbug des Hungerns«

(*Sueddeutsche.de*, 5.3.2014) oder vom »Märchen von der Krebsdiät« (*RP Online*, 7.2.2012). Eine Autorin namens Tanja Walter warnte uns da: »Was für eine einfache Vorstellung, Tumore durch eine passende Diät schlicht und ergreifend auszuhungern. Mediziner und Fachgesellschaften warnen vor solchen Krebsdiäten.« Was man gerne glauben mag, würde das doch auch eine Hungerdiät für ihre Etats bedeuten. Der Artikel ist jedoch äußerst widersprüchlich. Denn auf der anderen Seite bekennt die Autorin, dass es manchmal gelinge, die schnelle Zellteilung zu stoppen, indem »man den Tumor daran hindert, weiter an die Nährstoffe zu gelangen, die ihn zum Wachsen anregen und ihn versorgen«. Mit anderen Worten, die Kritik hat weder Hand noch Fuß. Zwar mag es bessere und schlechtere Rezepte für eine »Krebsdiät« geben, aber die Rolle der Energieversorgung beim Tumorwachstum lässt sich wohl kaum in Frage stellen. Es sei denn, man wollte behaupten, dass Leben ohne Energie möglich sei …

27. April
Wunderheilung: vom Papst geheilt oder geheilt vom Papst?

Der Petersplatz ist schwarz von Menschen. Rund 800 000 Pilger aus aller Welt wohnen an diesem Tag in Rom der Heiligsprechung der beiden Päpste Johannes XXIII. und Johannes Paul II. bei. Auf dem Petersplatz und in seiner Nähe stehen angeblich rund eine halbe Million Menschen, weitere 300 000 verfolgen das Geschehen an riesigen Bildschirmen oder Leinwänden in der ganzen heiligen Stadt. Außerdem sind 2000 Journalisten und 10 000 Sicherheitsbeamte zugegen. Alles klar so weit. Eine Frage, die angesichts der feierlichen Stimmung allerdings kaum gestellt wurde, lautet: Was ist überhaupt dran an den Wunderheilungen von Johannes Paul II., die zu seiner Heiligsprechung führten?

Man mag es kaum glauben, aber der 2005 verstorbene Papst aus Polen ebnete den Weg für die eigene Heiligsprechung zunächst einmal selbst. Und zwar indem er die Anforderungen drastisch senkte. Statt vier bezeugter Wunder war plötzlich nur noch eines nötig, um erst einmal die wichtigste Voraussetzung für eine Seligsprechung zu erfüllen. Und wird der »Selige« nicht nur regional, sondern global verehrt, ist es zur Heiligsprechung nicht mehr weit. Und die folgte der Seligsprechung (von 2011) nunmehr auf dem Fuße. Aber nicht nur die eigene Heiligsprechung 2014 hatte Johannes Paul II. erleichtert; schon unter seinem Pontifikat war es zu einer regelrechten »Heiligenschwemme« gekommen. Zuvor war ein Heiliger eine Seltenheit und etwas ganz Besonderes gewesen. Frühere Päpste sprachen nur eine Handvoll Anwärter heilig – wenn überhaupt. Erst Pius IX. (1846–1878) brachte es auf immerhin 52 Heiligsprechungen – nach fünf Heiligsprechungen seines Vorgängers. Unter Johannes Paul II. (1978–2005) explodierten die Selig- und Heiligsprechungen plötzlich (1338 bzw. 482). Oder waren viele derart Ausgezeichnete im wahrsten Sinne des Wortes nur »scheinheilig«? Und wie steht es mit Johannes Paul II. selbst?

Heilig oder scheinheilig?

Wer einen Menschen aus Fleisch und Blut für »selig« oder »heilig« halten will, der muss bekanntlich eine dicke Kröte schlucken: Er muss glauben, dass der Betreffende ein sogenanntes Wunder vollbracht habe. Das entscheidende Wunder, das erst zur Selig- und dann Heiligsprechung Johannes Pauls II. führte, bestand in der Heilung der französischen Ordensschwester Marie Simon-Pierre Normand von der »Schüttellähmung« Parkinson. Die Frage ist nur: Wurde die Frau tatsächlich von Parkinson geheilt? Oder wurde sie von Johannes Paul II. geheilt? Eine seltsame Frage. Was soll das heißen: »von Johannes Paul II. geheilt«? Angeblich soll die Krankheit bei der Ordensschwester im Jahr 2001 diagnostiziert worden sein, also im Alter von 40 Jahren. Aufgetreten sein soll sie aber schon zehn Jahre früher. Da war die Frau 30. Das wäre schon mal das erste Wunder. Meistens sind die Betroffenen bei Ausbruch der Krankheit nämlich um die 60. 40- oder gar 30-jährige Parkinson-Patienten sind eine große Seltenheit bzw. so gut wie ausgeschlossen. Die zweite Merkwürdigkeit: Parkinson gilt als unheilbar. »›Geheilte‹ Parkinson-Patienten, bei denen die Diagnose eines idiopathischen Parkinson-Syndroms gesichert erschien«, sind in der Literatur schlicht »nicht bekannt«, heißt es beim Max-Planck-Institut für Psychiatrie. »Daher ist äußerste Vorsicht geboten, wenn durch irgendein Therapieverfahren Heilung versprochen wird.«

Wunderheiler oder Scharlatan

Und ist eine Wunderheilung nicht auch ein »Therapieverfahren«? Wie soll das also funktioniert haben? Ist Johannes Paul II. tatsächlich ein Wunderheiler? Oder ein Scharlatan? Hatte Schwester Marie Simon-Pierre Normand überhaupt Parkinson, und wo hatte sie die Krankheit her? Denn da Parkinson als unheilbar gilt, hatte ein Parkinson-Patient, der von der Krankheit geheilt wird, entweder gar keinen Parkinson. Oder er wurde nie geheilt. Dass die Ordensschwester eine Schwindlerin ist, halten alle, die sie kennen, allerdings für ausgeschlossen: »Im Fall von Simon-Pierre gab es keine Spur von Geltungssucht«, sagt der Ermittler (Postulator) im Seligsprechungsverfahren, Monsignore Slawomir (*vaticanhistory.de,* 1.5.2011). »Die Schwester hat diese ganze Geschichte, die in menschlicher Hinsicht bewegend und persönlich ist, aus einer Sicht des Glaubens gelebt. Was mich von Anfang an bei dieser Frau beeindruckt hat, war ihre absolute Bescheidenheit.« Videos der Ordensschwester bestätigen diesen Eindruck (YouTube: »Wunderbare Heilung – Marie Simon-Pierre erzählt«, 24.4.2014). Was also ist mit der Schwester passiert? Haben wir es hier wirklich mit einer Wunderheilung zu tun? Oder haben diejenigen recht, die die katholische Kirche ohnehin für ein Schwindelunternehmen halten?

Eine zu enge Verbindung

Die Antwort führt auf eine interessante Spur: Schwester Marie Simon-Pierre Normand stand Johannes Paul II. psychologisch sehr nahe. Ihre Kongregation der Kleinen Schwestern der Katholischen Kreißsäle »ist eng mit Johannes Paul II. verbunden: Der polnische Papst erkannte die Kongregation 1982 an und überreichte ihr seine Enzyklika ›Das Evangelium und das Leben‹ als Charta ihres Handelns« (*Handelsblatt*, Online-Ausgabe, 1.5.2011). »Ich verspüre viel Mitgefühl mit kranken und leidenden Menschen«, sagte sie. Und so saß sie oft vor dem Fernseher und verfolgte auch den zunehmenden Verfall Johannes Pauls II. mit. Und siehe da: Schwester Marie Simon-Pierres Symptome traten auf (ca. 1991), nachdem auch ihr großes Vorbild und Gottes Stellvertreter auf Erden, Johannes Paul II., immer offensichtlicher unter der »Schüttellähmung« zu leiden begann, nämlich ab Ende der achtziger Jahre. »Am Anfang konnte ich Johannes Paul II. noch im Fernsehen anschauen«, wird sie von dem Vatikan-Korrespondenten Andreas Englisch zitiert (*Der Wunderpapst. Johannes Paul II.*, München 2011), »doch dann wurde es immer schlimmer für mich. Wenn ich den Papst sah, dachte ich, ja, das, was du da siehst, wird in den nächsten Jahren auch auf dich zukommen.« Mit anderen Worten, Schwester Marie Simon-Pierre Normands Erkrankung entwickelte sich parallel zu der des Papstes. Genau wie bei ihm war auch bei ihr die linke Körperseite vom Morbus Parkinson betroffen, insbesondere die linke Hand. Genau wie Johannes Paul konnte auch sie irgendwann kaum noch gehen. Allerdings war der Papst rund 40 Jahre älter als sie.

Vom Papst geheilt

Auf der anderen Seite war Johannes Paul II. nicht nur ihr oberster Chef, sondern, wie es sich für einen Katholiken gehört, glaubte sie auch, er sei der »Stellvertreter Gottes auf Erden« – also mit beinahe überirdischer Autorität ausgestattet. Hat sich Schwester

Marie Simon-Pierre also zu stark mit Johannes Paul II. identifiziert, sich ihm unterworfen und seine Erkrankung – unbewusst – »nachgeahmt«? Von psychischen Krankheiten kennt man schließlich das Phänomen, dass sie sich auf nahestehende, aber genetisch nicht verwandte Personen übertragen können, zum Beispiel auf Ehepartner. Dabei scheint es sich um eine Mischung aus Identifizierung und Autosuggestion zu handeln. Ist so etwas auch bei physischen Erkrankungen möglich? Oder – um genau zu sein – bei neurologischen Erkrankungen? Also bei Erkrankungen des Nervensystems. Aber warum ist die Schwester dann nicht – wie Johannes Paul II. – an der Krankheit gestorben? Denn tatsächlich verschlimmerte sich ihr Befinden analog zu dem des sterbenden Papstes. 2005, im Todesjahr von Johannes Paul II., ging es auch mit Schwester Marie Simon-Pierre bergab. Im Laufe des Jahres »verschlechtert sich ihr Zustand«, heißt es bei dem Vatikanexperten Englisch. »Es war ein sehr intensives Erlebnis für mich, der Papst war wie ein Freund«, zitiert er die Ordensfrau. »Auch wenn er jetzt bald im Himmel sein würde, hatte ich das Gefühl, ihn an meiner Seite zu haben.« Ihre gesamte religiöse Gemeinschaft betete für ihre Genesung, und durch die Fürbitte des verstorbenen Papstes bei Gott soll ihre Krankheit auf wundersame Weise verschwunden sein. Oder gibt es dafür vielleicht doch eine natürliche Erklärung? Denn offenbar löste das Ableben Johannes Pauls II. die innige Verbindung der Schwester zu dem Papst auf. Drohte sich ihr Zustand logischerweise zunächst dramatisch zu verschlechtern, wurde sie nach ihren eigenen Aussagen »innerhalb von zwei Monaten nach dem Tod Johannes Pauls, Tag für Tag, Stunde für Stunde, geheilt«. Ein Wunder? Wohl kaum. Vielmehr sieht es tatsächlich so aus, als sei Schwester Marie Simon-Pierre Normand nicht von der Parkinson-Krankheit, sondern von Johannes Paul II. geheilt worden …

Thema des Monats *10.5.:*
Eurovision Song Contest: Wie »Conchita Wurst« gemacht wurde

2.5. Brandmassaker an prorussischen Aktivisten in einem Gewerkschaftshaus in Odessa (Ukraine)/In Homs einigen sich Rebellen und syrische Armee auf einen Waffenstillstand ***5.5. Religionskrieg: Katholiken auf den Scheiterhaufen? 10.5. Eurovision Song Contest: Wie »Conchita Wurst« gemacht wurde 15.5. Verfilzte bayerische Justiz winkt TV-Zwangsabgabe durch*** **17.5.** In Papeete/Französisch-Polynesien wird Henri Arihano Haiti wegen Mordes an dem deutschen Weltumsegler Stefan Ramin und sexueller Belästigung von dessen Freundin zu 28 Jahren Haft verurteilt ***25.5. Wurde bei den Europawahlen gefälscht?*** **31.5.** Bei Demonstrationen in Ankara und Istanbul gibt es 14 Verletzte

5. Mai
Religionskrieg: Katholiken auf den Scheiterhaufen?

Katholische Priester missbrauchen Kinder, saufen Schampus und räkeln sich in übergroßen Badewannen. Oder geschieht das alles etwa in *einer* Badewanne? Egal. Denn da wären noch die Islamisten. Die werfen sich vor Allah in den Staub, zeugen eifrig Nachwuchs für den Heiligen Krieg und begehen am laufenden Meter Selbstmordanschläge. Keine Frage: Während die Religionen an das Kreuz glauben, sind sie in Wirklichkeit selber ein Kreuz. Oder etwa nicht? Oder sind die Kampagnen gegen den Islam und die katholische Kirche etwa nur zwei Seiten ein und derselben Medaille? Gibt es gar einen Krieg gegen die Religionen?

Und ob: »Heuchler, Lügner, Kinderprügler« seien die Bischöfe und Pfaffen, schimpfte am 5. Mai 2014 zum Beispiel das Info-Portal *regensburg-digital.de* anlässlich eines Dankgottesdienstes der Diözese Regensburg. Die Schlagzeile ist symptomatisch: Überall schlägt den katholischen Geistlichen ein eiskalter Wind entgegen. Es gebe »eine bisher nicht gekannte Aggression gegen die Kirche durch die vorherrschende kirchenfeindliche Kultur«, meinte auch der Religionssoziologe Massimo Introvigne anlässlich der Präsentation einer kirchlichen Studie im Januar 2014. Das »niederzuringende Hindernis« sei dabei das »katholische Christentum«. Die Studie mache die katholische Kirche als Feindbild der vorherrschenden laizistischen (antireligiösen) Strömung aus, »in der verbissene, einflussreiche Kräfte den Ton angeben«. Und zwar »nicht nur an den Universitäten, sondern auch im Großteil der Medien«. »Während ich wohl im Bett sterben werde, wird mein Nachfolger im Gefängnis sterben und dessen Nachfolger als Märtyrer auf einem öffentlichen Platz«, prophezeite kürzlich der Chicagoer Erzbischof Francis George anlässlich der anhaltenden Kritik an der katholischen Kirche. Eine katholische Website behauptet, schon die Nazis hätten eine Kampagne gegen die katholische Kirche inszeniert, »die der gegenwärtigen Hetzkampagne der inzwischen von links gleichgeschalteten Presse sehr ähnlich ist« (Civitas Institut: »Vor genau 75 Jahren: Staatliche Nazi-Kampagne gegen die katholische Kirche«, ohne Datum). Der Regensburger Bischof Gerhard Ludwig Müller blies in dasselbe Horn: »Jetzt erleben wir wieder eine Kampagne gegen die Kirche.« 2013 sprach Bischof Müller gar von einer »Pogromstimmung« gegen Priester (*welt.de,* 1.2.2013). Und da war von dem »Skandalbischof« Franz-Peter Tebartz-van Elst noch nicht einmal die Rede.

Das waren starke Worte. Wollen die Katholiken sich jetzt als Opfer und Märtyrer darstellen? Und damit von den Skandalen der jüngsten Zeit um Kindesmissbrauch und Geldverschwendung ablenken? Ganz so einfach liegen die Dinge nicht. Denn bei dem Krieg gegen die Kirche geht es nur oberflächlich um Kindesmissbrauch und Verschwendungssucht. Das sind zwar Probleme, die in erster Linie jedoch nicht gelöst, sondern als Waffe benutzt werden sollen. In Wirklichkeit geht es um einen Krieg gegen die Religionen.

Religionskrieg – eine tolle Sache

Ein Religionskrieg? Wo denn? Zunächst wäre da der sogenannte Krieg gegen den Terror. Die meisten wissen, dass dies nur ein verlogener Begriff für einen Krieg gegen den Islam ist, dem man unterstellt, ein Hort des Terrorismus zu sein. Der große Paukenschlag für den Beginn dieser Kampagne war der 11. September 2001, bei dem man »Islamisten« gleich mehrere grauenhafte Attentate unterschob. Danach konnte man in aller Ruhe Krieg gegen Afghanistan und den Irak führen und in vielen weiteren islamischen Ländern der Welt »demokratische Revolutionen« anzetteln. Und seitdem wurden auch noch viele weitere Attentate »von Islamisten« verübt, oder besser gesagt: im Namen von Islamisten. Denn dass es wirklich Islamisten waren, müssen wir schon glauben. Und damit unterscheiden sich unsere Medien und Politiker kein bisschen von den Weltreligionen. Denn im Einzelfall lässt sich die Täterschaft ebenso wenig beweisen wie die Existenz Gottes. Meistens »bekannten« sich nur irgendwelche Dunkelmänner auf Internetseiten *im Name des Islam* oder einer islamischen Gruppierung zu dem jeweiligen Anschlag. Beweiswert: null. Besonders gerne bekennen sich Schiiten zu Attentaten auf Sunniten und umgekehrt, zum Beispiel im Irak. Denn das heizt den religionsinternen Bürgerkrieg erst so richtig an, so dass sich der Islam quasi selbst zerlegt. Eine tolle Sache. Seit dem 11. September 2001 haben noch viele andere »islamistische Terrorgruppen« den Islam kompromittiert, zum Beispiel Boko Haram in Nigeria oder IS (bzw. ISIS) im Irak.

Die Kirche wird zerlegt

Die mittlerweile penetrante Kampagne gegen die katholische Kirche hat damit freilich gar nichts zu tun, oder? Schließlich geht es hier um grauenhafte Verfehlungen, die sich wie ätzende Säure in die Glaubwürdigkeit der Kirche fressen. Wie etwa der sexuelle Missbrauch von Kindern. Allerdings geht die Kampagne von Blättern wie *Bild* und *Spiegel* inzwischen längst über eine angemessene Diskussion dieser Probleme hinaus. Kindesmissbrauch ist tatsächlich ein schweres Verbrechen, und tatsächlich müssen sich die zölibatären katholischen Priester und Ordensleute nach ihrem Verhältnis zu Kindern fragen lassen. Kinder sind eben nicht nur Schäfchen-Nachwuchs, den man als Missbrauchsobjekt und später als Kirchensteuerzahler betrachten kann. Kinder und erwachsene Menschen sind nicht für die Kirche da, sondern umgekehrt die Kirche für sie. Dieses Verhältnis wurde von der Kirche »nur« ein bisschen auf den Kopf gestellt. Insofern besteht bei ihr tatsächlich erheblicher Reformbedarf – aber nicht in Sachen Zölibat, Homosexualität, Auflösung der Familie und wo die katholische Kirche sonst noch überall ihren Überzeugungen abschwören soll. Denn Konzessionen in diesen Bereichen würden letztendlich zur Auflösung der Identität der Kirche führen – was politisch zwar erwünscht ist, für uns alle jedoch äußerst schädlich wäre. Das Problem ist nämlich, dass die katholische Kirche noch gebraucht wird – und zwar von der ganzen Gesellschaft. In der galoppierenden Wertekrise hat sie inzwischen eine erhebliche Bedeutung als Stabilitätsfaktor bekommen – ob man nun Katholik ist oder nicht. Denn kein Individuum und keine Gemeinschaft kommt ohne bestimmte Institutionen und Werte aus, die heutzutage fast nur noch von den Katholiken propagiert und verteidigt werden. Auf der anderen Seite muss sich die Kirche tatsächlich reformieren, und insofern kann aus der Dialektik von Kritik und Verteidigung vielleicht eine heilsame Synthese entstehen.

Wie man die Kirche »behebt«

Ihre Feinde wollen die Fehlentwicklungen der Kirche in erster Linie allerdings nicht abstellen, sondern lediglich selbst missbrauchen, um die Kirche gleich als Ganzes »abzustellen«. Um die missbrauchten Kinder geht es dabei nur am Rande. Oder besser gesagt: Sie werden nur ein zweites Mal missbraucht. In Wirklichkeit benutzen gewisse Kräfte diese Verfehlungen lediglich als Steilvorlage für einen viel weiter gehenden Angriff auf die Kirche, bei dem es nicht um die Behebung von Fehlentwicklungen geht, sondern um die Behebung der »Fehlentwicklung Kirche« überhaupt – und letztlich um die »Behebung« des ganzen Christentums. Eine Reihe von Leuten in der Kirche hat das bereits verstanden, wie das oben genannte Zitat von Erzbischof George zeigt. Was er nicht gesagt hat, ist, dass sich seine Nachfolger auf dem Scheiterhaufen mit Muslimen treffen werden.

Aber der Mann übertreibt doch nur! Keineswegs. Denn natürlich muss man Entwicklungen im Rahmen eines größeren Zeitrahmens sehen. Und schließlich werden auch jetzt schon Hunderttausende Menschen wegen ihrer Religion ermordet und von amerikanischen Drohnen verbrannt, und zwar im Rahmen des sogenannten Krieges gegen den Terror, der, wie gesagt, in Wirklichkeit ein Krieg gegen den Islam ist. Denn die heutigen Scheiterhaufen kommen von oben und werden von Raketen entfacht. Und damit wären wir wieder beim Thema, denn in Wahrheit gibt es nicht einen Krieg gegen den Islam und eine Kampagne gegen die katholische Kirche, sondern es gibt nur *einen* Krieg, nämlich gegen die beiden großen konservativen Religionen als große bewahrende Kräfte der Menschheit an sich. Da, wo Religionen einknicken und mitmachen, wie etwa die evangelische Kirche, werden sie geduldet. Aber da, wo sie ihre Identität und ihren »Markenkern« bewahren wollen, werden sie gnadenlos bekämpft.
»Es ist schon auffällig, dass sich derart viele Skandale ausgerechnet gegen jene Institution wenden, die sich in unserem Land noch am deutlichsten gegen den Zeitgeist ausspricht«, sagt Karin Maria Fenbert, Geschäftsführerin von KIRCHE IN NOT Deutschland (10.2.2014).

> »Ebenso auffällig ist, dass in der Kirche genau jene Menschen von den Medien ihren ganz persönlichen Skandal präsentiert bekommen, die sich am deutlichsten gegen die Missstände unserer politisch-korrekten Mainstream-Gesellschaft aussprechen – so zum Beispiel Kardinal Meisner, Bischof Mixa, Bischof Tebartz-van Elst oder der designierte Kardinal Müller. Kein Mensch ist fehlerfrei, daher finde ich es merkwürdig, dass ausschließlich sogenannte ›konservative‹ Kirchenleute Skandale verursacht haben sollen und die progressiven‹ alle Engel sind. Das sollte uns stutzig machen.«

Und ob: Tebartz-van Elst beispielsweise war seit 2011 Vorsitzender der Kommission Ehe und Familie der Deutschen Bischofskonferenz. »Er verteidigte das katholische Verständnis der Ehe als ›Bund zwischen Mann und Frau in gegenseitiger Verantwortung, der für die Weitergabe des Lebens offen ist‹« *(Wikipedia).*

Weg mit den alten Zöpfen?

Nun fordern viele Menschen seit langem von den Kirchen, ihre jahrtausendealten Zöpfe abzuschneiden und sich zu reformieren. Reform und Erneuerung sind aber gar nicht so einfach, denn die Religionen sind im Menschen und in seiner Herkunft und Natur verankert. Und diese Herkunft und Natur sind nun mal unumstößlich. Jahrtausende sind da gar nichts. So gesehen hat die evangelische Kirche mit ihren Zugeständnissen an die Political Correctness den Menschen schon viel umfassender verraten als die katholische. Die Kirche muss sich jedoch nicht auf die Political Correctness und den Mainstream, sondern wieder auf den Menschen besinnen und an ihm festhalten – nur so können beide geheilt werden und überleben: die Kirche und der Mensch.

10. Mai
Fremdschämen beim ESC: Wie »Conchita Wurst« gemacht wurde

Beim europäischen Gesangswettbewerb 2014 steht an diesem Tag ein bärtiges Etwas im grellen Scheinwerferlicht und schreit aus voller Kehle »Rise like a Phoenix«. Und noch bevor jemand den Arzt holen kann, hat der Glitzer-Bubi »Conchita Wurst« den Eurovision Song Contest (ESC) 2014 gewonnen. Ein tragischer Unfall? Keineswegs. Der Auftritt von »Conchita Wurst« (in Wirklichkeit Thomas Neuwirth) hat System. Er wurde mindestens so sorgfältig eingefädelt wie das Coming-out des schwulen Ex-Fußballprofis Thomas Hitzlsperger (siehe *8. Januar:* »Ein Profi-Betroffener packt aus«). Schon wieder sollten wir in diesem Jahr eine »schwule Breitseite« abbekommen – oder besser gesagt: eine transsexuelle Breitseite. Der sexuellen Abweichung sollte diesmal die ganz große Bühne bereitet werden, gegen die die nationale Bühne von Hitzlsperger nur ein Provinztheater war. Außerdem sollte die Schraube noch eine Windung angezogen werden. Statt uns einen normal aussehenden schwulen Mann zu präsentieren, wurde die Einschmelzung der Geschlechter in einer Person auf die Spitze getrieben. Den Auftritt haben wir den führenden Propagandamedien zu verdanken, in diesem Fall dem Österreichischen Rundfunk ORF. Die Wurst-Show war der bisherige Gipfel der Gender-Provokationen der politisch korrekten Medien.

Ein Homunkulus namens »Conchita«

Schauen wir uns zunächst die Ikonografie dieses politisch korrekten Homunkulus etwas genauer an. Auf den ersten Blick wirkt der langhaarige, feminine Mann wie eine Mischung aus Jesus und Maria Magdalena in einem Ballkostüm. In der Maskerade wurde die Einschmelzung der Geschlechter religiös überhöht, auf die Spitze getrieben und optimal zugespitzt. Die schlanke weibliche Figur, die weibliche Kleidung und das lange Haar kontrastieren hart mit dem männlichen Vollbart, der natürlich nicht echt ist, sondern pointiert geschminkt wurde: »Auf alten Bildern war Conchitas Gesicht allerdings immer so glatt wie ein Baby-Popo«, fiel selbst *Bild.de* auf (12.5.14). Woher also der betont männliche Bartwuchs? Antwort: Der bestehe zwar »zum großen Teil aus echten Haaren«, aber »der Rest wird via Lidschatten einfach dazugepinselt …«, so *Bild.de*. Die Haartracht hat eine propagandistische und erzieherische Funktion: »Vor allem der Bart ist ein Mittel für mich, zu polarisieren, auf mich aufmerksam zu machen«, wird Neuwirth von der österreichischen Zeitung *Kurier* zitiert (17.9.2013). »Was ich mir wünsche, wäre, dass sich die

Leute ausgehend von meiner ungewöhnlichen Erscheinung Gedanken machen – über sexuelle Orientierung, aber genauso über das Anderssein an sich.« Ganz ähnlich hatte sich auch Thomas Hitzlsperger ausgedrückt: »Manchmal muss man den Menschen einfach und plakativ klarmachen, worum es geht.« Und sie natürlich selbst darauf bringen, darf man hinzufügen. Die gesamte Figur »Conchita«, so kann man also feststellen, ist nichts weiter als Show. Mit voller Wucht lässt man hier beide Geschlechter aufeinanderprallen, dass es kracht bzw. knirscht. Denn wer wollte bestreiten, dass es bei diesem Anblick tatsächlich gewaltig knirscht. Das Gehirn sucht verzweifelt nach einer Ordnung in den fundamentalen Widersprüchen. Man spürt regelrecht eine seelische Verletzung, die man nicht genau definieren kann.

Ein Blick in die Unterhose

Noch nie wurde ein so brutaler und umfassender Angriff auf den Menschen und die Schöpfung geführt wie durch die sogenannte Gender-Politik mit ihrer Vorstellung, dass das menschliche Geschlecht und sein Verhaltensapparat nicht angeboren, sondern anerzogen seien – was sich bereits bei einem Blick in die eigene Unterhose als der reinste Unsinn erweist. Der Angriff zielt nicht auf einzelne Individuen, Nationalitäten, Ethnien oder Rassen, sondern auf die gesamte Menschheit. Angegriffen wird die Organisation der menschlichen Fortpflanzung, nämlich die Dichotomie von Mann und Frau. Die Methoden gleichen der modernen nichtchemischen Schädlingsbekämpfung. Indem die Logik und Logistik der Fortpflanzung verändert werden, wird die Art zum Aussterben verurteilt. Für diese Strategie ist der Sieg von »Conchita Wurst« beim Eurovision Song Contest nur das bislang spektakulärste Beispiel. Nehmen wir etwa den berühmten Stichling. Das ist eine Fischart, die im Biologieunterricht oft als Demonstrationsobjekt für die Funktion von Schlüsselreizen dient. Der paarungsbereite Stichling hat einen orangeroten Bauch. Sieht der Stichling einen anderen

Fisch mit einem roten Bauch, geht er auf ihn los, weil er in dem anderen einen Rivalen vermutet. Es reicht auch, wenn man dem Stichlingmännchen ein rot angemaltes Stück Plastik hinhält, um seine Attacke auszulösen. Um andererseits die Paarung zu ermöglichen, gibt es natürlich auch Schlüsselreize, die nicht abstoßend, sondern anziehend wirken. So fliegt der Samtfalter allem nach, was schwarz und wellenförmig ist. Die männliche Erdkröte dagegen bespringt alles, was sich bewegt und eine bestimmte Größe hat.

Angriff auf die »Firmware Gottes«

Statt von Schlüsselreizen spricht man auch von angeborenen auslösenden Mechanismen (AAM) oder Auslösemechanismen. Das sind nichts anderes als angeborene, also »feste« Muster, die nicht geändert werden können, sozusagen die nicht löschbare »Firmware« Gottes. Dazu gehört beispielsweise das »Kindchen-Schema« bei Babys, das den Brutpflegetrieb auslöst. Große Augen, dicke Backen und eine hohe Stirn wirken zusammen »einfach süß« und bringen Erwachsene dazu, Kinder zu mögen und sich um sie zu kümmern. Genau wie Firmware häufig in sogenannte Festwertspeicher geschrieben wird, heißt es auch bei Schlüsselreizen oder AAM: »Read only« – lesen, aber nicht (über-)schreiben. In der Computerwelt spricht man auch von einem »Masken-ROM« – nur bei der Fertigung programmierbar. Und das ist denn auch der entscheidende Punkt, der den ganzen Gender-Wahn widerlegt: Man kann diese »eingebrannten Muster« nun mal nicht löschen. Man kann sie höchstens mit anderen »Programmen« konterkarieren – beim Menschen etwa durch extrem schlechte Erfahrungen mit dem anderen Geschlecht (wie Missbrauch). Aber das führt zu »Softwarekonflikten« – zum Beispiel, indem sich manche Menschen vom anderen Geschlecht gleichzeitig angezogen und abgestoßen fühlen. Die Aufdeckung und Auflösung eines solchen »Softwarekonflikts« wäre dann ein Fall für einen Psychotherapeuten oder eine Gruppentherapie.

Moderne Schädlingsbekämpfung

Bereits in der letzten Ausgabe dieses Jahrbuches wurde dargelegt, dass schon seit Jahren heftig an der Zerstörung der menschlichen Schlüsselreize und Instinkte (komplexere angeborene Verhaltensprogramme) gearbeitet wird. Dazu gehören auch der erwähnte Brutpflegetrieb (Stichwort: Kitas), die angeborene Fremdenskepsis oder -feindlichkeit und das natürliche Revierverhalten. All das soll weg (Stichwort: Migrationspropaganda). Und auch an die sexuellen Instinkte und Schlüsselreize wird die Axt angelegt. Was manche für Moden halten (Kleidung, Diäten, Piercings, Tattoos, Deos etc.), ist nichts weiter als eine systematische und vollständige Zerstörung der menschlichen Schlüsselreize. Dabei wird allerdings nicht die »Firmware« zerstört (also die AAM), sondern die Signalgebung der Geschlechter, weshalb

- die Geschlechter immer weniger aufeinander reagieren,
- es manchmal schon fast egal ist, welches Geschlecht man wählt, wenn man sexuelle Bedürfnisse verspürt.

Die Methode gleicht den Verfahren der modernen Schädlingsbekämpfung, bei denen die Schädlinge nicht vergiftet werden, sondern in ihre Fortpflanzung eingegriffen wird. Zwar gibt es dafür beim Menschen auch noch andere Methoden, wie beispielsweise Antibabypille oder Abtreibung, aber nichts ist so allumfassend wie das Verfahren, die Geschlechter einfach abzuschaffen, zum Beispiel durch Veränderung bzw. Kaschierung der männlichen und weiblichen Körper und Gesichter (Diäten, Bodybuilding, Tätowierungen, Kleidung etc.). Die Folgen sind klar: Die betreffende Population wird aussterben. Oder sogar die ganze Art.
Bekanntlich ist ein optischer Schlüsselreiz eine sehr einfache Sache und besteht nur aus wenigen Signalelementen – auch beim Menschen. Gemeinsam ist diesen optischen Signalen, dass sie einfach und plakativ sein müssen: ein kantiges Kinn, breite Schul-

tern und schmale Hüften sprechen die Frau an, runde Brüste, lange Haare und ein runder Po den Mann. Dabei gibt es aber nicht nur Go-, sondern auch Stoppsignale. Zum Beispiel einen Mann mit schmalen Schultern und breiten Hüften. Oder eine Frau mit Kurzhaarschnitt oder gar Glatze – ebenfalls ein sehr einfaches Stoppsignal, das von unseren Gender-Strategen aber schon längst als lustige »Mode« propagiert wird. Frauen werden Kurzhaarschnitte oder Glatzen angetragen, während man Männern Pferdeschwänze und Dutts schmackhaft macht.

Eine Kampagne für den Bart

»Conchita Wurst« ist da bloß der neueste, wenn auch spektakulärste Schachzug – der Versuch, bei Frauen ein absolutes Stoppsignal als Modetrend zu etablieren, nämlich einen Vollbart. Wobei auch dieser markante, einfache Vollbart den allgemeinen Gesetzen der Schlüsselreize folgt. Wenn man genau hinsieht, erinnert er in seiner Plakativität an ein Piktogramm. Und wie man ebenfalls gesehen hat, fingen prominente weibliche Ikonen sofort an, den als Frau mit Bart inszenierten Mann »Conchita« zu imitieren. Im Fernsehen zog beispielsweise die Moderatorin Barbara Schöneberger bei der ESC-Party in Hamburg sofort nach »Conchitas« Sieg einen Bart heraus, um ihn sich anzukleben – wobei man sich fragte, wo sie den nur so schnell herhatte. *Bild.de* zeigte Frauengesichter mit und ohne Vollbart. Man hatte den Eindruck, dass die gesamte Presse bereits auf »Conchitas« Sieg vorbereitet war, so schnell wie sie die Bart-Kampagne aus dem Ärmel schüttelte. Die österreichische Frauenzeitschrift *Woman* präsentierte umgehend 17 sorgfältig »geshoppte« Frauenbilder mit Bart und sogar Brusthaaren und jubelte:

> »Eine Frau mit Bart gewinnt den Eurovision Songcontest 2014 und schon ist sie DAS Thema weltweit. Tausende Frauen schminkten sich einen Bart auf und teilten ihre Fotos auf Face-

book, um den Erfolg von Conchita Wurst zu feiern! (…) Conchita Wurst hat ganz klar einen riesengroßen Hype ausgelöst. Sehr großartig finden wir diese sexy Promi-Damen inklusive Bart und Brusthaaren.«

Letztere sind selbstverständlich ebenfalls ein absolutes Stoppsignal für einen Mann.
Ganz offensichtlich soll der Vollbart für die Frau »trendy« werden – gerade für die langhaarige Frau, die sich einer Vernichtung ihrer weiblichen Kopfbehaarung bislang widersetzt hat. Dabei müssen Frauen keineswegs so weit gehen und Hormone schlucken, um einen Vollbart zu bekommen; ein bisschen Schminke und ein Brusttoupet reichen auch, um die »Firmware« des anderen Geschlechts durcheinanderzubringen. Wohingegen in Zukunft ein glattrasierter Mann noch weiblicher erscheinen wird. Die behaarten oder geschminkten Mädels werden dagegen das Opfer einer menschenverachtenden Strategie und natürlich *das* Fressen für die Lesbenszene sein. Nachwuchs werden diese nicht physiologisch, sondern »logisch« sterilisierten Frauen wohl noch seltener haben als ohnehin schon. Hilfreich bei der Etablierung der Stoppsignale ist, dass sie als politisch höchst korrekt gelten: Weibliche Bartträger solidarisieren sich schließlich mit sexuell Unterdrückten wie dem angeblich »diskriminierten« Thomas Neuwirth alias Wurst. Es ist also auch ein politisches Signal an alle anderen: Seht her: Ich bin gut. Wohl kaum. Und attraktiv schon gar nicht.

Österreichischer Beitrag »für den Arsch«

Die österreichische Transe Thomas Neuwirth ist der bisherige Gipfel des Umerziehungsprogramms, der Höhepunkt der psychologischen Kriegführung gegen das normale menschliche Empfinden und das System der Geschlechter. Ist das nicht ein bisschen übertrieben? Keineswegs. Denn der kleine Thomas passte den großen Propagandamedien bestens ins Programm. Denn in Wirklichkeit haben wir diese Zumutung den öffentlich-rechtlichen Medien zu verdanken, in diesem Fall dem Österreichischen Rundfunk (ORF). 2006 wurde Thomas Neuwirth dort Zweiter bei der österreichischen Castingshow *Starmania*. In der Wurst-Rolle wurde Neuwirth 2011 Sechster bei der ORF-»Talentshow« *Die große Chance*. Als Nächstes sollte die Transe mit dem Bart schon damals auch ganz Europa beglücken, doch daraus wurde erst einmal nichts. Das Unternehmen scheiterte 2012 an der österreichischen Vorausscheidung für den Liedchen-Wettbewerb. Damals setzte sich in Österreich nämlich noch ein männliches Duo durch – zwei ziemlich verwirrte Opfer diverser Friseur- und Bekleidungsunfälle, die ebenfalls ein kulturell wichtiges Thema besangen, nämlich den Allerwertesten: »Woki mit deim Popo« (»Wackele mit deinem Hintern«). Aber die beiden »Anal-Erotiker« *(taz)* fielen durch. Sie schieden schon im ESC-Halbfinale 2012 aus, wo sie den letzten Platz belegten. »Für die österreichischen Kandidaten schämt man sich immer noch ein bisschen mehr als für die Schweizer«, befand die Schweizer Boulevardzeitung *Blick*: »Der Beitrag ist für den Arsch« (22.5.2012).

Bekenntnis zur Regenbogenkultur

Eigentlich gehört Österreich zu den notorischen Verlierern beim ESC. Der aktuelle Erfolg von Neuwirth-Wurst erschließt sich deshalb nicht so ganz. Zuletzt hatte vor fast 50 Jahren für Österreich noch ein richtiger Mann mit einem richtigen Liebeslied gewonnen, nämlich Udo Jürgens mit »Merci Chéri«. Auch 2013 hatte Österreich nichts Vielversprechendes zu bieten. Abermals scheiterte die Alpenrepublik bereits im Halbfinale des ESC. Das nichtssagende Geträller »Shine« von Natália Kelly, einer Österreichisch-Amerikanerin mit brasilianischen Wurzeln, belegte im Halbfinale den vorletzten Platz und schaffte es nicht einmal in die »Endausscheidung«. Eigentlich erstaunlich, denn das dazugehörige Video war zweifellos ein echter Kunstgenuss. Es zeigt Männer und Frauen, die ein Bekenntnis zur Regenbogenkultur ablegen, indem sie sich gegenseitig mit Farbe beschmieren und es am Ende wunderbar finden.

Von oben verordnete Transe

Aber vermutlich war diese Symbolik zu indirekt. Mit dem bärtigen »Mädchen« Thomas Neuwirth setzte man lieber auf die plakative Lösung. Und damit der Gender-Murks nicht gleich im Ansatz steckenblieb, verzichtete man in Österreich diesmal vorsichtshalber auf eine nationale Vorausscheidung. »Conchita Wurst« wurde stattdessen ohne nationalen Wettbewerb von oben verordnet, und zwar vom ORF. Für die *Welt* war das »eine mutige Entscheidung, die ganz ohne Zuschauerwahl stattfand«. Verantwortlich dafür soll die ORF-Fernsehdirektorin Kathrin Zechner gewesen sein. »Sie soll die Idee gehabt haben, die öffentliche Vorentscheidung einzusparen und Conchita Wurst direkt für Kopenhagen zu nominieren« (Online-Ausgabe, 12.5.2014). Beim ESC-Finale rollten dann erstaunlich viele Länder der österreichischen Transe den roten Teppich aus. An dem Wettbewerbssong »Rise like a Phoenix«, einem musikalisch trivialen Gekreische, konnte das wohl kaum liegen. Der Text war da schon interessanter. Der ist nämlich äußerst aggressiv. Darin geht es um jemanden, der sich verwandelt und dabei mit allen anderen abrechnet. Während seiner Verwandlung werden die anderen zu seiner »Flamme« und zur Asche, aus der sich der (transsexuelle) Phönix erhebt. Ein Fahrplan für das weitere Schicksal der Geschlechter und eine kaum verhohlene Drohung an alle Normalen:

Ihr wurdet gewarnt,
sobald ich verwandelt bin,
sobald ich wiedergeboren werde,
werde ich aufsteigen wie ein Phönix,
aber ihr seid meine Flamme.

15. Mai
Zwangsabgabe: der Filz der bayerischen Richter

Wuchtig steht er im Zentrum Münchens, der Bayerische Verfassungsgerichtshof (VGH) – ein Erweiterungsbau des Justizpalastes aus dem Jahr 1908: mit seiner festungsartigen Architektur eine Trutzburg der Obrigkeit und ein Symbol für die Selbstherrlichkeit der bayerischen Justiz. Willkommen im Land der eingeschüchterten Zeugen, der manipulierten Verfahren, der erpressten Geständnisse und der Fehlurteile. Die Fälle Mollath, NSU, Hoeneß und Ulvi K./Peggy lassen grüßen. Auch der Bayerische Verfassungsgerichtshof ist keine Ausnahme im Koordinatensystem von Kungelei und Freunderl-Wirtschaft: Am 15. Mai 2014 erkennt er (nach dem Verfassungsgerichtshof Koblenz) für Recht: Die Popularklagen eines Bürgers und eines Unternehmens gegen die Rundfunk-Zwangsabgabe sind abzuweisen; die Zwangsabgabe für die Rundfunkpropaganda ist rechtmäßig. Und die Medien, besonders die öffentlich-rechtlichen, winken das Urteil natürlich kritiklos durch. Schließlich haben die Verfassungsgerichte soeben ihre Fleischtöpfe abgesegnet und ihnen auch künftig fürstliche Einnahmen gesichert. Alles hat eben seine Ordnung im »Freistaat«.

Demokratisches Schmierentheater

In Wahrheit hat überhaupt nichts seine Ordnung. In Wahrheit ist das Urteil ein demokratisches Schmierentheater erster Güte. Denn entschieden haben dieselben, die die Zwangsgebühr überhaupt erst beschlossen haben und gleichzeitig auch die Rundfunkräte der »öffentlich-rechtswidrigen« Anstalten besetzen – nämlich die Parteien. Die Parteien haben in Gestalt des Bayerischen Verfassungsgerichtshofs einmal mehr ihre eigene Rundfunkabgabe abgenickt. Und jedes Mal, wenn sich der Bürger gegen Parteienwahnsinn wie die Zwangsabgabe wehrt, schreien die Parteien: Wir sind schon da! Und zwar in den obersten Gerichten.

Selbstherrlich wie der Oberste Sowjet

Die 38 ehrenamtlichen Richter des Bayerischen Verfassungsgerichtshofs haben denselben Segen wie die Rundfunkräte, nämlich den Segen der Parteien. Fast jedes Mal, wenn Bürger gegen irgendeinen Parteienirrsinn klagen, beschließt der Bayerische Verfassungsgerichtshof selbstherrlich wie der Oberste Sowjet: Njet. Die Richter des Bayerischen Verfassungsgerichtshofs sind befangen. Sie werden mit einfacher Mehrheit für acht Jahre durch den Bayerischen Landtag bestimmt, also von der CSU, die für ihre unumschränkte Herrschaft im Freistaat wiederum unbedingt den Bayerischen Rundfunk (BR) braucht. Die Richter können wiedergewählt werden – müssen aber nicht. Wenn sie eigene Wege gehen, können sie bald ausgewechselt werden. Ohne die Staatspropaganda des BR wäre die CSU schon längst zur Splitterpartei mutiert – die Pseudoopposition von SPD, Freien Demokraten und Grünen aber ebenso. Der BR redet dem Bayernvolk jedoch jeden Tag aufs Neue ein, dass im Parteienstaat alles seine Ordnung habe. Mit anderen Worten, die öffentlich-rechtlichen Sender sind mindestens so »systemrelevant« wie die öffentlich-rechtlichen Landesbanken – und mindestens so verfilzt und unfähig – und müssen deshalb um jeden Preis gerettet werden. Beide haben nicht nur eine ähnlich staatsnahe Organisationsform, sondern auch denselben Hunger nach dem Geld der Bürger.

Der Freistaat als Freibeute

Doch zurück zum Bayerischen Verfassungsgerichtshof. Dessen Präsident ist Karl Huber, der zugleich auch Präsident des Oberlandesgerichts München ist, wo auch der NSU-Prozess geführt wird. Ernannt wurde Huber 2005 vom Staat, und zwar von der skandalbeladenen Justizministerin Beate Merk. 2007 erhielt er den Bayerischen Verdienstorden. Huber kommt selbst aus dem Bayerischen Staatsministerium der Justiz und war im Laufe seiner Karriere sowohl Richter als auch Staatsanwalt. Der Vizepräsident des VGH, Stephan Kersten, ist Mitglied im Verwaltungsrat des Bayerischen Rundfunks. Denn ob die Welt ein Dorf ist oder auch nicht, sei einmal dahingestellt – aber Bayern ist ganz sicher eines. Jedenfalls das Bayern der »Großkopferten«, die es längst unter sich aufgeteilt und den Freistaat zur Freibeute erklärt haben. Ein Mitglied des BR-Verwaltungsrats gehört also demselben Gericht an, das über die Rechtmäßigkeit der Rundfunkabgabe zu entscheiden hatte. Da behaupte noch jemand, in Deutschland gebe es keinen Staatsrundfunk. Die übrigen berufenen Mitglieder des Verfassungsgerichtshofs rekrutieren sich aus den Untergebenen der beiden Gerichtspräsidenten Huber und Kersten, also aus Richtern der Oberlandesgerichte und des Verwaltungsgerichtshofs. Außerdem aus Richtern der (»Königlich-Bayerischen«) Amtsgerichte.

Sittenwidriger Klüngel

Unter den »Laienrichtern« des VGH sammeln sich gerne ehemalige Gerichtspräsidenten und Staatsminister a. D., wie beispielsweise Manfred Weiß oder Hermann Leeb (beide CSU), also ehemalige Vertreter des bayerischen Staates, der die Rundfunkstaatsverträge unterzeichnet hat. Denn bekanntlich fußen die öffentlich-rechtlichen Sender auf Verträgen der Landesregierungen. Den Bayerischen Verfassungsgerichtshof in Sachen Rundfunkabgabe anzurufen ist so, als würde man den Metzger fragen, ob die Wurst frisch ist. Einen solchen Klüngel kann man mit Fug und Recht sittenwidrig nennen. Das Urteil vom 15. Mai, das die Kritiker gegen den Rundfunkbeitrag zum Schweigen bringen sollte, lieferte ihnen in Wirklichkeit jede Menge neues Futter.

Geldsegen für die Propagandasender

»Dem Handelsblatt zufolge sind die Sieger [des Verfahrens vor dem VGH] die Öffentlich-Rechtlichen Anstalten, die aufgrund der Urteile nun über gigantische Finanzmittel verfügen«, schrieben die *Deutschen Wirtschafts Nachrichten* am 15. Mai 2014. »Sie brauchen über diese Gelder den Kunden, also den Beitragszahlern, kaum Rechenschaft ablegen. Deutschland leistet sich damit ein gigantisches Netzwerk von zwangsfinanzierten Sendern, die ihre Mittel praktisch nach Belieben einsetzen können.« Nicht doch: In Wirklichkeit sei die Entscheidung »ein weiterer wichtiger Schritt in Richtung Rechtssicherheit«, freute sich der Justitiar des Bayerischen Rundfunks, Albrecht Hesse. Rechtssicherheit, die es in Wahrheit nicht geben kann. Denn das Amigo-Urteil des Bayerischen Verfassungsgerichtshofs hin oder her – die Rundfunkabgabe ist und bleibt rechts- und verfassungswidrig.

25. Mai
Wurde bei den Europawahlen gefälscht?

Sonntagvormittag, in einem Wahllokal in Berlin-Pankow. Alles läuft ruhig in dem Abstimmungsraum. Da flüstert plötzlich ein Wahlvorstand einem Wahlhelfer zu: »›Die Stimmen dieser einen Partei‹ [gemeint war die AfD] wolle man nachher unter den Tisch fallen lassen.« Was der Wahlvorstand nicht wusste: »Der neue Helfer war AfD-Mitglied.« So berichtet es zumindest der Landesverband Berlin der Alternative für Deutschland (AfD) auf seiner Website (25.5.2014). Und so bereitete der Berliner Landesvorstand nach Angaben der Partei folgerichtig eine Strafanzeige vor.

Einzelfall oder Methode?

Wurde die Europawahl in Deutschland etwa manipuliert? War die oben geschilderte Episode ein Einzelfall, oder hat das Fälschen

Methode? Denn wieder einmal schien eine Wahl nicht die Stimmung in der deutschen Bevölkerung wiederzugeben. Das deutsche Ergebnis der Europawahl fiel völlig aus dem Rahmen. In fast allen Nachbarländern gewannen die EU-Kritiker zum Teil erdrutschartig dazu und lagen bei 20 bis knapp 27 Prozent. Nur in Deutschland brachen die EU-Skeptiker ein – wie zum Beispiel die CSU – oder bekamen gerade mal ein Almosen, wie die AfD. Trotz überall spürbarer Ablehnung im Wahlvolk konnten die Regimeparteien noch zulegen (SPD). Auch das Bundestagswahlergebnis der AfD vom 22. September 2013 hatte wenig plausibel ausgesehen. Nach einer starken Aufbruchsstimmung und enormem Zulauf bei Wahlveranstaltungen war die AfD damals knapp an der Fünf-Prozent-Hürde gescheitert. Warum die AfD diesen enormen Schwung damals ausgerechnet kurz unter der Fünf-Prozent-Hürde verlor, bleibt eine der großen Fragen der letzten Bundestagswahl. Vor der Europawahl 2014 zeigten Momentaufnahmen dann ebenfalls ein großes Interesse an der neuen Partei: »Mit so großem Zulauf hatten auch die Initiatoren nicht gerechnet«, hieß es beispielsweise am 17. Februar 2014 über die Gründungsversammlung eines Landesverbandes der AfD-Jugendorganisation Junge Alternative: »Der sechzig Personen fassende Saal musste aufgrund der regen Teilnahme junger AfD-Anhänger mit zusätzlichen Stühlen bestückt werden ...« (*duesseldorf-blog.de:* »AfD – Jugend organisiert sich in Düsseldorf«, 17.2.2014).

Werden die Wahlen manipuliert?

Die Umfragen allerdings waren eher pessimistisch und trafen geradezu gespenstisch genau das letztendliche Wahlergebnis (4,7 %). Praktisch alle Institute hatten die AfD zuletzt bei bescheidenen sechs bis sieben Prozent gesehen. Die große Frage, die dann im Wahlergebnis unausgesprochen mitschwang, lautete deshalb: Werden in Deutschland nicht nur die Umfragen, sondern auch die Wahlen manipuliert? Und zwar über die ständige Parteienpropaganda noch hinaus? Denn dass es hierzulande angesichts der permanenten Beeinflussung durch den Parteienfunk ohnehin keine freien Wahlen geben kann, liegt auf der Hand:

> »Ich bin der Meinung, dass die Beeinflussung der öffentlichen Meinung durch einen großen Teil der Massenmedien schon den Charakter freier Wahlen heute, wenn auch noch in geringem Umfange, wie ich zugeben will, gefährdet. Weil hier ein Propagandaapparat eine einseitige Wählerbeeinflussung treibt, weil heute der Wähler nicht mehr den Zugang zu einer vollen, ungeschminkten, umfassenden Information hat und in der Kommentierung weitestgehend einseitig beeinflusst wird.«

Und das sagte einer, der es wissen musste, nämlich Franz Josef Strauß 1972.

Aber werden auch »die harten Zahlen« frisiert? Lassen Wahlvorstände zum Beispiel wirklich Stimmen verschwinden? Kann gut sein – denn die Stimmzettel waren ja ohnehin »für die Tonne«, zumindest in Hamburg und München, denn in diesen beiden Millionenstädten landeten die Wählerstimmen tatsächlich in zu Wahlurnen umfunktionierten Abfalltonnen. Die Tonnen seien eben so schön praktisch, betonten die Stadtverwaltungen. Es ist, als würden wir unser Steak aus einem Hundenapf essen, weil der ja auch eine Art Teller und so schön praktisch sei. Aber diese Gegenstände sagen über ihren reinen Verwendungszweck hinaus immer auch etwas über unsere Haltung gegenüber dem Inhalt und den Benutzern aus. Schließlich geht es auch um Symbolik.

Fest steht, wie gesagt, dass das deutsche Ergebnis der Europawahl 2014 unter den tragenden EU-Nationen, aber auch unter den geografischen Nachbarn Deutschlands völlig aus dem Rahmen fiel. Ist Deutschland etwa das neue »Tal der Ahnungslosen«? Sowohl in Frankreich als auch in Großbritannien wurden die etablierten Parteien brutal abgestraft. Die EU-Kritiker in den beiden großen deutschen Nachbarländern erhielten zwischen 25 und 27 Prozent (Front National bzw. UKIP). Im nördlichen Nachbarland Dänemark waren es 26,6 Prozent (Dansk Folkeparti). In Österreich legte die traditionell EU-kritische FPÖ satte sieben Prozentpunkte zu und kam auf 19,7 Prozent.

Wilders freute sich über Wahlergebnis

Und auch in den Niederlanden erlitten die EU-Kritiker von Geert Wilders keineswegs die zunächst vom EU-Mainstream bejubelte Schlappe. Dort wurde schon am Donnerstag, dem 22. Mai, gewählt. In einer Nachwahlbefragung hieß es zunächst, »die Partei von Wilders sei mit 12,2 Prozent der Wählerstimmen auf Platz vier abgerutscht und stelle künftig nur noch drei statt fünf Abgeordneten im Europa-Parlament«, berichteten die *Deutschen Wirtschafts Nachrichten* (DWN) am 26. Mai 2014. Aber warum sollte ausgerechnet Wilders' Partei mitten im Aufwind abstürzen, während andere EU-kritische Parteien ungeahnte Höhenflüge erleben? Nur vier Tage vor dem entscheidenden Wahlsonntag in den meisten EU-Staaten wurde dem Wähler mit dieser Meldung der Appetit auf die »Rechtspopulisten« verdorben. Denn die Medien beeilten sich natürlich, die angebliche »Schlappe« europaweit zu verbreiten. Noch heute findet man im Internet hauptsächlich Artikel über die Prognose aus der Nachwahlbefragung, aber kaum über das endgültige Wahlergebnis von Wilders' Partei für die Freiheit. In Wirklichkeit sei das Wilders-Ergebnis wesentlich besser ausgefallen, so die DWN. Und auch Wilders selbst meldete auf seinem Blog: »PVV Parteichef Geert Wilders ist erfreut über den letztendlichen Ausgang der Europa-Wahlen in den Niederlanden. Die Endergebnisse unterscheiden sich von den Exit Polls [Nachwahlbefragungen]. Seine Freiheitspartei errang vier Sitze im Europäischen Parlament …« Tatsächlich erlitt die Partei zwar Verluste, kam aber trotzdem noch auf 13,3 Prozent – also knapp auf das Doppelte der deutschen AfD.

Die krachende Schlappe der niederländischen »Rechtspopulisten« war also nichts weiter als heiße Luft, um die Wahlen in den anderen EU-Ländern zu beeinflussen. Beobachter hätten sich denn auch über die ursprüngliche Prognose »gewundert«, so die DWN. Tatsächlich widersprach diese Vorhersage der EU-kritischen Aufbruchsstimmung in den Niederlanden und in Europa. Auf der anderen Seite kam die Umfrage gerade recht, um sie rechtzeitig vor dem großen Wahlsonntag in den anderen EU-Ländern zur Absage an die EU-kritischen Parteien hochzustilisieren. »Ob damit die Wahl manipuliert werden sollte, wird sich selbstverständlich nie klären lassen«, so die DWN.

»DDR-Muttis« Wunschergebnis?

Beim östlichen Nachbarn der Bundesrepublik, Tschechien, wo am 23. Mai gewählt wurde, drückte sich die EU-Ablehnung eher in der mickrigen Wahlbeteiligung aus. Die sank auf einen neuen Tiefstand von 18,2 Prozent.

Aber ausgerechnet in Deutschland, dem Land der Euro-Bürgen, wurde ganz anders gewählt. Statt über 20 Prozent, wie bei vielen Nachbarn, oder auch nur 13 Prozent, wie in den Niederlanden, bekamen die EU-Kritiker der AfD nur 7,1 Prozent der Wählerstimmen. Eine andere EU-kritische Partei verlor sogar, nämlich die CSU, die in Bayern satte 7,6 Prozentpunkte einbüßte. Die Deutschen wählten seltsamerweise wie die EU-Profiteure Spanien und Polen, wo die EU-kritischen Parteien ebenfalls nur bei etwa sieben Prozent lagen. Wie lässt sich das erklären? Das deutsche Wahlergebnis ist, anders als in den anderen großen EU-Ländern, angenehm systemkonform, so dass man sich fragt, ob hier wirklich der Wähler oder nicht vielmehr die »DDR-Mutti« und ihre globalen Chefs entschieden haben:

- **CDU 30 Prozent,** minus 0,7 Prozentpunkte, keine signifikanten Verluste.

- **CSU 5,3 Prozent,** minus 1,9 Prozentpunkte (bundesweit). Merkwürdig: Die CSU also soll vom Wähler für etwas bestraft worden sein, wofür die AfD angeblich belohnt wurde, nämlich für ihre EU-kritische und »populistische« Haltung. Oder hat die AfD der CSU Wähler abspenstig gemacht? Warum bekam sie dann aber nicht mehr Stimmen? Und warum nicht auch Stimmen von der CDU? Rätsel über Rätsel. Oder ist das CSU-Ergebnis gar eine »Bestrafung von oben« für den EU-kritischen Kurs der Partei und ihr Querulantentum in Berlin?
- **SPD 27,3 Prozent,** plus 6,5 Prozentpunkte. Aber wofür? Für Steinmeiers wichtigtuerische »Krisen-Diplomatie«? Der Mann ist doch eine wandelnde Schlaftablette. Was begeistert die Wähler so an der SPD, dass sie fast so viel dazugewinnt wie die AfD? Die auffällige Bestätigung für die Systempartei SPD widerspricht dem Trend und erscheint als obsolet – noch mehr als die 30 Prozent für die CDU.
- **FDP 3,4 Prozent,** minus 7,6 Prozentpunkte: die totale Hinrichtung und endgültige Vernichtung der NATO-Abweichler (siehe *verheimlicht – vertuscht – vergessen* 2013, S. 33ff.). Und das, obwohl sie sich dem System zuletzt durch aufgeregtes Kläffen in Richtung AfD eifrig angedient haben. Aber Strafe muss eben sein.
- **Die Linke 7,4 Prozent,** minus 0,1 Prozentpunkt. Die PDS-Nachfolger haben sich offenbar weder große Verdienste erworben noch irgendwelche Vergehen zuschulden kommen lassen. Gerade in Zeiten der Großen Koalition braucht man die antideutschen Linken als Pseudoopposition, damit das »Demokratiegefühl« erhalten bleibt. Wie die Grünen gehören sie zu jener Avantgarde des Parteiensystems, die die großen Parteien unter Druck setzt und die Entwicklung in Richtung antideutscher Ökosozialismus weiter vorantreibt.
- **AfD 7,1 Prozent.** Da man die Stimmung im Volk ja nicht mehr ignorieren kann, sind sieben Prozent aus Sicht des Systems ge-

rade noch erträglich – wenn auch verdächtig wenig im Vergleich zu den Ergebnissen der EU-Kritiker in anderen großen EU-Nachbarländern, wie für den Front National in Frankreich (30 Prozent) oder die UKIP in Großbritannien (25 Prozent). Aber sieben Prozent sind eben das Äußerste, was man der neuen EU-kritischen Partei zugestehen will, und auch nur dann, wenn sie sich schön brav vom »rechten« Lager im Europaparlament fernhält. Sonst beginnt eine Vernichtungskampagne wie gegen die FDP.

- **Die Grünen 10,7 Prozent,** minus 1,4 Prozentpunkte – dazu gibt's nicht viel zu sagen: Die Grünen gehören fest zum System und treiben die totalitäre und antideutsche Entwicklung mit ihren politisch korrekten Umweltthemen voran (Klimaschwindel, Sabotage der Energieversorgung, Landschaftszerstörung durch Windräder etc.).

»Die NWO [Neue Weltordnung] kann mit diesem Ergebnis bestimmt gut leben«, meinte denn auch ein Kommentator im Internet: »Sieht alles ziemlich planmäßig aus. AfD bei 7 komma irgendwas. Zuwenig um irgendetwas zu bewirken ... Genug, damit die ›ahnungslose‹ Bevölkerung nicht aus ihrem Dämmerschlaf aufwacht« (*DWN,* 26.5.2014).

»Sehr geehrte Damen und Herren«, schrieb Leser Thomas S. an *Kopp Online*, nachdem ich dort über die dubiosen deutschen Europawahlergebnisse berichtet hatte: »Ich wohne seit 23 Monaten in Bulgarien. (...) Hier in Bulgarien haben wir z. B. in den öffentlichen Medien zur Wahl im September 2013 [Bundestagswahl] zwei Stunden vor 18.00 Uhr – das heißt hier folglich um 17.00 Uhr bulgarischer Zeit, deutscher Zeit 16.00 Uhr – die große Koalition verkündet bekommen – auch Wahlniederlage der ›FDP‹ ... Ganz im Ernst!«

Na, dann gute Nacht. Womit wir bei der Frage wären:

Wer sind Europas Feinde wirklich?

»Wie gefährlich sind die Europa-Hasser?«, plärrte *Bild.de* schon vor der Europawahl vom 25. Mai in Riesenlettern (7.5.2014). In Großbritannien seien die »Europafeinde stark wie nie«, lamentierte auch das *Handelsblatt* (Online-Ausgabe, 23.5.2014). Und die *Westdeutsche Allgemeine Zeitung* beklagte nach der Europawahl einen »Erdrutschsieg der Europahasser«. Siehe da: In der Diskussion um Europa herrscht auch Begriffsverwirrung. Immer wieder ist die Rede von »Europahassern« und »Europaskeptikern«. Dabei kritisieren die »Europagegner« natürlich gar nicht Europa, sondern die staatliche Organisation Europas in der Europäischen Union (EU) – also den europäischen Zentralstaat. Nur Medien und Parteien setzen den Kontinent Europa mit dem künstlichen Konstrukt »EU« in Brüssel gleich. So machen sie jeden EU-Kritiker zum »Europafeind«. Dabei steht außer Frage, wo die Europafeinde wirklich sitzen, nämlich in Brüssel selbst.

Ein glitzernder Diamant

Wie das? Ganz einfach: Das Projekt der Europäischen Union ist nicht Vielfalt, sondern Einfalt. Es ist nicht Multikulti, sondern Monokulti. Es ist nicht bunt, sondern grau. Es ist nicht Toleranz, sondern Laissez-faire. Es ist nicht Heimat, sondern Entwurzelung. Es ist nicht Identität, sondern Entfremdung. Es ist nicht Gleichberechtigung, sondern Gleichmacherei. Die glitzernde Vielfalt Europas und seiner Menschen wird zerstört und unter einheitliche Normen gezwungen. Die schillernden Kulturen werden eingeschmolzen und unter ein Regime gestellt. Die EU hat Europa usurpiert und behauptet, mit dem Kontinent der Kulturen identisch zu sein. Wer gegen die EU sei, der sei gegen Europa. Dabei ist es genau andersherum: Der wirkliche Feind Europas ist die EU. Dort sitzen die schlimmsten »Europahasser« – nämlich diejenigen, die den glitzernden Diamanten der Nationen stumpf und blind schleifen wollen. Hier in Europa hat sich auf engstem Raum die moderne Zivilisation entwickelt – und die EU wird sie mit ihrer Gängelei und Gleichmacherei wieder abschaffen. Jedes Land war ein Organ des Ganzen. Die Grenzen zwischen den Nationen wegzunehmen ist, als würde man die Grenzen zwischen einzelnen menschlichen Organen auflösen. Dann stirbt der Mensch. Und nimmt man die Grenzen zwischen den europäischen Nationen weg, stirbt auch Europa – und zwar das erfolgreiche, kreative und prosperierende Europa, das wir einmal kannten.

Umzug in die Turnhalle

Die totale Entgrenzung und Vereinheitlichung führt zum Abbau sämtlicher Spannungen, und damit sind nicht militärische, sondern kulturelle Spannungen gemeint. Wo Spannungen beseitigt werden, wird bald gar kein Strom mehr fließen. Das künstliche und kalte Konstrukt EU wird leben, während Europa einen langsamen Tod stirbt. Denn die Faszination Europas lebte von der kulturellen Arbeitsteilung: der Organisation und Rationalität der Deutschen, der Emotionalität und Vitalität der Italiener, dem Stolz der Franzosen und Spanier, um nur einige mentale Eigenschaften zu nennen. Schließlich würde auch kein Dorf bei allen Häusern die Türen ausbauen. Bis jetzt sind auch noch in keinem Dorf alle Bewohner in die Turnhalle umgezogen. Und bis jetzt sind auch noch nirgends alle Hauswände eingerissen und durch eine gemeinsame Außenwand ersetzt worden. Schließlich lebt auch ein Dorf von seinen kleinen Zellen, nämlich den Häusern und Familien.

Die Grenzen müssen wieder her

Geschlossene Türen (= Grenzen) bedeuten auch nicht Krieg, wie uns immer wieder suggeriert wird. Vielmehr dienen Türen, genau wie Grenzen, nur dem Verkehrsmanagement. Trotzdem kann man sich zum Kaffee besuchen. Oder im Gästezimmer schlafen. Dafür bietet das Haus seinen Bewohnern eine Heimat und eine Identität und seinen Besuchern eine eigene Atmosphäre und Originalität. Dass die Europäische Union ein Friedensprojekt sei, ist nur eine fromme Lüge. Der Einheitsstaat EU ist kein Friedensprojekt, sondern der totale Krieg gegen Europa. Anders als Stalinismus und Nationalsozialismus ist das EU-Regime bis jetzt allerdings eine »sanfte Diktatur«. Die Macht wurde nicht ergriffen, sondern erschlichen. Die Diktatur funktioniert nicht durch physische Repression, sondern durch Einschmeichelung und Überredung, durch Hinterhalt und Intrige. Praktisch möglich wurde diese sanfte Diktatur durch die technische Entwicklung und die Allgegenwart hypnotischer Medien, hauptsächlich des Fernsehens. Starke Bilder, einschmeichelnde Stimmen und lächelnde Gesichter gaukeln den Menschen guten Willen und Geborgenheit vor, die beide Illusion sind. Guten Willen gibt es bei den globalen Strategen und Strippenziehern der EU nicht, sondern nur den unbedingten Willen – nämlich, Europa zu beherrschen und durch Einschmelzung aller Kulturen zu unterwerfen.

Die Lebenslüge der EU

Während die angeblichen »Europafeinde« die (nationale und kulturelle) Organisation des Kontinents wiederherstellen wollen, wird die EU Europa vernichten. Entweder durch Desorganisation und Einschmelzung oder durch Krieg. Oder durch beides. Dass die einzelnen europäischen Nationen die Krankheit und der europäische Einheitsstaat die Heilung sei, ist schließlich nur die Lebenslüge der EU. Erzählt werden kann sie nur, weil man sich weigert, die wirklichen Ursachen der beiden Weltkriege des 20. Jahrhunderts zu analysieren. Diese Ursachen lagen nicht in der nationalen Organisation des Kontinents begründet, sondern in den Intrigen bestimmter imperialer Geostrategen. Nach dem Ersten und Zweiten Weltkrieg steht nun der Dritte auf ihrem Programm – und dagegen wird auch die EU nichts helfen. Im Gegenteil: Wie das Assoziierungsabkommen mit der Ukraine und der vom Westen unterstützte Umsturz in Kiew beweisen, hat die EU dabei ihre Finger im Spiel.

Bernd Lucke: Männchen-Machen am Wahlabend

Kein Zweifel: Nach dem (mäßigen) Wahlerfolg der Alternative für Deutschland am 25. Mai 2014 drückte den Parteienstaat und seine Propagandisten der Schuh: Was würden die sieben aus Deutschland entsandten AfD-Leute im Europaparlament wohl alles anstellen? Und mit wem würden sie zusammenarbeiten oder gar eine Fraktionsgemeinschaft bilden? Daher wollte ZDF-Moderatorin Bettina Schausten noch am selben Abend unbedingt wissen, mit wem die AfD denn nun im Europaparlament zusammengehen wolle (*ZDF heute*, 25.5.2014, 18:26). Die EU-Freunde zitterten nämlich vor einem Bündnis unter der Führung der starken britischen UKIP (United Kingdom Independent Party) und des französischen Front National (FN). Für Schausten lautete die Gretchenfrage also: Würde die AfD im Europaparlament das UKIP-FN-Lager stärken oder nicht? »Die AfD ist eurokritisch, Sie sind durchaus europaskeptisch«, fragte Schausten AfD-Chef Bernd Lucke, um fortzufahren: »Die Gretchenfrage ist immer gewesen im ganzen Wahlkampf: Wie weit rechts stehen Sie eigentlich? Und die Gretchenfrage stellt sich ja jetzt, Herr Lucke, wenn es darum geht, dass Sie sich im Europäischen Parlament einer Fraktion anschließen müssen. Mit wem wollen Sie zusammengehen dort?«

Lucke: Kniefall vor den Staatsmedien?

Und Luckes Antwort warf die Frage auf: Schafft der AfD-Chef sein soeben gewonnenes Wählerpotenzial gleich wieder ab? Denn Lucke beruhigte die führenden Eliten: »Das ist überhaupt keine Gretchenfrage, wir sind nicht im mindesten eine rechte Partei, wir sind eine Partei des gesunden Menschenverstandes.« Die Altparteien würden versuchen, »uns zu diffamieren als eine Partei, die irgendwie rechtslastig sei, nur deshalb, weil sie um ihre Macht besorgt sind«. Die AfD sei überhaupt nicht rechtslastig, »sondern wir sind die wahren Europäer, denn wir weisen auch auf Fehlentwicklungen in Europa hin, aber wir sind die Partei, die Europa bejaht, die ein friedliches Europa und ein Europa der vertrauensvollen Zusammenarbeit will, bei gleichzeitiger Wahrung der Souveränität Deutschlands, unserer Entscheidungskompetenzen in wichtigen Politikfeldern …« Was ganz so klingt, als wolle die AfD in der EU nur den einen oder anderen Verbesserungsvorschlag machen und so etwas wie die Reparaturwerkstatt der Europäischen Union werden. Man werde nur mit gemäßigten politischen Parteien zusammenarbeiten, versprach Lucke, mit Parteien, »die eine ähnliche Grundhaltung haben: kritisch gegenüber der gemeinsamen Währung, konstruktiv-kritisch gegenüber der Europäischen Union«.

Macht und Möglichkeiten

Der Begriff »konstruktiv«, den Lucke für sein Verhältnis zur EU benutzte, bedeutet »aufbauend«. Eine »konstruktive Kritik« ist also eine »aufbauende Kritik«. Will die AfD also nur noch der Feintuning-Betrieb für die EU werden? Zur Sicherheit hakte Schausten noch einmal nach: »Wenn wir's kurz konkretisieren können. Das heißt, Sie würden wiederholen, dass Sie nicht mit der UKIP-Partei in Großbritannien zusammengehen und auch ein Angebot etwa des Front National aus Frankreich ablehnen würden – ja oder nein?« Eine inquisitorische Frage: Schließlich müsste Lucke seine Strategien in den kommenden Wochen und Monaten erst einmal ausarbeiten und sich mit den verschiedenen Parteien vertraut machen. Dachte man jedenfalls. Eine solche Antwort hätte man jedenfalls von Lucke erwartet. Aber nichts dergleichen: »Ja, selbstverständlich«, machte Lucke sogleich Männchen. »Gut«, lobte Schausten – wie eine Mutti, die ihrem Kind einschärft, mit dem neuen Spielzeug bloß nicht gleich zu den bösen Nachbarsjungen zu rennen.

Wobei man nicht vergessen darf, dass der Mann enorm unter Druck stand – vermutlich seit vielen Monaten. Der Boden wurde heiß unter seinen Füßen. In seinen Händen bündelten sich plötzlich Macht und Möglichkeiten. Er hatte beachtliche Wählerpotenziale mobilisiert und könnte noch weit größere auf die Beine bringen. Er erinnerte an einen Footballspieler, der mitten in der gegnerischen Hälfte plötzlich den Ball in Händen hält. Da kann man schnell zum Opfer von Foul Play werden.

Man sei in der Mitte, betonte Lucke. »Wir werden nicht mit irgendwelchen rechtsradikalen oder rechtspopulistischen Parteien zusammenarbeiten«, versprach er. Die AfD verweigerte sich also offenbar der historischen Strömung, die sich auf die Interessen ihrer eigenen Völker zurückbesinnt und dem EU-Monster die Stirn bieten will. Sie wollte anscheinend nicht einmal ergebnisoffen mit dieser Strömung Kontakt aufnehmen, um verschiedene Möglichkeiten auszuloten, sondern legte sich von vorneherein fest, mit niemandem aus dem »rechten Lager« zusammenzuarbeiten. Wobei, was rechts ist, natürlich der Mainstream definiert. Für frühere und potenzielle Wähler der AfD war das keine Empfehlung. Nur die Staatsmedien waren zufrieden. So gab es für Luckes Kunststückchen von Schausten denn auch ein zufriedenes »Schönen guten Abend, Herr Lucke« als Belohnung.

Tatsächlich ist die einst vom Mainstream gefürchtete Partei AfD inzwischen weitgehend unter Kontrolle. Nichts könnte das besser illustrieren als die Zustimmung der AfD-Abgeordneten zu einer harten und feindlichen Russland-Resolution des Europaparlaments vom 17. Juli 2014. Noch am 22. März 2014 hatte der AfD-Parteitag in Erfurt einen völlig entgegengesetzten Beschluss verabschiedet. Etwa zwei Drittel des Parteitags sprachen sich damals »für einen Text aus, der jede Stützzahlungen an die Kiewer Putsch-Regierung ablehnt; sich absolut gegen Sanktionen gegen Russland ausspricht; die Bundesregierung zu einer klaren Distanzierung von den USA auffordert, die Deutschland und Russland in einen neuen Kalten Krieg gegeneinander treiben wollen«, so *Compact*-Herausgeber Jürgen Elsässer in einem Vor-Ort-Bericht vom Parteitag (*Compact – Magazin für Souveränität*, Online-Ausgabe, 22.3.2014).

Mit dem Mainstream gegen Russland

Nun aber stimmten Lucke und die AfD-Abgeordneten Bernd Kölmel, Hans-Olaf Henkel und Joachim Starbatty für die EU-Resolution. Das Parlament in Straßburg verurteilte

> »Russlands Aggression auf der Krim als schwere Verletzung des Völkerrechts, der ukrainischen Souveränität und territorialen Integrität und lehnt die russische Politik der vollendeten Tatsachen in den Außenbeziehungen ab; hält die Annexion der Krim für illegal und weigert sich, Russlands faktische Herrschaft auf der Halbinsel anzuerkennen; begrüßt die Entscheidung, die Einfuhr von Waren aus der Krim und Sewastopol, die nicht über ein ukrainisches Zertifikat verfügen, zu verbieten, und ermutigt andere Länder, ähnliche Maßnahmen im Einklang mit der UN-Generalversammlung 68/262 Auflösung einzuführen« (Punkt 7)

Und begrüßte

> »die Ausweitung der derzeitigen Sanktionen auf weitere 11 Personen, die meisten davon Beamte der sogenannten separatistischen Behörden; begrüßt die vorbereitenden Arbeiten des Rates, des EAD [Europäischer Auswärtiger Dienst] und der Mitgliedstaaten im Hinblick auf weitere Sanktionen gegen Russland, die den wirtschaftlichen, finanziellen und Energiesektor einschließen sollten sowie ein Waffen- und Dual-Use-Technologie-Embargo umfassen sollten; fordert ein kollektives

Verbot für den Verkauf von Waffen an Russland und fordert seine Umsetzung, bis sich die Situation im Osten der Ukraine normalisiert hat; warnt davor, dass noch weitere Schritte Russlands zur Destabilisierung der Ukraine, zu zusätzlichen und weit reichenden Konsequenzen für die EU-Russland-Beziehungen führen werden …« (Punkt 12).

Dieser »Verrat« von Straßburg am 17. Juli 2014 dürfte für die AfD nicht ohne Folgen bleiben. Schon bald könnte sie wieder unter die bei den Europawahlen vom 25. Mai 2014 errungenen sieben Prozent fallen. Oder wird sie nun erst recht – quasi als Belohnung – ungeahnte Erfolge erringen?

Juni 2014

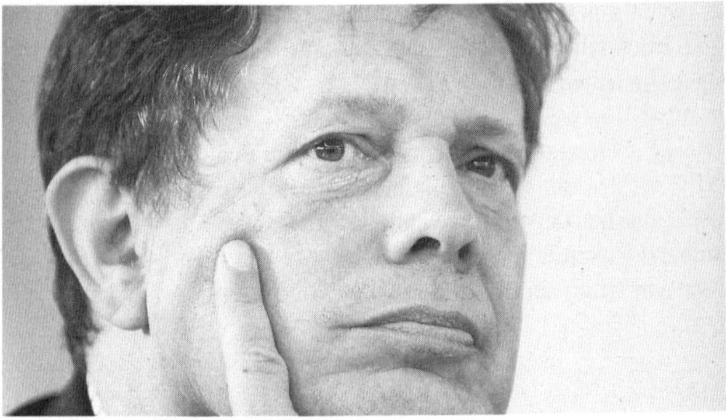

Thema des Monats *12.6.:*
Tod von FAZ-Herausgeber Frank Schirrmacher:
Morddrohungen vom Mainstream?

2.6. Spanien: König Juan Carlos kündigt seine Abdankung an ***4.6. 25 Jahre Lüge vom »Tiananmen-Massaker«***/G7-Treffen ohne Russland **6.6.** Vodafone gibt bekannt, dass Gespräche und Standorte der Handys seiner Kunden in mindestens sechs Ländern überwacht werden ***7.6. Aktion Umverteilung: Medien wollen Anleger in Aktien treiben 12.6. Toter* FAZ*-Herausgeber Schirrmacher: Morddrohungen vom Mainstream? 12.6. In Israel werden drei Jugendliche entführt*** **14.6.** Skandal bei Greenpeace: Ein Mitarbeiter hat 3,8 Millionen Euro an Spendengeldern verzockt **19.6.** Nach elf Tagen wird in Deutschland ein verletzter Höhlenforscher aus der Riesending-Höhle im Untersberg gerettet **28.6.** Vor 100 Jahren starben Franz-Ferdinand von Österreich-Este und seine Frau Sophie bei einem Attentat in Sarajevo

4. Juni
China: die Lüge vom Tiananmen-Massaker

Heute vor 25 Jahren, am 4. Juni 1989, wurden auf dem Pekinger »Platz des Himmlischen Friedens« Hunderte von Studenten mit Maschinengewehren niedergemäht – während andere, die den Platz verlassen wollten, von Panzern überrollt wurden. 25 Jahre später ist diese Geschichte für unsere »Qualitätsmedien« natürlich immer noch ein gefundenes Fressen – und eine Gelegenheit, China an den globalen Pranger zu stellen. Inzwischen sind aber viele Menschen für die Propaganda der Mainstream-Medien sensibilisiert. Die scheinen sich, insbesondere wenn es um die globalen Gegenspieler der USA geht, von jeder sachlichen Berichterstattung verabschiedet zu haben. Und wenn dann wieder einmal Russland, China, Syrien oder Iran eines dieser »unmenschlichen Verbrechen« beschuldigt werden, stellt man sich unweigerlich die Frage: War es wirklich so?

Das »Massaker vom Tiananmen-Platz« – wer erinnert sich nicht daran: »Die wohl am weitesten verbreitete Schilderung erschien zuerst in der Hongkonger Presse«, schrieb der China-Kenner Jay Mathews, einst Bürochef der *Washington Post* in Peking: »Ein Student aus Qinghua beschrieb, wie Maschinengewehre Studenten vor dem Helden-Monument in der Mitte des Platzes niedermähten. Die *New York Times* brachte diese Geschichte nur eine Woche nach dem Ereignis – am 12. Juni – groß heraus. (…) Der Studentenführer Wu'er Kaixi sagte, er habe gesehen, wie 200 Studenten im Gewehrfeuer starben …« (*Columbia Journalism Review*, September/Oktober 1998).

Helden werden auf Plätzen geboren ...

In Wirklichkeit ist das sogenannte Massaker vom Tiananmen-Platz jedoch eine Fiktion. Denn die westliche Propaganda braucht immer einen Platz: Ob den Maidan in Kiew, den Tahrir-Platz in Kairo, den Taksim-Platz in Istanbul oder ebenden Tiananmen-Platz in Peking. Denn nur auf Plätzen werden Helden geboren. Der öffentliche Platz ist die Bühne der Märtyrer, die im heldenhaften Kampf gegen das schreckliche Regime ihr Leben lassen. Und vor allem ist der Platz Gedenkstätte, um den Mythos des Kampfes gegen das grauenhafte Regime auch in den kommenden Jahrzehnten am Leben zu erhalten. Und so wurden wir in der Vergangenheit immer wieder mit Plätzen behelligt, die wohl nur wenige von uns jemals betreten haben. Und seit zig Jahren müssen wir uns nun schon die Litanei vom »Massaker auf dem Platz des Himmlischen Friedens« anhören: »Vor 25 Jahren schlug Peking den Aufstand auf dem Platz des Himmlischen Friedens nieder. Heute verfolgt die Partei jeden, der öffentlich über das Massaker spricht«, pflegt zum Beispiel *Spiegel Online* den Mythos (4.6.2014): »Das ist kein Zeichen von Stärke, sondern von Angst.« – »Im letzten Jahrzehnt haben viele amerikanische Journalisten und Herausgeber eine mythologische Version dieser warmen, blutigen Nacht übernommen«, schrieb schon 1998 der oben erwähnte Jay Mathews, früher Pekinger Bürochef der *Washington Post* (*Columbia Journalism Review*, September/Oktober 1998). Aus Anlass eines Peking-Besuchs des damaligen US-Präsidenten Bill Clinton sei dieser Mythos unzählige Male wiederholt worden. So habe am Tag von Clintons Ankunft in Peking die *Baltimore Sun* in fetten Lettern an »Tiananmen, den Platz, auf dem chinesische Studenten starben«, erinnert. *USA Today* habe Tiananmen »den Platz, auf dem demokratische Demonstranten niedergeschossen wurden«, genannt. Das *Wall Street Journal* beschrieb »das Massaker vom Tiananmen-Platz«, wo bewaffnete Truppen »Hunderte oder mehr« Menschen getötet hätten. Die

New York Post habe den Platz »die Stätte des Studenten-Massakers« genannt.

Niemand starb auf dem Tiananmen-Platz

Das Problem sei nur, so Mathews: »Soweit man das den verfügbaren Beweisen entnehmen kann, starb in dieser Nacht niemand auf dem Tiananmen-Platz. Einige Menschen könnten bei gelegentlichen Schießereien in benachbarten Straßen ums Leben gekommen sein, aber alle überprüften Zeugenaussagen beschreiben, dass die auf dem Platz verbliebenen Studenten friedlich abziehen durften.« (Mathews, a.a.O.) Zwar seien tatsächlich Hunderte von Menschen in dieser Nacht gestorben, die meisten von ihnen Arbeiter und Passanten, »aber anderswo und unter anderen Umständen«. Viele Opfer seien von Soldaten auf Abschnitten der Straße des Ewigen Friedens erschossen worden, »über eine Meile westlich des Platzes«, andere bei verstreuten Zusammenstößen in anderen Teilen der Stadt, wo, »wie man hinzufügen sollte, einige Soldaten von wütenden Arbeitern totgeschlagen oder verbrannt wurden«.

Ein Massaker-Mythos wird geboren

Aber spielt das eine Rolle? Ist es nicht egal, wo das Regime unschuldige Menschen ermordete? Keineswegs – aber dazu gleich mehr. Nach dem Clinton-Besuch 1998 waren die Olympischen Spiele in Peking 2008 die nächste große Gelegenheit, China »das Massaker vom Tiananmen-Platz« aufs Butterbrot zu schmieren: »Vor den Olympischen Spielen in Peking sehen wir weitere Versuche, die Welt an das angebliche Massaker an demokratiehungrigen Studenten auf dem Tiananmen-Platz am 4. Juni 1989 zu erinnern«, schrieb der australische Asienkenner und Ex-Diplomat Gregory Clark am 21. Juli 2008 in der *Japan Times*. Titel des Artikels: »Die Geburt eines Massaker-Mythos«: »Die *New York Times*, die sich so bemüht hat, die ursprüngliche Geschichte von

Truppen zu verbreiten, die hemmungslos studentische Protestierer niederschossen, hat jüngst verschiedene weitere Artikel veröffentlicht, die das angebliche Massaker verdammen – und die Forderung nach einem olympischen Streik erhoben. Andere Medien, einschließlich des normalerweise unparteiischen britischen *Guardian*, des *Independent* und des australischen *Sydney Morning Herald*, stimmten ein. An Gegenmeinungen ist niemand interessiert.«

Berichte vom Hotel-Balkon

Diese Anstrengungen seien »eindrucksvoll«, so Ex-Diplomat Clark – insbesondere vor dem Hintergrund der überwältigenden Beweise, »dass es kein Tiananmen-Massaker gab«. So habe auch der damalige spanische Botschafter in Peking, Eugenio Bregolat, in einem Buch geschrieben, dass damals ein Fernsehteam des spanischen Senders *TVE* vor Ort gewesen sei. Sollte es ein Massaker gegeben haben, wären die Mitglieder dieses Teams wohl die Ersten gewesen, die es gesehen und gefilmt hätten. Der ehemalige spanische Botschafter sei jedoch wütend darüber, »dass die meisten Berichte von dem behaupteten Massaker von Journalisten stammten, die in einiger Entfernung im sicheren Hafen des Peking-Hotels Unterschlupf gefunden hätten« – also ganz so wie unsere heutigen Korrespondenten auch, die gern von Hotelbalkonen aus »berichten«. Außerdem, so Clark, sei damals aber noch Graham Earnshaw zugegen gewesen, ein bodenständiger Reuters-Korrespondent, der die Nacht vom 3. auf den 4. Juni am Ort des angeblichen Massakers verbracht habe. »In der Mitte des Tiananmen-Platzes« habe er Studenten interviewt, »bis in den frühen Morgenstunden die Truppen kamen. Auch er sah kein Massaker«: »Ich war wahrscheinlich der einzige Ausländer, der die Räumung des Platzes vom Platz selbst aus mitverfolgte«, zitiert Clark aus Earnshaws Memoiren.

»Ich kann nur sagen: Ich sah nichts davon«

Der Reuters-Korrespondent habe bestätigt, dass die meisten Studenten den Platz schon wesentlich früher friedlich verlassen hätten und dass »die verbliebenen wenigen hundert vom Militär überzeugt wurden, es ihnen gleichzutun«. Der chinesische Dissident und Exilant Xiaoping Li habe in einem Artikel einen gebürtigen Taiwanesen namens Hou Dejian zitiert, der sich auf dem Platz im Hungerstreik befunden habe: »Einige sagen, dass 200 Menschen auf dem Platz gestorben seien, andere sprechen von 2000. Es gab auch Berichte von Panzern, die Studenten überrollt hätten, die den Platz verlassen wollten. Ich kann nur sagen: Ich sah nichts davon. Ich war bis morgens 6.30 Uhr dort.«

Der heilige Schrein der Imperialisten

Natürlich seien in dieser Nacht viele schreckliche Dinge passiert, so Clark. Aber was leicht vergessen wird: Bevor es zur (friedlichen) Räumung des Platzes am 4. Juni 1989 kam, war er bereits wochenlang von Demonstranten besetzt worden – ganz nach dem (späteren) Muster von Kairo und Kiew. Mehrmals, so berichtet Clark, hätten hochrangige Vertreter der Regierung versucht, Kompromisse auszuhandeln; später seien unbewaffnete Truppen von der wütenden Menge zurückgedrängt worden. Als schließlich bewaffnete Soldaten geschickt wurden, seien deren Fahrzeuge von der Menge in der Umgebung des Platzes in Brand gesetzt worden – häufig mitsamt ihrer Besatzung – also eine ähnliche Bürgerkriegssituation wie viele Jahre später auf dem Kiewer Maidan. In der Umgebung seien bei den anschließenden »panischen Kämpfen« tatsächlich »Hunderte, wenn nicht Tausende von Zivilisten und Studenten getötet worden«, so Clark: »Aber das war ein Aufstand, kein gezieltes Massaker. Und es geschah nicht auf dem Tiananmen-Platz.«

Das Massaker als Marke

Aber wie gesagt: Ist das nicht egal? Ist Todesopfer nicht gleich Todesopfer? Eben nicht. Sondern was gebraucht wird, ist eine symbolische Leiche – und am besten gleich Hunderte davon. Die Todesopfer dürfen auch nicht in Kämpfe oder Aufstände verwickelt, sondern müssen total unschuldig gewesen sein – und das sind nun mal nur die Opfer eines Massakers, wie zum Beispiel auch die Opfer der angeblichen Giftgas-Massaker in Syrien. Es geht um den Mythos, dass in dieser Nacht auf dem Platz des Himmlischen Friedens Hunderte wehrloser Studenten niedergeschossen worden seien. Und es geht um die »Marke«: »Massaker vom Tiananmen-Platz« klingt natürlich besser als »bei Kämpfen erschossene Aufständische«. In Wirklichkeit hatte es Peking aber mit einer ausgewachsenen Revolte zu tun, die bereits seit Monaten schwelte und nun einen Höhepunkt erreicht hatte.

Nicht, dass die Proteste nicht berechtigt gewesen wären – zumindest in Teilen. Nicht, dass die Regierung in Peking nicht korrupt gewesen wäre und es vielleicht heute noch ist. Darum geht es nur am Rande. In Wirklichkeit geht es hauptsächlich um die globale Perspektive. In Wirklichkeit hatten die Pekinger Studenten nicht ganz uneigennützige Verbündete, die hier eigentlich überhaupt nichts zu suchen hatten – nämlich die westlichen Imperialisten. Mit der Sowjetunion sollte 1989 auch das Riesenreich China fallen und so den Weg für die westliche Weltherrschaft ebnen. Es ist klar, dass es die westlichen Medien und Politiker wurmt, dass diese Strategie nicht aufging.

Die »größte geopolitische Katastrophe«

Der russische Präsident Wladimir Putin hat den Fall der Sowjetunion einmal als die »größte geopolitische Katastrophe« des 20. Jahrhunderts bezeichnet – was von den westlichen Medien hämisch ausgeschlachtet wurde. Dabei sprach er, wie gesagt, von einer »geopolitischen Katastrophe«, also von den Auswirkungen auf den gesamten Globus, einschließlich aller Menschen. Der Fall der Sowjetunion führte nämlich zum Zusammenbruch des globalen Gleichgewichts und zu der Situation, vor der wir heute stehen: zu einem dreisten westlichen Imperium, das die Welt nach Belieben aufrollt und demnächst unter seine totalitäre Herrschaft zwingen will. NATO und EU haben sich seit 1989 massiv ausgeweitet und Russland in die Ecke getrieben. Auf dem Programm steht die Dominanz über die gesamte Welt – und spätestens dann wird das westliche Imperium die letzte demokratische Maske fallen lassen. Denn wie heißt es so schön: »Macht korrumpiert, absolute Macht korrumpiert absolut.«

Die Kernschmelze der Macht

Man stelle sich einmal vor, neben der Sowjetunion wäre 1989 auch noch das Riesenreich China untergegangen. Wahrscheinlich wären wir den nicht weniger korrupten westlichen Eliten jetzt schon total ausgeliefert. Und das ist auch der Grund, warum viele Menschen im Westen zu Putin »halten« – weil sie wissen oder spüren, dass sein Gegengewicht gebraucht wird. Was eben nicht heißt, dass die östlichen Eliten vielleicht nicht auch fragwürdig sind. Entscheidend ist allein das globale Gleichgewicht und dass die jeweiligen Eliten von der absoluten Macht ferngehalten werden. Nach dem Motto: Wenn zwei sich streiten, freut sich der Dritte – in diesem Fall der Bürger. Solange keine der globalen Mächte »absolut« wird, bedeutet das, dass sie noch in die Schranken gewiesen werden kann. Wenn es diese Schranken nicht mehr gäbe, käme es zur globalen »Kernschmelze« der Macht. Vor diesem Hintergrund muss man auch das angebliche »Massaker vom Tiananmen-Platz« am 4. Juni 1989 sehen. Wie groß wäre die »größte geopolitische Katastrophe« wohl ausgefallen, wenn Peking auch noch gefallen wäre? Das wäre dann wohl »die allergrößte geopolitische Katastrophe« geworden. Vermutlich würden wir heute schon längst vollständig in Orwells *1984* leben – und nicht nur teilweise.

7. Juni
DAX 10 000: Der Metzger wartet schon!

Die Mainstream-Medien sind nicht zufrieden: Während der DAX immer neue Höchststände erreicht, kaufen die Deutschen einfach keine Aktien. Stattdessen halten sie immer noch an Sparbüchern und Lebensversicherungen fest. Nehmen wir zum Beispiel die Pfingstausgabe der *Süddeutschen Zeitung* vom 7. Juni 2014 zur Hand. Am Anfang des Wirtschaftsteils, der auf Seite 25 beginnt, gibt es links oben gleich Propaganda zur Klimalüge: einen großen Artikel von Michael Bauchmüller über den angeblichen Zusammenhang zwischen Kohlendioxid und Erderwärmung. Die Botschaft: Die Staaten der Welt müssen näher zusammenrücken, um dieses angeblich existenzielle Problem der Menschheit zu lösen. Der Artikel ist ein Plädoyer für den weiteren Aufbau von Klimaplanwirtschaft und Weltregierung. Denn da die Atmosphäre (und damit auch CO_2) nun mal keine Grenzen kennt, ist sie des Globalisten liebstes Kind. Die Weltmeere sind für den Aufbau überregionaler Regime zwar ganz gut geeignet, aber die Luft ist noch besser. Denn anders als an die Ozeane »grenzt« an die Luft nun mal jeder an. Und so kann man mit ihrer Hilfe auch jedem reinreden und ihn unter das globale Klimaregime zwingen – alles in allem also politisch motivierter Schwindel. Gleich unter Bauchmüllers Beitrag findet sich ein Jubelartikel von einer Charlotte Theile: Der Spielzeugriese Lego habe endlich auch die Frau entdeckt, lautet ihre Botschaft. Dazu ein Bild von einem weiblichen Plastikfigürchen in Forscherpose. Gender Mainstreaming ist endlich auch bei Lego angekommen.

Anlageberatung von Propaganda-Journalisten

Das ist das Umfeld, in dem die *Süddeutsche Zeitung* uns Anlageformen empfiehlt – also rät, was wir mit unserem Geld, unserem Ersparten und unseren eisernen Reserven, sprich: mit unserer

Altersversorgung oder dem Studiengeld für unsere Kinder, tun sollen. Um es gleich vorwegzusagen: Wir sollen es anderen geben. Unter dem Titel »Ganz weit oben« (nämlich der DAX) ging es um den Höhenflug des Deutschen Aktienindex, der in diesem Jahr auf über 10 000 Punkte gestiegen war, und um die Gründe, warum deutsche Sparer nach wie vor Sparbücher und Lebensversicherungen bevorzugten: »Eine Spurensuche im Land der Sparbuch-Liebhaber«, hieß es gleich zu Beginn des Artikels verächtlich. Der Deutsche Aktienindex komme nun seit 14 Jahren via Fernsehen ins Wohnzimmer, und was habe es genützt? Würden die Deutschen endlich im großen Stil in Aktien einsteigen? Nein. Natürlich habe es schon einmal einen schweren Rückschlag gegeben, aber nun lege der DAX schon seit einer ganzen Weile eine Rekordjagd nach der anderen hin – und was machten die Deutschen? Nichts. Sie zögen einfach nicht mit: »Nur eine Minderheit der Bundesbürger besitzt überhaupt Aktien«, hieß es in dem Artikel frustriert. »Der DAX taugt als früher Indikator, wie es der Wirtschaft geht, die das Leben der Deutschen so prägt. Das wäre doch ein Anlass, sein Geld in die Wirtschaft zu investieren«, jammerte der Autor Alexander Hagelüken, »um möglichst viel von den Vorteilen dieser mächtigen Maschine mitzunehmen. (…) Aber um die Vorteile zu nutzen, müsste man eben Aktien kaufen.« Das tut der Deutsche aber nicht, denn der Deutsche ist bekanntlich blöd. »Die Verdoppelung des Index seit 2008 hat ein unglaubliches Vermögen geschaffen«, lockte Hagelüken. »Der Wert der dreißig DAX-Firmen an der Börse stieg um 410 Milliarden Euro. 410 000 000 000.« Aber leider profitierten davon hauptsächlich ausländische Anleger – denn die Deutschen sind ja? Richtig: blöd. Gut – das steht da jetzt nicht wörtlich, aber zwischen den Zeilen. »Während der DAX vergangenes Jahr um 25 Prozent zulegte, schrumpfte die Zahl der Aktionäre – um 600 000«, klagte der Autor weiter. Inzwischen »besitzt nicht mal jeder neunte Deutsche die Dividendenpapiere, die in den vergangenen Jahren reich machten.«

»Hunde, wollt ihr ewig sparen?«

Natürlich ist der Mann nur um unser Wohl besorgt: »Durch die Minizinsen entgehen den Bundesbürgern 15 Milliarden Euro im Jahr«, zitierte Hagelüken den Sparkassenpräsidenten Georg Fahrenschon, der bereits von einer »schleichenden Enteignung« gesprochen habe. Schleichende Enteignung! »Aber die Deutschen lassen sich eben auch enteignen«, schüttelte der Autor den Kopf. Warum? Richtig: »Weil sie Aktien scheuen.« Da erlebt der DAX einen Höhenflug nach dem anderen, EZB-Präsident Mario Draghi senkt die Zinsen, bis der Arzt kommt, der Goldpreis wird nach unten manipuliert, bis den Leuten die Tränen in die Augen treten – und sie wollen bei Aktien einfach nicht zugreifen! Das ist eben einfach die »German Angst«! Oder um es frei nach dem Alten Fritz zu sagen: »Hunde, wollt ihr ewig sparen?!« Dabei habe man die »Konkurrenzprodukte« wie Sparbücher und Lebensversicherungen doch nun wirklich »gnadenlos unattraktiv« gemacht, so Hagelüken. »Denken die Deutschen um, jetzt, da der DAX erstmals 10 000 Punkte übersteigt und Geld auf dem Sparbuch schrumpft? Sieht nicht so aus«, resignierte der Verfasser. Dabei war die 10 000er Marke doch nun wirklich ein Paukenschlag. Lauter konnte man nicht mehr für Aktien trommeln – jedenfalls bei Laien. Doch »das Platzen der Internetblase und die Finanzkrise« hätten die Deutschen »wohl abgeschreckt«, ahnte Hagelüken. Wo sich der DAX seit dem Crash nach der Jahrtausendwende doch vervierfacht habe! »Aber diese Gewinne fuhr nur eine Minderheit der Bundesbürger ein.«

Warten auf das Geld der anderen ...

Dabei soll der ganze Zirkus um sinkende Zinsen und steigende Aktienkurse nur dazu dienen, uns wie eine Schafherde in Aktien zu treiben, um uns anschließend ordentlich zu scheren. Auch der Metzger wartet schließlich erst mal, bis das Schwein schön fett ist. Wenn nicht, dann schneidet er sich nämlich ins eigene Fleisch.

Das war schon bei der Finanzkrise 1929 nicht anders. Damals konnte man genau die gleichen Propagandaphrasen in den Zeitungen lesen: Aktien seien doch toll, würden ihren Besitzer schnell reich machen, und man müsste nie wieder arbeiten! Wer da nicht mitmache, der sei doch blöd! Besser schnell einen Kredit aufnehmen, um ein paar Papiere zu kaufen, als beim Aktienboom abseits stehen! So trieben organisierte Anlegerkartelle und ihre Medien die Kurse in immer schwindelerregendere Höhen. Vor allem das amerikanische Volksvermögen wurde von der steigenden Börse angesaugt wie die Luft von einem lichterloh brennenden Kamin. Als es beim besten Willen nicht mehr weiter nach oben ging, verkauften die Kartelle schließlich schlagartig – und stürzten die Kleinanleger ins Unglück. Dabei war das Geld gar nicht weg – nur jemand anderes hatte es jetzt. Das war der eigentliche Grund für das ganze Elend der damaligen Weltwirtschaftskrise – und nicht das, was uns die Medien und irgendwelche »Wirtschaftswissenschaftler« erzählen. Heute haben die konzertierten Anlegerkartelle nur ein Problem, nämlich, dass bisher hauptsächlich ihre eigenen Milliarden und ihre eigene Liquidität im Feuer stehen und das Geld der anderen auf sich warten lässt. Daher auch die durchschimmernde Ungeduld in dem Artikel von *SZ*-Autor Hagelüken. Die Börsenpanik ist nämlich schon da, und zwar bei den Großanlegern, die auf ihrer Kurse-Party verzweifelt auf das Fußvolk warten. Nicht nur die *Süddeutsche* war verzweifelt, auch das *Handelsblatt* schrieb: »Selbst niedrigste Zinsen führen bei den deutschen Anlegern nicht zu einem Umdenken. Aktien sind noch immer unbeliebt. Dabei liefern Vermögensverwalter schlagende Argumente für Dividendenpapiere.« Fast wortgleich mit der *SZ* hieß es da: »Die deutsche Aktienkultur ist und bleibt ein Problemfall: Während in Ländern wie den USA oder Schweden die Aktie ein fester Bestandteil der Altersvorsorge ist, meiden viele Deutsche Dividendenpapiere wie der Teufel das Weihwasser« (Online-Ausgabe, 19.8.2014). Aber ein »Problemfall« für wen?

Warum versuchen die Medien denn, uns mit Gewalt in Aktien zu treiben – etwa, weil sie nur unser Bestes wollen? »Gerade in Zeiten von Minizinsen sollte man meinen, dass die Deutschen nun endlich die Aktie für sich entdecken«, raufte man sich auch beim *Handelsblatt* die Haare: »Schließlich schlagen viele Standardwerte mit ihren Dividendenrenditen bonitätsstarke Unternehmensanleihen deutlich. Doch weit gefehlt. Die Deutschen bleiben bei ihrem Motto: Hauptsache sicher!«

Die Deutschen haben ihre Telekom-Lektion gelernt

Dabei sind die Deutschen gar nicht so blöd, wie manche Journalisten denken. Wenn die Zahl der Aktionäre sogar trotz des künstlich inszenierten Aktienbooms und der von Herrn »Goldman-Sachs-Draghi« nach unten manipulierten Zinsen abnimmt, dann sind sie sogar äußerst intelligent. Sie haben ihre Telekom-Lektion offenbar gelernt. Oder erinnert sich niemand mehr an Finanzminister Theo Waigel von der CSU? Neben Telekom-Chef Aaron Lebowitsch (alias Ron Sommer) warb Waigel als Finanzminister Mitte der neunziger Jahre des vorigen Jahrhunderts mit zu einem »T« geformten Händen für die Telekom-Aktie, was dem Papier einen ganz besonderen Vertrauensvorschuss bescherte. In Wirklichkeit betätigte Waigel sich nur als staatlicher »Pusher«, der den Leuten eine sichere Altersversorgung suggerierte und sie in die Telekom-Aktie trieb. Woraufhin Hunderttausende ihr Geld verloren. Denn nachdem sie im Jahr 2000 einen Höchststand von Euro 103,50 erreicht hatte, fiel die Telekom-Aktie, fiel und fiel, und zwar um etwa 90 Prozent (vom Höchststand aus gemessen). Das Geld war zwar nicht weg, aber jemand anderes hatte es nun. Zum Beispiel die amerikanische Firma VoiceStream, die Ron Sommer für 40 Milliarden Euro kaufte.

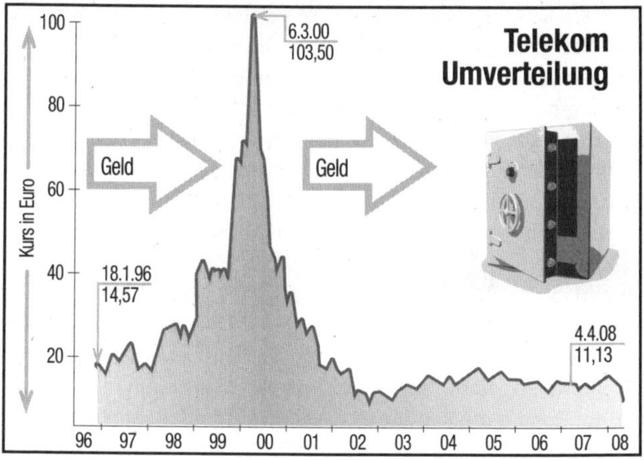

Legaler Diebstahl: So funktioniert Umverteilung an der Börse

06

Umverteilung des deutschen Volksvermögens

Nach Meinung von Kritikern war sie nicht einmal ein Viertel davon wert. Die Wahrheit ist: Die Telekom war lediglich eine Umverteilungsstation für das deutsche Volksvermögen. Zuerst wurden die deutschen Sparer in die T-Aktie getrieben, dann wurden sie geschröpft. Ihr Geld floss auch an die Großaktionäre, die entweder eingeweiht waren oder den Braten rechtzeitig rochen und auf dem Höhepunkt des künstlich inszenierten Booms konzertiert verkauften. Waigel wurde für seine Pusher-Aktion weder belangt noch politisch oder gesellschaftlich geächtet. Und seine Partei wird noch heute gewählt. Doch die Frage bleibt: War der Mann nur dumm? Oder auch kriminell?
Und wir haben auch gelernt. Nämlich, dass es hier offenbar darum geht, wer den längeren Atem hat: die cleveren »ausländischen Aktionäre«, die die Kurse in die Höhe treiben und darauf warten,

dass die deutschen Sparer endlich anbeißen, oder die Sparbuch- und Edelmetallbesitzer, die auf ihren künstlich gedrückten Anlagen sitzen und auf (für sie) bessere Zeiten hoffen. Interessanterweise gibt es inzwischen aber noch einen Player am Markt, der die Kurse in die Höhe treibt, um schon bald das Geld argloser Kleinaktionäre zu kassieren: die Zentralbanken, also dieselben Institutionen, die laufend die Zinsen nach unten schrauben, um die Leute in Aktien zu treiben. Die Erklärung: Die Zentralbanken besitzen selbst Aktien und hätten natürlich gerne, dass diese steigen: »Überraschend ist, in welchem Maße Zentralbanken Aktien halten. Dieser Wert belaufe sich auf 13,2 Billionen Dollar (inklusive Goldbestände)«, berichtete die Website *humane-wirtschaft.de:* »Sind sie damit nicht direkt an der Blasenbildung beteiligt, die am Ende nur dazu führen kann, dass alle in den Abgrund gerissen werden?« (18.6.2014). Alle – bis auf die Zentralbanken und andere Großanleger. Denn wenn die Zentralbanken zuerst verkaufen, vielleicht zusammen mit anderen Großanlegern, haben sich alle saniert, und zwar auf Kosten der ahnungslosen (Klein-)Anleger. Der enorm hohe Aktienbesitz der Zentralbanken kann nur bedeuten, dass man gedenkt, die überschuldeten Staatshaushalte auf Kosten von Millionen Aktionären zu sanieren. Wenn dann der Markt abstürzt, wird sich der kleine Sparfuchs freuen – während der Aktienbesitzer die Defizite der Zentralbanken und die Geldgier der Großanleger bezahlen darf.

12. Juni
Toter *FAZ*-Herausgeber Schirrmacher: Morddrohungen des Mainstreams?

Da verfasst der Herausgeber der mächtigen *Frankfurter Allgemeinen Zeitung* eine Philippika gegen einen der führenden Propagandisten des Systems – und kurze Zeit später ist er tot. Ist Kritik etwa so ungesund? Die Rede ist von *FAZ*-Herausgeber Frank Schirrmacher und dem *ZDF heute journal*-Moderator Claus Kleber. Am 28. März 2014 geißelte Schirrmacher Kleber in ungewohnter Schärfe wegen dessen anmaßenden Interviews mit dem Siemens-Vorstand Joe Kaeser. Am 12. Juni erliegt der 54-jährige Schirrmacher dann plötzlich und unerwartet einem Herzinfarkt. Pikant. Die Sache ist aber noch viel pikanter. Denn schließlich war Schirrmacher schon vor zwei Jahren gestorben – und zwar in einem Schlüsselroman –, nur ist das längst vergessen. War es schon damals eine Morddrohung des Mainstreams?

Schirrmachers Philippika hatte es in sich: »Inquisition«, »High Noon«, »journalistisches Übermenschentum« – in ungewohnt scharfer Weise attackierte der *FAZ*-Herausgeber am 28. März 2014 den *ZDF-heute journal*-Moderator Claus Kleber und beschmutzte damit das warme Nest des Mainstreams. Am 26. März hatte Kleber den Siemens-Vorstand Joe Kaeser wegen dessen Moskau-Besuch einer peinlichen Befragung unterzogen – und zwar im doppelten Sinne des Wortes: schmerzhaft für Kaeser, aber vor allem peinlich für Kleber, der sich wieder einmal als Kettenhund der Vereinigten Staaten präsentierte. Kleber ist streng auf Linie und Mitglied des Kuratoriums der überaus einflussreichen Atlantikbrücke, in der sich auch US-Militärs und Geheimdienste tummeln. »Unerbittlich nahm Kleber den Mann in die Zange«, schimpfte Schirrmacher zwei Tage später in der *FAZ* und rezitierte fassungslos Klebers inquisitorische Fragen an Kaeser: »Was haben Sie sich bei Ihrem Freundschaftsbesuch gedacht?«, »Wie lange mussten Sie warten?«, »Und Sie haben mit dem geredet!«

»Inquisition, die alles in den Schatten stellt«

»Diese Inquisition«, die »alles in den Schatten stellt, was man an Vaterlandsverratsrhetorik aus dem wirklichen Kalten Krieg kannte, ist überhaupt nur als Symptom journalistischen Übermenschentums diskutierbar«, so Schirrmacher. »Nicht viel, und wir hätten in einer der nächsten ›heute-journal‹-Sendungen den armen Herrn Kaeser in einer Datscha neben Edward Snowden gesehen.« Kein Zweifel: Schirrmacher war dabei, aus der Kriegsphalanx des NATO-Mainstreams auszuscheren. Und dabei war er ja schließlich nicht irgendwer, sondern des Mainstreams bestes Pferd im Stall. Das Studium und Studienaufenthalte in den Ideologieküchen der Siegermächte (Montpellier, Cambridge, Yale) sollten dem zukünftigen deutschen Topjournalisten wohl die richtige Perspektive verpassen. 1985, im zarten Alter von 26 Jahren, stieg Schirrmacher im Feuilleton der *FAZ* zu den führenden Meinungsmachern auf. 1989, mit 30, wurde er bei der *FAZ* Nachfolger des Gralshüters der deutschen Literatur, Marcel Reich-Ranicki, und 1994, mit 35, sogar Herausgeber der *FAZ*. Im Laufe seiner Karriere wurde Schirrmacher mit Preisen überhäuft und von den Mainstream-Medien gehätschelt, besonders von den führenden US-Magazinen. *Newsweek* nannte Schirrmacher einen bedeutenden Intellektuellen, und bei *Time* erschien er 1994 gar unter den hundert bedeutendsten Persönlichkeiten der Welt – gleich neben Bill Gates. Aber als Buchautor legte Schirrmacher auch immer wieder den Finger in die Wunden dieser todgeweihten Gesellschaft – und wurde zunehmend unbequem. In Büchern griff er bedrohliche Themen auf, wie die sinkenden Geburtenraten und die Überalterung der Bevölkerung *(Das Methusalem-Komplott)* oder die Auflösung der Familie *(Minimum)*. Die digitalisierte Gesellschaft nahm er ebenfalls aufs Korn *(Payback)*. Aber auch auf die »Blattlinie« der *FAZ* schien Schirrmacher mit der Zeit einen öffnenden Einfluss auszuüben. In einem Nachruf nannte Josef Haslinger, Präsident der deutschen PEN-Sektion, Schirrmacher einen »erstaunlich kritischen Geist«, der seine Zeitung für viele kontroverse Themen geöffnet habe (*Stuttgarter Zeitung*, Online-Ausgabe, 12.6.2014). Tatsächlich gab es unter Schirrmacher »mehrere Paradigmenwechsel«, hieß es in einem Nachruf der *FAZ* (Online-Ausgabe, 12.6.2014).

Und Paradigmenwechsel sind gefährlich, denn es gibt eigentlich nur ein Paradigma: das der politischen Korrektheit. Und wer es wechselt, kann schon nicht mehr politisch korrekt sein. Kostprobe gefällig? Einen Monat vor seinem Tod, am 11. Mai 2014, erschien in seiner *FAZ* ein Artikel über die europäische Idee und die Nazis. Zitat: »Die Nazis träumten einst von einem vereinten Europa. Und wenn wir uns fragen, welches Europa wir wollen, steht auch wieder die Frage an: Müssen gute Europäer den Nationalstaat wirklich überwinden?« Gleich zwei verbotene Gedanken in zwei Sätzen: Erstens, dass ein vereintes Europa schon eine Idee der Nazis war, zweitens, dass man den Nationalstaat vielleicht gar nicht überwinden müsse. »Zu überwinden sei der von der Französischen Revolution in die Welt gebrachte Nationalismus und der kleinliche Chauvinismus, der sich bis in die Versailler Verträge durchziehe«, zitierte der Autor Rainer Hank weiter aus der NS-Zeitschrift *Junges Europa*. Nach dem Sieg über Frankreich 1940 sei gar ein wahrer »Europa-Rausch« ausgebrochen, erinnert der *FAZ*-Autor an Tatsachen, die heute niemand mehr wissen will. Und er weiß: »Dass aber auch die Nazis Europäer gewesen sein sollen, das auszuplaudern ist bis heute verboten: Dass nämlich Europa zu einer ›Leitvokabel‹ (Ulrich Herbert) der Nazis werden konnte, darf in den friedlichen Gründungsgeschichten der EU nicht vorkommen, in den Festschriften und Wahlplakaten dieser Tage vor der Europawahl [25. Mai 2014] schon gar nicht.«

Vom Hätschelkind zum schwarzen Schaf

Schirrmachers Systemkritik wurde immer radikaler. Der *FAZ*-Herausgeber schien sich zunehmend aus seinem goldenen Mainstream-Käfig zu verabschieden. Seine Frontalattacke auf das US-U-Boot Claus Kleber hatte jedoch eine neue Qualität. Oder war sie nur das Tüpfelchen auf dem i? Oder etwa der Tropfen, der das Fass zum Überlaufen brachte? Entwickelte sich das Hätschelkind des Mainstreams etwa zum schwarzen Schaf? Wollte da wieder einmal ein Zögling des Establishments seine eigene Politik machen? Wie zum Beispiel Alfred Herrhausen, Jürgen Möllemann, Jörg Haider oder Uwe Barschel? Denn dass Schirrmacher nun, am 12. Juni 2014, so plötzlich und unerwartet an einem Herzinfarkt verstarb, ist zumindest delikat. »Es war ein dramatischer Kampf um das Leben von Frank Schirrmacher (54)«, so die *Bild*-Zeitung: »Ein Kampf, der verloren ging« (12.6.2014). Am Morgen des 12. Juni 2014 habe Schirrmacher plötzlich eine SMS an die Redaktion der *FAZ* geschickt. Inhalt: »Mir geht es nicht gut.« Sofort habe man Feuerwehr und Krankenwagen gerufen: »Die Ärzte finden ihn in seiner Wohnung im 3. Stock im Frankfurter Westend mit starken Brustschmerzen vor.« Die Sanitäter hätten sich zur Rettung mit der Drehleiter entschlossen, doch plötzlich sei »Schirrmachers Kreislauf kollabiert«. Wiederbelebungsmaßnahmen seien »leider vergeblich« gewesen. »Die Diagnose: Kammerflimmern nach Lungenödem.« Eine Stunde später sei Schirrmacher gestorben, und zwar in derselben Klinik, »in der im vergangenen Jahr auch Marcel Reich-Ranicki (93) starb«.

In der heißen Küche des Mainstreams

Möglich ist alles. Es muss ja nicht gleich »Herzinfarkt-Pulver aufs Lenkrad« sein, wie Misstrauische spekulierten. Natürlich kann auch der Herausgeber einer großen Zeitung einen Herzinfarkt bekommen – bzw. *gerade* der Herausgeber einer großen Zeitung. Schließlich dürfte der Mann in der heißen Küche des Mainstreams unter enormem Druck gestanden haben – insbesondere, da er zunehmend sein eigenes Süppchen kochte. »Glaubt man den Hinweisen seiner Kollegen, die im Gewand von Nachrufen in der *FAZ* ausgebreitet wurden, dürften mehrere Faktoren zu seinem Tod geführt haben: Rauchen, ungesunde Ernährung, wenig Schlaf, Stress, Übergewicht«, schrieb *RP Online* am 21. Juni 2014. Er habe sich, »wie man nun sehr trauriger Weise feststellen muss«, für seine Zeitung aufgerieben, schrieb die *FAZ* in ihrem Nachruf (Online-Ausgabe, 12.6.2014). Auf der anderen Seite werde man wohl »nie herausfinden, ob er selbst geahnt hat, dass gerade seine Zeit so begrenzt sein würde …« Eine spektakuläre Krankengeschichte gab es demnach also nicht. Und so beeindrucken der unaufhaltsam tödliche Verlauf des Herzinfarkts und das schnelle Ableben Schirrmachers. Von einer Obduktion, die zur weiteren Aufklärung hätte beitragen können, wurde nichts bekannt.

»RatzFAZ beerdigt«

Dafür wurde der Mann »RatzFAZ beerdigt«, wie Ingolf Gillmann am 21. Juni 2014 in einem Kommentar für die *Bild*-Website beobachtete: »Jeder Mensch trauert anders«, schrieb Gillmann, »aber ich konnte mir bisher keinen Trauernden vorstellen, der gleich nach dem Tod eines geliebten (oder auch nur geschätzten) Menschen erst mal dessen Namensschild an der Tür abschraubt.« Genau das sei dem *FAZ*-Herausgeber passiert: »Schirrmacher starb mit 54 Jahren am vorvergangenen Donnerstag. Und am folgenden Samstag stand sein Name nicht mehr in der Herausgeberzeile. Ich hoffe, das war eine Schockhandlung seiner vier Kollegen.« Brisant. Normalerweise erscheint der Herausgebername in so einem Fall mit einem Kreuz hinter dem Namen. Und langjährige *FAZ*-Leser stellten fest: »Schon kurz nach seinem Tod wendete sich der Wind in der FAZ, ich habe das relativ gut mitbekommen, und man sieht es auch heute sowohl auf Papier als auch im Netz: Die

FAZ-Online ist heute dem Spiegel Online sehr ähnlich, wie Sie selbst erkennen werden, wenn Sie sich die Seite ansehen«, schrieb mir ein Leser. Und sieben Wochen nach Schirrmachers Tod, am 4. August 2014, sah sich gar Mainstream-Kollege Gabor Steingart vom *Handelsblatt* genötigt, darauf aufmerksam zu machen, dass in der *FAZ* inzwischen »geistige Einberufungsbescheide« verteilt würden: Der Leitkommentar der *FAZ*-Redaktion fordere »unverhohlen zum Losschlagen gegen Russland auf: Der Westen müsse seine ›militärische Abwehrbereitschaft stärken und auch demonstrieren‹«. Mit Schirrmacher wäre das wohl kaum gegangen. Wurde hier tatsächlich ein Blatt auf Linie gebracht?
Richtig heikel wurde der plötzliche Tod des *FAZ*-Herausgebers allerdings erst durch einen bereits vergessenen Vorfall, an den anlässlich seines Todes lieber niemand erinnerte. Und zwar hatten ihn seine Kollegen »schon einmal« sterben lassen. Vor zwei Jahren, 2012, schrieb eine ehemaliger Mitarbeiter und Untergebener Schirrmachers einen Kriminalroman, dessen auf grausame Weise ermordete Hauptfigur auffällig dem *FAZ*-Herausgeber ähnelte. In dem Buch ging es um »den ominösen Mord« an einem »schillernden deutschen Starjournalisten», dessen »klägliche Reste« gleich zu Beginn des Romans »in einer Scheune« gefunden werden, zitierte damals die *Zeit* aus dem Werk (Online-Ausgabe, 15.8.2012): »Nichts als ein ›abgenagter Schädel‹, ein ›wirrer Haufen aus weißroten Fleischresten und Knochen‹ und ein Paar ›vor kurzem noch gut geputzter Schuhe, in denen die Unterschenkelknochen staken‹, sind von diesem ›journalistischen Genie‹ noch übrig, von diesem Mann, der ›die Stimmung der Zeit in Worte fassen konnte, der ein großes Publikum beschäftigte, im Guten wie im Bösen‹.« Donnerwetter.

Morddrohung vom Mainstream?

Sowohl die Hauptfigur des Romans als auch das Pseudonym des Autors (»Per Johansson«) waren schnell entschlüsselt: Wer sich da an dem Schirrmacher so ähnlichen »Journalistengenie« austobte, war niemand geringerer als Thomas Steinfeld, Kulturchef der *Süddeutschen Zeitung*. Späte Rache für Verletzungen, die Steinfeld einst als Schirrmachers Untergebener bei der *FAZ* erlitten hatte? Oder gar eine »Morddrohung des Mainstreams«, wie manche Beobachter unkten? Nichts da, dementierte Steinfeld: Der in seinem Roman auf grausame Weise ermordete Chefredakteur sei nur eine »abstrakte, idealtypische Gestalt«. Dies auf eine lebende Person »und zudem auf einen respektierten Journalisten« zu übertragen sei »abenteuerlich«. Allerdings muss natürlich auch ein geübter Wortklempner wie Steinfeld wissen, wo der Zufall aufhört und die Ähnlichkeit beginnt. So oder so bleibt festzuhalten, dass sich in Schirrmachers Tod gewisse Konflikte zugespitzt haben dürften – Konflikte um die Darstellung von Realitäten, die dem Publikum wohl lieber nicht vor Augen geführt werden sollten …

12. Juni
False Flag in Israel? Mossad-Chef sagte Entführung von Jugendlichen voraus

Israel ist in heller Aufregung. Drei Jugendliche sind weg! Einfach verschwunden! Abends um 22 Uhr wurden Eyal Yifrach, Naftali Frenkel und Gilad Shaar das letzte Mal auf dem Heimweg von ihrer Talmud-Schule in Gusch Etzion (südliches Westjordanland) an einer Bushaltestelle gesehen. Offenbar wollten die Jugendlichen per Anhalter nach Modi'in fahren, wie die israelische Zeitung *Haaretz* vermutet. Doch die drei jungen Männer sind wie vom Erdboden verschluckt. Umgehend werden die Palästinenser für das Verschwinden der Teenager verantwortlich gemacht – und sofort führt die angebliche Entführung zu Spannungen mit Israel. Ministerpräsident Benjamin Netanjahu sagt, für Israel sei es »eine

Tatsache«, dass die Entführung von drei israelischen Jugendlichen das Werk der militanten islamischen Bewegung Hamas gewesen sei, schrieb die *New York Times* (Online-Ausgabe, 15.6.2014).

Wie vom Erdboden verschluckt

Obwohl: Ein bisschen merkwürdig war sie schon, diese Entführung. Selbst manchen Mainstream-Medien fiel auf, dass zunächst nicht einmal klar war, um was für Jugendliche es nun eigentlich ging: »Talmud-Schüler«, »Religions-Studenten« oder vielleicht »Siedler-Kinder«? Oder alles zusammen? Die Teenager waren einfach wie vom Erdboden verschluckt. Viel mehr als die Behauptung, dass sie entführt worden seien, gab es zunächst nicht. Aber stimmte das überhaupt? Und warum ließen die Entführer einfach nichts von sich hören? Und wenn sie nichts von sich hören ließen – welchem Zweck diente das Kidnapping dann überhaupt? Wurde es »einfach so« durchgeführt, um mal wieder jemanden zu entführen? Selbst *Spiegel Online* bemängelte, dass überhaupt nicht klar sei, wer die drei verschleppt habe; dass die Hamas dahinterstecke, dafür fehlten »konkrete Beweise« (15.6.2014). Die Hamas selber lehnte denn auch jede Verantwortung für die Entführung ab.

Ein bestelltes Kidnapping?

Für Israel dagegen kam das Kidnapping wie bestellt. Schließlich gab es da ein Problem, nämlich die jüngste Annäherung zwischen der islamischen Hamas und der Fatah des Palästinenserpräsidenten Mahmud Abbas. 2007 hatten sich die beiden Organisationen bekriegt und gegenseitig aus ihren Einflussbereichen ausgeschlossen: Die Fatah warf die Hamas aus dem Westjordanland, die Hamas die Fatah aus dem Gazastreifen – bis zum April 2014, als die beiden Palästinenserorganisationen sich wieder annäherten und die Spaltung beendeten. Am 2. Juni, nur zehn Tage vor der Entführung der Jugendlichen, bildeten beide im Westjordanland sogar eine Koalitionsregierung. Damit wurde die Spaltung der Palästinensergebiete praktisch beendet. Schon am Tag zuvor, am 1. Juni, hatte Israels Premierminister Benjamin Netanjahu die Regierungen der Welt vor einer übereilten Anerkennung der neuen palästinensischen Regierung gewarnt. Das neue Kabinett werde den Terrorismus stärken. »Die Hamas ist eine Terrororganisation, die zur Zerstörung Israels aufruft; die internationale Gemeinschaft darf sie nicht aufnehmen«, sagte Netanjahu laut *BBC News* (online, 1.6.2014). Palästinenserpräsident Abbas wurde mit den Worten zitiert, Israel habe ihn schon im Vorhinein gewarnt, es werde die neue Regierung in dem Moment boykottieren, in dem sie bekanntgegeben werde. »Israel will uns für die Einigung mit der Hamas bestrafen«, sagte Abbas. Gleichzeitig beteuerte er, die neue Regierung lehne Gewalt ab und werde Israel anerkennen (laut *BBC News*, online, 1.6.2014).

Das Stichwort für sinistre Kreise

Da die US-Regierung die Palästinenserbehörde von Mahmud Abbas jährlich mit rund 400 Millionen Dollar fördert, bestand aus Sicht der israelischen Regierung die Gefahr, dass das Geld nun auch der Hamas zugutekäme. Um genau diesen Eindruck zu vermeiden, hatten Hamas und Fatah ja auch eine Regierung der »Technokraten« gebildet – mit Ministern ohne Funktion in der Hamas. Die Regierung bekam auch einen Premierminister, von dem man außerhalb Palästinas bis heute eigentlich nie etwas hört: Rami Hamdallah. Und tatsächlich ließ das US-Außenministerium wissen, momentan sehe man keine Anzeichen für eine Verbindung der Minister zur Hamas. Man werde die neue Regierung in Zukunft an ihren Handlungen messen. Schlechte Nachrichten für Israel – und wohl auch das Stichwort für sinistre Kreise, denen die neue palästinensische Koalitionsregierung gar nicht gefiel. Denn als am 12. Juni 2014 Unbekannte die drei israelischen

Jugendlichen entführten, war der Eklat zwischen Israel und der gerade erst gebildeten Palästinenserregierung perfekt. Ministerpräsident Netanjahu machte die palästinensische Autonomiebehörde von Mahmud Abbas verantwortlich: »Die Entführung habe bewiesen, dass die Welt einen Fehler gemacht habe, die in diesem Monat mit der Hamas gebildete palästinensische Regierung zu akzeptieren«, zitierte ihn die *New York Times* (a.a.O.).

Alles Terroristen!

Die Frage ist natürlich, wer aus dem Dunstkreis von Fatah und Hamas wohl so dumm wäre, ausgerechnet nach dem Ende der palästinensischen Spaltung und der vom Westen argwöhnisch verfolgten Bildung einer Koalitionsregierung drei israelische Jugendliche zu entführen und so dem israelischen Ministerpräsidenten eine Steilvorlage zu liefern? Selbst für die hiesigen Mainstream-Medien war klar, dass »die Entwicklungen« dem israelischen Ministerpräsidenten Netanjahu »politisch geradewegs in die Hände« spielten, so die *taz* (Online-Ausgabe, 18.6.2014). Die »Entführung der Studenten kam Israel gelegen«, zitierte auch der *Zürcher Tagesanzeiger* einen Experten: »Die Entführung der drei Jugendlichen sei für Israel zum richtigen Zeitpunkt gekommen, sagt der Nahost-Experte Pascal de Crousaz. Und sie sei nicht im Interesse der Hamas gewesen« (3.7.2014). Selbst der Deutschlandfunk nahm den israelischen Botschafter in die Zange und fragte: »Man hat keine Beweise, hat offenbar keine eindeutigen Hinweise, und jetzt steht schon fest, dass es die Hamas war?« (*welt.de,* 1.7.2014) Auch in den USA wunderte man sich. »Jedes Mal, wenn sich die israelische Regierung festgefahren hat, springen ihr ihre Feinde bei, um sie zu retten«, so die bekannte amerikanische Militär-Website *Veterans Today:*

> »Das Muster ist unverkennbar: Die USA üben Druck auf Israel aus, Siedlungen aufzugeben oder den Bau weiterer Siedlungen

> zu stoppen … und plötzlich geht eine Selbstmordbombe hoch. Die internationale Gemeinschaft hat Israel mit dem Rücken zur Wand, und schon explodiert eine weitere Bombe. Argentiniens jüdische Gemeinde wird anti-zionistisch – und die israelische Botschaft und das Jüdische Gemeindezentrum in Buenos Aires fliegen in die Luft« (16.6.2014).

Und nun, da die ganze Welt der frisch versöhnten palästinensischen Koalitionsregierung aus Hamas und Fatah applaudiere, würden plötzlich drei israelische Jugendliche entführt, und Israel beginne eine brutale Razzia im Westjordanland, also dort, wo die neue Regierung amtiere. Der Vorfall lieferte Israel den perfekten Vorwand für ein militärisches Vorgehen im Westjordanland. Denn schließlich waren die Jugendlichen ja auch dort verschwunden.

Angriff auf die Palästinenser

Die israelische Armee begann eine Großoffensive gegen die Palästinenser: »Rund um die Uhr ist die Armee nun im Einsatz«, schrieb die *Süddeutsche Zeitung* am 16. Juni (Online-Ausgabe), »Häuser werden durchsucht, Verdächtige verhaftet.« In Wahrheit galt das Vorgehen der Israelis jedoch der neuen Hamas-Fatah-Regierungsstruktur: Insgesamt habe die israelische Armee rund 150 Palästinenser verhaftet, »die alle im Zusammenhang mit der Entführung von drei Teenagern verdächtig sein sollen«, schrieb die *Neue Zürcher Zeitung* (Online-Ausgabe, 16.6.2014). Bis zum 30. Juni waren es 420 Festnahmen. Und siehe da: »Unter ihnen befinden sich fast alle Führungsfiguren der Hamas im Westjordanland, einschließlich Abgeordneter und des Parlamentssprechers Aziz Dweik.« Na, so ein Zufall: Die Verdächtigen waren zugleich Politiker und Abgeordnete der Hamas im Westjordanland! »Mitglieder der Hamas sind für diese Entführung verantwortlich«, sagte Premierminister Benjamin Netanjahu. Es sei »dieselbe Hamas, die mit Präsident Abbas eine Einheitsregierung gebildet hat« (*SZ*,

16.6.2014). Beweise dafür hatte er keine. Was auch zu seltsam gewesen wäre. Nicht nur, dass die islamische Organisation damit massiv gegen ihre eigenen Interessen verstoßen hätte. Die im Westjordanland beheimatete Autonomiebehörde der Palästinenser wies auch darauf hin, »dass die drei Jugendlichen in einem Gebiet verschwanden, das wegen der dort gebauten Siedlungen unter voller Kontrolle der israelischen Armee steht« (ebda.). Denn das Westjordanland ist nun mal von den Israelis besetzt.

Eine erstaunlich genaue Prophezeiung

Trotzdem lief die Gewaltspirale natürlich an. Als Reaktion auf das Vorgehen der Israelis im Westjordanland schossen die Palästinenser im Gazastreifen mehrere hundert Raketen auf Israel ab. Allerdings sind diese Eigenbau-Geschosse vollkommen unterentwickelt, militärisch unbedeutend und treffen nur vereinzelt Häuser oder gar Menschen (und zwar auch im Gazastreifen). Da sie wie eine Silvesterrakete über keinerlei Steuerung verfügen, ist ein Treffer daher reiner Zufall. Trotzdem waren sie für Israel der ideale Vorwand, um nun auch in den Gazastreifen einzumarschieren. Aber wie kommen die Palästinenser überhaupt dazu, Israel mit solch vollkommen untauglichen Geschossen zu »bekämpfen« und auf diese Weise lediglich zu reizen? Diese Frage habe ich schon an anderer Stelle erörtert (siehe *verheimlicht – vertuscht – vergessen* 2011, S. 169 ff.). Auf jeden Fall kam die Entführung der drei Jugendlichen den Hardlinern in der israelischen Regierung gerade recht, um die neue Koalitionsregierung der Palästinenser zu bekämpfen. Vor dem Kidnapping hatte in Israel außerdem der Streit um ein Sicherheitsgesetz getobt, das den Austausch von wegen Mordes verurteilten Terroristen verbieten sollte. Der Geheimdienst Mossad war gegen das Gesetz. Laut der israelischen Zeitung *Haaretz* war es am 5. Juni 2014 zu einer denkwürdigen Sitzung des Sicherheitskabinetts gekommen. Dabei habe Mossad-Chef Tamir Pardo »die Minister zu überzeugen [versucht], das Gesetz nicht zu verabschieden, denn es würde den Handlungsspielraum der Regierung bei zukünftigen Entführungen einschränken«. Dazu entwarf Pardo »ein Szenario, das dem Kidnapping der drei israelischen Teenager gespenstisch ähnlich war«, so die israelische Zeitung *Haaretz*. »Was werden Sie tun«, fragte der Geheimdienstler den Wirtschaftsminister Nafatali Bennett, »wenn in einer Woche drei 14-jährige Mädchen aus einer der Siedlungen entführt werden? Wollen Sie sagen, es gibt da ein Gesetz, nach dem wir keine Terroristen freilassen dürfen?« (laut *Haaretz*, Online-Ausgabe, 15.6.2014).

Die Lizenz zum Lügen

In einer Woche? Moment mal: Die Sitzung des Sicherheitskabinetts fand am 5. Juni statt, am 8. Juni wurde das Sicherheitsgesetz gegen den Willen des Geheimdienstes im Kabinett verabschiedet (*Haaretz*, 8.6.2014), und am 12. Juni wurde die Entführung der drei Jugendlichen gemeldet. Also auf den Tag genau eine Woche nach Pardos Warnung! Aber nicht nur der Zeitpunkt stimmte, sondern auch die Zahl drei und dass die Entführungsopfer Jugendliche sein würden. Nicht nur eingefleischte »Verschwörungstheoretiker« schöpften da Verdacht: »Leitende Beamte der Vereinten Nationen und der Palästinenserbehörde unterstellten, dass Israel die Geschichte der drei von der Hamas entführten Jugendlichen – Eyal Yifrach, Gilad Shaar and Naftali Frenkel – fabriziert haben könnte«, schrieb *Israel Today* schon am 18. Juni 2014. Und der bekannte israelische Satiriker Gilad Atzmon erklärte am 19. Juni:

> »Es gibt keine eindeutigen Belege, dass die drei israelischen Siedler entführt wurden. Je mehr Zeit vergeht, umso mehr Analytiker glauben, dass diese jüngste Affäre eine weitere False-Flag-Operation der Israelis sein könnte. Man denke an das Mossad-Motto ›Mit Hilfe der Täuschung‹. Während wir die verfügbaren Beweise analysieren, stellen wir fest, dass die

›Entführung‹ Israel eine Gelegenheit bietet, hart gegen die palästinensische Führung und Zivilisten loszuschlagen.«

Also gegen die unliebsame Palästinenser-Regierung. »Tamir Pardo hat gerade einen Platz in der Ruhmeshalle der False-Flag-Hellseher gewonnen«, spottete die US-Militär-Website *Veterans Today*. Kurz, die Geschichte von dem Kidnapping kam nicht wirklich gut an – nicht einmal bei den Mainstream-Medien. Je mehr die Zweifel wuchsen, umso mehr gerieten die Israelis in Beweisnot.

Die Leichen – die endgültige Kriegserklärung

Doch da, um den 30. Juni 2014 herum (die Quellen widersprechen sich), wurden die Leichen plötzlich »nachgeliefert«. Um diese Zeit wurden die Teenager bei Hebron angeblich tot aufgefunden. Am 1. Juli präsentierten die Medien einen weiteren Beweis: den angeblichen Mitschnitt eines mutmaßlichen Notrufs der Jugendlichen, der »auf tragische Weise verschlampt« worden sei, so der *Jewish Daily Forward:* »Sie haben mich entführt«, soll einer der Teenager am Handy gesagt haben. Dann Schreie und Schläge, anschließend gedämpfte Schüsse. Danach hörte man nur noch ein Autoradio dudeln. Der Anruf habe keine Konsequenzen gehabt, weil selbst die Telefonisten der Polizei an einen Schwindel geglaubt hätten, so der *Forward* (1.7.2014). Oder wie es ein Kommentator im Internetportal dieser Zeitung ausdrückte: »Bei verdächtigen Anrufen sollte man sich zuerst mal das Protokoll ansehen und dann jeden über zwölf Jahren streng bestrafen, der sich einen Scherzanruf bei den Sicherheitsbehörden erlaubt.« Die israelische Seite nutzte den Leichenfund jedoch zur endgültigen Kriegserklärung an die im Westjordanland mitregierende Hamas. Der stellvertretende Verteidigungsminister Danny Danon kündigte eine »lange Operation zur Ausrottung der Hamas« an. »Er forderte eine Militäroperation und einen tödlichen Schlag gegen die radikalislamische Palästinenserorganisation. Israel werde nicht innehalten, bevor die Hamas ›komplett besiegt‹ sei«, zitierte ihn *Die Welt* (Online-Ausgabe, 30.6.2014). Was man wohl kaum anders denn als »Putsch-Ankündigung« gegen die neue Hamas-Fatah-Koalitionsregierung werten kann.

Die Vertreibung der Palästinenser

Nicht nur die »Ausrottung« der Hamas, auch die Vertreibung der Palästinenser schreitet hurtig voran. Dummerweise erwischt es bei jedem Krieg gegen die Hamas oder andere Terroristen auch Hunderte unschuldiger Männer, Frauen und Kinder. Laut Vereinten Nationen standen allein in dem Konflikt des Jahres 2014 68 tote Israelis 2104 getöteten Palästinensern gegenüber (*Spiegel Online*, 30.8.2014). Ein schlechtes »Geschäft« für die Palästinenser. Denn schließlich geht das schon seit Jahrzehnten so. Alle paar Monate oder Jahre zettelt irgendjemand einen neuen Konflikt an, und wenn hinterher die Opfer gezählt werden, stehen Tausenden toter Palästinenser nur wenige tote Israelis gegenüber. So war es auch beim Gaza-Krieg vom 27. Dezember 2008 bis zum 18. Januar 2009. Diese israelische Operation trug den besonders zynischen Namen »Gegossenes Blei«, eine Anspielung sowohl auf die Munition als auch auf den Silvesterbrauch des Bleigießens. Das »Bleigießen« zum Jahreswechsel 2008/09 bedeutete für die Palästinenser vor allem Blutvergießen. Damals zählte man am Ende 13 tote Israelis und 1417 tote Palästinenser, darunter knapp 1000 Zivilisten. Die Israelis räumten immerhin 1166 getötete Palästinenser ein, darunter angeblich nur rund 300 Zivilisten. Bei diesen Verlustraten werden die Palästinenser irgendwann verschwunden sein, und das ganze Land wird Israel gehören. Was der Welt wie ein »unlösbarer Konflikt« und ein ewiges Hin und Her erscheint, ist in Wahrheit alles andere als das: Es ist eine Langzeitstrategie zur Vertreibung der Palästinenser. Eine Karte der palästinensischen Bevölkerung zwischen 1946 und 2012 zeigt, wie sehr die Palästinenser seitdem ausgedünnt worden sind.

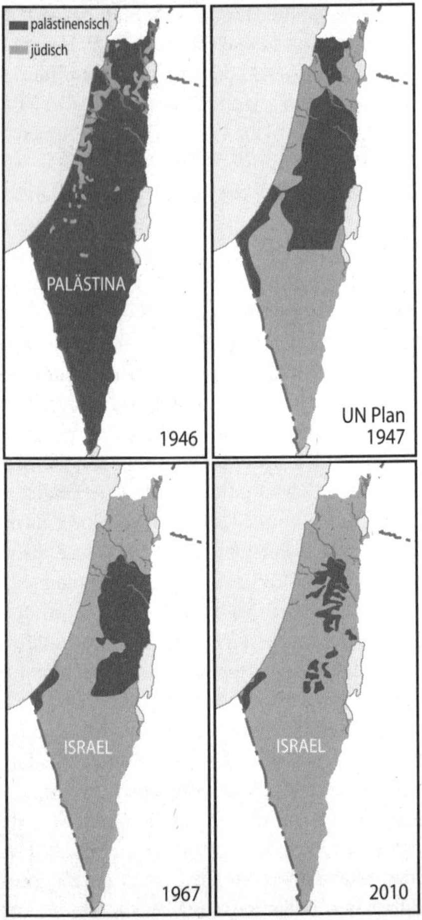

Vertreibung der Palästinenser 1946–2010
(Quelle: globalresearch.ca)

Die Israelis lehnen diese Karte ab. Doch die Zahlen sprechen eine eindeutige Sprache. Laut einer Tabelle bei *Wikipedia* nahm die jüdische Bevölkerung in den besetzten Gebieten zwischen 1948 und 2006 von knapp 3000 auf knapp 500 000 zu. Die Einwohnerzahl Israels stieg von 800 000 im Jahr 1948 auf acht Millionen im Jahr 2014 (laut jewishvirtuallibrary.org). Mit anderen Worten, stellt man im Zusammenhang mit der Entführung die Frage »Qui bono?« (Wem nützt sie?), kommt als Antwort nur Israel in Frage. Das angebliche oder auch wirkliche Kidnapping der drei israelischen Jugendlichen führte zu einem neuen Blutbad und einem Angriff auf das Westjordanland und den Gazastreifen. Laut den Vereinten Nationen gab es am Ende über 2000 tote Palästinenser, davon etwa 500 Kinder und 250 Frauen. Diesen Opfern standen 67 tote Israelis, darunter drei Zivilisten, gegenüber (UN, Office for the Coordination of Humanitarian Affairs: »Gaza Emergency Situation Report«, 26.8.2014).
Aber schließlich hatte doch ein Hamas-Funktionär die Verantwortung für die Entführung übernommen! In einem Interview mit *Yahoo-News* gab Hamas-Führer Chalid Maschal zu, dass die drei Teenager von Hamas-Mitgliedern ermordet worden seien: »Allerdings habe die politische Ebene anfangs davon nichts gewusst. Maschal verteidigte die Ermordung indes als legitime Aktion gegen die israelische Besatzung« (*yahoo-Nachrichten*, 24.8.2014).
Ein paar Fragen bleiben jedoch:

- Warum hätten Hamas-Leute so etwas direkt nach Bildung der »Versöhnungsregierung« im Westjordanland tun und diese Regierung damit in Gefahr bringen sollen?
- Warum hat sich die Hamas nicht gleich dazu bekannt, sondern jede Verantwortung für die Entführung abgelehnt?
- Warum gibt Hamas-Mann Maschal nun nachträglich Benjamin Netanjahu recht, der von Anfang an die Hamas beschuldigte, und rechtfertigt damit den israelischen Feldzug im Westjordanland und im Gazastreifen?

Kurz gesagt, wirken diese Bekenntnisse wie nachträglich organisiert und sind mit größter Vorsicht zu genießen. In der islamischen Welt traut man dem israelischen Kronzeugen Chalid Maschal denn auch schon lange nicht mehr. Syrien und Iran verdächtigten ihn schon 2012, ein »zionistischer Agent« zu sein, der seine eigenen Leute für sein persönliches Wohl opfern würde. Das syrische Fernsehen brandmarkte Maschal als »verräterisch«, weil er seine Operationsbasis von der syrischen Hauptstadt Damaskus in das westlich orientierte Katar verlegte (*Times of Israel*, 3.10.2012). Und dann wäre ja noch die Frage: Wie kommt es, dass der Mossad die Entführung auf den Tag genau vorhersagen konnte?

Juli 2014

Thema des Monats *28.7.:*
Aufstand gegen den Spiegel

2.7. In Ghana halten elf afrikanische Gesundheitsminister eine Konferenz über die Infektionskrankheit Ebola ab **8.7**. Israel beginnt militärische Offensive im Gazastreifen **13.7.** Deutschland wird Fußballweltmeister **14.7.** Die anglikanische Church of England lässt Frauen zum Bischofsamt zu ***17.7. Absturz von Malaysian-Airlines-Flug MH17 in der Ukraine (siehe 9. Sept.)*** **18.7.** Der US-Tabakkonzern Reynolds wird zu 23,6 Milliarden Dollar Strafe verurteilt, weil er nicht darüber informierte, dass Rauchen Lungenkrebs verursacht **24.7.** Bei einem israelischen Angriff auf eine Schule im Gazastreifen sterben mindestens 15 Menschen, darunter sieben Kinder ***28.7. Nach dem Titelbild »Stoppt Putin jetzt!« bricht ein Aufstand gegen den*** **Spiegel** ***los***

28. Juli
Aufstand gegen den *Spiegel*

Montagmorgen. Wie immer erscheint an diesem Tag das Nachrichtenmagazin *Der Spiegel* (Nr. 31). Das Titelbild lässt vielen Lesern den Atem stocken. Es ist ein Mosaik aus Porträts der angeblichen Absturzopfer von Flug MH17 (17. Juli 2014). Mittendrin prangt die dicke rote Schlagzeile: »STOPPT PUTIN JETZT!« So, als würden die Opfer von Malaysia-Airlines-Flug MH17 noch aus dem Jenseits zum Krieg gegen Russland aufrufen – quasi als Vermächtnis. Eine Inszenierung, die man auf den ersten Blick auch als Aufforderung zum Krieg verstehen konnte – quasi ausgesprochen von den Opfern von Flug MH17. Was die hiesigen Medien nicht zur Kenntnis nahmen: Die Sache flog dem *Spiegel* umgehend um die Ohren. Und zwar auf den eigenen Internetseiten. Während das deutsche Leitblatt ein Waterloo erlebte, schaute der Rest der Medienmeute lieber weg. Schließlich ist sie zu derselben Propaganda verpflichtet und wollte ihren Lesern und Zuschauern lieber nicht erzählen, wie schlecht so etwas in Wirklichkeit ankommt. Beobachter zählten 3000 Leserkommentare auf der *Spiegel*-Facebook-Seite – bis zum nächsten Tag. »Wenn ich Abonnent wäre, würde ich mit diesem Titelbild meine Abokündigung begründen«, schrieb ein Lucas Baade dort und beklagte sich über das »Bildzeitungsniveau«. – »Ich versuche es ganz sachlich«, meinte ein Thomas Spiegel:

> »Dieser *Spiegel*-Titel ist für mich der Grund, die Zeitung ab sofort nicht mehr zu kaufen. Ich hoffe dennoch, dass sich die aufrichtigen Mitarbeiter des Blattes gegen das Bildzeitungsniveau wehren werden und den Kulturverfall des *Spiegel* irgendwann aufhalten. Momentan ist es leider zum billigen Propagandablatt der US-Regierung verkommen. Fakten interessieren nicht mehr. Da kann man gleich den *Focus* kaufen. Es gibt

keinen Unterschied. Der Niedergang des *Spiegel* macht mich dennoch traurig, war er doch mal einst eine Zeitung der Aufklärung und des investigativen Journalismus und nicht das Blatt der Vorverurteilungen und der Übernahme der Regierungssicht.«

»Ich war 30 Jahre *Spiegel*-Abonnent und habe es gekündigt, als der *Spiegel* auf neoliberalen Kurs ging«, berichtet Reinhard Greulich: »Da dachte ich, schlimmer kann es nicht kommen. Aber es geht schlimmer: Sprachrohr von Aufwieglern und Kriegshetzern. Ihr seid keine Journalisten mehr!« – »ICH habe kein Problem mit DEM Russen!«, schrieb ein Murat Ky:

> »DER Russe hat mich nie abgehört. DER Russe versucht nicht, mir genmanipulierte Nahrung unterzujubeln. DER Russe hat mich oder meine Freunde im Ausland auch nie mit Drohnen attackiert. DER Russe foltert nicht öffentlich. Im Namen der Freiheit. DER Russe zwingt mich auch nicht, am ›Krieg gegen den Terror‹ teilzunehmen, indem er deutsche Soldaten an Verbrechen gegen das Völkerrecht beteiligt.«

Viele Kritiker sahen durch den *Spiegel* aber nicht nur moralische und journalistische Standards verletzt, sondern auch Straftatbestände erfüllt, zum Beispiel »Aufstachelung zum Angriffskrieg«. Und das passte den anderen Medien nun schon gar nicht in die Berichterstattung. In Paragraph 80a StGB heißt es: »Wer im räumlichen Geltungsbereich dieses Gesetzes öffentlich, in einer Versammlung oder durch Verbreiten von Schriften (§ 11 Abs. 3) zum Angriffskrieg (§ 80) aufstachelt, wird mit Freiheitsstrafe von drei Monaten bis zu fünf Jahren bestraft.« Eine Anzeige könnte sich lohnen, meinten manche, denn das *Spiegel*-Cover für sich erfülle diesen Straftatbestand – und viele Millionen Menschen hatten nun mal nur das Cover dieser *Spiegel*-Ausgabe gesehen.

Nicht jeder war beherrscht

Aber das sind nur Beispiele für sachliche Stimmen. In Wirklichkeit war nicht jeder so beherrscht. Denn schon in der Vergangenheit war das Blatt durch primitive und verantwortungslose Kriegspropaganda aufgefallen. Aber jetzt spürten die Leser: Diese Hetze ist lebensgefährlich! Daraufhin kochten die Emotionen gegen den *Spiegel* hoch wie noch nie. »Eine Hetzparole!« enthalte das Titelblatt, befand Joachim Eibe: »Zu was ruft ihr auf: zum Mord? Zum Krieg? Diese Art von ›Journalismus‹ erinnert mich an faschistische Hetzpropaganda!« – »Einen beschisseneren Titel hat der *Spiegel* nie gehabt«, urteilte Stefan Josef Hochhardt: »Stoppt miese Propaganda JETZT!« – »Stoppt die Kriegshetzer der *Bild, ARD* und *ZDF* und dem *Spiegel!*«, forderte Manja Arnold: »Kein Wunder, dass eure Verkaufszahlen zurück gehen! Ihr seid Lügner und Heuchler! Russland hat alle Beweise offen gelegt nur die USA nicht. Wo sind die angeblichen Beweise für Putins Schuld? Die Merkel Regierung gehört abgesetzt!«

Ein Aufstand, der sich gewaschen hatte

Kurz, im Internet brach ein Aufstand los, der sich gewaschen hatte, sich aber wieder einmal nicht in den Mainstream-Medien niederschlug. Diese zogen es vor, ihrem zahlenden Publikum die Rebellion gegen ihr Leitblatt zu verschweigen. Dabei wurden nicht nur schriftliche Kommentare abgegeben. Ziemlich einmalig in der Geschichte der Leserkritik war auch die Produktion von eigenen YouTube-Videos über die *Spiegel*-Hetze: »Hallo, liebe Freunde, ich möchte euch einfach mal das aktuelle *Spiegel*-Cover zeigen, betitelt ›Stoppt Putin jetzt!‹«, begann zum Beispiel Gunnar Gast sein Video: »Und im Hintergrund sehen wir ganz viele Fotos von Menschen, die offensichtlich alle am 17.7. gestorben sind.« Wobei man allerdings gar nicht wisse: »Stimmt das denn so, sind diese Fotos wirklich authentisch?« Aber so werde »der Eindruck impliziert, dass der Putin die alle auf dem Gewissen hätte. Und jeder, der sich über den Ukraine-Konflikt wirklich informiert, der weiß, dass das völlig an den Haaren herbei gezogen ist.« Sondern dass es »wieder einmal die westlichen Kräfte sind«, die hier eine Materialschlacht betrieben »und Putin aktiv in eine Situation bringen«, in der er bald gar nichts anderes mehr tun könne, als sich militärisch in der Ukraine zu engagieren. Er, Gast, sei definitiv nicht Pro-Putin, aber der verhalte sich in dieser Situation nun mal vernünftig und zurückhaltend. Zwar werde es jetzt wieder heißen, der arme *Spiegel* sei Opfer eines Shitstorms geworden, aber in Wirklichkeit liege der Shitstorm in den Zeitungsregalen und brülle uns in roten Lettern an. »Ich bin dafür, mit Kioskbesitzern zu reden und sie zu bitten, diese Zeitung aus dem Sortiment zu nehmen. Ich wäre dafür, Menschen, die *Spiegel* lesen, von denen ihr wisst, dass sie noch ein Abo haben, vielleicht mal zu fragen, ob sie lieber Krieg oder Frieden haben wollen.« Später produzierten auch Profis YouTube-Videos, wie zum Beispiel die beliebte politische Kommentatorin Jasinna und der Radio- und Internetmoderator Ken Jebsen. Im August kam es schließlich zu Demonstrationen vor dem *Spiegel*-Gebäude in Hamburg.

Ein einmaliger Vorgang

Schon am Tag nach dem Erscheinen des Titels konnte man einen ziemlich einmaligen Vorgang beobachten: Der *Spiegel* sah sich gezwungen, ausführlich auf sein Titelbild einzugehen. Unter der Überschrift »Wer ist der Kriegstreiber?« wies man auf der Website darauf hin, dass das Cover natürlich auf keinen Fall kriegstreiberisch gemeint gewesen sei – auch nicht der entsprechende Leitartikel in dem Heft vom 28. Juli 2014. Denn darin habe man nur von Wirtschaftssanktionen und nichtmilitärischen Mitteln gesprochen. Diese Behauptung war jedoch die reinste Heuchelei. Denn erstens war das Titelbild »STOPPT PUTIN JETZT!« ein Plakat mit einer Botschaft für sich, das Millionen Menschen sahen, ohne den zugehörigen Artikel zu lesen. Zweitens ging bisher vielen Kriegen ein Wirtschaftskrieg voraus. Man denke an den Irak, der jahrelang mit Sanktionen überzogen und geschwächt wurde, bis George W. Bush endlich mutig genug war, über das weitgehend wehrlose Land herzufallen. Genauso soll das heute auch funktionieren, wobei nicht klar ist, wie lange diese Sanktionsphase dauern soll: ein Jahr, fünf Jahre oder zehn Jahre? Man kann jedenfalls davon ausgehen, dass zum rechten Zeitpunkt ein militärischer Konflikt mit Russland provoziert werden wird.

Kostprobe der Kriegshetze

Drittens erfüllte die Demagogie des Leitartikels sämtliche Kriterien der Demagogie:

> »Die Absturzstelle von Flug MH17 ist ein Albtraum, der Europa heimsucht. Noch immer liegen Leichenteile zwischen Sonnenblumen. 298 Unschuldige sind hier ermordet worden, die Welt wurde Zeuge, als marodierende Banditen in Uniform die Toten bestahlen, ihnen die Würde nahmen.«

Womit angebliche Plünderungen durch ostukrainische Separatisten gemeint waren:

> »Hier, in der ostukrainischen Einöde, hat sich Putins wahres Gesicht gezeigt. Der russische Präsident steht enttarnt da, nicht mehr als Staatsmann, sondern als Paria der Weltgemeinschaft. Die Toten von Flug MH17 sind auch seine Toten, er ist für den Abschuss mitverantwortlich, und es ist nun der Moment gekommen, ihn zum Einlenken zu zwingen – und zwar mit harten wirtschaftlichen Sanktionen.«

Putin, der Paria

Mit diesem Absatz wird Putin quasi aus der Weltgemeinschaft ausgestoßen. Saddam Hussein, Gaddafi und Baschar al-Assad lassen grüßen. Und nun will man den Krieg nach Europa tragen und sich den größten Happen holen, nämlich Russland. Dass die Toten des MH17-Absturzes vom 17. Juli auch Putins Tote seien, dafür gibt es keine überzeugenden Hinweise, sondern das wird einfach so behauptet:

> »Niemand im Westen zweifelt noch ernsthaft daran, dass das Flugzeug mit einem Buk-Luftabwehrsystem abgeschossen wurde, das die Separatisten höchstwahrscheinlich aus Russland erhalten haben. Einer ihrer Anführer hat selbst zugegeben, dass sie über ein solches System verfügten, und die Indizienkette ist eindeutig.«

Davon kann allerdings keine Rede sein. Wenn überhaupt, dann ist die Indizienkette in Richtung Westen viel eindeutiger. Man benötigt ja nicht nur eine Startrampe, sondern einen ganzen Zug von Fahrzeugen mit Radarsystemen, um ein solches Flugzeug überhaupt zu erfassen und abzuschießen, und man braucht ausgebildete Experten, die diese Geräte bedienen können – all das ist bei den sogenannten Separatisten weit und breit nicht in Sicht.

> »Der Abschuss von MH17 mag ein tragisches Versehen gewesen sein. Wer die Rakete abfeuerte, wollte vermutlich kein Verkehrsflugzeug treffen.«

Zwar könnte es sich also um ein Versehen gehandelt haben, aber das diente nicht etwa der Entlastung des Angeklagten, sondern das Urteil stand längst fest. Natürlich war Putin trotzdem schuldig, wenn auch auf eine etwas andere Weise:

»Doch der Abschuss ist die direkte Folge davon, dass Russland die Separatisten in den vergangenen Wochen militärisch aufgerüstet hat. Er ist ein Symbol für die Ruchlosigkeit Putins – und für das Versagen der bisherigen westlichen Politik. Die Trümmer von MH17 sind auch die Trümmer der Diplomatie.«

Das Ende der Diplomatie?

Das Ende der Diplomatie? Und was kommt danach? Wenn nicht Krieg, dann zumindest Wirtschaftskrieg? Dass Russland die Separatisten aufgerüstet hat, ist eine Behauptung, die vom *Spiegel* nicht weiter belegt wird. Überzeugende Beweise dafür liegen bis heute nicht vor.

»Während der Westen zunächst milde Sanktionen beschloss und ›De-Eskalation‹ forderte, eskalierte Putin den Konflikt immer weiter und wusch seine Hände zugleich in Unschuld: Stets bestritt er, hinter den Separatisten zu stehen. Dieses Gespinst aus Lügen, Propaganda und Täuschung ist nun aufgeflogen.«

Tatsächlich? Wenn jemand die Situation eskaliert hat, war das dann nicht eher der Westen? Der Westen hat schließlich subversive Kräfte in die Ukraine eingeschleust und bezahlt, vor allem die zahlreichen Stiftungen, die letztlich für die Revolution und die Massaker auf dem Maidan-Platz verantwortlich sind, die in Kiew tätig sind und nichts weiter tun, als dort zu versuchen, die Unzufriedenheit und den Aufruhr zu schüren und Demonstrationen anzuzetteln. Selbst die NATO, das westliche Militärbündnis, mischt dort mit und hat eine der obersten politischen Figuren der Ukraine gefördert, nämlich den erwähnten Ministerpräsidenten Arsenij Jazenjuk (siehe *27. Februar* Auftrag Umsturz – Neuer Ukraine-Staatschef ist ein Agent der NATO). Und aus dem Westen waren ausschließlich Vorwürfe, Anklagen, Beschuldigungen und Drohungen zu hören, während aus dem Osten eher sachlich und unaufgeregt geantwortet wurde. Wenn sich hier jemand eines Gespinstes aus Lügen, Propaganda und Täuschung bediente, dann war das eindeutig der Westen, allen voran der *Spiegel:*

> »Die Verbindungen zwischen Putin und den Separatisten liegen offen zutage. Zwar mag er die Männer in den Fantasieuniformen nicht vollständig kontrollieren – das haben Stellvertreterkriege so an sich –, aber er bewaffnet sie, und er kann ihnen Einhalt gebieten. Allen Forderungen, dies zu tun, hat er sich bisher widersetzt. Selbst nach dem Mord an 298 Menschen kam von Putin kein Wort der Distanzierung, der Entschuldigung.«

Eine Falle für Putin

Aber hätte Putin sich (warum auch immer) entschuldigt, wäre ihm das sofort als Schuldeingeständnis ausgelegt worden und hätte erst recht als Vorwand für eine »Bestrafung« gedient. Plötzlich sprach man nun auch von Mord, während es sich oben noch um ein »Versehen« gehandelt haben soll.

> »Nach dem Abschuss von MH17 kann Europa nicht mehr weitermachen wie bisher. Deshalb ist es richtig, dass sich die Vertreter der 28 EU-Mitgliedsländer vergangene Woche grundsätzlich auf harte Sanktionen gegen Russland geeinigt haben. Zu den Vorschlägen gehören ein Boykott russischer Banken sowie ein Verbot der Exporte von Waffen und Energietechnologie. Entscheidend ist nun, dass die EU-Staaten die Maßnahmen diese Woche auch wirklich in vollem Umfang beschließen, um Russlands Wirtschaft zu treffen, und sie, wenn es nötig sein sollte, noch ausweiten.«

Ein Wirtschaftskrieg wird uns bekanntlich allen schaden. Er wird Russland schaden, und er wird Europa schaden, und er wird sicher nicht zur Entspannung der Lage beitragen.

»Wer harte Maßnahmen verlangt, um Russland zum Einlenken zu bewegen, ist kein Kriegstreiber. Der Einzige, der seinen Krieg in der Ukraine bisher ungehindert vorantreibt und seit der Annexion der Krim den Frieden in Europa aufs Spiel setzt, ist Russlands Präsident. Die europäischen Staaten müssen deshalb alle nichtmilitärischen Druckmittel ausschöpfen, über die sie verfügen. Es geht nicht um Eskalation, sondern um Abschreckung – und damit diese wirkt, muss sie glaubwürdig sein.«

Von der NATO bezahlte Politiker

Natürlich geht es um Eskalation. Man erinnere sich zum Beispiel an die gehackten E-Mails von Vitali Klitschko. »Ich denke, wir haben den Weg für eine radikale Eskalation der Situation geebnet«, schrieb er da. Und: »Ist es nicht an der Zeit, mit entschiedeneren Maßnahmen fortzufahren?« (siehe *12. Februar* An Merkels Händen klebt Blut: Die »Klitschko-E-Mails« und der Westen). Doch weiter im Text::

»Das [nämlich die Abschreckung] gelingt nur, wenn Europa vereint auftritt und auf nationale Egoismen verzichtet. Solange Frankreich den Russen weiterhin Kriegsschiffe liefern will und die Briten von den Moskauer Oligarchen profitieren wollen, kann die EU Putin nicht beeindrucken. Deshalb ist lobenswert, dass nicht nur die Bundesregierung, sondern auch maßgebliche deutsche Wirtschaftsvertreter nun einen harten Kurs unterstützen – obwohl er die deutschen Exporte beeinträchtigen würde.«

Wer die deutschen Exporte beeinträchtigt, der opfert aber auch deutsche Arbeitsplätze, Wohlstand und gesellschaftliches Wohlergehen – zum Nutzen einer völlig destruktiven Angriffspolitik, die offenbar von der Bevölkerung bezahlt werden soll:

»Europa kann die Folgen einschneidender Sanktionen verkraften, Russland kann es nicht. Es ist wirtschaftlich verwundbar, benötigt westliche Investitionen und Technologie, insbesondere für seinen Energiesektor.

Eine Garantie, dass Sanktionen schnell zum gewünschten Ergebnis führen, gibt es dennoch nicht. In einer ersten Reaktion könnte Putin um sich schlagen, einen überraschenden Gegenzug versuchen – aber die Wahrscheinlichkeit ist sehr groß, dass er mittelfristig nachgeben müsste. Seine Herrschaft basiert bislang darauf, dass er die Eliten mit gut gehenden Geschäften ruhigstellt. Massivem Druck seitens russischer Unternehmer, Oligarchen und Liberaler könnte er kaum standhalten. Eine weitere Abwertung des Rubels würde auch die breite Bevölkerung treffen, die ihn bisher noch unterstützt.«

Woraufhin die Katze endgültig aus dem Sack gelassen wird:

»Für die Sanktionen wird Europa, werden auch wir Deutschen sicherlich einen Preis zahlen müssen – aber der Preis wäre ungleich höher, wenn der Zyniker Putin seine völkerrechtswidrige Politik ungehindert fortsetzen könnte: Der Frieden und die Sicherheit in Europa wären dann in ernster Gefahr.«

Sanktionen gegen den *Spiegel*

Ein Blatt, das auf Leser und Abonnenten angewiesen ist, will diese Leser und Abonnenten also in einen Wirtschaftskrieg gegen Russland treiben, der sie selbst teuer zu stehen kommen wird. Warum sollte man ein solches Blatt kaufen? Sollte man das Geld nicht lieber für kommende harte Zeiten sparen? Und ob. Deshalb mein Vorschlag: Versuchen wir's doch erst mal mit Sanktionen gegen den *Spiegel* und kündigen unsere Abos …

Thema des Monats *8.8.:*
WHO ruft wegen Ebola »internationalen Gesundheitsnotfall« aus

1.8. Rund 70 Experten für Flugunfälle treffen an der Absturzstelle von Flug MH17 in der Ukraine ein **5.8.** Dreitägige Waffenruhe zwischen Israel und der Hamas: Seit dem 8. Juli 2014 sind 1875 Palästinenser und 67 Israelis bei den militärischen Operationen ums Leben gekommen ***8.8. WHO ruft wegen Ebola »internationalen Gesundheitsnotfall« aus*** **11.8.** Philipp Lahm beendet seine Karriere in der Fußballnationalmannschaft ***19.8. Krisendarsteller: Die Enthauptung des US-Journalisten James Foley entpuppt sich als Studioinszenierung*** **21.8.** In Brasilien kommt Eduardo Campos, der sozialistische Herausforderer von Präsidentin Dilma Rousseff, bei einem Flugzeugabsturz ums Leben **22.8.** Ein russischer Hilfskonvoi aus 287 Lastwagen überquert die Grenze zur Ukraine und kehrt einen Tag später wieder zurück **26.8.** Der Regierende Bürgermeister von Berlin, Klaus Wowereit, gibt seinen Rücktritt zum 11. Dezember bekannt.

8. August
Ebola oder Die Seuchenkonjunktur

»Ihr naht euch wieder, schwankende Gestalten, die früh sich einst dem trüben Blick gezeigt.« So sprach einst Goethes Faust. Aber der Spruch passt auch auf den Anfang des Monats August 2014 ganz gut. Denn starrte man um diese Zeit auf die Bildschirme, hatte man fast das Gefühl eines Déjà-vu-Erlebnisses: Bizarre Gestalten in Ganzkörperanzügen und mit Atemschutzmasken wankten durchs Bild und bedrängten dunkelhäutige, spärlich bekleidete Menschen mit Spritzen, Stethoskopen und Fieberthermometern. Wieder andere Menschen bekam man gar nicht zu Gesicht, weil sie in tragbaren Isolierzelten transportiert wurden. Die Erklärung: Die wichtigste globale Vertretung der Pharmaindustrie, die Weltgesundheitsorganisation (WHO), veranstaltete eine neue »Rocky Horror Picture Show«. Schauplatz: Westafrika. Das sogenannte Ebola-Virus versetzte die Welt in Angst und Schrecken. Am 8. August erklärt die »Weltgesundheitsorganisation« die angebliche Ebola-Epidemie zum internationalen Gesundheitsnotfall. »Der aktuelle Ausbruch der Ebola-Virus-Krankheit begann im Dezember 2013 in Guinea«, heißt es in der entsprechenden WHO-Erklärung vom 8. August. Und weiter: »Dieser Ausbruch beinhaltet jetzt die Übertragung nach Guinea, Liberia, Nigeria und Sierra Leone. Mit Datum vom 4. August 2014 haben die Länder 1711 Fälle, darunter 932 Todesfälle, gemeldet (1070 bestätigt, wahrscheinlich 436, 205 Verdächtige). Dies ist derzeit der größte jemals vorgekommene Ausbruch der Ebola-Virus-Krankheit.« Nun, so schlimm die Todesfälle auch sind – wenn man sie in Relation zu den Einwohnerzahlen der genannten Länder setzt (173 Millionen), ist ihre Zahl verschwindend gering. Und auch im Verhältnis zu krankheits- und hungerbedingten Sterbefällen in diesen Ländern fallen sie kaum ins Gewicht.

Anfang August herrschte Seuchenkonjunktur

Kurz und gut: Anfang August 2014 herrschte wieder Seuchenkonjunktur. Zwar waren schon in den vorherigen Monaten aus Afrika »Ebola«-Fälle gemeldet worden. Zu einer regelrechten Panikmache kam es aber erst im August, als Länder wie Nigeria den Notstand ausriefen – und zwar wegen neun Infektions-, 140 Verdachts- und zwei Todesfällen (bei 158 Millionen Einwohnern). Das kann man nur noch bizarr nennen, aber das Schema ist seit Jahren dasselbe. Betrachten wir zum Beispiel das Geschäft mit dem Grippemittel Tamiflu. Schon das habe sich glänzend entwickelt, als »weltweit die Angst vor der Vogelgrippe« grassierte, hieß es am 1. November 2005 auf *Spiegel Online:* »In den vergangenen drei Monaten steigerte [der Tamiflu-Erfinder] Gilead seine Lizenzerlöse gegenüber dem Vorjahr um satte 70 Prozent auf 26,2 Millionen Dollar.« – »Mit Seuchenpanik« lassen sich nämlich »Milliarden verdienen«, schrieb ich anlässlich der Vogelgrippe-Hysterie 2006: »Arzneimittelhersteller erhöhen ihre Umsätze, Aktienkurse explodieren, ›Forschungsinstitute‹ werden ausgebaut und bekommen Millionen hinterhergeworfen« (»Vogelgrippe: Das Monster zuckt«, gerhard-wisnewski.de, 23.11.2006). 2006 rechnete eine Frau Dr. Petra Graf vom Gesundheitsreferat der Stadt München allein in der bayerischen Landeshauptstadt mit bis zu 400 000 Erkrankten und 1500 Todesfällen durch die Vogelgrippe (*Münchner Merkur*, Online-Ausgabe, 10.11.2006). Sieben Jahre später stellte das Robert Koch-Institut (RKI) fest, dass in Wirklichkeit nicht ein einziger Mensch auch nur an Vogelgrippe erkrankt sei (RKI, Stand 4.4.2013) – und zwar in ganz Deutschland nicht. Egal: »Nach der großen Party« schienen die Arzneimittelhersteller »jetzt erst mal ihren Rausch auszuschlafen«, schrieb ich damals. Die Vogelgrippe-Panik von 2005/06 sei »ein einziges großes Fressen« gewesen. Man höre förmlich das satte Schnarchen von Pharmaindustrie und »Wissenschaft. (…) Aber was passiert, wenn sie wieder aufwachen und Hunger kriegen? Folgt dann die nächste Panikmache?« (ebda.).

»Rummy« und die Schweinegrippe

Und tatsächlich wurde ab Ende April 2009 eine neue Sau durchs globale Mediendorf getrieben: die Schweinegrippe. Als Erstes sollte es Mexiko erwischt haben. Tagelang marschierten mit Gesichtsmasken vermummte Mexikaner über die TV-Bildschirme. Im Vordergrund setzten sich todesmutige Reporter in Szene, die mit herabgelassenem Mundschutz offenbar ihr Leben riskierten, nur um den deutschen Fernsehzuschauern aus dem »verseuchten« Mexiko noch ein paar letzte Worte zuzuraunen. Was dem Publikum nicht erzählt wurde: In Mexiko-Stadt laufen ständig Menschen mit Mundschutz herum – wegen der schlechten Luft. Mit der Schweinegrippe hat das nicht unbedingt etwas zu tun: »Die Luft riecht scharf nach Abgasen, immer wieder tragen Menschen Mundschutz vor dem Gesicht«, schrieb zum Beispiel die *taz* über Mexiko-Stadt (8.12.2010). Dennoch kauften weltweit Behörden für zig Millionen Dollar oder Euro Impfstoff und Grippe-Medikamente ein, insbesondere das von dem US-amerikanischen Unternehmen Gilead Sciences entwickelte Tamiflu, das von dem Schweizer Pharmakonzern Hoffmann-La Roche in Lizenz hergestellt wird. Jahre später waren die inzwischen abgelaufenen Bestände Sondermüll und mussten vernichtet werden. »Länder vernichten Millionen Dosen H1N1-Impfstoff«, meldete zum Beispiel *Spiegel Online* am 25. November 2011. Ganze Lastwagenladungen wanderten in den Verbrennungsofen: »Die Länder blieben auf Kosten von 239 Millionen Euro sitzen« – das heißt der Steuerzahler. Langjähriger Vorstand und Großaktionär von Gilead Sciences war Donald Rumsfeld, von 1975 bis 1977 und 2001 bis 2006 US-Verteidigungsminister. »Rummy« beschaffte Tamiflu auch für die US-Streitkräfte.

Milliardenprofite mit Impfstoffen

Bei einem Anfall globaler Panik versprechen neben Pillen auch Impfstoffe Milliardengewinne. Marketing und Vertrieb funktionieren genauso wie bei den Medikamenten: Durch die Medien werden Bürger und Politiker in Panik versetzt und Behörden dazu verleitet, schnell Impfstoffe zuzulassen und für Milliarden einzukaufen. Wie beispielsweise in Deutschland, wo zwar für eine halbe Milliarde Euro Impfstoff gebunkert wurde, aber 95 Prozent der Bevölkerung nicht zur Schweinegrippe-Impfung erschienen (ohne danach an Schweinegrippe zu erkranken). Da es keinen guten Eindruck macht, wenn die Pharmazeutika hinterher auf dem Müll landen, ist der Mensch aus Sicht der Pharmaindustrie immer noch die beste Deponie für unbrauchbare und/oder unerprobte Arzneimittel und Impfstoffe. Denn krank wurden vor allem diejenigen, die sich mit den dubiosen Impfstoffen impfen ließen. Ab Herbst 2009 wurden in dem besonders impffreudigen Schweden mehr als 200 Erkrankungs- und mehrere Todesfälle mit der Schweinegrippe-Impfung in Verbindung gebracht: »Eine Million Schweden wurden gegen Schweinegrippe geimpft. Fünf von ihnen sind kurz nach der Impfung gestorben. Sie starben zwischen zwölf Stunden und vier Tage, nachdem sie eine Dosis Pandemrix in einen Muskel gespritzt bekamen«, berichtete *Aftonbladet* (27.10.2009). Bis zum Frühjahr 2011 waren 168 gegen Schweinegrippe geimpfte Schweden und 121 Finnen an Narkolepsie erkrankt, einer Krankheit, bei welcher der Patient von einer Sekunde auf die andere in Schlaf fällt. Dass zwischen dem Impfstoff Pandemrix (GlaxoSmithKline) und Narkolepsie »ein direkter Zusammenhang besteht«, sehe die finnische Gesundheitsbehörde »als erwiesen an«, schrieb die österreichische Tageszeitung *Die Presse* in ihrer Online-Ausgabe vom 23. Februar 2012. Während ein Impfschutz »nicht nachweisbar« gewesen sei, sei in Finnland »ein mehr als zwölfmal höheres Narkolepsierisiko bei mit Pandemrix geimpften Kindern festgestellt« worden, so *Die Presse*. Das Leben von Kindern – zerstört durch die Pharmaindustrie? Dieser Zusammenhang gilt inzwischen als naheliegend. Selbst der Pandemrix-Hersteller GlaxoSmithKline räumte im Jahr 2013

Medienberichten zufolge ein, dass seit Einführung des Impfstoffs in ganz Europa 795 Menschen eine Narkolepsie entwickelt hätten (*20min.ch,* 24.1.2013).

Das beste Geschäft ist immer noch eine Pandemie

Dass es nach all diesen Erfahrungen immer noch möglich ist, alle paar Jahre eine neue Virenpanik auszulösen, ist eigentlich kaum zu glauben. Dennoch ruft die WHO unverdrossen alle drei bis fünf Jahre eine neue Epidemie aus – oder noch besser: eine Pandemie. Denn eigentlich hat nur eine Pandemie (abgeleitet aus den griechischen Wörtern *pan*, »alles«, und *demos*, »Volk«) ein globales Umsatzpotenzial. Da eine Pandemie überall grassiert, werden auch überall Medikamente und Impfstoffe gebraucht. Und der Name des Impfstoffs, Pandemrix, legt nahe, dass das Serum sich gar nicht gegen eine bestimmte Erkrankung richtet, sondern gegen eine bestimmte Ausbreitungsform gleich welcher Krankheit, nämlich die Pandemie. WHO und Pharmaindustrie ziehen dabei an einem Strang. Während in den Labors der Pharmakonzerne neue Medikamente erfunden werden, erfinden die Marketing-Abteilungen neue globale Panikattacken: »Das Vogelgrippevirus (H5N1) könnte möglicherweise der Auslöser einer neuen Pandemie werden«, erklärte im Jahr 2005 zum Beispiel die Pharma-Firma Hoffmann-La Roche, »mit bis zu 7 Millionen Todesopfern.« Die WHO setzt die Seuchenszenarien dann in ihre Pandemiestufen und in »Empfehlungen« zur Seuchenbekämpfung um, die natürlich auch Empfehlungen für bestimmte Medikamente und Impfungen enthalten, und betreibt damit das Geschäft der Impf- und Pillenindustrie.

Angriff auf Leben und Gesundheit

Was Ebola betrifft, so ist der afrikanische Kontinent, wo sehr viele Menschen aufgrund von Unterernährung, schmutzigem Wasser oder Tropenkrankheiten wie Malaria ohnehin krank sind, der ideale Nährboden für eine Epi- oder auch Pandemie. Nicht unbedingt wegen der ungehinderten Ausbreitung von Viren, sondern aufgrund des bunten Straußes von Erkrankungen, die nur noch auf eine Umwidmung und einen neuen Stempel warten, um als Epidemie eingestuft zu werden. Man muss nur ein bestimmtes Krankheitsbild einem geheimnisvollen und grausamen Virus zuschreiben, und schon kann man den Seuchennotstand ausrufen und die Menschen mehr oder weniger zwangsbehandeln. Das Gute ist, dass für drastische (Zwangs-)Maßnahmen bereits Ebola-»Verdachtsfälle« ausreichen, sprich: unbewiesene Fälle. In Wirklichkeit ähneln die Symptome von Ebola vielen anderen Krankheiten, wie zum Beispiel Grippe, Malaria oder Typhus. Auch bei Malaria kann es beispielsweise zu dem für Ebola angeblich typischen berüchtigten »hämorrhagischen Fieber« kommen, das folgende Symptome aufweist:

- stecknadelkopfgroße Blutungen aus den Kapillaren in die Haut oder Schleimhäute (Petechien)
- Nasenbluten
- Zahnfleischbluten
- Blutungen unter der Augenbindehaut
- Bluterbrechen
- Blutstuhl

(Quelle: Thomas Löscher/Dieter Burchard: *Tropenmedizin in Klinik und Praxis*, Stuttgart 2010, S. 576)

Die »Ebolarisierung« der Kranken

Mit anderen Worten, Ebola lässt sich klinisch gar nicht sicher von Malaria unterscheiden. Immer noch gilt: »Jedes unklare Fieber in Malariagebieten bzw. nach Aufenthalt in diesen Gebieten« ist zunächst einmal nicht Ebola-verdächtig, sondern »ein Malariaverdacht bis zum Beweis des Gegenteils« (Löscher/Burchard, a.a.O., S. 572). Tatsächlich ist Malaria laut Robert Koch-Institut »im

Hinblick auf Tropenkrankheiten bei Patienten mit unklarem Fieber die wichtigste Differenzialdiagnose« zu Ebola. »Aufgrund der hohen Letalität einer Malaria tropica und der guten Behandlungsmöglichkeiten muss Malaria frühestmöglich ausgeschlossen bzw. bestätigt werden.« Ganz einfach deshalb, weil Malaria nun mal die wahrscheinlichste Ursache für die genannten Symptome ist. Wenn die sichere Differenzialdiagnose nicht erfolgt, gehen die Malariakranken als »Ebola«-Fälle durch. Tatsächlich stellten afrikanische Medien bereits eine »Ebolarisierung eines jeden Todesfalls in Sierra Leone« fest. »Die von Patienten wahrgenommene ›Ebolarisierung‹ hat negative Konsequenzen für die Bereitschaft, Hilfe und Behandlung zu suchen«, so die afrikanische Zeitung *The Standard Times:* »Die von Panik geschüttelte Bevölkerung wird davon abgehalten, Gesundheitseinrichtungen aufzusuchen, selbst wenn es um traditionelle Krankheiten wie Malaria oder Typhus geht – in der Furcht, als Ebola-Verdachtsfall behandelt und gebrandmarkt zu werden. Oft werden verdächtige Patienten isoliert, während Ebola-Tests durchgeführt werden« (Online-Ausgabe, 17.9.2014). Die »sichere« Diagnose soll nur im Labor möglich sein, und zwar nicht etwa in jedem Labor, sondern nur in Speziallabors der »Schutzstufe 4«. In Deutschland hätten nur zwei Labors »eine Genehmigung für die Arbeit mit lebenden Ebola-Viren«, berichtete zum Beispiel *Focus Online* am 23. August 2014. In den Medien ging es dabei drunter und drüber. Von »lebenden Ebola-Viren« sprachen auch *wallstreet-online*, *Tagesspiegel, Welt* und *Neue Zürcher Zeitung.* Nach allem, was man über Viren zu wissen glaubt, handelt es sich jedoch überhaupt nicht um Lebewesen, da sie sich weder selbst vermehren können noch einen Stoffwechsel haben. Viren gelten lediglich als DNS-Strang mit einer Hülle, die an eine Zelle andocken kann. »Lebende Ebola-Viren« – »6, setzen«, kommentierte ein Leser auf der *Focus*-Facebook-Seite diesen Unfug. Aber wie werden diese geheimnisvollen »lebenden« oder auch toten Viren denn nun eigentlich diagnostiziert? Als Standardmethode zum Nachweis vieler Viren, auch des Ebola-Virus, habe sich »die Reverse Transkriptase-PCR etabliert, bei der bereits sehr wenige Viruskopien für einen sicheren Nachweis ausreichen«, heißt es bei *Wikipedia*. Dabei ist genau das das Problem. Denn niemand Geringerer als der Erfinder der Polymerase-Kettenreaktion (polymerase chain reaction, PCR) selbst, der Nobelpreisträger Kary Mullis, hat dieses Verfahren als untauglich für den Nachweis von Viren bezeichnet (siehe: *Leben mit Zukunft* 5/2007). Was wohl daran liegt, dass es keine qualitative, sondern lediglich eine quantitative Methode ist. Aus einem DNS-Strang entstehen dabei viele identische DNS-Stränge. Mit anderen Worten, man kann damit angebliches Viruserbgut oder -material lediglich vervielfältigen, aber nicht identifizieren. Der Mythos der »Nachweismethode« rührt daher, dass man eine große Menge bestimmter DNS-Stränge im Prinzip natürlich leichter nachweisen kann als eine kleine Menge. Nur die qualitative *Bestimmung* der DNS, also die Frage, um welche DNS es sich handelt, ergibt sich daraus logischerweise noch nicht. Auch ein Fotokopierer erkennt schließlich nicht, was er da eigentlich kopiert. Demnach ist jeder aufgrund dieser Methode geführte »Virennachweis« fragwürdig und das »gefundene« Virus ein Phantom. Vermutlich könne man so »auch in einer Frikadelle, die man vorher zwölf Stunden gebraten hat«, vermehrungsfähige Ebola-Viren nachweisen, meint der Wissenschaftsjournalist und Pharmakritiker Michael Leitner: »Das Ebola-Virus ist also ein Fake, genau wie die Schweinegrippe.«

Versuche am kranken Patienten

Das wichtigste Hindernis auf dem Weg zum schnellen Geld war bisher die langwierige Zulassung von Impfstoffen und Arzneimitteln. Doch wenn die Panik hochschwappt, ist kein jahrelanger Genehmigungsprozess gefragt, sondern schnelles Kassemachen. Deshalb werden die Zulassungshürden immer weiter abgesenkt.

Nur: Was wäre für die Menschen mit einem nicht oder kaum getesteten Impfstoff gewonnen, der vielleicht vor einem Virus schützt, aber selbst schwere Nebenwirkungen verursacht? Egal: Seit einiger Zeit wird die Impfung sogar noch vor dem Virus entwickelt. Möglich machen das neue Zulassungsvorschriften der Europäischen Union. Da wäre zum Beispiel das »Modellverfahren«. Dabei kann ein Impfstoff aufgrund der bloßen Annahme, ein bestimmter Erreger könnte eine Pandemie verursachen, zugelassen werden. Beim wirklichen Ausbruch einer Pandemie muss der Hersteller nur noch den tatsächlichen Virusstamm in seinen Impfstoff einbeziehen (wie auch immer das möglich sein soll) und kann die Zulassung beantragen. Eine andere Möglichkeit ist das sogenannte Notfallverfahren, das nach dem Ausbruch einer Pandemie angewendet werden kann. Dabei kann der Zulassungsantrag des Herstellers nur in einem Drittel der sonst üblichen Zeit durchgepeitscht werden. Und – der reine Hohn: »Besondere Verfahren sind an Ort und Stelle, um die Wirksamkeit und Sicherheit von autorisierten Pandemie-Impfstoffen zu überwachen, sobald sie in der europäischen Bevölkerung eingesetzt werden« (siehe European Medicines Agency: »Authorisation Procedures«, ohne Datum). Früher war es genau umgekehrt: erst der Test auf Wirksamkeit und Sicherheit, dann die Zulassung.
Da ist es nur folgerichtig, dass künftig nicht nur bei einer Pandemie, sondern auch bei einer Epidemie »kaum erprobte« Impfstoffe eingesetzt werden sollen (*t-online.de,* 12.8.2014). »Dieser Schritt sei ethisch vertretbar, entschied die Weltgesundheitsorganisation (WHO) nach Beratungen mit Medizin-Ethikern.« Mehrere »experimentelle Wirkstoffe« gäben Anlass zur Hoffnung, wird die stellvertretende WHO-Generalsekretärin Marie-Paule Kieny zitiert. Was nichts anderes bedeutet, als dass die Menschenexperimente nun auch bei angeblichen Epidemien stattfinden sollen. Wenn die Menschen dadurch krank oder noch kränker werden, macht das nichts, denn aus armen Ländern ist keine

große Gegenwehr zu befürchten. Außerdem werden die neuen Symptome dann erst recht zur perfekten Rechtfertigung für die Behandlung – nach dem Motto: Das Medikament konnte den vollen Ausbruch der Erkrankung zwar nicht verhindern, hat aber bestimmt geholfen.

Der Verdienstorden des britischen Empire

Bei angeblichen Epidemien wie Ebola handelt es sich um nichts weiter als die profitbringende biologische, wirtschaftliche und geopolitische Kriegführung. Besonders zynische Fernsehbilder zeigten, wie die Generaldirektorin der WHO, Margaret Chan, Kindern in Afrika Medikamente oder Impfstoffe verabreicht. Chan war ursprünglich Hauswirtschaftslehrerin. Ihren Dr. med. machte sie in den USA, 1994 wurde sie Gesundheitsministerin in der Regierung der britischen Kronkolonie Hongkong. Von da ging es direkt zur WHO. Heute betrachtet sie den gesamten Globus als Kronkolonie. 1997 wurde sie Mitglied der Königlichen Medizinischen Akademie Großbritanniens (Fellow of the Faculty of Public Health Medicine of the Royal College of Physicians of the United Kingdom). Außerdem wurde Chan von Königin Elisabeth II. zum Officer des Order of the British Empire ernannt. Als WHO-Generaldirektorin arbeitet sie auch mit US-Behörden zusammen. »Federführend bei den angeblichen Nachweisen des Ebola-Virus in Afrika ist die US-Gesundheitsbehörde CDC, die Centers for Disease Control«, so der Impfexperte Michael Leitner in seinem Film *Ebola – Gentechnischer Feldversuch des Pentagon?* Erstaunlicherweise verfügt das CDC über einen eigenen »epidemischen Geheimdienst«, den Epidemic Intelligence Service (EIS), der 1951 im Rahmen der biologischen Kriegführung beziehungsweise »Verteidigung« gegründet wurde. Die Mitglieder des EIS tragen Uniform, bekleiden militärische Ränge und mischen bei allem mit, was im Reich der Epi- und Pandemien Rang und Namen hat, neben Ebola unter anderem Anthrax,

Hantavirus, West-Nil-Virus und Malaria. Die USA steckten auch »hinter den Medikamenten, die angeblich so toll gegen Ebola helfen«, so Leitner, wie etwa TKM-Ebola der Tekmira Pharmaceuticals Corporation.

Nach Behandlung krank

TKM-Ebola (früher Ebola-SNALP) ist ein »Schrottmedikament«, das im Auftrag des US-Verteidigungsministeriums entwickelt, dessen Zulassung im Juli 2014 aber auf Eis gelegt wurde, nachdem gesunde Testpersonen nach der Einnahme ausgerechnet eine »entzündliche, grippeähnliche Reaktion« entwickelten (bloomberg.com). Die Investition des Pentagons in Höhe von mindestens 140 Millionen Dollar wäre damit bedroht gewesen, wenn nicht die Ebola-Epidemie ausgebrochen wäre. Auf dem vorläufigen Höhepunkt der Panikmache, im August 2014, erlaubte die amerikanische Medikamentenbehörde FDA plötzlich die Verwendung des Medikaments bei Ebola-Patienten. Die Aktien von Tekmira schnellten daraufhin um 45 Prozent in die Höhe, am 8. August 2014 gab es den steilsten Tagesanstieg seit 2008 (bloomberg.com, 8.8.2014). Damit wurde ein »Medikament« zugelassen und vermarktet, das die Symptome, die es angeblich bekämpfen soll, erst verursacht, nämlich jene Grippesymptome, die anfangs auch für »Ebola« typisch sein sollen. »Was hat das US-Kriegsministerium mit einer Armutskrankheit zu tun?«, fragt auch Leitner in seinem Film: »Immerhin ist das Pentagon nicht gerade bekannt dafür, dass ihm das Leben und die Gesundheit der Menschen in Entwicklungsländern besonders am Herzen liegt!?« Antwort:

> »TKM-Ebola basiert laut Hersteller Tekmira auf Fetten in Nano-Größe. Nano-Partikel können gut in Zellen eindringen. So wird das Zeug in Zellen geschmuggelt, wo es dann das menschliche Erbgut manipulieren soll. Tekmira schreibt, ihre

> Medikamente wie TKM-Ebola hätten ›das Potential, eine große Anzahl von Krankheiten zu behandeln, indem sie krankheitsverursachende Gene zum Schweigen bringen‹.«

Der Einsatz bei Ebola sei also »experimentelle Gentechnik am lebenden Menschen. Dient die Ebola-Panikmache also nur dazu, einen Feldversuch zu einem angeblichen Medikament zu machen, das Gene zum Schweigen bringen soll?« Aber welche Gene wolle das US-Kriegsministerium denn zum Schweigen bringen?, fragt Leitner weiter.
Eine gute Frage. Die zweite militärische Droge, der die Ebola-Epidemie auf die Beine half, heißt ZMapp, finanziert von der berüchtigten Defense Advanced Research Projects Agency (DARPA), der US-Behörde für fortschrittliche – um nicht zu sagen: futuristische – Rüstungsprojekte, also ebenfalls vom Pentagon. Nach Angaben der von der DARPA unterstützten Firmen LeafBio und Mapp Biopharmaceutical wurde ZMapp bereits im Januar 2014 als Medikament ausersehen, bis heute existieren aber keine klinischen Studien mit der Droge. Zum Einsatz (und damit zur Erprobung am Menschen) konnte sie nur im Rahmen der Ebola-Panik kommen: »Das Medikament wurde erstmals beim Menschen während des 2014 Westafrika Ebola-Virus-Ausbruchs in Westafrika 2014 getestet und als lebensrettend anerkannt, aber es wurde bis jetzt nicht im Rahmen einer randomisierten klinischen Studie auf seine Sicherheit oder seine Wirksamkeit getestet.« Ein Satz, den man früher nie für möglich gehalten hätte – heute steht er bei *Wikipedia*.

Internationale Seuchendiktatur

Dabei sind die medizinischen Folgen des Einsatzes unerprobter Medikamente noch nicht einmal das Hauptproblem. Denn die von der WHO verhängten Maßnahmen stürzen Millionen Menschen auch wirtschaftlich ins Unglück. So fraglich es ist, ob Ebola die

Menschen tatsächlich bedroht, so sicher ist, dass die WHO Millionen Menschenleben gefährdet. Mit der Erklärung des »internationalen Gesundheitsnotfalls« am 8. August 2014 errichtete die WHO eine Art »Seuchendiktatur« und empfahl den betroffenen Staaten eine Reihe drastischer Maßnahmen, die tief in die Rechte und die Wirtschaft der betroffenen Menschen beziehungsweise Länder eingriffen:

- Ausrufung des Notstands (mit der Möglichkeit zur drastischen Einschränkung von Bürger- und Verfassungsrechten)
- »Aufklärung« der Bevölkerung (d. h. Panikmache mit den üblichen hypochondrischen Effekten)
- Passagier-Screening an allen Flug-/Seehäfen und Landesgrenzen auf »unklare Fiebererkrankungen entsprechend einer potenziellen Ebola-Infektion«. Dabei soll ein Fragebogen ausgefüllt, Fieber gemessen und bei erhöhter Temperatur abgeschätzt werden, ob es sich um Ebola handeln könnte. (Folge: sprunghafte Zunahme von »Ebola«-Verdachtsfällen)
- »Wahrscheinliche und verdächtige Fälle sollen sofort isoliert werden, und die Reisemöglichkeiten der Betroffenen sollen entsprechend den Bestimmungen für bestätigte Fälle oder Kontaktpersonen eingeschränkt werden.« (Massive Verletzung von Menschenrechten aufgrund von Verdachtsdiagnosen)
- Jeder Person »mit einer Ebola entsprechenden Krankheit« soll die Reise verweigert werden, »es sei denn, bei der Reise handelt es sich um eine Evakuierung«. (Drastische Einschränkung der Menschenrechte für einen großen Personenkreis)
- Sogenannte bestätigte Fälle sollen sofort isoliert und in ein Ebola-Behandlungszentrum eingeliefert werden, »bis zwei Ebola-spezifische Tests im Abstand von 48 Stunden negativ sind«. (De-facto-Gefangennahme und Zwangsbehandlung von Patienten)

- Kontaktpersonen sollen täglich untersucht werden, bei eingeschränkter nationaler Reiseerlaubnis und einem internationalen Reiseverbot für drei Wochen.

(WHO Statement on the Meeting of the International Health Regulations Emergency Committee Regarding the 2014 Ebola Outbreak in West Africa, 8.8.2014)

Weniger ansteckend als Grippe

Warum man die Menschenrechte weiter Bevölkerungskreise derart einschränkt und die möglicherweise oder angeblich erkrankten Menschen wie gefährliche Bestien behandelt, ist unklar. Einfache Vorsichtsmaßnahmen jedes Betroffenen oder potenziell Betroffenen würden ausreichen, um die Umwelt vor einer Ansteckung zu schützen, »denn Ebola ist weder über die Luft noch über die Atemwege übertragbar« (Deutschlandfunk). Selbst die WHO räumte ein: »Ebola ist keine über die Luft übertragene Erkrankung« (*Die Presse*, Online-Ausgabe, 3.10.2014). Auch die berühmte »Tröpfcheninfektion« finde nicht statt: »Bei Ebola-Viren gibt es keine Tröpfcheninfektionen wie bei Influenza durch respiratorische Sekrete (Niesen etc.). Das ist bei Ebola nicht der Fall«, sagte dazu der Virologe der MedUni Wien, Franz X. Heinz. »An den möglichen Übertragungswegen durch Blut, Körperflüssigkeiten etc. hat sich nichts geändert« (*Die Presse*, a.a.O.). Das heißt, Ebola ist weit weniger ansteckend als eine gewöhnliche Grippe! Und nicht nur das: Auch die manifeste Infektion ist laut WHO in entwickelten Ländern eigentlich keine Gefahr, denn die Menschen in den betroffenen Ländern Afrikas würden »vor allem sterben, weil sie nicht die Versorgung bekommen, die sie benötigen« (*Die Presse*, a.a.O.). Für eine Ansteckung muss es schon direkten Körperkontakt oder Kontakt mit Körperflüssigkeiten, beispielsweise Blut oder Speichel, geben. Warum dann allerdings keine Tröpfcheninfektion (z.B. beim Niesen) möglich sein soll, bleibt das Geheimnis der Virologen.

Mit anderen Worten, einfache Vorsichtsmaßnahmen eines Ebola-Patienten oder Angehörigen würden ausreichen, um die Umwelt vor Ansteckung zu schützen. Auch Ärzte und Pfleger müssten sich demnach nicht in dicke Schutzanzüge packen. Und auch die im Fernsehen häufig gezeigten luftdichten Isolierzelte sind demnach reine »Horror-Show«, denn über die Luft ist das Virus nicht übertragbar.

WHO = Welthungerorganisation

Die Weltgesundheitsorganisation (WHO) ist nicht etwa die Lösung, sondern das Problem: »Die Grenzen sind dicht, die Wochenmärkte geschlossen. Schon jetzt hungern viele Menschen – und es soll noch schlimmer kommen«, hieß es auf tagesschau.de am 28. September 2014. »In den drei am meisten betroffenen Staaten herrscht Ausnahmezustand. In Liberia, Sierra Leone und Guinea bleiben öffentliche Einrichtungen geschlossen, die Grenzen zu den Nachbarländern sind dicht. Airlines haben ihre Flüge eingestellt. Und vor allem: Die Märkte sind zu«, zitierte die Website Jochen Moninger, den Landesdirektor der deutschen Welthungerhilfe: »Die ganze Wirtschaft stockt. Wir hatten letztes Jahr ein Wachstum von 25 Prozent, und dieses Jahr wird die Wirtschaft schrumpfen.« Schuld sei natürlich die »Ebola-Epidemie«, so tagesschau.de. Was dabei verschwiegen wird: Während bis Mitte September 2014 in den betroffenen Ländern etwa 2400 Menschen an Ebola gestorben sein sollen (!), droht die wirkliche Katastrophe erst durch die Maßnahmen der WHO: Das öffentliche Leben sei »zum Erliegen gekommen – mit gravierenden Folgen für die meisten Menschen in der Region«, so tagesschau.de weiter. »Rund 70 Prozent der Menschen in Sierra Leone oder Liberia lebten ›von der Hand in den Mund‹«, zitierte die Website den WHH-Experten Moninger:

> »Viele Tagelöhner kommen wegen der katastrophalen Zustände nicht mehr an Nahrungsmittel heran. (…) Die Wochen-

märkte, über die sich der Dorfafrikaner meistens mit Lebensmitteln versorgt, sind geschlossen. (…) Vor allem in den Grenzgebieten sei die Lage dramatisch. (…) Zudem würden viele Felder nicht mehr bestellt, weil Erntehelfer nicht mehr von Dorf zu Dorf ziehen könnten. Das mache sich erst im nächsten Jahr bemerkbar, wenn die Ernte ausfallen wird.«

Das Fazit des Experten laut tagesschau.de: »Im Moment reden wir noch nicht von einer Hungersnot, sondern von dem Drohen einer Hungersnot. (…) Wir gehen davon aus, dass ab Februar 2015 etwa 150 000 Menschen in ländlichen Gebieten extern mit Nahrungsmitteln versorgt werden müssen.«

Gefahr für die gesamte afrikanische Wirtschaft

Ergebnis: Da die Hauptursachen für die meisten Erkrankungen in Wirklichkeit mangelnde Hygiene und Ernährung sind, wird die WHO auf diese Weise Hunderttausende weiterer Menschen krank machen und endgültig die Epidemie bekommen, von der sie dauernd redet. Die *Bild*-Zeitung befürchtete sogar, Ebola (also die WHO) könne die gesamte afrikanische Wirtschaft gefährden: »Während versucht wird, eine Ausbreitung der Seuche zu verhindern, lähmt Ebola die Volkswirtschaften von Sierra Leone, Liberia und Guinea – und könnte ihren Schatten auf den Rest des Kontinents werfen.« – »Die Wirtschaft kommt nach und nach zum Zusammenbruch«, warnte laut *Bild.de* auch Christoph Kannengießer, Geschäftsführer des Afrika-Vereins der deutschen Wirtschaft: »Die betroffenen Länder sind Nettogetreideimporteure. Vor allem Liberia ist von den externen Lieferungen zur Deckung des Inlandsverbrauches abhängig. Die Schließung von einigen Grenzübergängen und die Isolierung der Grenzgebiete der Länder führt zu extremen Versorgungsengpässen« (18.9.2014). Menschen gingen nicht mehr zur Arbeit, und die Ernten würden nicht eingebracht. Die Notstands- und Quarantänemaßnahmen unterbinden jedoch nicht nur Nahrungsmittellieferungen, sondern beeinträchtigten auch den Tourismus und den gesamten internationalen Geschäftsverkehr. Mit anderen Worten, die WHO wird am Ende wahrscheinlich Hunderttausende, wenn nicht Millionen Menschen auf dem Gewissen haben – dagegen ist die angebliche Ebola-Epidemie, sofern Ebola überhaupt existiert, ein Klacks.

Mit der Machete gegen die WHO

All das zusammengenommen ist es kein Wunder, dass sich die Menschen vor Ort mit ihren Mitteln wehren. Da sie keine Lobby und keine PR-Abteilung besitzen und weder Medien noch Politiker oder Mediziner kaufen können wie die Pharmaindustrie, greifen sie zu ihren althergebrachten Mitteln – beispielsweise der Machete. Die Wut der Menschen »richtet sich gegen die Helfer vor Ort«, staunte zum Beispiel das *Handelsblatt*. Mitte September 2014 wurden in Guinea acht sogenannte Helfer entführt und anschließend mit Steinen und Macheten getötet. »Unter den Toten waren drei guineische Radiojournalisten, die dort über die Aufklärungskampagne gegen Ebola berichtet hatten. (…) In vielen Teilen Westafrikas glaubt die Bevölkerung nach wie vor nicht an die Existenz der Seuche«, schrieb das *Handelsblatt*: »Vor allem Ärzten und Gesundheitsbehörden stehen die Bürger skeptisch gegenüber, weil sie lieber auf traditionelle Heiler vertrauen.« Werden Menschen bei Ebola-Verdacht ihrer Rechte beraubt, in Isolierstationen eingesperrt und für medizinische Experimente benutzt, werden sie von ihren Angehörigen und Freunden kurzerhand befreit: »Bereits im August hatten Bewohner eines Armenviertels in Liberia ein Krankenhaus gestürmt und mindestens 17 Ebola-Patienten zur Flucht aus einer Isolierstation verholfen.« Und nicht nur das: »Helfer berichten auch davon, dass sie beschuldigt werden, selbst für die Ausbreitung des Virus verantwortlich zu sein« (Online-Ausgabe, 19.9.2014).Wobei nicht ganz klar ist, ob wirklich ein echtes Virus verbreitet wurde oder nur vorhandene Krankheitssymptome umgedeutet wurden, um die betroffenen Staaten einer Seuchendiktatur zu unterwerfen, einen Vorwand für militärische Maßnahmen zu haben und einen Wirtschaftskrieg gegen die betroffenen Länder zu entfachen. Denn in Wirklichkeit sind internationale Operationen wie diese multifunktional. Sie dienen geschäftlichen Zwecken genauso wie strategischen und militärischen Zielen. Dient die Epidemie zum Beispiel auch als Vorwand für einen Einmarsch und die anschließende Übernahme der Kontrolle durch US-Streitkräfte? Oder welchen anderen Zweck verfolgt die Stationierung von 3000 bis 4000 US-Soldaten in diesen Ländern? Sollen sie das Virus etwa erschießen? »Warum Soldaten zur Bekämpfung von Ebola stationieren?«, fragte auch verwundert die US-Nachrichten-Website *WorldNetDaily*. »Während Barack Obama zögert, US-Streitkräfte gegen ISIS einzusetzen, schickt er übereifrig 3000 Soldaten, um Ebola in Westafrika zu bekämpfen. (…) Wie lautet deren Aufgabe? Was können US-Soldaten zur Eindämmung der Ebola-Epidemie tun, was die lokalen Kräfte nicht tun könnten?« Die Antworten des US-Verteidigungsministeriums auf diese Fragen »waren, gelinde ausgedrückt, vage« (5.10.2014). Und warum hat das Pentagon eigentlich keine Angst, dass sich seine 4000 Soldaten anstecken könnten?

Die Antwort: Erstens existiert die Ebola-Epidemie, so wie sie dargestellt wird, nicht. Zweitens bekommen die USA dadurch ganz nebenbei einen weiteren Fuß in die Tür strategisch wichtiger Länder, wie beispielsweise Nigeria. Die Ebola-Epidemie dient genauso als Vorwand zur Einflussnahme in den betroffenen Ländern wie die geheimnisvollen Terrorgruppen Boko Haram (siehe Gerhard Wisnewski: *ungeklärt – unheimlich – unfassbar. Die spektakulärsten Kriminalfälle 2014*, München 2014) und IS, die plötzlich eine Intervention in Syrien ermöglicht. In Wirklichkeit ist das Ganze eine strategische Auseinandersetzung mit China und Russland um Afrika. Auch in den von Ebola betroffenen Ländern haben sich nämlich bereits die Chinesen festgesetzt. »Der Rote Drache (China) scheint in Sierra Leone heutzutage die neue Kolonialmacht zu sein und dabei einen enormen Einfluss auszuüben«, so die afrikanische Zeitung *Standard Times Press* (Online-Ausgabe, 30.11.2013): »Angefangen bei bilateralen Handelsabkommen über Landwirtschaft, Gesundheitswesen, Infrastruktur und Fischerei bis hin zu Energiesicherheit und Bildung … China stieg zum zweitwichtigsten Handelspartner Sierra Leones nach der Europäischen Union auf.« 2014 entwickelte China auch ein großes kommerzielles Interesse an den Ölvorkommen Sierra Leones. Die Chinesen setzten zu einem großen Sprung auf Sierra Leones Ölfelder an, so die *Standard Times Press* – ein Stichwort, das in jedem Fall die USA auf den Plan rufen muss. Etwas Besseres als die massive Behinderung des internationalen Geschäftsverkehrs durch »Ebola« konnte aus amerikanischer Sicht dabei gar nicht passieren …

19. August
Krisendarsteller – die geschminkte Wirklichkeit

Schrecklich, diese Sache mit dem US-Journalisten James Foley. Die Welt war in Aufruhr: Am 19. August 2014 machte ein Video der sogenannten IS-Milizen die Runde, das die Enthauptung des US-Journalisten zeigte. Dabei kniete Foley in einem orangefarbenen Kittel neben einem schwarz vermummten Terroristen irgendwo in der Wüste. Nachdem Foley eine Art Abschiedsrede gehalten hatte, ergriff der Vermummte das Wort und legte anschließend das Messer an die Kehle des Reporters. Im nächsten Bild sah man dessen enthauptete Leiche im Sand liegen. Der Tod von James Foley schockiere »das Bewusstsein der gesamten Welt«, ließ US-Präsident Obama wissen und »kündigte eine Fortsetzung der Luftschläge gegen die Terroristen im Irak an. Die USA würden weiterhin alles tun, um ihre Bürger zu beschützen. (…) Wir werden wachsam sein. Wir werden unnachgiebig sein.« Zugleich forderte er die ganze Welt auf, sich an der Militäraktion zu beteiligen: »Der Kampf gegen die Miliz müsse von der internationalen Gemeinschaft getragen werden. ›Es muss eine gemeinsame Anstrengung geben, den Krebs zu entfernen, damit er sich nicht ausbreitet‹« (zit. nach *Münchner Merkur,* Online-Ausgabe, 20.8.2014). Die angebliche Foley-Hinrichtung war Mitte August 2014 *das* globale Politikum und die Einladung an die USA, gegen die üblen ISIS-Terroristen im Irak und in Syrien vorzugehen. Denn besonders dort hatten die Amerikaner immer schon hingewollt. Und die ISIS-Terroristen lieferten dafür das perfekte Alibi.

Eine inszenierte Enthauptung

Ich habe oben von »angeblicher Hinrichtung« gesprochen, weil sehr schnell Zweifel an der Echtheit des besagten Videos auftauchten. Die ziemlich »coole« Ansprache des todgeweihten Journalisten, die studioartige Szenerie und das fehlende Blut bei der Enthauptung machten Fachleute misstrauisch und ließen sogar Mainstream-Medien zweifeln und von dem Video abrücken. Laut der britischen Tageszeitung *The Telegraph* »ergaben die Untersuchungen einer international tätigen kriminaltechnischen Forschungseinrichtung, die für die Polizei in ganz England tätig ist, dass ›die Hinrichtung von James Foley möglicherweise inszeniert war und die tatsächliche Ermordung ohne Kamera stattfand‹, so der *Telegraph*« (*Kopp Online*, 26.8.2014) – wenn sie denn überhaupt stattfand. Die Experten hätten festgestellt, dass kein Blut zu sehen sei, »obwohl der Henker mindestens sechsmal scheinbar mit einem Messer den Hals seines Opfers Foley aufschlitzt«. Die Enthauptung selbst sei auf dem Video nicht zu sehen. Ein Mitarbeiter der Denkfabrik Middle East Forum wurde mit den Worten zitiert, das Video zeige »einige verborgene Schwächen: So sei trotz der sechs Schlitzbewegungen in Rich-

tung des Halses von James kein Blut in dem Video zu sehen, und auch seine Reaktion falle angesichts der Tat sehr schwach aus, so als beträfe sie ihn praktisch nicht«. James Foley, behaupteten Politiker und Medien daraufhin, sei dann eben nicht bei dieser Gelegenheit, sondern später ermordet worden.
Aber wie hat man James Foley dazu gebracht, im Wissen um die eigene Ermordung in diesem makabren Schauspiel mitzuspielen? Irgendwelche Anzeichen körperlichen oder psychischen Drucks konnte man in seinem Gesicht nämlich nicht entdecken. Tatsächlich wirkte der Mann in dem Video seltsam unaufgeregt und entspannt. Nicht einmal Schweißperlen waren in der Wüstensonne auf seiner Stirn zu sehen. Oder war das gar nicht der echte James Foley? Und wer waren eigentlich Foleys Angehörige, die nach der »Enthauptung« von den Medien herumgereicht wurden? Nur zwei Tage nach der Veröffentlichung des schrecklichen Videos machten die Hinterbliebenen dabei einen ziemlich ausgelassenen Eindruck. Bei einem aus dem Heim der Foleys übertragenen TV-Interview mit der *Yahoo News Hour* vom 21. August 2014 mussten sich Bruder und Schwester des Verstorbenen vor Lachen immer wieder auf die Zunge beißen. Besonders die Schwester strahlte immer wieder über beide Backen, während ihr Trauergesicht ziemlich aufgesetzt wirkte. Auch die Kulisse wirkte reichlich verdächtig: Zu Beginn des Interviews fiel im trauten Heim der Foleys ein Bild von der Wand, als wäre es gerade mal eben dorthin »geklatscht« worden (siehe auch Wisnewski, *ungeklärt – unheimlich – unfassbar*, a.a.O.).

Die Stunde der Krisendarsteller

Und die meisten Menschen nahmen diese Inszenierung für bare Münze. Denn wie sagte schon der Journalist und Medienpsychologe Walter Lippmann: »In der Regel sehen wir nicht zuerst, um uns dann ein Urteil zu bilden. Sondern wir bilden uns erst ein Urteil und sehen dann.« Wenn uns also jemand sagt, wir würden jetzt eine Hexe sehen, dann sehen wir auch eine Hexe. Und wenn uns jemand sagt, wir sähen eine Enthauptung, dann sehen wir auch eine Enthauptung. Und wenn uns jemand sagt, wir sähen jetzt Hinterbliebene von Terroropfern, dann sehen wir auch Hinterbliebene von Terroropfern – auch wenn diese sich dabei halb totlachen. Solange die Definition vor dem optischen Eindruck kommt, sehen wir meistens das, was die Definition uns vorgibt. Und die stammt in den meisten Fällen von den Medien. Zuständig für diesen äußerst wichtigen Vorgang der Definition von Bildern sind die netten Moderatoren und Moderatorinnen, die einen Beitrag »antexten«.Tatsächlich tauchten aber nicht nur hinsichtlich des US-Journalisten Foley und seiner Angehörigen Echtheitsfragen auf. Vielmehr werden wir immer häufiger mit angeblichen Opfern, Angehörigen oder Hinterbliebenen konfrontiert, die einen zweifelhaften Eindruck hinterlassen. Was ist zum Beispiel mit dem angeblichen Absturzopfer von Flug MH17, Fatima D.: Die angebliche Unternehmerin und Luft- und Raumfahrtexpertin entpuppte sich als Darstellerin im Angebot der Agentur Thea Meulenberg Casting in Amsterdam (siehe *9. September* Zwischenbericht zum Malaysia-Airlines-Absturz: Aktenzeichen MH17 gelöst). Werden wir über Opfer und Hinterbliebene solcher Terrorakte systematisch hinters Licht geführt? Was ist eigentlich mit den sogenannten »crisis actors« (Krisendarstellern), von denen man immer wieder hört, mit deren Hilfe derartige Krisen angeblich für das Fernsehen inszeniert werden? Denn wie schon gesagt:, ein Medienereignis ist noch lange kein Ereignis. Dass etwas im Fernsehen gezeigt wird, heißt noch lange nicht, dass es auch stattgefunden hat. Und die Realität selbst war schließlich noch nie in der Lage, die Bedürfnisse der Propaganda zu erfüllen. Enthauptungen, Schulmassaker und Flugzeugabstürze geschehen eben nur selten dann, wenn sie politisch gebraucht werden. Und gebraucht werden sie nun mal immer wieder. Könnte es also sein, dass dann die Stunde der »Krisendarsteller« schlägt und dass auf diese Weise immer wieder einmal nachgeholfen wird? Ein solches Szenario ist in Wirklichkeit nur halb so abwegig, wie es den Anschein hat. Schließlich sind Krisendarsteller Alltag bei allen Sicherheitsbehörden der Welt. Im großen Maßstab werden sie beispielsweise bei Katastrophenübungen eingesetzt. Dabei werden alle möglichen Rollen verteilt, angefangen bei Toten und Verletzten über psychisch Traumatisierte bis hin zu »gespielten« Reportern und Angehörigen, welche die Rettungs- und Ordnungskräfte unter Stress setzen. Für einen Außenstehenden ist eine solche Übung kaum vom Ernstfall zu unterscheiden, da die Darsteller angehalten sind, so realistisch wie möglich zu agieren, das heißt zu jammern, zu schreien, am Unglücksort umherzuirren und sich vielleicht sogar gegen die Behandlung zu wehren. Denn auch das kommt bei echten Katastrophenopfern schließlich vor. Auch in einem Video, wie es uns fast täglich von irgendeiner Katastrophe präsentiert wird, wäre ein solches Szenario kaum von einem echten Unglücksfall zu unterscheiden: Während realistisch hergerichtete Beinamputierte über den Unglücksort kriechen, würde der Beobachter auch an anderen Opfern schreckliche Wunden entdecken, aus denen möglicherweise sogar das Blut spritzt. Auch dafür gibt es vorgefertigte Verkleidungen mit täuschend echten Gefäßnachbildungen. Manche dieser Maskeraden sind so realistisch, dass Sanitäter und Ärzte daran sogar Behandlungen üben können.

47 falsche Identitäten

Mit anderen Worten, derartige Inszenierungen sind Routine. Auch in Deutschland:

> »Kurz nach 13 Uhr haben gestern mehrere Explosionen den alten Schacht der stillgelegten Kohlegrube Göttelborn erschüttert. Doch dies war nur der Startschuss für eine große Katastrophenschutzübung. 130 Darsteller lagen schwer verletzt im Gelände, andere waren als Schaulustige, aufgeregte

Angehörige oder Medienvertreter vorgesehen und spielten ihre Rolle so, dass die eintreffenden Mitglieder der Rettungsdienste schnell in einem hektischen Übungsszenario steckten. Rauch im Gebäude, Menschen schreien, ein Passant ruft um Hilfe, andere zerren an Einsatzkräften und stören den Ablauf – so, wie das auch bei einer echten Katastrophe wäre« (*Saarbrücker Zeitung*, Online-Ausgabe, 22.5.2014).

»Civilians on the Battlefield«

Woher wissen wir also, dass Bomben- oder Katastrophenopfer überhaupt echt sind? Wer sagt uns, dass wild gewordene Islamisten oder Terroristen nicht in Wirklichkeit Darsteller sind? In Deutschland sucht zum Beispiel die Firma SST (Supply & Service Team) »Civilians on the Battlefield«, kurz auch COBs: »Die SST GmbH ist ein Personaldienstleister und seit 2006 im Auftrag für die U.S. Army tätig. Wir sind auf die Bereitstellung von Zivilpersonal als Rollenspieler und Übersetzer bei Militärübungen spezialisiert«, heißt es auf ihrer Website: »In enger Zusammenarbeit mit unserem Auftraggeber der U.S. Regierung bereiten wir unsere Mitarbeiter (COBs) auf ihre Rollen vor und begleiten sie auch während der laufenden Übung.« Auch auf der Website usstatisten.de kann man sich als Darsteller bei den Amerikanern bewerben: »Gesucht werden Statisten für Rollenspiele bei Trainingseinsätzen der U.S. Army. Durch die Statisten wird die Zivilbevölkerung in Krisengebieten dargestellt. Dadurch wird ein realitätsnahes Übungsszenario für die Soldaten und somit eine optimale Vorbereitung für deren Auslandsmissionen erreicht.« Und natürlich könnten dabei theoretisch auch realitätsnahe Szenen entstehen, die kein TV-Zuschauer von der Wirklichkeit unterscheiden könnte:

»Die Teilnehmer spielen kleine Statistenrollen wie z.B. ein Viehzüchter, Ladenbesitzer oder auch der Bürgermeister eines

Dorfes in Afghanistan der hin und wieder auch mit den anwesenden U.S. Streitkräften vermittelt und verhandelt. Auf dem Übungsgelände sind bis zu 10 Dörfer künstlich angelegt die jeweils aus 10 bis 30 Häusern bestehen. Die Statisten – sogenannte COBs = Civilians On the Battlefield (dt.: Zivilisten auf dem Gefechtsfeld) werden benötigt um eine möglichst realitätsnahe Umgebung für die Übungen der NATO/ISAF Truppen zu ermöglichen. (…) In jedem der Dörfer werden ca. 30 bis 100 Zivilisten eingesetzt und die Bewohner stellen während der Übungen eine glaubwürdige Präsentation ihrer jeweiligen Rolle dar, so dass ein realistisches Dorfleben entsteht.«

Solange es dabei um die Vorbereitung auf Unglücksfälle und Katastrophen geht, ist daran auch gar nichts auszusetzen.

Landete Ursula von der Leyen wirklich in Afghanistan?

Anders sieht es aus, wenn die Sache sich verselbständigt oder für propagandistische Zwecke missbraucht wird. Nicht durch die oben genannten Firmen, sondern beispielsweise durch US-Armee oder auch durch die Bundeswehr. Denn die Urheberrechte an Szenen und Bildern dürften wohl beim Auftraggeber liegen, also den jeweiligen Militärs und Sicherheitsbehörden. Und was läge schließlich näher, als der Öffentlichkeit ein Kriegsgebiet, eine Katastrophenübung als Bombenanschlag, Flugzeugabsturz oder Amoklauf zu verkaufen und damit Politik zu machen? Oder eine Menge Geld zu sparen? Landeten unsere Verteidigungsminister in den letzten Jahren zum Beispiel wirklich in Afghanistan oder etwa auf dem Truppenübungsplatz Hohenfels, wo solche Übungen beispielsweise stattfinden? Ja, müsste man nicht auch den Besuch eines Verteidigungsministers üben? Die Sicherheitsbehörden kämen so zu einer realistischen Übung und die Politiker zu einem »Ereignis«, das sich propagandistisch ausschlachten lässt. Und zwar ohne jedes reale Sicherheitsrisiko »auf dem Weg

nach Afghanistan«. Und die »Krisendarsteller« würden natürlich mitspielen, wie es ihr Vertrag vorsieht, gegebenenfalls einschließlich Interviews mit der Presse. Denn schließlich haben sie ja unterschrieben und werden dafür bezahlt. In den USA ist »Krisenschauspieler« längst ein eigener Berufszweig:
»Wir sind speziell ausgebildete Schauspieler und unterstützen Ersthelfer dabei, realistische Übungen, Full-Scale-Übungen, wirklichkeitsgetreue Simulationen und interaktive 3-D-Filme herzustellen«, beschreiben sich Krisendarsteller auf einer eigenen Facebook-Seite:

> »Die Krisenschauspieler sind erfahrene, leidenschaftliche Akteure, die sich der Herstellung anspruchsvoller Trainingsereignisse und Programme für professionelle und unkonventionelle Ersthelfer verpflichtet haben. Sie bieten intensive und realistische Darbietungen von Menschen unter Stress – vor Ort, im Studio oder in einem 3-D-Animationsstudio –, während Rettungsorganisationen daran arbeiten, ihre Reaktion auf kleine und große lebensbedrohliche Zwischenfälle zu verbessern.«

Die »crisis actors« haben so ziemlich jedes krisenhafte Verhalten im Programm, wie zum Beispiel häusliche Gewalt, lokalen Aufruhr oder gefährliche Verhaltensweisen. »Nach wochenlangem Training mit Sicherheitsexperten und Ersthelfern können die Mitglieder von Crisis Actors die Rollen von erregten Eltern, neugierigen Nachbarn, aggressiven Reportern, verletzten Opfern, Schockpatienten, Zwischenrufern, Verkehrsblockierern, Gaffern, die falsche Informationen geben, und Opfern, die plötzlich gegen ihre Retter kämpfen, spielen« – und sogar die Rolle von »Online-Verschwörungstheoretikern« (siehe *skeptoid.com,* 13.5.2013).

Echt oder gestellt – das ist die Frage

Nehmen wir zum Beispiel eine x-beliebige Schießerei in einem Einkaufszentrum, ein häufiger Krisenfall in den USA, wie etwa am 25. Januar 2014 im US-Bundesstaat Maryland, wobei drei Tote zu beklagen waren. Die Frage ist nur: echt oder gestellt? Dreht dabei wirklich immer ein echter Amokschütze durch, oder wollte die Regierung nur mal wieder neue Waffengesetze durchdrücken? Wie so häufig war auch in diesem Fall auffällig, dass unter den Toten auch der Amokschütze war. Vom Standpunkt einer Übung aus wäre das logisch, denn wenn hier eine Übung als Realität verkauft werden sollte, kann man natürlich niemanden anklagen. Also ist es besser, der Hauptdarsteller »stirbt«. Auf diese Weise kommt erst gar kein Ermittlungsverfahren in Gang. Widersprüche wie der folgende sind ebenfalls typisch für diese Art von schillernder Realität: »Zwei Stunden nach der Tat« waren nach Polizeiangaben »noch viele Menschen in dem Einkaufszentrum. Der TV-Sender zeigte aber auch Bilder, wie Menschen von der Polizei aus dem Gebäude geführt wurden« (*Focus Online*, 25.1.2014). Mögliche Erklärung: Das eine sind Bilder des Einkaufszentrums, in dem in Wirklichkeit nichts passiert ist, das andere sind Bilder von der Übung – und in den Medien wird beides vermischt. »Der Alarm sei gegen 11.15 Uhr ausgelöst worden (17.15 Uhr MEZ), teilte die Polizei mit. Spezialeinheiten der Polizei seien extrem schnell vor Ort gewesen« (ebda). Was nicht verwundert, denn diese dürften wegen der Übung bereits in der Nähe gewartet haben. Die Website crisisactors.org hat beschrieben, wie so etwas geht:

> *DENVER, CO, 31. Oktober 2012 – Eine neue Gruppe von Schauspielern steht jetzt bundesweit für aktive Amokschützen-Übungen und Full-Scale-Schießereien in Einkaufszentren bereit, teilte Denvers führendes professionelles Schauspiel-Studio Visionbox mit.*

Visionbox-Krisenschauspieler sind in kriminellem und Opferverhalten geschult und bringen ausgeprägten Realismus in simulierte Großschadensfälle an öffentlichen Orten ein.

Die Bühnenerfahrung der Schauspieler, von Shakespeare bis zum zeitgenössischen amerikanischen Theater, ermöglicht es ihnen, während der gesamten Übung in ihrer Rolle zu bleiben und Szenen von extremem Stress zu improvisieren, während sie strikt offiziellen Übungsszenarien folgen.

Die Schauspieler proben regelmäßig Szenarien einschließlich der Notfallbefehlskette und der Krisenkommunikation und treten in interaktiven 2-D- und in stereoskopisch produzierten 3-D-Schulungsfilmen auf.

Die Produzenten Jennifer McCray Rincon und John Simmons bildeten die Gruppe aus, neue Sicherheitstechnologien zu demonstrieren, Ersthelfern bei der Visualisierung lebensrettender Verfahren zu helfen und Ausbilder bei anspruchsvollem praktischen Krisenreaktionstraining zu unterstützen.

Auch Bilder von Überwachungskameras sollte man keinesfalls mit der Realität verwechseln:

Im Fall eines großen Einkaufszentrums prüfen die Produzenten alle Blickwinkel der Sicherheitskameras und entwerfen dramatische Szenen speziell für bestehende Kameraeinstellungen, Robot-Kamera-Schwenks und manuell gesteuerte Kamerabewegungen.
Anschließend arbeiten die Produzenten mit den Trainern an einem »Soufflierbuch« für die Akteure, damit die wichtigsten Schlüsselszenen während der gesamten Schießsimulation ausgelöst und auf Band gespeichert werden können.

Die Schauspieler können die Rollen der Schützen, Verkäufer oder Käufer in dem Einkaufszentrum genauso spielen wie neu ankommende Kunden, Medien-Reporter und andere Menschen, die zu dem Einkaufszentrum eilen, sowie Personen in Kraftfahrzeugen in der Umgebung.

Visionbox-Krisenschauspieler können die Rolle von Bürgern übernehmen, die den Notruf wählen und Kommentare auf Social Media Websites stellen. Während der Übung können die Produzenten das Krisenschauspieler-Team per Funk vom Versandzentrum und von Schauspieler-Standorten aus dirigieren. In diesem Rahmen können die Funktion der Überwachungs- und Kommunikationssysteme des Einkaufszentrums getestet werden, der Sicherheitsplan einschließlich Schließungs- und Evakuierungsmaßnahmen, die Fähigkeit des Einkaufszentrums und von Ersthelfern, eine wirksame Reaktion zu koordinieren, und ihre Fähigkeit, auf Medien und Informationen zu reagieren, die im Internet veröffentlicht wurden.

Die Aufnahmen der Überwachungskameras werden für die anschließende Auswertung und künftige Ausbildung bearbeitet. (Quelle: http://www.forbiddenknowledgetv.com/videos/fraud/crisis-actors-crisisactorsorg.html)

Gummipistolen und roter Maissirup

»Eine gewöhnliche Schule, Montag morgens. Plötzlich das unverkennbare Geräusch von Gewehrschüssen in anderen Teilen des Gebäudes, gefolgt von entsetzten Schreien. Der Lehrer an der Tafel befiehlt den Kindern, sich in die Ecke des Klassenzimmers zu drängen, wo sie beten und zittern. 20 Minuten später die Entwarnung: Es handelte sich um eine unangekündigte Übung der örtlichen Polizeibehörden zusammen mit einer Agentur für Krisenschauspieler und Desaster-Übungen. Diese

> Praxis ist der absolute Renner geworden von New York bis nach Los Angeles«,

hieß es am 13. Mai 2013 auf der Nachrichten-Website *recentr.com* unter dem Titel »Business boomt für Krisenschauspieler und unangekündigte Amok-Drills an Schulen«:

> »Was die Schüler im Klassenzimmer nicht gesehen haben, war der maskierte Schauspieler in Terroristenkluft mit Waffen samt Platzpatronen, der nach 10 ›getöteten‹ Schülern und Lehrern von Sondereinsatzkommandos mit blaufarbenen Gummi-Maschinenpistolen ›niedergestreckt‹ wurde. Beim Laufen durch die Gänge sehen die verschreckten Kinder noch geschminkte Opfer am Boden liegen in Lachen aus rotem Maissirup. Beamte schreien Befehle, Einsatzhunde bellen, während man nach weiteren potentiellen Tätern sucht.«

Die Krisenschauspieler und Polizisten würden für diese Einsätze honoriert, »die terrorisierten Schüler« bezahlten »das Spektakel mit ihrer geistigen Gesundheit«. Interessanterweise, gab *recentr.com* zu bedenken, passierten vor 1975 keine Amokläufe an Schulen, und zwar »trotz weitaus weniger Waffenverboten als heute«.

Sandy Hook oder »Sandy Hoax«?

Kurz und gut: Ein großer Teil des heutigen Terrorismus und anderer Katastrophen wird inszeniert, um die Bevölkerung in Angst und Schrecken zu versetzen und zu steuern. Als Paradebeispiel für ein Massaker, das heute als »Hoax« (Schwindel) beziehungsweise als Teil einer Übung angesehen wird, gilt der Amoklauf an der Sandy-Hook-Grundschule in Newtown, rund 100 Kilometer nordöstlich von New York. Genau elf Tage vor dem amerikanischen Weihnachtstag, dem 25. Dezember, nämlich am Vormittag des 14. Dezember 2012, soll ein 20-jähriger Amokschütze namens Adam Lanza zunächst seine Mutter erschossen haben und anschließend mit deren Waffen und Wagen zur Sandy-Hook-Grundschule in Newtown gefahren sein. Dort habe er die verschlossenen Türen zerschossen und anschließend unter Kindern und Lehrerinnen ein Blutbad angerichtet, wobei 20 Kinder und sechs Lehrerinnen gestorben seien. Der Amoklauf beinhaltete ein typisches politisch korrektes Propaganda- und »Anti-Waffen-Szenario«:

Die Besetzung:

- ein grausamer männlicher Attentäter
- ein weibliches Opfer (die Mutter)
- ausschließlich weibliche Helden (sechs Lehrerinnen, die sich vor Kinder stellten und dabei ihr Leben gaben)
- kein erwachsenes männliches Opfer (bis auf den Attentäter)
- ein toter Attentäter

Die politischen Requisiten:

Drei legale Waffen aus dem Besitz der Mutter des Attentäters: ein halbautomatisches Gewehr der Marke Bushmaster und zwei Pistolen der Marken Glock und SIG-Sauer.

Die Folgen:

»Umfragen zeigen nach dem Massaker von Newtown steigende Zustimmung zu schärferen Waffengesetzen. Eine Woche nach dem Amoklauf des 20-jährigen Adam L. an der Grundschule von Newtown (US-Bundesstaat Connecticut) sind erste Auswirkungen in Meinungsumfragen messbar. So gaben gegenüber dem Fernsehsender *CNN* 43 Prozent der Befragten an, sie würden nach der Bluttat eher strengere Waffengesetze unterstützen« (*Der*

Standard, Online-Ausgabe, 20.12.2012). 52 Prozent sprachen sich demnach für ein Verbot von halbautomatischen Waffen aus, wie sie der Attentäter benutzt hatte. Interessant sind quasi die »Sollbruchstellen« dieser Inszenierung gegenüber der Realität: Da die Verantwortlichen, also die Waffenbesitzerin und der Attentäter, tot waren, musste es kein strafrechtliches Ermittlungsverfahren, keine Anklage und keinen Prozess geben, und damit auch keine Beweiserhebung über das angebliche Ereignis. Auch dass für eine so spektakuläre Bluttat kein Motiv gefunden wurde, spricht dafür, dass eben keines existierte, weil der gesamte Vorgang so nicht stattgefunden hatte. Das Motiv ist für eine Übung schließlich auch nicht wichtig, es interessiert nur das praktische Geschehen.

Tote noch am Leben?

Und so kamen immer neue Widersprüche ans Licht. Zum Beispiel gab der US-amerikanische Social Security Death Index das Todesdatum des Attentäters Lanza mit 13. Dezember 2012 an, also einen Tag vor dem Amoklauf. Und tatsächlich kam beispielsweise heraus, dass die Behörden am 14. Dezember in derselben Gegend zur selben Zeit wirklich eine »Amok-Übung« anberaumt hatten, nämlich die Katastrophenschutz-Übung L-366 mit dem Titel »Planung für Bedürfnisse von Kindern bei Katastrophen«: »Im Rahmen eines grausamen Zufalls, gerade als sich die schrecklichen Ereignisse am Freitagmorgen abspielten, hatte sich das Putnam-County-Katastrophenhilfe-Team für ein routinemäßiges Training in Carmel eingefunden. In exakt demselben Moment waren Teammitglieder mit dem Übungsszenario eines Amoklaufs an einer Schule beschäftigt« (*Southeast-Brewster Patch*, Online-Ausgabe, 18.12.2012). Oder war beides etwa ein und dasselbe? »Die Medien haben Szenen dieser Übung, die dort stattfand, benutzt, als ob sie Szenen der Tragödie selbst gewesen wären. Was viele zu der Frage veranlasst, ob die Tragödie nicht vielleicht Teil der Übung der Regierung war, um zu versuchen, unpopuläre Maßnahmen der Waffenkontrolle durchzuführen.« Kritische Beobachter des Geschehens behaupteten auch, die angeblich toten Kinder der Sandy Hook später lebend wiedergesehen zu haben (*examiner.com:* »Multiple Sandy Hook victims seen alive«, 13.12.2013).

Die mutmaßlichen Krisendarsteller der Sandy-Hook-Grundschule fielen auch oft durch Pannen auf. So zum Beispiel ein gewisser Robbie Parker, der bei dem Amoklauf seine sechsjährige Tochter verloren haben soll. Vor den Kameras brachte er vor Trauer kaum einen geraden Satz heraus, doch bevor er sich dem Mikrofon näherte, sah man ihn lachen, scherzen und anschließend zur Konzentration mehrmals tief durchatmen: »Sandy-Hook-Vater wechselt mit einem Wimpernschlag von Lachen zu Trauer«, schrieben dazu Kritiker (*Fellowship of the Minds*. 31.12.2012). Auf Fotos und Videos von der Sandy-Hook-Grundschule sieht man die Akteure verschiedenfarbige Namensschildchen tragen, wie sie für die verschiedenen Teilnehmergruppen einer Übung vorgesehen sind. Außerdem sieht man mobile Toilettenhäuschen und Paletten mit Mineralwasserflaschen, was ebenfalls zur Ausstattung einer solchen Großübung gehört. Im Internet wurden vier Tage vor dem Ereignis Spendenseiten für die »betroffenen Familien« eingerichtet. Denn Geld soll schließlich auch eingenommen werden. Auch viele Presseartikel erschienen zu früh. In dem YouTube-Video »Sandy Hook – how many early posts are too many?« (»Wie viele zu frühe Beiträge sind zu viele?«) enthüllt Timothy Hunter »Dutzende von zu früh datierten Beiträgen«: »Eines der wichtigsten zu früh veröffentlichten Materialien war das Kondolenzvideo von Joseph Ametrano, das am 10. November 2012 hochgeladen wurde, also einen Monat und vier Tage vor dem Amoklauf.« Auf YouTube sind so viele Anomalien während und nach dem angeblichen Sandy-Hook-Massaker zu besichtigen, dass sogar ein Universitätsprofessor Zweifel anmeldete: »Ein für Verschwörungstheorien bekannter

Kommunikationsprofessor hat an der Florida Atlantic University mit Behauptungen eine Kontroverse ausgelöst, dass die Schießerei an der Schule in Newtown, Connecticut, im letzten Monat nicht wie berichtet stattgefunden habe – oder möglicherweise gar nicht passiert sei«, schrieb die US-amerikanische Zeitung *Sun Sentinel* (Online-Ausgabe, 7.1.2013). »Zudem bekräftigt James Tracy in Radiointerviews und auf seinem memoryholeblog.com, dass geschulte ›Krisen-Akteure‹ von der Obama-Regierung benutzt worden sein könnten, um die öffentliche Meinung zugunsten des wahren Zwecks der Veranstaltung zu formen: Waffenkontrolle.«

»Der Professor für Kommunikationswissenschaften James Tracy von der Florida Atlantic University hat auf seinem Blog spekuliert, ob professionelle ›Krisenschauspieler‹ für die Fernsehkameras nach dem Massaker an der Sandy-Hook-Schule eingesetzt wurden«, hieß es auch auf der Nachrichten-Website *recentr.com:* »Während Dokumente über die Schießerei von Sandy Hook von unabhängiger Seite geprüft und interpretiert werden, wächst die Erkenntnis, dass die Medienberichterstattung über das Massaker an 26 Kindern und Erwachsenen hauptsächlich für die politische Beeinflussung gedacht war«, so Professor Tracy laut *recentr.com.* Und weiter: »Warum bieten sich nach einem solch schrecklichen Ereignis bestimmte Leute und Kinder in der Gegend wiederholt für Interviews an? Ein möglicher Grund ist, dass es sich um ausgebildete Schauspieler handelt, die unter Anweisung von Behörden arbeiten und den Fernsehsendern maßgeschneiderte Interviews liefern. Keine Fotos oder Videos vom Tatort sind bisher veröffentlicht worden.«
Nun – wie der *Sun Sentinel* schon sagte: alles Mutmaßungen von Verschwörungstheoretikern. Wenn dem so ist, dann zählt allerdings auch David Lory Van Der Beek dazu, seines Zeichens Gouverneur des US-Bundesstaates Nevada: »Wenn Sie das nächste Mal eine Terrorübung von FEMA oder DHS in Ihrer Stadt sehen,

werden Sie den Unterschied zwischen den realen Zuschauern und den Krisenakteuren der FEMA erkennen?«, fragt der Gouverneur auf seiner Website:

»Es wurde viel Aufhebens um dieselben Menschen gemacht, die wiederholt bei Ereignissen wie dem Batman-Massaker, Sandy Hook, den Boston-Attentaten und bei anderen Anlässen aufgetreten sind. Was wäre, wenn es keine Verschwörung wäre? Was wäre, wenn die Regierung Akteure an den Schauplatz von Schießereien und Bombenanschlägen bringen würde? Was, wenn der Einsatz von Schauspielern damit gerechtfertigt würde, dass es darum gehe, die wahren Opfern zu beruhigen? Was, wenn reale Ereignisse benutzt würden, um Schulungen und Notfallreaktionen zu verbessern?«

Aber vor allem: »Was, wenn Kontrollfreaks in der Regierung diese Übungen nutzen würden, um ihre eigene politische Agenda voranzutreiben, während die Amerikaner nichts Böses ahnen? (…) wie Waffenkontrolle …« (siehe http://nevadagovernor2014.com, 27.4.2013). »Ich höre schon, was Sie sagen«, fährt Gouverneur Van Der Beek fort: »Natürlich engagieren sie Schauspieler, David. Wie sollten sie sonst trainieren? Sie machen das schon seit Jahren.« Aber das sei gar nicht das Problem, erwidert Van Der Beek auf den imaginären Einwand. Vielmehr geht er offenbar davon aus, dass irgendjemand eine Schießerei veranstaltet und anschließend Schauspieler einsetzt, die dem Publikum und dem Fernsehen eine genehme Version vortragen: »Die Sorge vieler Amerikaner einschließlich meiner Person lautet: UNSERE REGIERUNG INSZENIERT FALSE-FLAG-ATTENTATE UND BENUTZT ANSCHLIESSEND VOR ORT SCHAUSPIELER, UM DIE TERRORISTEN-GESCHICHTE VORANZUTREIBEN.«

September 2014

Thema des Monats *9.9.:*
Zwischenbericht über den Absturz von Flug MH17

2.9. Die Vereinten Nationen schlagen wegen Lebensmittelkrise in Westafrika Alarm ***9.9. Der Zwischenbericht über den Absturz von Flug MH17 am 17. Juli 2014 in der Ukraine erscheint 9.9. Vereinte Nationen melden neuen Rekord-CO_2-Gehalt in der Atmosphäre*** **12.9.** Der behinderte südafrikanische Sportler Oscar Pistorius wird wegen fahrlässiger Tötung seiner Freundin schuldig gesprochen **14.9.** Die AfD erreicht bei der Landtagswahl in Thüringen aus dem Stand über zehn Prozent **18.9.** Bei einer Volksabstimmung stimmen 55 Prozent der Schotten gegen eine Lösung ihres Landes von Großbritannien **24.9.** Der Weltsicherheitsrat spricht sich einstimmig für den Kampf gegen die islamistische Terrorgruppe IS aus **28.9.** In Hongkong flammen Proteste der Demokratiebewegung auf

9. September
Zwischenbericht zum Malaysia-Airlines-Absturz: Aktenzeichen MH17 gelöst

Fast zwei Monate lang rätselte die Welt über das Schicksal von Malaysia-Airlines-Flug MH17, der am 17. Juli 2014 in der Ukraine abgestürzt war. Genau wie bei Malaysia-Airlines-Flug MH370, der am 7. März verschwunden war, wollte einfach nichts zusammenpassen. Westliche Medien und Politiker beschuldigten zwar umgehend Russland und die »prorussischen Rebellen«, Flug MH17 abgeschossen zu haben, doch den ersten vollmundigen Anklagen in Richtung Osten wollten einfach keine Fakten folgen. Obwohl die Flugschreiber von den »prorussischen Separatisten« an den Westen übergeben worden waren, hörte man nichts mehr von der Sache. Fast zwei Monate lang, bis zum 9. September, herrschte quasi »dröhnendes Schweigen«, und die Fragen über das wahre Schicksal von MH17 wurden immer lauter: Warum war das Flugzeug überhaupt über die Ostukraine geflogen? Wurde es nun von Raketen oder von Kampfflugzeugen abgeschossen, und welcher Herkunft waren sie? Warum sprachen Zeugen und Beobachter an der Unglücksstelle immer wieder von »alten Leichen«, die angeblich dort gelegen hätten? Dann, als die offizielle Version vom Abschuss der Maschine durch prorussische Kräfte bereits zu zerbröseln begann, ließen die Untersuchungsbehörden doch noch etwas von sich hören: Nach fast zwei Monaten, am 9. September 2014, veröffentlichte die niederländische Unfalluntersuchungsbehörde Dutch Safety Board (DSB) einen »vorläufigen Bericht« über den Absturz. Es war die erste halbwegs seriöse Äußerung westlicher Behörden, die nicht ausschließlich auf Propaganda beruhte. Und siehe da: Mehr oder weniger ungewollt führte dieser äußerst dünne Bericht zu einem Paradigmenwechsel in der Betrachtung des »Abschusses« und letztlich zur weitgehenden Aufklärung des Falles, so dass man nun sagen kann: »Aktenzeichen MH17 gelöst«. Doch begeben wir uns zunächst zurück zum 17. Juli.

Absturz von MH17: Ist das Sarajevo 2.0?

Neues aus der Frontberichterstattung: Die Russen haben eine Passagiermaschine abgeschossen! Beziehungsweise die prorussischen »Rebellen« in der Ukraine! Und zwar mit russischen Raketen! Ab etwa 17 Uhr mitteleuropäischer Zeit dominiert diese Schockmeldung an diesem 17. Juli die Nachrichten. Prorussische Rebellen sollen Flug Malaysia-Airlines-Flug MH17 von Amsterdam nach Kuala Lumpur über der Ostukraine vom Himmel geholt haben. Gestartet um 10.30 Uhr auf dem Flughafen Schiphol, angeblich abgeschossen um etwa 16.20 Uhr – nur 30 Kilometer von der russischen Grenze entfernt sei die Maschine aufgeschlagen. An Bord der Boeing 777 sollen 283 Passagiere gewesen sein, darunter angeblich 80 Kinder. Zuzüglich der 15 Besatzungsmitglieder also 298 Menschen.

Die Nachricht war der Schocker des Sommers 2014. Das Karussell des Irrsinns drehte sich immer schneller. Erneut erhielt die Welt einen psychologischen Peitschenhieb, wie jener alte Spielzeugkreisel, den man mit einer Bindfadenpeitsche antreiben konnte: jeder Hieb eine Beschleunigung. Der Konflikt in der Ukraine wurde damit noch weiter angeheizt. Und der Verdacht wurde sofort auf den russischen Präsidenten Putin und die prorussischen Kräfte in der Ostukraine gelenkt. Die Berichterstattung gipfelte in Zeitschriftentiteln wie »Stoppt Putin jetzt!« (siehe *28. Juli* Aufstand gegen den *Spiegel*). Beim allgemeinen Publikum kam die Botschaft an: »Der Irre von Moskau war's!«

Die geheimnisvolle 7

Moment mal. Eine Boeing 777? Flug MH17? Am 17. Juli? Erinnern Sie sich noch an die Worte der Direktorin des Weltwährungsfonds, Christine Lagarde, zu Beginn dieses Jahres über die Zahl

Sieben? Wie bedeutend diese »magische Zahl« sei? Nun, im Zusammenhang mit Flug MH17 bekamen wir diese Zahl reichlich serviert. Und zwar so reichlich, dass man es kaum noch für einen Zufall halten konnte. Aber 17 ist doch nicht gleich sieben? Doch: Nach den Gesetzen der Numerologie, der zum Beispiel Christine Lagarde anzuhängen scheint, steht 17 für 1 x 7. Und das ergibt nun mal sieben. Auch beim Verschwinden von Flug MH370 hatte sich die Sieben gehäuft (7. März UTC – Universal Time, Coordinated/koordinierte Weltzeit, Boeing 777, Flug 370 = 3 x 7 etc.). Aber von diesen »Siebenern« gab es im Zusammenhang mit dem Absturz von MH17 noch viel mehr:

- 17. Juli (1 x 7)
- 2014 (Quersumme 7)
- Juli = Monat Nr. 7
- 17.7.2014 (1 x 7.7.7)
- 17 Uhr (1 x 7; erste Uhrzeit, die in den Medien genannt wurde)
- Boeing 777
- Flugnummer MH17 (1 x 7)
- Der Erstflug dieser Boeing 777 war am 17.7.1997.
- Der 17.7.2014 war also der 17. Jahrestag des Erstfluges dieser Maschine
- Die Seriennummer der Maschine lautete 28411 (Quersumme 16;1+6 = 7)
- Der 17.7. ist auch das Absturzdatum von Flug TWA800 (1996).

Dröhnendes Schweigen

Doch Numerologie beiseite: Gar manchen trieb die Frage um, was tatsächlich mit Flug MH17 geschehen war. Denn nach anfänglichen Ankündigungen, den Crash untersuchen zu wollen, hörte man lange Zeit nichts mehr von den Behörden. Obwohl die Flugschreiber an ein Speziallabor in Großbritannien geschickt wurden, wurde ihr Inhalt nicht veröffentlicht – auch nicht der Inhalt des Cockpit-

Voice-Recorders. Zwar hatte also die ostukrainische Volkswehr die Flugschreiber übergeben; wer die Ergebnisse aber nicht veröffentlichte, war die westliche Seite. Der Blog *Propagandaschau* kommentierte Anfang August: »Aktuell dröhnt das Verschweigen der Untersuchungsergebnisse der Flugschreiber von MH17 so laut wie die Triebwerke einer startenden Boeing 777« (1.8.2014). Auch einen Monat später, Anfang September, herrschte immer noch Funkstille bei den Behörden. Daher blieb einem nichts anderes übrig, als die eigenen Augen und den eigenen Verstand zu benutzen.

Absturz in der politischen Landschaft

Wie schon im Fall des verschwundenen Malaysia-Airlines-Fluges MH370 am 7. März 2014 (UTC) ging es auch hier nicht nur um die geografische, sondern auch um die politische Landschaft des Absturzes. Und die war inzwischen noch viel gefährlicher geworden. Sowohl der Zeitpunkt als auch der Absturzort entfalteten eine vorher nicht da gewesene Brisanz. Denn auf dem Höhepunkt der Ukraine-Krise »landete« das Flugzeug direkt vor den Füßen der ostukrainischen »Separatisten« und des russischen Präsidenten Wladimir Putin. Was für ein Zufall! Der Flugzeugabsturz zog auch prompt eine ähnliche »Julikrise« nach sich wie vor 100 Jahren das Attentat auf den österreichisch-ungarischen Thronfolger Franz Ferdinand von Österreich-Este in Sarajevo, das den Ersten Weltkrieg auslöste. Auch damals standen die Schuldigen gleich fest: die Serben und ihre nationalistischen Untergrundorganisationen. Und nun, 100 Jahre später, standen die Schuldigen auch gleich fest: die Russen und die prorussischen »Separatisten« in der Ukraine. Sie sollen für den Absturz von Flug MH17 am 17. Juli 2014 verantwortlich gewesen sein. Die »Rebellen« hätten die Maschine mit russischen Raketen abgeschossen, lautete die erste Erklärung – womit gleich zwei Feinde des westlichen Imperiums in einem Boot saßen. Unwillkürlich fielen einem da nicht nur die sinistren Anspielungen von IWF-Direktorin Lagarde über die Zahl Sieben wieder ein, sondern auch die düsteren Andeutungen des Europa-Strategen Jean-Claude Juncker über das Vorkriegsjahr 2013 (siehe Einleitung). Nun, mit der neuen Julikrise 2014, schienen alle diese dunklen Anspielungen einen Sinn zu bekommen.

Ein unglaublicher Zufall

Innerhalb von gut vier Monaten verschwanden also

- zwei Flugzeuge desselben Typs,
- derselben Airline,
- mit Bezug zum selben Flughafen (Kuala Lumpur),
- während derselben Krise – nämlich in der Ukraine.

Und nicht nur das: Die beiden Flugzeugkatastrophen vom 7. März und 17. Juli 2014 waren auch die ersten Totalverluste des Flugzeugtyps Boeing 777. Vorher hatte noch nie eine Boeing 777 einen katastrophalen Unfall. Schon gar nicht einen, bei dem alle Insassen starben oder verschwanden:

- Am 17. Januar 2008 setzte eine Boeing 777 auf dem Flughafen Heathrow dreihundert Meter vor der Landebahn auf und erlitt dabei einen Totalschaden. Die 150 Insassen konnten das Flugzeug über Notrutschen verlassen, zwölf Menschen wurden leicht, eine Person schwerer verletzt.
- Am 29. Juli 2011 brannte das Cockpit einer Boeing 777 an einem Gate des Flughafens Kairo aus. Alle Insassen konnten die Maschine unverletzt verlassen. Das Flugzeug erlitt einen wirtschaftlichen Totalschaden.
- Am 6. Juli 2013 legte eine Boeing 777 auf dem Flughafen San Francisco eine Bruchlandung hin, wobei drei Menschen starben und 48 schwer verletzt wurden. Am Steuer saß ein unerfahrener Pilot.

Und nun: Zwei Totalverluste einer Boeing 777 derselben Fluggesellschaft innerhalb von vier Monaten? Kaum zu glauben.

Ein Absturz wie bestellt

Wie glaubwürdig waren diese Ereignisse also? Fragen wir einen Fachmann für Inszenierungen, zum Beispiel den US-amerikanischen Filmregisseur Oliver Stone, der bereits eine andere abgestandene Farce des Imperiums untersucht hat, nämlich das Kennedy-Attentat. Stone hat dazu aufgerufen, »den Medienberichten nicht zu glauben, laut denen Russland hinter dem Absturz der malaysischen Boeing am 17. Juli in der Ostukraine stehe. Diese Version sei ›zu gut, um wahr zu sein‹, schrieb er in seinem Facebook-Account. (…) Der Regisseur empfiehlt, sich alternative Standpunkte von Journalisten zu Gemüte zu führen, die ›tiefer recherchieren als die Propaganda der vierten Macht‹« (*RIA Novosti,* 25.7.2014).
Tatsache ist: Allein die Wahrscheinlichkeitsrechnung und der gesunde Menschenverstand führen die offizielle Version ad absurdum. Oder wie wahrscheinlich ist es, dass ein und dieselbe sauber operierende Fluggesellschaft innerhalb von wenigen Monaten bei zwei ausgewachsenen Flugzeugkatastrophen zwei Maschinen exakt desselben Typs verliert? Wobei eine der Maschinen glatt verschwindet? Äußerst unwahrscheinlich. Zuletzt war das am 11. September 2001 der Fall, also bei einem künstlichen Ereignis. Und wie wahrscheinlich ist es, dass eine der Maschinen auch noch punktgenau in einem Krisengebiet niedergeht, wo sie politisch gerade dringend gebraucht wird, um dort wie bestellt politische Interessen zu bedienen? Noch unwahrscheinlicher.

Schuldspruch ohne Beweise

Nur den NATO-Medien war die Unwahrscheinlichkeit der Zufälle nicht klar. Obwohl noch nicht einmal feststand, was eigentlich passiert war, wollten sie schon wissen, dass Flug MH17 abgeschossen worden war. Außerdem wollten sie den Typ der Rakete kennen und jene, die sie angeblich abgefeuert hatten: entweder Russland oder die prorussischen Separatisten der Ukraine. Schon die umgehende Behauptung, das Flugzeug sei abgeschossen worden, erinnert an die schnellen Schuldzuweisungen nach dem 11. September 2001. Obwohl auch damals noch gar keine kriminalistische Untersuchung stattgefunden haben konnte, wurde sofort behauptet, dass islamistische Terroristen für die Attentate auf das World Trade Center und das Pentagon verantwortlich seien. Und auch diesmal wurden ohne jede Untersuchung bereits Schuldige ausgemacht, und es wurde behauptet, die Maschine sei abgeschossen worden.

Die Weichen werden auf Krieg gestellt

Die »Beweise« stellten wie immer die USA zur Verfügung: »Erste Spuren führen zu den Separatisten«, titelten Medien wie *Spiegel Online* (17.7.2014). Und natürlich: »USA haben Hinweise auf gezielten Abschuss der Boeing« (18.7.2014). Umgehend wurde der Verdacht auf die prorussischen Rebellen und Wladimir Putin gelenkt. Dabei sind die USA natürlich keine glaubwürdige Quelle. Erstens sind sie selbst Bürgerkriegspartei in der Ukraine, da der Putsch gegen die Regierung Janukowytsch von westlichen Kräften inszeniert wurde und der ukrainische Ministerpräsident Arsenij Jazenjuk ein Mann der NATO ist (siehe *27. Februar* »Ukraine: Auftrag Umsturz – neuer Ukraine-Staatschef ist ein Agent der NATO«). Zweitens wird im Krieg immer gelogen, was das Zeug hält. Und da sich die USA ständig im Krieg befinden, lügen sie eigentlich dauernd. Rasch wurde auf YouTube auch ein Funkspruch zwischen angeblichen Rebellenführern präsentiert, in dem sie sich über den erfolgreichen Abschuss unterhielten. Dumm nur, dass dieser »Funkspruch« bereits am 16. Juli, also einen Tag vor dem Absturz, erstellt und dann auf den Kanal des ukrainischen Geheimdienstes hochgeladen wurde. Dessen früherer Chef war der jetzige Parlamentssprecher und frühere Übergangspräsident Alexander Turtschinow. Wie schon an anderer Stelle gesagt, enthalten Veröffentlichungen von Geheimdiensten praktisch immer Lügen, während die Dienste die Wahrheit für sich behalten. Dennoch wurden, genau wie im Juli 1914, die Weichen auf Krieg gestellt: »Das wird sie teuer zu stehen kommen«, hetzte etwa der US-Senator John McCain (*Spiegel Online*, 18.7.2014) gegen Russland. Indizien, so die *Spiegel*-Website, sprächen dafür, »dass prorussische Kämpfer für den Absturz verantwortlich sind«. Falsch: Die Indizien und die Wahrscheinlichkeitsrechnung sprechen dafür, dass dieselben Drahtzieher dafür verantwortlich sind, die am 7. März auch Malaysia-Airlines-Flug MH370 verschwinden ließen. Und wenn es dieselben waren, können es wohl nicht die ukrainischen Rebellen gewesen sein. Denn deren Arm reicht wohl kaum bis nach Malaysia.

Kurs auf das Rebellengebiet

Tatsache schien zunächst zu sein, dass am 17. Juli 2014 ein Malaysia-Airlines-Flug mit der Nummer MH17 von Amsterdam-Schiphol abhob. Ich drücke mich hier bewusst vorsichtig aus, weil natürlich jedes System für bösartige Manipulationen anfällig ist, auch das gesamte Luftfahrtsystem. Der Flug sollte in einem großen Bogen über Deutschland, Polen, die Ukraine, Usbekistan, Afghanistan, Pakistan, Indien und den Golf von Bengalen nach Kuala Lumpur, Malaysia, führen. Dort traf er aber nie ein – schon der zweite Malaysia-Arlines-Flug innerhalb von vier Monaten erreichte sein Ziel nicht. Im ukrainischen Luftraum angekommen, beantragte die Besatzung angeblich eine Flughöhe von 35 000 Fuß (10 700 Meter), bekam aber nur 33 000 Fuß (10 000 Meter) genehmigt. In der Ostukraine war der Luftraum bis zu einer Obergrenze von 32 000 Fuß (9750 Meter) gesperrt. Die Maschine flog also nur gut 200 Meter über der Obergrenze des gesperrten Luftraums. Aber warum flog sie überhaupt dort? Denn laut der

Tracking-Website *Flightaware* lag die eigentliche Flugroute viel weiter südlich. Die Flüge vor MH17 hatten alle diese weiter südlich gelegene Route benutzt, die weit an dem Krisengebiet vorbei führte. Nur Flug MH17 wählte einen weiter nördlich gelegenen Luftkorridor und hatte so zielsicher das Krisengebiet bei Donezk und Luhansk angesteuert. Schaut man sich die entsprechende Karte an, erscheint dieses Vorgehen zielgerichtet.

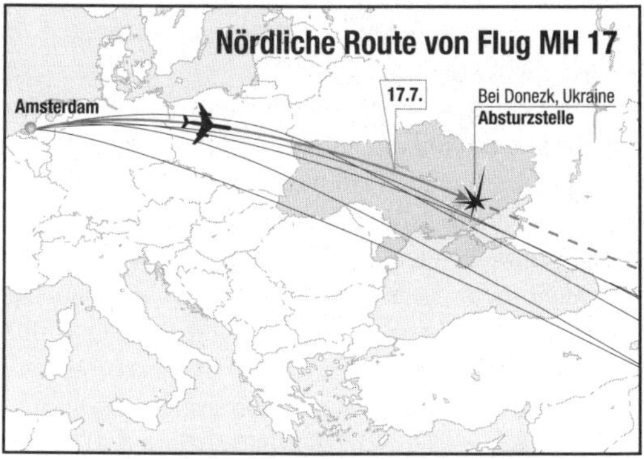

MH17: Gezielt das Rebellengebiet angesteuert?

Da sich die westliche Seite über den genauen Ablauf des weiteren Geschehens bedeckt hielt, musste man sich zunächst woanders nach Informationen umsehen. So präsentierte das russische Militär am 21. Juli in einer ausführlichen Pressekonferenz die am besten dokumentierte Darstellung der Abläufe. Anders als die bisherigen substanzlosen Behauptungen des Westens beruhe die Darstellung auf objektiven Daten der russischen Radaraufzeichnungen, sagte Generalleutnant Andrey Kartopolow. Man werde diese Daten den malaysischen und europäischen Behörden zur Unfalluntersuchung zur Verfügung stellen. Man hoffe, dadurch zu einer zuverlässigen Untersuchung der Tragöde beitragen zu können.

09

Entsprechend den Radaraufzeichnungen bewegte sich die Maschine demnach bis kurz vor Donezk auf dem vorgesehenen (nördlichen) Kurs. Dann sei sie plötzlich in einem flachen Winkel Richtung Norden von dem Luftkorridor abgewichen, bis sie sich 14 Kilometer von der linken Grenze des (nördlich gelegenen) Luftkorridors entfernt hatte. Anschließend sei das Flugzeug eine Rechtskurve geflogen und habe den Versuch unternommen, in den Luftkorridor zurückzukehren. Im Ergebnis absolvierte die Maschine also einen »Schlenker«. Allerdings habe die Crew dieses Manöver nicht beenden können.
Um 16.20 Uhr, 51 Kilometer von der russischen Grenze entfernt, habe sich die Geschwindigkeit der Maschine schlagartig von über 900 auf 440 und schließlich auf 320 Stundenkilometer verringert. Um 16.21 Uhr und 35 Sekunden, bei nur noch 200 Stundenkilometern, sei im Bereich der Absturzstelle das Radarecho einer weiteren, nicht identifizierbaren Maschine aufgetaucht, die über kein Sekundärradar verfügt habe, was typisch für militärische Flugzeuge sei. Die Maschine sei für vier Minuten von den Radarstationen erfasst worden. Es habe so ausgesehen, als würde sie die Situation beobachten. Um 16.23 Uhr sei Flug MH17 endgültig vom Radarschirm verschwunden.

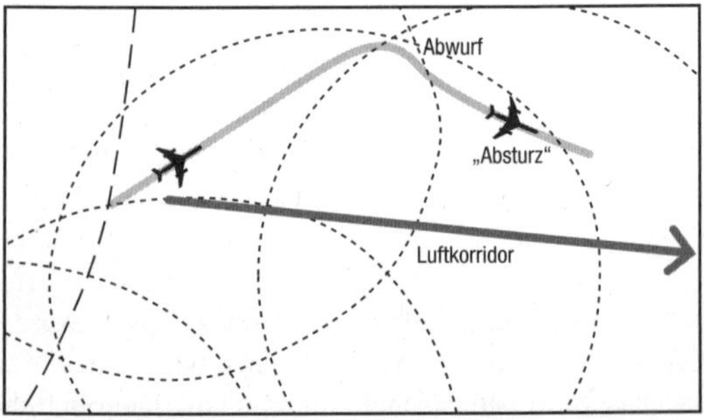

Der plötzliche »Schlenker« von Flug MH17

Aber was heißt »Flug MH17«? In Wirklichkeit sahen die russischen Radarbeobachter natürlich nicht die Maschine selbst, sondern nur ein künstliches Signal auf ihrem Bildschirm, das sich aus zwei Komponenten zusammensetzt:

- einem Punkt, dem sogenannten primären Radarecho, das durch die Reflexion von Radarwellen entsteht. Aus diesem Punkt lassen sich nur grobe Rückschlüsse auf die Identität eines Flugzeugs ziehen, etwa auf ungefähre Größe und Geschwindigkeit;
- einer Art »Namens-« oder »Nummernschild« mit Flughöhe und Kennung der Maschine sowie einigen weiteren Daten. Dieses »Nummernschild« wird von einem Gerät an Bord des Flugzeugs gesendet, dem sogenannten Transponder.

Unter normalen Umständen ist damit die Identität einer Maschine geklärt. Aber was ist unter diesen Umständen schon normal? Wenn es um Krieg und Frieden und um militärische Operationen geht, könnte natürlich auch eine andere (ähnliche) Maschine mit der Kennung und dem Flugplan von MH17 unterwegs gewesen sein, und niemand hätte eine Chance gehabt, es zu bemerken. Man sähe einfach einen grünen Punkt und dazu die erwähnten Daten. Dass es sich wirklich um Flug MH17 handelt, musste man schon glauben. Deshalb sind sowohl die russischen Angaben als auch die Angaben eines anonymen spanischen Fluglotsen aus Kiew, der den angeblichen Abschuss auf seinem Twitter-Account protokolliert hatte, mit Vorbehalt zu betrachten. Denn auch er kann natürlich nur jenes soeben beschriebene rudimentäre Abbild der Realität gesehen haben: einen grünen Punkt mit einigen Daten. Raketen oder Geschosse sind auf solchen Radargeräten ohnehin nicht zu erkennen. So sprach auch dieser unbekannte Lotse auf seinem Twitter-Account nur davon, dass das Flugzeug »vom Radarschirm verschwand« und dass die Kiewer Behörden es so aussehen lassen wollten, »wie einen Angriff prorussischer

Kräfte«. Was so weit stimmen kann. Zwar erwähnte er auch noch einen angeblichen internen Bericht der ukrainischen Behörden, wonach die Maschine von einer Rakete abgeschossen worden sei, die nicht von den Rebellen gestammt habe. Demnach also von den Kiewer Militärs selbst. Wie wir noch sehen werden, kann jedoch auch das nicht stimmen. Wobei man nicht vergessen darf: Darüber hinaus ist der Fluglotse inzwischen verschwunden, sein Twitter-Account gelöscht und seine vollständige Identität unbekannt. Auch er war also zu keinem Zeitpunkt eine zuverlässige Quelle.

Geheimnisvolle Rauchwolken

Am besten sehen wir also selbst hin und stellen eigene Nachforschungen über das Schicksal von Flug MH17 an.
Was war eigentlich an der Absturzstelle zu sehen? Die ersten visuellen Materialien, die wir von dem Crash geboten bekamen, waren Videos von der Absturzstelle. Das heißt, eigentlich zeigten diese ersten Bilder nur Rauchwolken. Aber was für Rauchwolken? Das ist in einem Kriegsgebiet natürlich schwer zu sagen. Schließlich wird hier öfter geschossen, und es werden auch Materialien am Boden zerstört, wie etwa Panzer, Fahrzeuge und Gebäude. In den Tagen und Wochen vor dem Absturz von Flug MH17 wurden aber auch mehrere Militärmaschinen abgeschossen. An Rauchwolken dürfte also kein Mangel geherrscht haben. Es ist schwer zu sagen, was hier tatsächlich brannte. Nichts, was wir auf den Videos sahen, die auch von hiesigen TV-Sendern gezeigt wurden, ist aus heutiger Sicht für sich genommen definitiv auf den Absturz von Flug MH17 zurückzuführen. Außer Rauchwolken sah man nichts. In einem Video tauchten außerdem seltsame silbrige Fäden auf, sogenanntes »chaff«. Das sind lange metallene »Lamettafäden«, die Militärflugzeuge abwerfen, um feindliches Radar zu verwirren. Sah man hier also wirklich den Absturz von Flug MH17, oder hatte hier nur irgendein Militär-

flugzeug versucht, sich vor einem Abschuss zu retten? Eine Situation, die aufgrund des Kriegsgeschehens durchaus denkbar wäre. Ein weiteres Video wurde am 18.7.2014 auf einen Kanal namens World Viral News hochgeladen, der vor allem Spektakuläres und Skurriles verbreitet (YouTube: »FINAL MOMENTS of Malaysia Airlines Shot Down MH17 Plane Crash in Ukraine 2014«, 18.7.2014). Darauf sah man eine ländliche Gegend mit einigen flachen Gebäuden und Bäumen im Vordergrund und am Himmel eine wie mit dem Lineal gezogene grauschwarze Rauchspur. Weiter hinten stieg eine Rauchwolke auf. Dazu hörte man zwei Männerstimmen auf Russisch oder Ukrainisch von einer »Rakete« sprechen. Verstehen konnte man allerdings nur die englischen Untertitel. Gleich mehrere Kommentatoren unter dem Video meinten, diese Untertitel seien falsch. »Die Übersetzung ist nicht ganz korrekt«, schrieb eine »Marina Larina« – »Falsche Übersetzung«, schrieb auch ein Nutzer mit dem Kürzel »scpmr«: »Sie haben kein Wort von einer Rakete gesagt. Sie sagten nichts von ›guter Präzision‹, ›gut, dass sie alle diese Raketen hierhergebracht haben‹, ›Ich glaube, es wurde von einer Rakete getroffen‹. Alle diese Sätze sind frei erfunden. Andere Sätze sind korrekt. Sie sagten, dass sie gerade gesehen hätten, wie ein Flugzeug abgeschossen wurde; dass sie gerade gesehen hätten, wie ein Flugzeug in die Luft gejagt worden sei; dass es in Stücke gefallen sei ›wie Chips und Staub von verrottetem Holz‹; dass dort drüben Rauch aufsteige und immer noch Trümmer herunterfielen. Aber nichts von Raketen. Wie sie darauf kamen, dass es abgeschossen wurde, kann man ihrer Unterhaltung unmöglich entnehmen.« Ein weiterer Nutzer wies auf die Widersprüche zu einem anderen Video hin, auf dem man keine Rauchspuren am Himmel sehen konnte. Kurz: Man weiß also nicht, was auf den Videos, die Millionen Menschen im Fernsehen gezeigt wurden, überhaupt zu sehen war und ob sie wirklich vom 17. Juli 2014 stammten. Nicht nur Papier ist geduldig – auch YouTube.

Eine Boeing mit zu kleinen Triebwerken

Schon glaubwürdiger sind da die frühen Luftbilder und Fotos der Absturzstelle, und zwar, weil sich diese Bilder anhand von Landkarten eindeutig einer bestimmten Gegend zuordnen ließen. Man sieht eine ländliche Region mit Wiesen und Getreidefeldern am Rande der kleinen Ortschaft Grabowo. Wie die Aufnahmen zeigen, befindet sich das Haupttrümmerfeld beidseitig einer Straße. Auch ein Teil des Hecks einige hundert Meter weiter liegt direkt neben einer Straße. Der dritte Fundort in unmittelbarer Nähe ist ein Getreidefeld. Zu den Wrackteilen im Feld führen von einer Straße aus schnurgerade Spuren – die nach offizieller Lesart von den ersten Rettern, Hilfskräften oder vielleicht auch nur von Schaulustigen stammen. Die Spuren und die Anordnung der Trümmer ergeben jedoch ein erstaunlich geometrisches Muster.

- Die Spuren führen schnurgerade von der Straße zu dem jeweiligen Wrackteil. Auf dem Weg zu dem Wrackteil gibt es keine Suchbewegung.
- Die Spuren führen an näher gelegenen Wrackteilen vorbei, ohne von diesen Notiz zu nehmen. Aber hätte man sich nicht erst einmal mit dem näher gelegenen Wrackteil beschäftigt, statt gleich tief in das Weizenfeld hineinzugehen?
- Es gibt keine quer verlaufenden Spuren zwischen den einzelnen Wrackteilen. Aber warum sind die Helfer denn nicht von Wrackteil zu Wrackteil gegangen, sondern immer nur von der Straße weg zu einem bestimmten Wrackteil?
- Die Trümmer liegen in mehreren Linien gleich weit von der Straße entfernt, als hätten beispielsweise Soldaten im Rahmen einer Kommandokette ihr Teil auf Befehl fallen gelassen – oder als seien die Trümmer in definierten Abständen abgelegt worden.

Und warum waren zum Beispiel auch keine großen Rumpfteile zu sehen? Schon beim Absturz der großen Passagiermaschine mit dem polnischen Präsidenten Lech Kaczynski 2010 waren die Trümmerteile auffallend klein, so dass sie auf Lastwagen oder Tieflader gepasst hätten. Auch bei Grabowo waren am 17. Juli 2014 keine größeren Sektionen des Flugzeugs zu beobachten (z. B. große Heck- oder Rumpfsektionen). Das Flugzeug wirkte regelrecht klein gehackt (und verbrannt, natürlich). Aufgrund des angenommenen Ablaufs mag das plausibel sein, aber richtig seltsam wurde es bei den Triebwerken, denn diese lassen sich nicht so leicht »klein hacken«. Auf verschiedenen Fotos sah man Menschen direkt neben den verkohlten Motoren stehen. Die Turbinenräder reichten ihnen dabei jedoch nur bis zum Oberkörper oder zu den Schultern (z. B. bei Frauen). Das Problem ist nur, dass die Trent-800-Triebwerke der Malaysia-Airlines-Boeing 777 sehr große Geräte von 4,40 Meter Länge und 2,80 Meter Durchmesser sind. Sie überragen einen Mann etwa um einen Meter und sind so hoch wie eine hohe Zimmerdecke. Die ebenfalls bei der Boeing 777 verwendeten GE-90-Turbinen bringen es sogar auf einen Durchmesser von 3,50 Metern, also doppelte Mannshöhe. Dass die Triebwerke auf den Absturzbildern den Beistehenden gerade einmal bis zu den Schultern reichen, kann daher eigentlich nicht sein. Denn die Turbinenräder eines solchen Triebwerks sind praktisch unzerstörbar. So sind sie schließlich gebaut. Bei etwa 2500 Umdrehungen pro Minute müssen sie Vogelschlag genauso aushalten wie steinharte Hagelgeschosse, die mit mehreren hundert Stundenkilometern in das Triebwerk einschlagen. Die Schaufelblätter werden aus 1700 Schichten Kohlefaser und Titan gefertigt. Andere Teile bestehen aus Stahl. Diese riesigen Triebwerke müssten also noch vorhanden sein und können auch nicht »geschrumpft« sein. Denn bei Flug MH17 waren Leichen, Gepäck und selbst Pässe ja auch noch erhalten – die Titan-Kohlefaser-Turbinen aber nicht? Das ist schwer zu glauben.

MH17-Wrack: viel zu kleine Triebwerke

Wurde das Trümmerfeld am Ende gar in irgendeiner Weise arrangiert oder manipuliert? Und wenn ja: warum?

Leichen ohne Blut

Es wird aber noch merkwürdiger: Nur einen Tag nach dem Absturz, am 18. Juli 2014, zitierte die Nachrichten-Website von N24 einen »prorussischen Rebellenführer« namens Igor Girkin, der auf der Website *Russkaja Wesna* über die Unfallstelle aus dem Nähkästchen plauderte. Demnach hätten ihm Leute von der Absturzstelle erzählt, dass »viele der Passagiere von Flug MH17 bereits tot waren, bevor die Maschine abhob«, so Girkin: »Er habe von Leuten am Absturzort gehört, dass ›eine erhebliche Zahl der Leichen nicht frisch waren‹, sagte er der Website ›Russkaja Wesna‹.« Einige der Toten seien »blutleer gewesen, andere hätten verfault gerochen«. Nun könnte man das natürlich als »bizarre Verschwörungstheorie« abtun, was die hiesigen Mainstream-Medien natürlich auch prompt taten. Wenn da nicht dasselbe Phänomen am 11. September 2001 zu beobachten gewesen wäre. Bei der Absturzstelle von Flug 93 bei Shanksville (Pennsylvania) beispielsweise wurde nur ein Bruchteil des ursprünglichen Körpergewichts der Passagiere gefunden. Und mit den Teilen, die gefunden wurden, stimmte etwas nicht. Der damalige Leichenbeschauer des Gebiets, Wally Miller, machte eine gruselige Entdeckung: »Ich habe eine Menge Autounfälle mit zerstückelten Leichen gesehen«, sagte Miller 2002. »Das Interessante an diesem speziellen Fall ist, dass ich bis zum heutigen Tag, elf Monate später, keinen einzigen Tropfen Blut gesehen habe. Keinen Tropfen.« Na, so was: Leichen ohne Blut? Wie kann das sein? Antwort: Das fehlende Blut, die anscheinend zusammenhanglosen Leichenteile und die vom FBI ignorierten Stichwunden deuteten damals darauf hin, dass hier irgendwelche alten Leichenteile, möglicherweise mit den unterschiedlichsten Schicksalen, abgeladen worden waren. Vielleicht handelte es sich um Präparate aus Pathologien und/oder um die Überreste von anderen Verbrechen (siehe Gerhard Wisnewski: *Operation 9/11. Der Wahrheit auf der Spur*, München 2011, S. 297 f.). Die Geheimdienste haben für so etwas einen despektierlichen Namen: »Dosenfleisch«.

Aber das nur zur Erinnerung. Neben dem »Rebellenführer« Girkin gab es noch weitere Zeugen für den Zustand der Leichen. Einen Tag nach dem Absturz erzählte ein OSZE-Beobachter namens Michael Bociurkiw in einem *CNN*-Interview über die Absturzstelle von MH17: »Wir kommen gerade zurück von der Absturzstelle. (…) Was wir gesehen haben, sind Leichen, die teilweise zu verwesen beginnen.« Rechnen wir einmal nach: Flug MH17 soll am 17. Juli 2014 um etwa 16.25 Uhr über der Ostukraine abgestürzt sein. Und als Michael Bociurkiw *CNN* das Interview gab, schrieben wir den Abend des 18. Juli 2014. Wenn man seinen Rückweg von der Absturzstelle in sein Hotel – oder wo auch immer das Interview aufgenommen wurde – berücksichtigt, waren seit dem Absturz vielleicht nur 20 Stunden vergangen. Beginnt eine Leiche da schon zu verwesen?
Eigentlich nicht. Denn nicht zu vergessen: Bei einem Abschuss, bei dem sich das Flugzeug in zehn Kilometer Höhe zerlegt, würden die Menschen ja quasi schockgefroren. Zumindest wäre sofort ein eisiger Luftstrom von etwa 50 bis 60 Grad minus in die zerstörte Flugzeughülle eingedrungen. Diese Temperatur herrscht nämlich in dieser Höhe. Viele Passagiere wären direkt ins Freie geschleudert worden – vorausgesetzt, das Ganze spielte sich tatsächlich so ab wie behauptet. Höchstwahrscheinlich wären alle schlagartig bewusstlos geworden. Anschließend muss dann ein mindestens drei Minuten langer Sturz in Richtung Boden (mit etwa 200 km/h) begonnen haben. Erst nach etwa 2,4 Minuten freien Falls im eisigen Luftstrom, bei etwa 2000 Metern, überschritt die Temperatur die Null-Grad-Grenze. Mit anderen Worten, die Menschen dürften bereits tot, sehr stark gekühlt und zumindest teilweise gefroren am Boden aufgeschlagen sein. Laut Wetterdiensten war es in der Ostukraine an diesem Tag nicht übermäßig heiß. In Dnipropetrowsk, einer Stadt in der südöstlichen Ukraine, herrschten am 17. Juli 20 bis 26 Grad. Nachts kühlten die Tempe-

raturn auf 20 Grad ab, um am nächsten Tag bei unterbrochener Wolkendecke auf bis zu 25 Grad anzusteigen. Es war also angenehm warm, aber nicht heiß. Unter diesen Bedingungen sollte ein Körper erst nach zwei bis drei Tagen die ersten Verwesungsspuren aufweisen, aber nicht schon am nächsten Tag. Normalerweise kann ein Verstorbener unter Zimmerbedingungen ohne Kühlung zwei Tage aufgebahrt werden. Verwesungsspuren zeigen sich im Allgemeinen erst nach drei Tagen, von der »Vorkühlung« der angeblichen MH17-Leichen einmal ganz abgesehen. Diese Vorkühlung müsste die Verwesung noch um einige Stunden hinausgeschoben haben. Der Umstand, dass OSZE-Mann Bociurkiw bereits nach 20 Stunden auf verwesende Leichen traf, wirft also Fragen auf. Wie konnte das sein?

»Ich sah praktisch kein Blut«

Das ist aber noch nicht alles. Wie gesagt, hatten auch die von Girkin zitierten Zeugen kein oder kaum Blut an den Opfern beobachtet. Auch dafür tauchten weitere Zeugen auf. So erzählte ein Anwohner namens Dimitry dem Sender *Russia Today,* er habe einen Mann neben seinem Haus auf dem Boden liegen sehen, nur mit einem T-Shirt bekleidet. Es habe so ausgesehen, als sei er aus sehr großer Höhe heruntergefallen. »Die Beine waren gebrochen, ich sah praktisch kein Blut« (siehe YouTube: »CONFIRMED – MH-17 Victims Dead Before ›Crash‹ – Forensics and Witnesses«, 5.8.2014). Der Flugzeugsitz wurde dabei ebenso wenig erwähnt wie in einem anderen Fall, bei dem eine Leiche in der Küche eines Wohnhauses landete.

Es kommt aber noch besser: Am 31. August 2014 veröffentlichte die abchasische Nachrichtenagentur *Anna News* (Abkhazian Network News Agency) ein neunminütiges Interview mit einer Augenzeugin aus dem Örtchen Grabowo, die die Absturzstelle vor der Kamera anhand von Fotos erklärt (siehe YouTube: »#MH17 Der fliegende Nicht Holländer«, 31.8.2014). Die Zeugin will etwa

20 Minuten nach dem Crash vor Ort gewesen sein. Das erste Bild zeigt eine Asphaltstraße bei dem Dorf Grabowo. Auf dem Pflaster liegen zwei größere Leichenteile. Das eine sieht aus wie der untere Abschnitt eines menschlichen Rumpfes mit Beinen, das andere könnte ein Arm sein. Diese Körperfragmente sollen hier aus 10 000 Meter Höhe auf den Asphalt geprallt sein. Demnach müssten die Körperteile regelrecht zerplatzt und alles voller Blut sein. Selbst wenn die Leichen teilweise gefroren gewesen sein sollten – denn dann wären ebendie blutigen Eisteilchen umhergespritzt und alsbald aufgetaut. In Wirklichkeit sieht man um die Leichenteile herum aber überhaupt kein Blut, sondern nur große Pfützen einer farblosen Flüssigkeit. Über die erwähnten Körperteile sagt die Zeugin: »Ich möchte darauf aufmerksam machen, dass die Körperteile, die auf dem Pflaster lagen, am Tag von einer ›nassen‹ Aureole umgeben wurden. Das war kein Blut, vielleicht war das Fett, eine Flüssigkeit, alles Mögliche, aber kein Blut.« Und noch etwas: »In der Nacht leuchteten diese Körperteile, diese Stellen waren während der Aufnahme grün. Auf den Bildern war deutlich ein Grün zu erkennen, wie Schlick an der Wasseroberfläche.«

»Es roch nach Formalin«

Dazu habe es unglaublich gestunken – allerdings nicht nach Verwesung, wie bisherige Aussagen vom Hörensagen nahelegten, sondern »nach Ruß und etwas Chemischem«. Es sei unmöglich gewesen, neben dem größten Trümmerteil, einem Rumpffragment, zu stehen: »Es biss in die Augen. Es roch nach Formalin.« Formalin ist eine Chemikalie zur Konservierung von Leichen. »Das war ein Leichenhaus-Geruch«, sagt die Augenzeugin: »Und dieses Trümmerteil schien damit durchsetzt zu sein. Es war unmöglich, länger als fünf Minuten daneben zu stehen.« Etwas abseits der Straße, wo die meisten Leichen lagen, sei der Geruch zwar auch stark gewesen, aber »am stärksten roch es am Rumpf«.

Die Körper waren also nicht gleichmäßig an der Unfallstelle verteilt, sondern lagen fast alle auf einem »Haufen«. Ob sie denn nicht gleichmäßig in dem Flugzeug verteilt gewesen seien, fragte die Interviewerin. Antwort: »Nein, die sind alle an einer Stelle. Die meisten.« Zwar seien Tote im Umkreis von zehn Kilometern gefunden worden, aber die meisten hätten sich an einer Stelle befunden.

»Wie Schaufensterpuppen aus einem Laden«

An dem Ort abseits der Straße mit den meisten Toten habe es auch sehr viele tote Vögel gegeben, und an diesen Stellen habe es auch frisches und getrocknetes Vogelblut gegeben. »Aber es war kein einziger, von den Körpern abgesonderter Blutstropfen zu sehen, unabhängig davon, wie schwer die Körperverletzungen waren. Als wir dort gearbeitet haben, gab es dort eine Reporterin, die vorher an zwei Absturzorten anwesend war. (…) Sie meinte, da gab es einen Ozean aus Blut. Beim ersten und beim zweiten Mal. Aber hier gibt es kein Blut. Die erste halbe Stunde, als wir ankamen, konnte ich mich selbst nicht zwingen zu glauben, dass es Menschen sind. Ich habe alles gesehen und verstanden. Aber für mich sahen sie nach Schaufensterpuppen aus einem Laden aus.« – »Schau mal«, sagt die Zeugin bei einem Körper, während die beiden Frauen sich durch die Bilder klicken, »das ist ein verunstalteter Körper, aber es gibt kein Blut.«

»Es gab also keine Blutpfützen, sondern einfach nur verweste Körper«, wirft die Interviewerin ein. Antwort: »Nicht verweste, sondern aufgeblähte. Wie aus Plastik. Gelbe Plastikkörper.« Es habe den Eindruck gemacht, als seien sie vorher ausgeblutet und in irgendetwas eingeweicht worden. Überall abgerissene Gliedmaßen und zerschmetterte Schädel, aber kein Blut. Auf einem Bild sieht man einen glatt in der Mitte gespaltenen Schädel, aber darunter keinen Tropfen Blut auf dem Gras.

»Und was ist mit den Kindern?«, will die Reporterin wissen. »Man sagt, die Hälfte der Passagiere seien Kinder gewesen?« In Wirklichkeit war unmittelbar nach dem Crash von 80 Kindern die Rede – ebenfalls eine sehr hohe Zahl für ein Flugzeug. Waren hier etwa ganze Schulklassen unterwegs gewesen? Die hiesigen Medien lieferten darauf keine Antwort, und die Passagierliste der Malaysia Airlines macht keine Angaben über das Alter der Reisenden. Für die 80 Kinder gab es also keine Belege – außer den Bildern von zahlreichen Stofftieren an der Absturzstelle. Die Kinder dazu tauchten dort jedoch nicht auf. Auf den Bildern vom Absturzort sah man praktisch keine Kinderleichen. »Ich habe ca. sechs bis sieben Kinderkörper gesehen«, sagt die *Anna-News*-Zeugin. »Also nicht die Hälfte der Passagiere?« Nein, das sei »Schwachsinn«. Und noch etwas: Nur etwa 20 Menschen hätten Kleidungsstücke angehabt, die restlichen seien vollkommen unbekleidet gewesen, hätten nicht einmal Socken oder so etwas angehabt. Außerdem habe man auch keine Abdrücke von Kleidungsstücken an den Leichen gesehen: »Wenn du deine Kleidung ausziehst, siehst du bestimmt irgendwo an deinem Körper einen Gummiabdruck. Und die haben gar nichts.« Saßen die Passagiere also etwa unbekleidet im Flugzeug? »Mich persönlich interessiert die Frage«, sagt die Zeugin: »Fast alle Ausweise blieben unversehrt. Ich weiß nicht, wie es kommt, aber fast alle sind ganz.« Es habe auch noch sehr viele andere Dokumente und Papiere gegeben, die alle nicht verbrannt seien. Tatsächlich: Während man auf Bildern der Absturzstelle überall zerfledderte Leichen sieht, sieht man keinen verkohlten, blutigen oder zerfledderten Pass. Vielmehr sieht man ausschließlich saubere und durch die Katastrophe nicht beschädigte Personaldokumente. Nicht einmal die Plastikhüllen waren verzogen oder geschmolzen. Selbst gefundene Boardingkarten aus Papier waren unversehrt und noch nicht einmal geknickt. Wie kann das sein? Da die meisten Passagiere ihre

Pässe wohl bei sich trugen, hätten auch diese verkohlt, verschmort und die Passhüllen geschmolzen sein müssen. Außerdem, so die *Anna-News*-Zeugin, habe man viele Handys, Fotoapparate und Tablets gefunden. Man habe alle Dateien, die man anschauen konnte, vor Ort geprüft. Die Handys ließen sich entweder nicht einschalten, oder das Display war kaputt. Deshalb habe man sich die Bilder (von den Fotoapparaten) angeschaut. Dabei sei aufgefallen, dass es kein einziges Foto aus dem Jahr 2014 gab: »Gar keins. Alle von Oktober, September, August 2013. Aber es gab gar keines von 2014.« Wie ist das zu erklären? Wie können Touristen und Reisende im Juli 2014 nur Fotos aus dem Herbst 2013 dabeihaben? Und noch etwas war auffällig: Man habe sehr viele Koffer gesehen, aber alle seien nur mit Wintersachen gepackt gewesen. »Aber es war Sommer. Es gab keine Sommersachen in den Koffern, lauter warme Sachen.«

Ein »fliegender Nicht-Holländer«

Viele Opfer sollen ja aus Norwegen oder aus den Niederlanden gewesen sein, sagt die Reporterin. Antwort: »Ich habe mir fast alle Körper angeschaut. Fast alle waren asiatisch. Ich habe persönlich keinen einzigen Körper, der europäisch ausgeschaut hätte, gesehen. Lauter Malaysier, Asiaten oder Ähnliches. Aber ich sah keinen Einzigen mit europäischem Aussehen.« Ein »fliegender Nicht-Holländer« also, wie *Anna News* das Video nannte.

Interessant ist auch die Frage, was eigentlich mit den Vögeln war. Das Fleisch der Vögel sei »frisch« gewesen und habe normal und »lebendig« ausgesehen, sagt die Zeugin. Bei den Menschen sei das nicht der Fall gewesen. Auf den Fotos sieht man tatsächlich mehrere exotische Vögel an der Absturzstelle liegen. Dass exotische Vögel von Amsterdam nach Malaysia oder gar Bangladesch und Vietnam (so die Endziele) verschickt werden, ist allerdings recht unwahrscheinlich, wenn auch nicht ganz ausgeschlossen. Denn normalerweise verläuft der Handel genau andersherum:

Malaysia exportiert exotische Vögel, darunter Papageien, nach Europa und Asien, darunter auch China.

Ein schlüssiges Bild

Das Ganze ergibt ein erschreckend schlüssiges Bild. Wie wir durch die Aussagen der Zeugin erfahren, waren nicht nur die Leichen alt, sondern auch die Fotos. Dass sich kein Handy einschalten ließ, könnte dafür sprechen, dass alle Handys kaputt oder aber die Akkus leer waren. Die Kleidungsstücke passten nicht zur Jahreszeit. Im Juli herrschen in Kuala Lumpur, am Bestimmungsort von Flug MH17, 23 bis 32 Grad. Aus diesen »Kollateralbeweisen« kann man nur einen Schluss ziehen, nämlich, dass hier tatsächlich alte Leichen am Absturzort lagen. Die nächsten Beweise dafür sind das fehlende Blut, die wässrigen Pfützen, der Formalingestank und auch das weißliche bis grünliche Aussehen der Toten. Zum einen könnten das Anzeichen von Fäulnis sein, allerdings erst nach fünf bis zwölf Tagen (siehe »Rechtsmedizin – frühe und späte Leichenveränderungen«, Institut für Rechtsmedizin der Universität Rostock, 2010). Zum anderen könnte es sich auch um Schimmel gehandelt haben, wie er an nicht sorgfältig konservierten Leichen entsteht (siehe medi-learn.de, Thema »Schimmel an der Leiche«, 13.1.2003), was dafür spräche, dass die Leichen nicht sorgfältig und/oder schon vor längerer Zeit konserviert worden waren. Interessant ist auch die Verteilung der Leichen und des Formalingestanks. Wie die Zeugin berichtete,

- lagen die meisten Toten auf einem »Haufen«,
- stanken nicht die Leichen, sondern ein größeres Rumpfteil in der Nähe am meisten nach Formalin.

Das deutet darauf hin, dass die Toten in einem mit Formalin gefüllten (kurzen) Rumpfteil untergebracht waren, das deshalb stärker stank als die Körper selbst. Das würde auch erklären, warum die meisten Leichen auf einem »Haufen« lagen. Das Einzigartige an diesen Aussagen besteht in der Konsistenz von Beweisen und Kollateralbeweisen, also in der Stimmigkeit von Leichen- und Sachbefunden (Fotos, Kleidung etc.). Von der atmosphärischen Glaubwürdigkeit des ganzen Interviews einmal abgesehen, ist es sehr unwahrscheinlich, dass sich jemand so etwas ausdenkt. Die Beobachtungen der Zeugin sind umso glaubwürdiger, als sie alle zusammenpassen und ein schlüssiges Bild ergeben. Vom Beweiswert der gezeigten Fotos ganz zu schweigen. Dcnn aus 10 000 Meter Höhe auf den Asphalt aufgeprallte Leichenteile, die nur in einer farblosen Pfütze liegen, sprechen für sich selbst: Hier ist nicht das passiert, was man der Öffentlichkeit erzählt hat.

Drei glaubwürdige Aussagen

Dass die Frau keine Verwesung roch, ist kein Widerspruch zu bisherigen Aussagen. Auch in den früheren Zeugenaussagen spielte Verwesungs- oder Fäulnis*geruch* eine untergeordnete Rolle. So hat zum Beispiel auch der Hörensagen-Zeuge Igor Girkin lediglich davon berichtet, dass »viele der Passagiere von Flug MH17 bereits tot waren, bevor die Maschine abhob«. – »Er habe von Leuten am Absturzort gehört, dass ›eine erhebliche Zahl der Leichen nicht frisch waren‹, sagte er der Webseite Russkaja Wesna«, hieß es auf N24 (Facebook, 18.7.2014). Einige seien blutleer gewesen, andere (also manche) hätten verfault gerochen. Und der OSZE-Beobachter Michael Bociurkiw berichtete von »Leichen, die teilweise zu verwesen beginnen«, ohne Leichengeruch zu erwähnen (YouTube: »CONFIRMED – MH-17 Victims Dead Before ›Crash‹«, 5.8.2014). Der Verwesungs*geruch* stand bei diesen Berichten also nicht im Vordergrund, was natürlich erstens an der zumindest teilweise wirksamen Leichenkonservierung liegen kann und zweitens am dominanten Chemikaliengeruch. Beginnende Verwesung konnte man schließlich auch anhand der grünen Hautfarbe und anderer Merkmale konstatieren. Mit anderen Worten, es gab nun bereits mindestens drei glaubwürdige Zeugenaussagen, die sich sinnvoll ergänzten, wovon eine ein in sich schlüssiges Mosaik aus Informationen darstellt: Die Menschen an Bord von Flug MH17 waren in Formalin eingelegte, alte Leichen. Die angeblichen Passagiere von MH17, ihre Fotos und ihr Gepäck waren alt.

»Dosenfleisch« in Theorie und Praxis

Eine irre Idee? Keineswegs. Ein ähnliches Szenario wurde bereits von dem britischen Sender BBC erfunden. In seiner ab 2012 ausgestrahlten Sherlock-Holmes-Serie zum Beispiel beluden die britische und die US-Regierung ein ganzes Passagierflugzeug mit Leichen, um es in der Luft explodieren zu lassen – gesprengt von einem Terroristen. Titel: *Sherlock – Ein Skandal in Belgravia*. Die deutsche Erstausstrahlung fand ausgerechnet an einem 17. statt, nämlich dem 17. Mai 2012. Aber nicht nur im Film, auch in der Realität wurden alte Leichen bereits nachweislich verwendet. Nehmen wir zum Beispiel die Toten der rumänischen Revolution gegen Nicolae Ceaușescu. Während der Umwälzungen in Europa wollte der Staatschef 1989 einen eigenen Kurs zwischen Ost und West fahren. Der Westen schickte ihm daraufhin seine Revolutionäre auf den Hals. Es habe damals Operationen gegeben, »bei denen die Vorgänge komplett manipuliert waren«, sagt der ehemalige französische Geheimdienstler Dominique Fonvielle in der Dokumentation *Schachmatt – Strategie einer Revolution oder Fallstudie amerikanischer Politik* (2004). Als am 17. Dezember 1989 in Temeswar Tausende Menschen demonstrierten, wurde angeblich ohne Vorwarnung in die Menge gefeuert. Zwar soll es insgesamt 4000 Tote gegeben haben, aber als angebliche Opfer des Massakers zur Schau gestellt wurden, stellte sich heraus, dass es sich in Wahrheit um alte Leichen handelte, »wie alte Obduktionsnähte beweisen«. – »Das sind keine Opfer der Revolution, diese Leute hier«, zitiert die genannte Dokumentation einen

damals bei der »Leichenschau« anwesenden Passanten. »Man sieht, wenn Sie sie anschauen, sie sind alle aufgeschnitten …« Frage: »Wer hat die Leute getötet – auch die Securitate [rumänischer Geheimdienst]?« Antwort: »Nein! Die sind gestorben … allerlei Leute!«
Zwei Jahre zuvor, 1987, habe es im rumänischen Braschow bereits eine ähnliche [Revolutions-]Bewegung gegeben, sagte der rumänische Ex-Geheimdienstler Gheorghe Ratiu von der Securitate in dem Film: Aber »da niemand gestorben ist, haben sich die Leute beruhigt. Und dann, bei der Wiederholung [1989], hat man die Schlussfolgerung gezogen, dass, bevor nicht genug Menschen gestorben sind, bevor nicht genug Blut geflossen ist, sich das Volk nicht erheben wird.« Und genau das war denn auch der Sinn der Leichen in Flug MH17: so viel Wut gegen Russland zu erzeugen, dass eine offensive Politik möglich wird, bis hin zum Krieg. Der Absturz von Malaysia-Airlines-Flug MH17 sollte das zweite Sarajevo werden. Irgendjemand hat Russland und den ostukrainischen Rebellen einen Flieger voller Leichen vor die Füße geworfen: der ultimative Fehdehandschuh zum Beginn des dritten Weltkriegs.

Zwischenbericht: kein Verdacht gegen Russland

Natürlich konnte man eine ganze Weile kaum glauben, was sich hier abzeichnete. Es sträubte sich einfach alles dagegen, sich so etwas wie alte Leichen an Bord eines Flugzeugs auch nur vorzustellen – und dass irgendjemand auf diese Weise Politik machen wollte. Die Bestätigung kam jedoch weder aus Russland noch von irgendwelchen ostukrainischen Zeugen oder abchasischen Nachrichtenagenturen, sondern vom Westen selbst. Und zwar in Form des erwähnten Zwischenberichts, den die niederländische Unfalluntersuchungsbehörde Dutch Safety Board (DSB) am 9. September 2014 über den Absturz vorlegte (»Preliminary Report – Crash involving Malaysia Airlines Boeing 777-200 flight MH17«, Den Haag, September 2014). Anders als unsere Medien glauben machen wollten, vermied der Bericht zunächst einmal peinlich genau jede Schuldzuweisung hinsichtlich des Absturzes von Malaysia-Airlines-Flug MH17. Denn nach den Bestimmungen der internationalen Luftfahrtorganisation ICAO »ist das einzige Ziel« einer solchen Flugunfalluntersuchung »die Vermeidung von ähnlichen Unfällen und Störungen«: »Es ist nicht der Zweck dieser Tätigkeit, irgendeine Seite zu beschuldigen oder in Haftung zu nehmen«, zitierte der Bericht die ICAO-Bestimmungen. Entgegen dem von den westlichen Medien vermittelten Eindruck geht es bei Flugunfallberichten also nie um Schuld, sondern allein um die Feststellung der technischen Ursache, um künftige Unfälle zu vermeiden. Irgendeine Verdächtigung in Richtung Russland konnte schon deshalb nicht aus dem Dokument hervorgehen – nicht einmal indirekt.

Das MH17-Phantom

Die nächste Erkenntnis: Genau genommen erweist sich Flug MH17 nach diesem Zwischenbericht als Phantom und der Abschuss bzw. Absturz als beinahe imaginär. Die Beweise für die Existenz des Fluges und für den angeblichen Crash sind nämlich dünn gesät:

- Die Aufnahmen und Abschriften des Cockpit Voice Recorders (CVR) wurden nicht veröffentlicht.
- Von den mindestens 88 Daten des Flugschreibers wurden nur neun veröffentlicht, und diese sind absolut nichtssagend. Sie brechen einfach ab, als hätte sich das Flugzeug in Luft aufgelöst. Flugschreiber verfügen jedoch über eine eigene Stromversorgung und knipsen sich nicht einfach mitten in der Luft aus. Das ist ja gerade der Sinn eines Flugschreibers. Sein Zweck besteht eben gerade nicht nur darin, *bis* zu einem Zwischenfall aufzuzeichnen, sondern auch danach. Aber in diesem seltsamen Fall hören die Aufzeichnungen einfach abrupt auf, als wäre das Flugzeug nicht von einer Rakete oder einer Bordkanone getrof-

fen, sondern von einer Atombombe pulverisiert worden. Kurz und gut, man sieht nichts weiter als den Normalzustand eines fliegenden Flugzeugs, das plötzlich aufhört zu existieren.

- Aus dem Flugzeug selbst gibt es also bislang rein »datentechnisch« keine Aufzeichnungen über den Flug. Die »elektronischen« Protokolle aus den Blackboxes fehlen oder sind nur rudimentär vorhanden.

Wobei es natürlich noch eine weitere Möglichkcit gibt, nämlich, dass es gar keine authentischen Daten gibt und man sie deshalb auch nicht mitteilen kann. Den ukrainischen Angaben zufolge (die in den Zwischenbericht einflossen) verschwand das Flugzeug einfach vom Himmel. Und zwar knapp über dem gesperrten Luftraum in der Ostukraine. Eine um 16:19:49 Uhr von den Fluglotsen per Funk angeblich erteilte Genehmigung, einen bestimmten Wegpunkt anzufliegen, sei von der Besatzung nicht mehr bestätigt worden. Einen Notruf habe es auch nicht gegeben. Auch auf der (geheim gehaltenen) Aufnahme des CVR gebe es keine Anzeichen für irgendwelche Probleme. Akustische Warnsignale des Flugzeugs seien dort ebenfalls nicht zu hören. Flug MH17 sei einfach weg gewesen: »Die Besatzung eines anderen Flugzeugs, das in der Nachbarschaft flog, wurde gefragt, ob sie MH17 sehen könne oder das Flugzeug auf ihren Instrumenten habe. Die Besatzung dieses Flugzeugs antwortete, dass sie das Flugzeug nicht sehe und dass die Instrumente das Flugzeug von Flug MH17 nicht zeigten« (Zwischenbericht, a.a.O.).

Peinliches Schweigen über die Insassen

Nach all dem, was man bisher bereits über die Leichen der Passagiere von Flug MH17 gehört hatte, war man natürlich besonders gespannt, was der offizielle Zwischenbericht der niederländischen Untersuchungsbehörde dazu sagen würde. Bei mir führte dieser vorläufige Bericht zu einem Paradigmenwechsel. War ich vorher der Ansicht gewesen, dass tatsächlich ein Flugzeug voller Leichen von der ukrainischen oder westlichen Seite abgeschossen worden war, um den Vorfall Russland in die Schuhe zu schieben, führte der Zwischenbericht zu der Überzeugung, dass hier tatsächlich nur ein unvollständiges Wrack platziert sowie alte Leichen dazugelegt oder abgeworfen worden waren. Angesichts der bisher kursierenden bizarren Informationen und Aussagen hatte man nämlich erwartet, dass der Zwischenbericht diese Darstellungen unmissverständlich widerlegen würde. Dass dies nicht geschah, war, genau genommen, ein Schock. Denn es wirkte wie eine Bestätigung all dessen, was Zeugen bisher über die Toten erzählt hatten. Den 298 toten oder verschollenen Insassen von Flug MH 17 widmet der 34 Seiten zählende vorläufige Untersuchungsbericht gerade einmal eine halbe Seite. Schon die Überschrift dieses Absatzes: »Verletzungen von Menschen« ist falsch, denn der Abschnitt enthält in Wirklichkeit nicht die geringsten Angaben über die Verletzungen und Todesursachen der Insassen. Stattdessen finden sich nur drei dürre Sätze: »Flug MH17 transportierte 283 Passagiere und 15 Besatzungsmitglieder. Es gab keine Überlebenden. Die Crew-Mitglieder waren alle Bürgerinnen und Bürger von Malaysia.« Anschließend listet der Absatz lediglich die Nationalitäten der übrigen Insassen des Flugzeugs auf. Jedenfalls theoretisch. Denn diese Angaben stammen nicht etwa aus Ermittlungen am Absturzort, aus DNA-Tests der in die Niederlande überführten Toten oder aus den eingesammelten Pässen, sondern »aus Informationen der Fluggesellschaft, die auf den beim Check-in benutzten Pässen beruhen«.

Wo sind die Obduktionsbefunde?

Und man stellt fest: Es fehlen bis jetzt nicht nur die zentralen datentechnischen Beweismittel über den Absturz (Flugschreiberdaten und CVR-Aufzeichnungen), sondern auch die medizinischen Befunde über die Passagiere und Besatzungsmitglieder. Ja, es fehlen jegliche Informationen über die Toten:

- Wie viele Leichen konnten geborgen werden?
- Wo sind die Obduktionsbefunde der Passagiere?
- Woran sind die Passagiere gestorben: An Dekompression? An Erfrierung? An den direkten Folgen eines Raketeneinschlags? Oder erst beim Aufschlag?
- Wiesen die Leichen Einschüsse oder Sprengstoffrückstände auf?
- Und wenn ja, von welcher Art Sprengstoff oder »Sprengkopf«?

Keine dieser Fragen wird in dem Dokument beantwortet. Weder wird eine Zahl der geborgenen Leichen genannt noch angegeben, wo sie gefunden wurden: alle an einer Stelle oder weit über das Trümmerfeld verstreut? Der Zustand der Toten wird nicht einmal grob und allgemein beschrieben. Ja, nicht einmal die Wörter »Leiche« oder »Körper« kommen in dem Bericht vor. Dieses Thema wird strikt vermieden. Schließlich gibt es auch keine Angaben über die Identifizierung der Toten: Wie viele Passagiere wurden identifiziert und mit welchen Methoden? Antwort: Fehlanzeige. Und noch interessanter: Auch die Obduktionsbefunde der Piloten fehlen – normalerweise ein zentraler Punkt einer Flugunfalluntersuchung. Zwar stand das hier erst einmal nicht zur Debatte, aber zu jeder Flugunfalluntersuchung gehören Fragen wie: Hatten die Piloten zum Beispiel Drogen genommen? Standen sie unter Alkohol? Oder hatte einer einen Herzinfarkt? Wegen der langen Strecke flog die Maschine angeblich mit vier Piloten. Aber wo wurden sie überhaupt gefunden (ebenfalls eine zentrale Frage einer Flugunfalluntersuchung)? Lagen sie im Bereich des Cockpits oder etwa woanders? Kurz, auch die Piloten bleiben im Dunkeln. Anders als bei anderen Abstürzen werden keine genauen Angaben über Alter, Fluglizenzen und die letzten medizinischen Checks gemacht. Diese Fragen werden in dem Bericht nur pauschal beantwortet: »Gemäß den Informationen von Malaysia Airlines [also einer Partei] waren alle Flugzeugführer Inhaber von gültigen medizinischen Zertifikaten und für das Führen einer

Boeing 777 im kommerziellen Passagierverkehr angemessen qualifiziert.« Also beruhen weitere wichtige Fakten nicht auf der Untersuchung, sondern nur auf den Angaben von Malaysia Airlines. Demzufolge muss es sich bei den vier Piloten um die reinsten Zwillingspärchen gehandelt haben, denn ihre Flugstunden waren praktisch identisch: »Beide Kapitäne hatten über 10 000 Flugstunden, davon über 7000 Stunden auf der Boeing 777. Beide Co-Piloten hatten mehr als 3000 Flugstunden, davon etwas mehr als über 200 Stunden auf der Boeing 777.«
Nur die Angaben über das Flugzeug selbst sind detaillierter. Demnach wurde es 1997 gebaut und am 16. November 2013 nach einer Überholung wieder für den Verkehr freigegeben. Die letzte Wartung habe am 16. April 2014 stattgefunden. Vor dem Start in Amsterdam-Schiphol sei im linken Triebwerk Öl nachgefüllt worden. Der Ölverbrauch auf dem vorhergehenden Flug nach Amsterdam sei aber normal gewesen. Berichte über technische Probleme habe es keine gegeben. Betanken und Bodenchecks seien ohne Zwischenfälle verlaufen. Der Himmel am Absturzort sei hauptsächlich bewölkt gewesen, mit einigen großen Quellwolken, aber es habe keinen Grund für irgendwelche Schwierigkeiten gegeben.

Vernehmliches Schweigen

Nun zu dem Wrack selbst: »Wrackteile von Flug MH17 wurden in der Nähe der Städte Rozspyne und Grabowo über ein großes Gebiet verstreut gefunden« heißt es in dem Bericht vom 9. September. »Die Hauptfundstelle befand sich 8,5 Kilometer in westlicher Richtung von der letzten bekannten Position des Flugzeuges entfernt.« Das Wrack bestand »aus vielen großen und kleinen Teilen, die über ein Gebiet in der Größe von etwa 5 mal 10 Kilometern verstreut waren. Rumpfteile, Ladung und Gepäck waren über die gesamte Absturzstelle verteilt.« Wieder kein Wort über die Leichen. Das eigentliche Problem ist aber, dass der größte Teil des Flugzeugs fehlt. Riesige Rumpfsegmente sind bis heute nicht

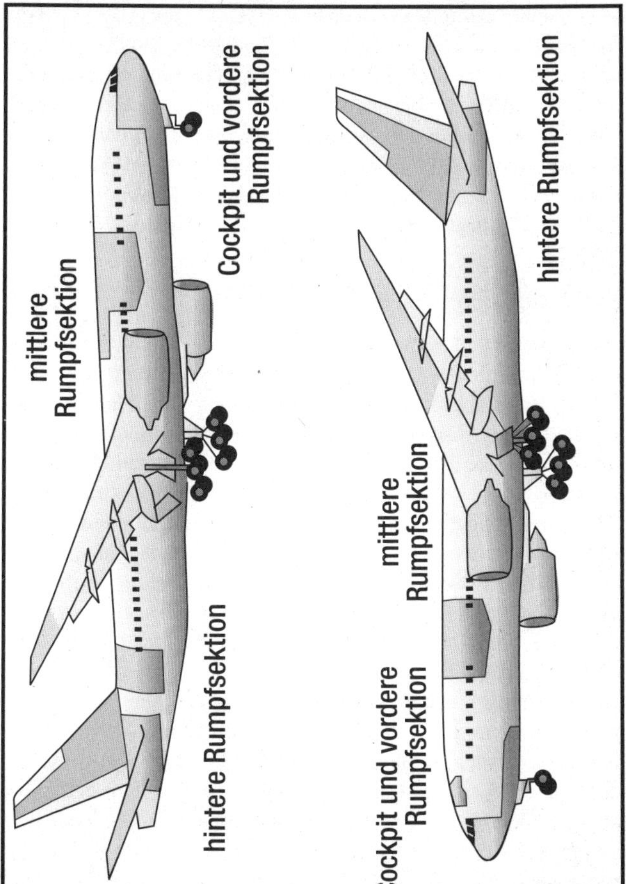

Flug MH17: Nur die dunkelgrauen Bereiche wurden gefunden, der Rest fehlt, darunter der größte Teil des Rumpfes

aufgetaucht. Gefunden wurden nur die (laut Fotos viel zu kleinen) Triebwerke, die Fahrwerke, ein Teil des Hecks und des Cockpits sowie ein kurzes, oberes Rumpfsegment. Der größte Teil des riesigen Rumpfes ist aber nicht da. Nun könnte man zwar sagen, dass der Rumpf bei dem Absturz einfach total vernichtet wurde und verbrannte. Aber wo kamen dann die toten Passagiere her? Oder anders gesagt: Wenn der Rumpf nicht gefunden wurde oder sich in Luft aufgelöst hatte, warum wurden dann die Passagiere gefunden?

MH17: Der größte Teil des Wracks fehlt

Wie in den Medien berichtet, bestätigten die Unfalluntersucher, dass Wrackteile des Cockpits Löcher und Einschnitte aufwiesen. Ein deutscher Ex-Flugkapitän hatte aus entsprechenden Fotos bereits auf einen Abschuss durch zwei Kampfjets geschlossen. Aber der Zwischenbericht bleibt auf Distanz und vermeidet peinlich genau Begriffe wie »Abschuss«, »Rakete«, »Geschoss« oder Ähnliches, sondern sagt: »Das im vorderen Rumpfbereich und im Bereich des Cockpits zu beobachtende Beschädigungsmuster stimmt mit dem Schaden überein, den man beim Eindringen einer großen Zahl hochenergetischer Objekte von außen erwarten würde.« Wie, wodurch, warum und welche »Objekte« eindrangen – darüber findet sich nichts in dem Bericht. Tatsächlich sieht das entsprechende Cockpitteil übrigens auch gar nicht nach einem frischen Beschuss aus, sondern wie ein altes zerschossenes Stück Blech von einem Truppenübungsplatz. Denn – ganz wichtig: Auch über Munitionsfunde im Wrack wird nichts gesagt. Wenn aber im oder beim Wrack kein »Krümel« Munition gefunden wurde, dann kann das Flugzeug auch schon deshalb nicht abgeschossen worden sein.

Da die offizielle Untersuchung bis jetzt rein gar nichts zutage gefördert hat, was unsere bisherigen Befunde widerlegen würde, müssen wir davon ausgehen, dass all das, was oben über die

Absturzstelle und die Toten gesagt wurde, wahr ist: Die »alten«, vorwiegend erwachsenen und asiatischen Leichen passen nicht zu dem angeblich in Amsterdam gestarteten Flug MH17. Aber was waren das dann für Passagiere? Nun, sämtliche bisherigen Erkenntnisse, einschließlich der Angaben der Zeugin aus Grabowo, deuten darauf hin, dass es in Wirklichkeit die verschwundenen Passagiere von Flug MH370 (8. bzw. 7.3.2014) waren:

- Zu wenige Leichen: Bis zum 19. Juli 2014 waren erst 186 Tote von Flug MH17 geborgen. Bis zum 31. Juli 2014 sollen immer noch 80 Leichen abgängig gewesen sein (*Süddeutsche.de*, 31.7.2014). Ausgehend von der Passagierliste von MH17 wären demnach nur 218 von 298 Insassen geborgen worden. An Bord von MH370 befanden sich 239 Menschen.
- Keine 80, sondern (laut *Anna-News*-Zeugin) nur eine Handvoll Kinder: MH370 hatte ebenfalls nur fünf Kinder an Bord – zwei zweijährige, zwei dreijährige und ein vierjähriges. Auch auf Fotos der MH17-Wrackstelle sieht man kaum Kinderleichen.
- Kaum Europäer, aber dafür viele Asiaten und Malaysier: Das entspricht exakt der Mischung von Flug MH370 mit 153 Chinesen, 38 Malaysiern und vereinzelten Europäern oder Nordamerikanern.
- Warme Wintersachen im Gepäck: Am Zielort von Flug MH370, Peking, herrschen Anfang März (als Flug MH370 verschwand) laut Klimadiagramm zwischen minus einem und plus elf Grad. In Kuala Lumpur dagegen, dem Bestimmungsort von Flug MH17, herrschen im Juli bis zu 33 Grad.
- Alte Fotos: Da es gut möglich ist, dass viele Passagiere von Flug MH370 Anfang März 2014 ihre erste Reise in diesem Jahr antraten, kann es auch sein, dass viele von ihnen schon länger keine Fotos mehr gemacht hatten.

Falsche Leichen und Angehörige?

Diese schockierenden Ergebnisse werfen nun natürlich die Frage nach den Hinterbliebenen auf: Müsste ein solcher Schwindel nicht spätestens bei der Überführung zu den Angehörigen und den DNA-Tests zur Identifizierung auffliegen? Keineswegs. Denn erstens lässt man schwer entstellte Leichen nur selten von den Hinterbliebenen identifizieren. Zum einen, weil sie die Toten manchmal selbst nicht wiedererkennen würden, zum anderen, weil der Anblick kaum zu ertragen wäre. Normalerweise werden die Hinterbliebenen solcher Opfer davon abgehalten, die Toten noch einmal zu sehen – auch von den Bestattern. Zweitens wird die DNA durch Formalin in der Regel zerstört (siehe: »The effect of formalin fixation on DNA and the extraction of high-molecular-weight DNA from fixed and embedded tissues«, in: *Pathology – Research and Practice*, Februar 1993, 189[1], S. 66–72.). Grundsätzlich wäre es also nicht ausgeschlossen, asiatische Leichen niederländischen Hinterbliebenen »unterzujubeln«. Eine weitere Möglichkeit bestünde darin, dass viele oder alle Hinterbliebenen überhaupt nicht echt waren. Schon wieder ein ungeheuerlicher Gedanke! Aber wer die bizarre Welt der Militärs und Kriegsstrategen betritt, der kommt leider aus dem Staunen oder Erschrecken häufig gar nicht mehr heraus. Ganz im Gegensatz zu Flug MH370 war von den Hinterbliebenen der MH17-Opfer nämlich nicht viel zu sehen. Während von den hauptsächlich chinesischen Angehörigen der MH370-Verschollenen wochenlang erschütternde Bilder der Trauer und der Verzweiflung um die Welt gingen, traten die Eltern oder Geschwister der MH17-Opfer kaum in Erscheinung. Und das, was zu sehen war, war nicht gerade überzeugend. Ich kann hier nur einen Fall beispielhaft herausgreifen, den der Angehörigen der angeblich bei dem Absturz getöteten Fatima D. Die Frau wird auf der Passagierliste als Deutsche bezeichnet, die Eltern wurden in den Medien jedoch als Australier vorgestellt. Als Erstes fällt auf, dass die beiden Eltern nicht die geringste Ähnlichkeit mit der blonden

25-Jährigen aufweisen, die in den Medien als Fatima D. präsentiert wurde. Die dominante weiße Brille und die tiefschwarzen Haare der Mutter wirken wie eine Maskerade und sehen wie gefärbt aus. Den Reflexionen auf den Brillengläsern nach könnte es sich um Fensterglas handeln. Obwohl die Mutter nach dem Crash angeblich glaubte, dass ihre Tochter noch lebe, legte sie mit ihrem Mann ein Blumen-Bouquet an dem Flugzeugwrack nieder – was jemand, der an das Überleben seines Kindes glaubt, eigentlich strikt vermeiden würde. Vor der Kamera erklärte die Mutter, nach dem Absturz weder traurig gewesen zu sein noch jemals gelitten zu haben: »Ich habe mich gewundert. Ich sagte zu George: ›Warum tut es mir nicht weh?‹ Es tut mir nicht weh.« Natürlich weine sie, aber es tue ihr nicht weh. Ein seltsamer Widerspruch. Auf zahlreichen Bildern ist die Mutter nach dem Absturz lächelnd zu sehen, ohne jede Spur von Trauer.

Opfer oder Darsteller?

Merkwürdig – genauso wie die Geschichte, dass die beiden Eltern laut news.com.au zwar am 18. Juli von Kuala Lumpur nach Perth geflogen sein sollen, allerdings ohne auf ihre Tochter zu warten, die schließlich an diesem Morgen um sechs mit Flug MH17 aus Amsterdam in Kuala Lumpur ankommen sollte (18.7.2014). Angeblich war Fatima D. mit Flug MH17 auf dem Weg nach Hause zu ihren Eltern. Warum wollte man dann von Kuala Lumpur aus nicht gemeinsam nach Hause fliegen? Glaubt man den Medien, war ihre unbedarft aussehende Tochter Fatima D. Luft- und Raumfahrtingenieurin, Unternehmensgründerin und Geschäftsführerin mit Fachwissen unter anderem in Unternehmensgründung, Management, Systems Engineering, Programmiersprachen und Produktentwicklung. Außerdem sprach sie fünf Sprachen, nämlich Polnisch, Deutsch, Niederländisch, Französisch und Englisch. Genug für zwei Leben: Mit anderen Worten, die 25-Jährige musste das reinste Genie gewesen sein. Oder war alles nur

Hochstapelei? Denn darüber hinaus tauchte Fatima D. noch in ganz anderen Zusammenhängen auf. Und zwar als Darstellerin bei der Agentur Thea Meulenberg Casting in Amsterdam – was in keinem einzigen der vielen Artikel über die angeblich ums Leben gekommene Luft- und Raumfahrtingenieurin erwähnt wurde. Auf der Website der Agentur schrumpfen denn auch ihre zahlreichen Interessen und Fähigkeiten auf »Fotografie und Schauspielerei« zusammen – ohne ein Sterbenswörtchen über ihre sonstigen angeblichen Qualifikationen. Fotos von dieser Darstellerin tauchten in der Berichterstattung über die »Raumfahrtexpertin« Fatima D. auf. (Mehr über das Thema »Darsteller in Krisenfällen« in dem Kapitel über die Enthauptung des US-Journalisten James Foley und »Die Stunde der Krisendarsteller«, S. 247.)

Beweise für eine Inszenierung

Wie schon gesagt, musste der Zwischenbericht vom 9. September über den Absturz von Flug MH17 zu einem Paradigmenwechsel führen. Der Bericht hatte den zuvor aufgetauchten Befunden und Zeugenaussagen absolut nichts entgegenzusetzen. So dünn er auch war, lieferte er im Gegenteil sogar weitere Beweise für eine totale Inszenierung des Absturzes. Der wichtigste davon ist der fehlende Rumpf. Auf einer Grafik in dem Zwischenbericht kann man sehen, dass in Wirklichkeit nur ein Bruchteil der Maschine gefunden wurde und vom Rumpf fast gar nichts. Die riesige Passagierzelle fehlt fast vollständig. Davon, dass der Rumpf etwa verbrannt oder »verglüht« sei, wird in dem Bericht jedoch nichts erwähnt. Denn schließlich bleibt noch die Frage: Warum wurden dann die Passagiere gefunden? Passagiere ohne Flugzeugrumpf sind nun mal schwer vorstellbar. Auch große Teile der Tragflächen fehlen, und auch die viel zu kleinen Triebwerke sollte man in diesem Zusammenhang nicht vergessen, auf die in dem Bericht allerdings nicht näher eingegangen wird. Kurz, am 17. Juli 2014 wurden bei Grabowo in der Ostukraine alte Leichen und ein

Haufen Flugzeugschrott abgeladen. Gerade so viel, dass es für Laien und Kameras nach einem Absturz aussah, aber viel zu wenig für einen großen Airliner wie die Boeing 777. Eine regierungskritische russische Bürgerrechts-Website (»Die Armee für den Willen des Volkes«) fasste die Ungereimtheiten in Bezug auf die Insassen von Flug MH17 wie folgt zusammen:

»1. Die wie neu aussehenden Pässe an der Unfallstelle.
2. Das fehlende Blut auf den Leichen und auf der Kleidung sowie die Fäulnisspuren an den Leichen.
3. Das fast vollständige Fehlen der Bordkarten, Gepäckscheine, Gadgets und der persönlichen Sachen.
4. Die fehlenden Mahlzeiten an Bord des Fluges, der in zwölf Stunden 10 000 Kilometer zurücklegen sollte.
5. Da auf jeden der 283 Passagiere ein bis zwei Koffer kommen, gab es auch zu wenig Gepäck [da die Besatzung natürlich auch mitgezählt werden muss, sollten fast 600 Gepäckstücke vorhanden gewesen sein. Von diesen Gepäckmengen sieht man jedoch nichts].
6. Mit Ausnahme von zwei bis drei Familien ist [hinterher] nirgends etwas von den Verwandten der 298 Toten zu sehen. (…)«

Was das Wrack selbst betrifft, so fasst die Website zusammen:

»1. Abwesenheit großer Teile des Flugzeugrumpfes und der Flügel.
2. Alle Fragmente oder Bruchstücke sind nahezu rechteckig, so dass sie in ein Transportflugzeug passen.
3. An den Fragmenten des Flugzeugrumpfes und der Flügel sind Spuren von Hydroscheren erkennbar [mit denen alte Flugzeuge zerlegt werden].
4. Nach Fotos und Videos zu urteilen, übersteigt das Gesamt-

gewicht der Bruchstücke keine 20 Tonnen, das Leergewicht der Boeing 777-200ER beträgt aber 143 Tonnen.

5. Die beiden sechs Tonnen schweren und drei Meter im Durchmesser messenden Rolls-Royce-Trent-Triebwerke fehlen.

Schlussfolgerung: In Donbass GIBT es keine abgestürzte Boeing 777-200ER.« (http://igpr.ru/articles/na_donbasse_sbrosili_trupy_i_metallolom_dlja_imitacii_katastrofy_boinga_777, 29.7.2014)

Aktenzeichen MH17 gelöst

»Der selbständig denkende Mensch kommt zu dem Schluss, dass die uns vorgeführten Leichen und der Müll NICHT die Boeing des Fluges MH17 sind!«, stellten die Bürgerrechtler fest. Nach Lage der Dinge muss man dem zustimmen. Das »Aktenzeichen MH17« kann nun als weitgehend gelöst angesehen werden. Tatsächlich handelte es sich an der Absturzstelle weder um »lebensfähige Menschen« noch um ein flugfähiges Flugzeug. Und zwar trotz der auf einigen Wrackteilen deutlich zu sehenden Registrierungsnummer 9M-MRD. Aber wie ist das zum Beispiel mit den russischen Radarbeobachtungen in Einklang zu bringen? Die Erklärung ist eigentlich sehr einfach und naheliegend. Wie oben bereits angedeutet, sieht im Normalfall niemand, welches Flugzeug in Tausenden von Metern Höhe wirklich unterwegs ist. Die Fluglotsen müssen schon glauben, was ihnen der Transponder der Maschine auf den Bildschirm sendet. So könnte man beispielsweise den Transponder eines Militärtransporters auf die Daten eines zivilen Fluges programmieren. Anschließend könnte der mit einem Haufen Flugzeugschrott beladene Transporter radartechnisch gesehen die Reise als »Malaysia-Airlines-Flug-MH17« antreten. Oder man könnte dem Flugzeugschrott ganz einfach einen »MH17-Transponder« mitgeben. Eine Lockheed C-5 Galaxy zum Beispiel erzeugt ein ähnliches primäres Radarprofil wie eine große Verkehrsmaschine. Darüber hinaus kann sie ganze Panzer aufnehmen und aus der Luft wieder abwerfen. 1989 stellte eine Lockheed Galaxy C-5 mit 85 Tonnen den Weltrekord für den schwersten Frachtabwurf aus der Luft auf. Dabei setzte die Maschine vier Sheridan-Panzer und 73 Fallschirmspringer ab (siehe YouTube: »Lockheed C-5B Galaxy World Record Heavy Airdrop«, 21.8.2008). Trotz ihrer enormen Kapazität kann sie aber keine fast ebenso große Verkehrsmaschine mit ihrem riesigen Rumpf und den riesigen Triebwerken transportieren. An dieser Stelle hätten also Kompromisse gemacht werden müssen, zum Beispiel indem man auf den Rumpf verzichtete und kleinere Triebwerke verwendete. Genau danach sieht die Unfallstelle aus. Leider muss man sich auch mit dem Gedanken befassen, dass dabei außerdem etwa 200 Leichen abgeworfen wurden. Wie bereits erwähnt, landeten die Toten in der Regel ohne Sitze am Boden, obwohl Passagiere heutzutage während des gesamten Fluges angegurtet sein sollen. Und diese Gurte sind nun mal so ausgelegt, dass sich ein Passagier nicht von dem Sitz lösen kann. Also hat es auch keine oder kaum Sitze gegeben. Die Sache mit dem Abwurf würde auch erklären, warum »Malaysia-Airlines-MH17« überhaupt so weit nördlich flog und das »Rebellengebiet« ansteuerte – ganz einfach, weil es sich dabei um das Zielgebiet des Abwurfs handelte. Nach russischen Angaben flog die Maschine bis zur Region Donezk auf dem vorgesehenen nördlichen Kurs, um anschließend plötzlich noch weiter nach Norden zu kurven und dann wieder auf den Kurs zurückzusteuern. Während es bei einem zivilen Flug für diesen Schlenker überhaupt keinen Grund gab, kann das nur heißen, dass die mit einem MH17-Transponder beladene Militärmaschine über Donezk kurvte, um dort ihre Fracht loszuwerden. Das ist der einzig plausible Grund für diese Kurve. Auch die weiteren russischen Radarbeobachtungen lassen sich mit dem Abwurf großer Trümmerteile erklären: Danach verringerte sich, wie oben gesagt, die Geschwindigkeit der Maschine um 16.20 Uhr, 51 Kilometer von der russischen Grenze entfernt, schlagartig von über 900 auf 440 und schließlich auf 320 Stundenkilometer. Um 16.21 Uhr und 35 Sekunden habe die Geschwindigkeit nur noch 200 Stundenkilometer betragen. Genau das würde natürlich auch für abgeworfene Trümmerteile zutreffen, die zudem kaum von einem in der Luft abgeschossenen Flugzeug zu unterscheiden wären. Genau wie ein »zerschossenes Flugzeug« würden die Wrackteile »ballistisch werden« und wie Steine zu Boden stürzen, wobei ihre Horizontalgeschwindigkeit auf null sinken würde. Wenn die Transportmaschine gleichzeitig mit den Trümmern auch den »MH17«-Transponder abgeworfen hätte, ergäbe sich zwangsläufig das schlüssige Bild, dass Flug MH17 plötzlich abgestürzt sei. Genau so sähe nämlich ein Flugzeug aus, das in der Luft plötzlich explodiert und zu Boden gestürzt wäre. Nicht einmal ein Militärlotse würde dagegen auf die Idee kommen, dass hier eine Transportmaschine einen Transponder, Flugzeugtrümmer, Leichen und wohl auch die eine oder andere Sprengladung abgeworfen hat, damit es am Boden auch ein wenig knallt und raucht. Während die Fluglotsen schockiert auf die abstürzenden Trümmerteile starren würden, würde sich niemand mehr um den anonymen grünen Punkt auf den Radarschirmen kümmern, der die Transportmaschine darstellt. Die russischen Fluglotsen nahmen denn auch erst, nachdem die Wrackteile aufgeschlagen waren, die »Muttermaschine« wieder wahr – und zwar als »nicht identifiziertes Flugzeug«, das im Bereich der Absturzstelle aufgetaucht sei und über kein Sekundärradar verfügt habe (also über keine Transponderkennung). Logisch – denn den MH17-Transponder hatte die Maschine ja soeben abgeworfen. Die Maschine sei für vier Minuten von den Radarstationen erfasst worden, wobei es so ausgesehen habe, als würde sie die Situation beobachten. Natürlich: Denn bevor er abdrehte, warf der Pilot des Transporters noch einen Blick auf sein Werk: die »Absturzstelle« von MH17. Die geometrische Anordnung der Wrackteile in dem

Getreidefeld deutet darauf hin, dass nicht alle Trümmer aus der Transportmaschine stammten, sondern dass das Trümmerfeld zusätzlich vom Boden aus gestaltet wurde.

»Motives, means and opportunity«

Fazit: Da einen Kriegsgrund immer derjenige inszeniert, der den Krieg haben will, sind die USA und ihre ukrainischen Verbündeten selbst hochgradig verdächtig, dieses und andere Verbrechen begangen zu haben. Auch wenn hier noch viele Aspekte fehlen und der Fall eigentlich ein eigenes Buch verdient hätte, kann man wohl feststellen: Beim Abschuss von Malaysia-Airlines-Flug MH17 handelte es sich um eine gezielte Inszenierung in der Absicht, Russland und den prorussischen Rebellen auf dem Höhepunkt der Ukraine-Krise den Abschuss einer Passagiermaschine in die Schuhe zu schieben. Genau 100 Jahre nach der Julikrise von 1914 wurde so eine neue Julikrise geschaffen und die Welt an den Rand eines großen Krieges gebracht. Im Rahmen der Inszenierung vom 17. Juli hat ein Militärtransporter ganz einfach Flugzeugtrümmer, einen Transponder und Leichen über der Ostukraine abgeworfen. Möglicherweise wurde die »Absturzstelle« zusätzlich vom Boden aus »gestaltet«. Gemäß den Gesetzen der amerikanischen Kriminalistik hatten nur die Ukraine und ihre westlichen Verbündeten die »motives, means and opportunity«, die Motive, die Mittel und die Gelegenheit, eine solche Operation durchzuführen.

9. *September*
Geheimsache Klimaverbrechen

Alarm! Die Vereinten Nationen melden an diesem Tag einen neuen »Treibhausgasrekord« für das vergangene Jahr: Auf 396 »parts per million« sei im Jahr 2013 der Anteil des angeblichen

»Treihausgases« Kohlendioxid in der Atmosphäre gestiegen, also auf knapp vier Zehntausendstel. Oder auf gut Deutsch: Fast nichts plus nichts ist immer noch gleich »fast nichts«. Ob drei Zehntausendstel, vier Zehntausendstel oder auch fünf Zehntausendstel spielt gar keine Rolle – zumindest keine negative. Auch dadurch wird sich keine signifikante Erderwärmung einstellen. Im Gegenteil: Seit fast 20 Jahren kümmert sich die sogenannte mittlere Erdtemperatur überhaupt nicht um die angeblich steigenden CO_2-Werte und bleibt konstant. Es wird also nicht wärmer. Aber selbst wenn: Auch das wäre keine Katastrophe, und schon gar keine »menschengemachte Klimakatastrophe«, denn die Erde besitzt nun mal keinen Thermostaten, und daher gibt es auch keinen Anspruch auf eine »gleichbleibende Temperatur«. Vielmehr ist unser Planet ein lebendes System, dessen Temperatur im Laufe der Jahrtausende und Jahrmillionen schon immer geschwankt hat. Trotzdem halten die Klima-Alarmisten an ihrem Kampfbegriff »Klimakiller« fest: Menschen, die viel Fleisch essen, »dicke« Autos fahren und viel Energie verbrauchen, haben angeblich das Klima »auf dem Gewissen«.

Verbrechen im Namen des Klimaschutzes

Was dabei verschwiegen wird: In Wirklichkeit wird genau andersherum ein Schuh draus: Die schlimmsten Umweltverbrechen werden heute im Namen des Klimaschutzes verübt. In Wirklichkeit ist es der Klimaschutz, der den Planeten ruiniert. Mittlerweile stehen echte Umweltschützer weltweit gegen »Klimaschützer« oder »Klimaschutzprojekte« auf. Nehmen wir beispielsweise die hochgelobten »regenerativen Energien« wie Windkraft oder Photovoltaik. Mit einem Mal werden ganze Landschaften mit riesigen Windrädern verschandelt, und der Bauer baut auf seinen Feldern plötzlich kein Getreide mehr an, sondern stellt die Gegend mit hässlichen Solaranlagen zu: »Landschaftspflege« im Zeitalter des Klimaschutzes. Die monströsen Windräder zerstören nicht nur die Landschaft, sondern auch das Leben von Menschen und Tieren. Und sie decken nur einen minimalen Teil unseres Endenergieverbrauchs. Das »Aktionsbündnis Gegenwind-Oberfranken« hat ein langes Sündenregister der großen Strompropeller aufgestellt. Windkraftanlagen

- »zerstören die Landschaft, die Natur, unsere Heimat und damit unsere Identität,
- führen zu einer erheblichen Verschlechterung der Lebensqualität,
- gefährden unsere Gesundheit und das Wohlbefinden,
- töten Vögel und Fledermäuse,
- entwerten Immobilien und Grundeigentum,
- verhindern die Entwicklung des Fremdenverkehrs,
- vernichten Arbeitsplätze durch übersteigerte Stromkosten,
- sind völlig unwirtschaftlich aufgrund der schwachen Windverhältnisse in unserer Region,
- ersetzen kein einziges Kraftwerk, weil der Wind unregelmäßig oder gar nicht weht,
- gefährden die Netzstabilität und damit die nationale Stromversorgung, denn
- Windstrom kann nicht großtechnisch gespeichert werden,
- sind absolut überflüssig und dienen nur zur wirtschaftlichen Umverteilung von unten nach oben,
- spalten die soziale Gemeinschaft«

(Quelle: http://www.gegenwind-oberfranken.de/aktionsbuendnis.htm)

Die Lüge vom Energie-»Speichern«

Dabei ist das noch gar nicht alles. Denn Windräder und Solarflächen kommen selten allein, sondern haben noch Speicherseen und Pumpspeicherkraftwerke im Gepäck. Und diese müssen in die Wirtschaftlichkeitsrechnung dieser sogenannten regenerativen

Energien mit einbezogen werden. Da der Strom aus Windrädern und Photovoltaikanlagen prinzipiell unberechenbar ist, kann man ihn auch nicht bedarfsgerecht produzieren, so dass die Stromwirtschaft im Prinzip so haushalten muss, als gäbe es ihn gar nicht. Kurz, sie muss genauso viele Kraftwerke und Kapazitäten vorhalten wie ohne Windräder oder Solaranlagen. Wenn der Strom witterungsbedingt dann aber anfällt, gibt es plötzlich zu viel davon, er wird nicht oder nicht in nennenswertem Umfang gebraucht und muss irgendwohin. Ja, aber warum denn? Kann man die Windanlagen dann nicht einfach drosseln oder abstellen? Eigentlich schon, aber laut Erneuerbare-Energien-Gesetz haben die Anlagenbetreiber »Anspruch auf unverzüglichen und vorrangigen Anschluss ihrer Anlage an das Stromnetz. Darüber hinaus besteht Anspruch auf unverzügliche und vorrangige Abnahme des gesamten zur Einspeisung angebotenen Stroms aus erneuerbaren Energien sowie dessen Übertragung und Verteilung.« (Bundesverband Windenergie: Wie das EEG funktioniert, www.wind-energie.de) Das heißt, dass derartige Anlagenbetreiber auf Teufel komm raus produzieren können, egal, ob der Strom gebraucht wird. Er muss abgenommen werden, und zwar zu einem garantierten Preis! Auf der anderen Seite lassen sich auch viele konventionelle Kraftwerke nicht drosseln, weil sie dafür nicht gebaut wurden. Der eingespeiste Strom ist also in jedem Fall zu viel. Daher ziehen »regenerative Energien« wie Wind- und Sonnenkraft weitere Kosten und Landschaftszerstörungen nach sich, nämlich in Form von Speicherseen und Pumpspeicherkraftwerken, die irgendwo in Ausflugs- und Erholungsgebieten errichtet werden, um die »regenerativen Energien« zu speichern. Weil die Befürworter dieser Energieform hierzulande nicht wissen, wohin mit den überschüssigen »Stromspitzen« durch Windkraft und Sonnenenergie, müssen Staubecken her, um Wind- und Sonnenkraft zu speichern: Bei Stromüberschuss soll das Wasser hinaufgepumpt, bei »Stromtälern« hinabgelassen werden und in Turbinen Strom erzeugen. Von dem enormen Energieaufwand für den Bau eines solchen Kraftwerks redet allerdings niemand. Und auch nicht von der Energie, die allein dafür verbraucht wird, Millionen Tonnen Wasser einen Berg hochzupumpen. Von »Speichern« kann also eigentlich keine Rede sein, vielmehr bliebe von der erzeugten »regenerativen Energie« unterm Strich nur ein Rest übrig, während die Kosten für das Projekt auf den Strompreis umgelegt würden. Nach Berechnungen des Ökonomen Hans-Werner Sinn wären in Deutschland für die Glättung der Stromspitzen aus Wind- und Sonnenenergie statt 35, wie derzeit, 437 Speicherkraftwerke mit Gesamtkosten von 96 Milliarden Euro erforderlich. Das entspräche den Kosten für 32 neue Atomkraftwerke. Von der Landschaftszerstörung ganz zu schweigen. Windräder und Photovoltaikanlagen können sich also im Endeffekt niemals rechnen, weil erstens die Kosten von Pumpspeicherkraftwerken und zweitens die Energieverluste, die durch das sogenannte Speichern, also das Hochpumpen des Wassers in einen Speichersee, entstehen, berücksichtigt werden müssen. Funktionieren kann das alles nur, weil der Verbraucher über die sogenannte EEG-Umlage gezwungen wird, die Zerstörung seines eigenes Landes zu finanzieren. Die »Energiewende« entlarvte Sinn als reinsten Irrsinn, bei dessen Planung anscheinend niemand auch nur einen einzigen Taschenrechner bemüht hat. Aus Sicht des Ökonomen ist die Energiewende eine »Energiewende ins Nichts«.

Geschredderte Vögel

Mit der sogenannten Energiewende (geschätzte Kosten in Deutschland: eine Billion Euro) und dem Ausbau der »regenerativen Energien« wurden mit einem Schlag fundamentale und zentrale Werte des Umweltschutzes über Bord geworfen, nämlich Landschaftspflege und Naturschutz. Denn wie soll eine Landschaft erhalten und »gepflegt« werden, in der riesige Propeller stehen, landwirtschaftliche Flächen mit hässlichen Photovoltaikanlagen zugestellt und Berge mit Pumpspeicherkraftwerken

»verschönert« werden? Das Ganze ist schizophren und funktioniert nur durch die Aushöhlung der Naturschutzgesetze zugunsten der »regenerativen Energien«. Die deutschen Parteien legen buchstäblich die Axt an unser Land. Im Jahr 2013 schrieb der SPD-Fraktionsvorsitzende im Stuttgarter Landtag, Claus Schmiedel, einen Brandbrief an den grünen Ministerpräsidenten Winfried Kretschmann, »in dem er Gesetzesänderungen im Naturschutzrecht, im Waldgesetz und im Landesplanungsgesetz anmahnt, um die Genehmigung von Riesenrotoren auch in geschützter Landschaft schneller durchzubringen«, berichtete damals die *Welt*. »Schmiedel will demnach auf Einzelfallentscheidungen bei der Genehmigung von Windanlagen ganz verzichten« und klagte: »Investoren werden reihenweise gequält von den untersten Naturschutzbehörden in den Landratsämtern. Und die Regierung tut nichts« (Online-Ausgabe, 3.3.2013). »Klimaschutz ist alles, Naturschutz nichts«, fasste die *Welt* diese Haltung zusammen. Während man auf YouTube besichtigen kann, wie ausgewachsene Geier von Windrädern erschlagen werden, lassen sich Grüne und »Naturschützer« buchstäblich kaufen. Berichten zufolge werden Verbandsklagen gegen Windkraftanlagen gegen Bares zurückgezogen. Der Naturschutzbund Deutschlands habe den Einstieg in die »Schutzgeldbranche« vollzogen, behauptete gar ein führender Windkraftmanager. In einem Fall sei eine Klage gegen eine Windkraftanlage gegen die Zahlung von 500 000 Euro zurückgezogen worden, schrieb die *Welt* (ebda.).Während »Klimaschützer« auf immer neue Windräder und Staubecken schwören, ist Bürgern, Betroffenen (und zum Glück auch einigen Politikern) längst klar, dass das neue Wind-(und damit Wasser-)Kraftsystem lediglich volkswirtschaftliche und ökologische Schäden anrichtet. Den Bau der erforderlichen 437 Pumpspeicherwerke kann ohnehin keine Volkswirtschaft finanzieren und keine Umwelt verkraften. Zuletzt sollte in Bayern beispielsweise das Gebiet der malerischen Jocheralm oberhalb des Walchensees für den

»Klimaschutz« mit einem Speichersee und natürlich dem dazugehörigen Kraftwerk beglückt werden. Doch am 6. September 2014 zog Bayerns Umweltministerin Ilse Aigner (CSU) die Notbremse und verkündete das Aus für die in Bayern geplanten Pumpspeicherkraftwerke. »Die Frage nach einem Neubau von Pumpspeicherkraftwerken« stelle sich in Bayern nicht, sagte sie – und sie stellt sich eigentlich auch in ganz Deutschland nicht. Es gebe dafür »einfach kein Geschäftsmodell«, erklärte die CSU-Politikerin dem *Münchner Merkur* (Online-Ausgabe, 6.9.2014). Wie wahr: Denn woher soll das Geld für solche Projekte kommen?

Widerstand gegen den Windkraftwahn

Und das ist denn auch die gute Nachricht: Zumindest ein Bundesland wehrt sich gegen den Wahnsinn von »Energiewende« und Windkraft, nämlich Bayern (bis auf die Grünen, deren Fraktionsvorsitzender im Landtag, Ludwig Hartmann, Aigners Entscheidung kritisierte). Und am Beispiel Bayerns kann man auch die Situation in anderen landschaftlich schönen Bundesländern nachvollziehen. Denn Bayerns Landschaft ist nun mal sein größtes Kapital. Schließlich will der Japaner, der die bayerischen Königsschlösser fotografiert, keinen Propeller mit im Bild haben. Gerade am Beispiel dieser Traumschlösser wird die enorme Kulturzerstörung durch die »regenerativen Energien« am deutlichsten. Aber während sie hier vielleicht am greifbarsten wird, findet sie doch überall dort statt, wo solche künstlichen Anlagen gebaut werden. Die Landschaft und die gewachsene Architektur sind hinterher zerstört. Wie das oben genannte Aktionsbündnis bereits feststellte, drohen zudem auch enorme Verluste an Immobilienwerten. Mit anderen Worten, man verlangt von den deutschen Urlaubsregionen wirtschaftliches Harakiri, nämlich durch Beschädigung ihrer Anziehungskraft für Erholungssuchende, Touristen, Immobilienkäufer, aber natürlich auch für Zuwanderer aus anderen Teilen des Bundesgebiets. Genau deshalb will beispielsweise Bayern auch eine restriktive Abstandsregelung für den Bau neuer Windräder. Diese sollen mindestens um das Zehnfache ihrer Höhe von der nächsten Wohnbebauung entfernt stehen (sogenannte 10H-Regelung), was zu einem Abstand von bis zu zwei Kilometern führen kann – und natürlich dazu, dass in Bayern kaum noch Windräder genehmigt werden können.

Verbrechen im Namen des Klimaschutzes

Die verheerenden Folgen der »regenerativen Energien« werden von »Klimaschützern« und Politikern verschwiegen und/oder schöngeredet. Während alle Welt von »Klimakillern« spricht, redet niemand von Klimaverbrechen, die im Namen des »Klimaschutzes« verübt werden. Der wissenschaftlich nicht begründbare »Klimaschutz« hat sich längst zu einer gefährlichen Ideologie entwickelt, welche die Zukunft unseres Planeten bedroht. Nur im Jahr 2013 blitzte dieses Thema einmal kurz auf, um gleich wieder im Gedächtnisloch unserer gleichgeschalteten Medienwelt zu verschwinden. Damals hatte es eine TV-Dokumentation mit dem Titel *Climate Crimes – Umweltverbrechen im Namen des Klimaschutzes* gerade mal in das Programm von 3sat geschafft, und zwar an einem Dienstag um 22.25 Uhr. Zu behaupten, die Dokumentation sei vergessen, wäre deshalb wohl übertrieben – in Wirklichkeit hat die breite Öffentlichkeit sie gar nicht zur Kenntnis genommen. Nachdem der Film quasi heimlich gesendet worden war, hörte man hierzulande nie wieder davon – weder in anderen deutschen Sendern noch in den Spalten der Zeitungen. Die dringend notwendige öffentliche Diskussion im Anschluss an die Ausstrahlung fand nicht statt.

Eine verschwiegene Botschaft

Dabei hatte es die Botschaft des Films in sich. Zwar ist äußerst zweifelhaft, ob es den menschengemachten »Klimawandel« überhaupt gibt, dass aber unter dem Deckmantel des Klimaschutzes schwerste Umweltverbrechen verübt werden, ist eine Tatsache. Man denke nur an eine andere irrsinnige Idee, die hierzulande ebenfalls verfolgt wird, nämlich Kohlendioxid aus den Abgasen von Kraftwerken in unterirdische Depots zu pressen. Sollten diese irgendwann undicht werden, würde an der Oberfläche im Umkreis von Hunderten von Metern oder gar einigen Kilometern alles sterben. Dabei ist das erstickende Kohlendioxid eigentlich vollkommen ungefährlich, solange es in Größenordnungen von einigen Zehntausendsteln in unserer Atmosphäre vorkommt oder sich in Abgasen schnell verflüchtigt. Zum tödlichen Gift machen es erst klimabesessene Politiker und Wissenschaftler, die es in Depots auf nahezu 100 Prozent konzentrieren wollen. Erst so bekommt das Kohlendioxid ein gefährliches Potenzial.

»Klimaschützer« zerstören unseren Planeten

Man sieht: Beim »Klimaschutz« geht es schon längst nicht mehr mit rechten Dingen zu. In Wirklichkeit, so zeigte die erwähnte Dokumentation *Climate Crimes* damals, zerstören »Klimaschützer« inzwischen regelrecht unseren Planeten: »Der Kampf gegen den Klimawandel soll unsere Erde retten«, hieß es in dem Film: »Doch er löst den größten Schub an Naturzerstörung aus, den die Erde in den vergangenen Jahrzehnten erlebt hat. Enorme Summen fließen in Staudämme, Atomkraftwerke oder Monokulturen für Biosprit und Biogas.« Ausgehend von der Weltklimakonferenz in Cancun, Mexiko, im Jahr 2010, zeigte der Film die Reise des deutschen Naturschützers Ulrich Eichelmann zu einigen Brennpunkten des Klimawahnsinns. Denn der Klimawahn grassiert ja nicht etwa nur hierzulande, sondern wird über solche Klimakonferenzen weltweit organisiert: »Unter der Leitung der UNO verhandeln Politiker, Wissenschaftler sowie Vertreter der Wirtschaft und der NGOs, der Nichtregierungsorganisationen, über die Zukunft unseres Planeten.« In einem Punkt seien sich alle einig: »Wenn man den Klimawandel stoppen will, muss man die erneuerbaren Energien massiv ausbauen. Sauber, nachhaltig, grün muss sie sein, die Energieversorgung der Zukunft. Sie soll die Grundlage für eine generelle Wandlung der Wirtschaft zu einer *green economy*, einer grünen Wirtschaft, werden.« Das klinge vernünftig, sagt Eichelmann in dem Film, um dann zu fragen: »Aber ist es das auch?«

Das Ende des Xingu

»Eine der wichtigsten Säulen« der propagierten Energiewende sei die Wasserkraft. 50 000 große Wasserkraftwerke gebe es bereits auf der Erde. Nach einem weltweiten Moratorium für diese umweltzerstörenden Projekte boome die Branche inzwischen wieder, denn schließlich gelte Wasserkraft als »klimafreundlich«. Ganz oben auf der Agenda der Wasserkraft-Befürworter steht der wasserreichste Fluss der Erde, der Amazonas, mit 6500 Kilometer Länge auch einer der längsten Flüsse des Planeten. Der Amazonas ist aber weit mehr als ein Fluss. Er ist eine riesige Landschaft aus Urwald, Flüssen und Wasserläufen: Amazonien. Einzugsgebiet: sechs Millionen Quadratkilometer – die 17-fache Fläche Deutschlands. »Der Regenwald am Amazonas« sei »der größte Wald mit dem größten Wassernetz der Erde, die grüne Lunge unseres Planeten«, heißt es in *Climate Crimes*. »Kein anderes Gebiet ist so artenreich wie dieses. Mehr als die Hälfte aller Tier- und Pflanzenarten der Welt kommen hier vor.« Zu Amazonien gehört auch die einmalige Flusslandschaft des Rio Xingu. Allein hier wurden 450 Fischarten katalogisiert, insgesamt sollen es etwa 600 sein. Von anderen Arten, wie den Amazonasschildkröten, gar nicht zu reden.

Todesursache Klimaschutz

Ausgerechnet in »einem der großen Naturwunder Amazoniens«, in der etwa 100 Kilometer langen Xingu-Flussschleife Volta Grande »mit Tausenden Inseln und ebenso vielen Wasserfällen«, soll ein riesiger Staudamm entstehen, das drittgrößte Wasserkraftwerk der Welt: »Dafür müsste der Xingu umgeleitet und zu einem

Stausee, größer als der Bodensee, aufgestaut werden.« Und »die Volta Grande würde fast trocken fallen. Die Folgen für Mensch und Tier wären verheerend«, warnt der Film. »Etwa 100 Fischarten würden dadurch bedroht, vermutlich aussterben. Mehr als 20 000 Menschen müssten umgesiedelt werden, für die der Fluss ihre Lebensader ist. (…) Mit dem Fluss und dem Wald verlieren sie auch ihre gesamte Lebensgrundlage. Ist das der Preis für den Schutz unseres Klimas und für ein grünes Wachstum?« Von »Klimarettung« könne keine Rede sein: »Der Xingu geht ja zugrunde, da rettet man ja nichts – im Gegenteil: Man zerstört«, meint der Bischof von Xingu, Erwin Kräutler, Träger des alternativen Nobelpreises und Anwalt der Indios vor Ort. Dem Klima nütze das nichts, denn es würden ja Tausende von Quadratkilometern tropischer Regenwald zerstört. Bei einem anderen Staudamm in der Nähe von Manaus wurden 230 000 Hektar Urwald unter Wasser gesetzt und rotten seitdem im Stausee vor sich hin. Statt Kohlendioxid zu verbrauchen, wie lebende Bäume, produzieren die verfaulenden Wälder nun das »Klimagas« Methan, das viel schädlicher sein soll als Kohlendioxid. Insgesamt produziere der Stausee 20-mal mehr klimaschädliche Gase »als ein Kohlekraftwerk mit gleicher Leistung«, heißt es in der Dokumentation. Dabei sei der hier geplante Staudamm nur der Anfang. In Wirklichkeit haben »Klimaschützer« und Klimaindustrie ganz Amazonien auf dem Plan. Auf einer Karte ist Amazonien bereits mit roten Punkten übersät – neuen Staudammprojekten: »Mehr als 60 Megadämme und Hunderte mittelgroße Staudämme sind in Vorbereitung.« Experten rechnen dadurch mit dem Verlust von insgesamt 1000 Fischarten in ganz Amazonien, also »etwa zehn Prozent aller Süßwasserfischarten der Welt«. Mit dem gewonnenen Strom sollen zum Beispiel Aluminiumfabriken versorgt werden, einer der umweltschädlichsten Industriezweige überhaupt. Werde all das verwirklicht, sei es vorbei mit der »grünen Lunge« unserer Erde. Todesursache: Klimaschutz.

Die Wiege der Zivilisation

Ortswechsel nach Mesopotamien, dem Zweistromland zwischen Euphrat und Tigris. Das obere Tigristal im Osten der Türkei ist »eine atemberaubende Landschaft aus unzugänglichen Schluchten und traditionell bewirtschafteten Steppen«. Hier liegt auch die vor Jahrtausenden gegründete Stadt Hasankeyf mit ihren berühmten Höhlen – auch heute noch Heimat für Tausende von Menschen und Tieren, aber auch Touristenattraktion und Kulturerbe der Menschheit. Aber was »Mongolen, Artikiden und Römer nicht schafften, soll nun im Namen des Fortschritts und des Klimaschutzes geschehen«. Hasankeyf und das Zweistromland sind ein Beispiel für eine offenbar vollkommen außer Kontrolle geratene Klimapolitik. »Hasankeyf soll untergehen, und zwar in den Fluten eines Stausees.« Entlang des Tigris werde kein Stein auf dem anderen bleiben. »Ein 135 Meter hoher und fast zwei Kilometer langer Damm soll das Wasser aufstauen, bis das gesamte Tal überflutet ist«, so dass insgesamt etwa 100 Ortschaften versinken werden: »65 000 Menschen verlieren ihre Heimat.« Dass eine solche Politik auch noch als Klimaschutz verkauft werde, schlage dem Fass den Boden aus, meint Umweltschützer Eichelmann in *Climate Crimes*. Hier werde nicht nur in riesigem Ausmaß die Natur zerstört, sondern auch »die Wiege der Menschheit«. »Hasankeyf und Mesopotamien und das Zweistromland: das ist unsere Wiege, unsere Zivilisation, da kommt unsere Kultur her, und die wird durch so was, durch so eine Unkultur, durch so eine rücksichtslose Technologiegläubigkeit zerstört«, so Eichelmann in der TV-Dokumentation. Das sei ein Klimaverbrechen ersten Ranges. Dabei sei das noch nicht alles, vielmehr plane die türkische Regierung den Bau »von 1500 weiteren Staudämmen im Land«. Danach werde kein Fluss mehr frei fließen: »Für die türkische Regierung ist das ein Beitrag zum Klimaschutz.«

Willkommen in der Maiswüste

Doch nicht nur in Brasilien oder der Türkei geschähen solche Umweltverbrechen, heißt es in *Climate Crimes*, sondern auch mitten in Europa, zum Beispiel in Deutschland. Von Wind-, Solar- und Wasserkraft war ja schon die Rede. Doch die eigentliche Gefahr, so der Film, wachse auf dem Acker: Mais für »Biogas«. Überall im Land schössen die Biogasanlagen aus dem Boden, in denen aus Mais Energie gewonnen wird, sogar in der Nähe von Naturschutzgebieten wie dem Biosphärenreservat Schorfheide-Chorin in Brandenburg. Tieren und Landschaft drohe keine Gefahr durch Entwässerung oder durch den Autobahnbau, sondern vom Biogas. Inzwischen bedeckten regelrechte Maisplantagen manche Landschaft bis zum Horizont. Aber viele Tierarten, die im Getreide vorkämen, könnten in der Maiswirtschaft nicht überleben oder sich fortpflanzen, warnt Martin Flade vom Umweltministerium Brandenburg in dem Film und zeigt auf eine Fläche von etwa 1000 Hektar, auf der im vierten Jahr Mais steht: »Das sind ökologische Wüsten.« Schon jetzt nehme der Bestand an Tierarten in der Gegend ab, so die Dokumentation. Auch der Schreiadler scheine wegen der grünen Energieform in Deutschland keine Zukunft mehr zu haben: »Seine Nahrungsgebiete wachsen zu mit grüner Energie. Und Mais fressen seine Jungen nicht.« Doch der Biogas-Boom habe das ganze Land erfasst. Ende 2011 habe es 7000 Anlagen gegeben, jeden Tag kämen drei weitere dazu, also pro Jahr etwa 1000. Die Anbaufläche von »Energiemais« wachse jährlich um 200 000 Hektar. Statt heimischer Silage müsse als Futter für Milchkühe vermehrt Soja aus der Dritten Welt importiert werden – der dort auf früheren Regenwaldflächen angebaut werde. Dabei sei Biogas nicht einmal effizient und gut für die »Klimabilanz«. Stelle man den gesamten Energieeinsatz für die Produktion von Biogas in Rechnung, werde »unter dem Strich kaum Energie gewonnen«. Ein Schildbürgerstreich also. Und »rechnet man in die Klimabilanz dann auch noch die Emissionen mit ein, die beim Umbruch von Grünland oder Brachen entstehen, dann wird die Bilanz sogar negativ – das heißt ›klimaschädlich‹«. Und dabei wissen unsere Politiker genau Bescheid: Die Bioenergieerzeugung könne »im Endeffekt sogar kontraproduktiv für den Klimaschutz sein«, war schon 2007 in einer Studie des Wissenschaftlichen Agrarbeirats des Bundeslandwirtschaftsministeriums zu lesen. Der deutschen Politik könne daher nicht empfohlen werden, »die Förderung der Bioenergieproduktion auf Ackerflächen weiter auszubauen«. Wie wir wissen, geschah jedoch das Gegenteil. Ein »Fehler«? Wohl kaum. Denn Fehler wider besseres Wissen sind keine Fehler, sondern Sabotage.

Deutschland, Brasilien und Mesopotamien sind natürlich nur drei Beispiele von vielen. Man könnte die Reihe noch endlos weiter fortsetzen. Seit der Klimawahn grassiert, häufen sich die Klimaverbrechen an Natur und Umwelt – häufig ohne dass irgendetwas für die sogenannte Klimabilanz dabei herauskommt (die ohnehin Fiktion ist). Kurz, die Klimawirtschaft wird den Planeten nicht etwa retten, sondern ins Verderben führen – mit tatkräftiger Sterbehilfe durch Politiker und »Klimaschützer«.

Thema des Monats *10.10.:*
The Making of Malala

1.10. Der norwegische Ministerpräsident Jens Stoltenberg löst Anders Fogh Rasmussen als Nato-Generalsekretär ab ***10.10. In Oslo wird die Verleihung des Friedensnobelpreises an Malala Yousafzai bekanntgegeben*** **21.10.** Der südafrikanische Sprint-Star Oscar Pistorius wird wegen fahrlässiger Tötung seiner Freundin zu fünf Jahren Haft verurteilt **22.10.** Bei einem Amoklauf im kanadischen Parlament kommt der Attentäter ums Leben / Das Europaparlament segnet die neue EU-Kommission um den Kommissionspräsidenten Jean-Claude Juncker ab **24.10.** Die Europäische Union einigt sich auf neue »Klimaziele« **26.10.** Die bisherige Amtsinhaberin Dilma Rousseff gewinnt die Stichwahl um die brasilianische Präsidentschaft **30.10.** Schweden erkennt Palästina als eigenen Staat an

10. Oktober
Friedensnobelpreis: The Making of Malala

In Sachen Friedensnobelpreis sind wir ja schon einiges gewöhnt. In den vergangenen Jahren haben sich die Auszeichnung zunehmend die politischen Mächte dieses Globus unter den Nagel gerissen: zum Beispiel die Europäische Union (2012), der Weltklimarat (2007) und sogar der Dauerkriegspräsident Barack Obama (2009). Womit der Preis jede Glaubwürdigkeit verloren hat. Dazwischen kamen politisch korrekte Figuren zum Zug, wie etwa chinesische Dissidenten oder Frauenrechtlerinnen. Fest steht, dass den Preis nur noch bekommt, wer den Segen der obersten globalen Eliten besitzt.
In die Kategorie der politisch korrekten Figuren fällt wohl auch die Pakistanerin Malala Yousafzai, die den Friedensnobelpreis am 10. Oktober 2014 zuerkannt bekommt. Wie es heißt, wurde das Mädchen vor genau zwei Jahren, im Alter von 15, in ihrem Schulbus von zwei Taliban-Terroristen angegriffen und in den Kopf geschossen – wegen ihres mutigen Eintretens für weibliche Bildung. Malala überlebte den Anschlag wie durch ein Wunder und tourt seitdem als globale Botschafterin für weibliche Bildung und »Gleichberechtigung« um die Welt. Mit ihrer ikonenhaften Erscheinung und ihrem einfachen Vornamen wurde sie so etwas wie eine globale Marke und ein Superstar.

Falsche Heldinnen

15-jährige Mädchen sind überhaupt »in«. Einige Jahre zuvor hatten die Schicksale zweier anderer angeblich 15-jähriger Mädchen schon einmal die Weltöffentlichkeit erschüttert. Wer erinnert sich zum Beispiel nicht an die angebliche kuwaitische Krankenschwester Nayirah al-Sabah, die am 10. Oktober 1990 vor dem US-Kongress behauptete, irakische Soldaten hätten vor ihren Augen Babys aus den Brutkästen gerissen und auf den Boden geworfen? Der Bericht ging um die Welt und trug maßgeblich zum Kriegseintritt der Vereinigten Staaten gegen den Irak bei. Die Schilderung war allerdings von vorne bis hinten erlogen. In Wahrheit war das Mädchen die Tochter des kuwaitischen Botschafters in den USA und war von der PR-Agentur Hill & Knowlton für den Auftritt vor dem US-Kongress geschult worden. Ihr Bericht führte seinerzeit zum Kriegseintritt der USA gegen den Irak und wurde auch von der Menschenrechtsorganisation Amnesty International verbreitet. Oder wie wäre es mit der 15-jährigen Deborah Peters, die am 13. Mai 2014 schluchzend vor der Presse in Washington saß. Sie weinte sich aus, weil Kämpfer der islamistischen Terrorgruppe Boko Haram angeblich ihren Vater und ihren Bruder erschossen hatten. Glaubt man Informationen im Internet, dann ist das Mädchen gar kein Mädchen, sondern eine erwachsene Frau gleichen Namens. Beobachter meinen, die angebliche Greuelzeugin als afroamerikanische Businessfrau Deborah Peters enttarnt zu haben (siehe Gerhard Wisnewski: *ungeklärt – unheimlich – unfassbar. Die spektakulärsten Kriminalfälle 2014*).

Malala: zu schön, um wahr zu sein

Und nun also Malala Yousafzai, die sagenhafte 17-jährige Nobelpreisträgerin, zum Zeitpunkt des Anschlages im Jahr 2012 15 Jahre alt. Laut offizieller Darstellung ist Malala ein mutiges Mädchen aus dem von den Taliban terrorisierten pakistanischen Swattal. Schon Anfang 2009, im zarten Alter von elf Jahren, setzte sie sich, wie es heißt, für mehr weibliche Bildung ein. Sie notierte ihre Gedanken in einem Internetblog und bot damit der Repression und den Drohungen der Taliban die Stirn. Zwar schrieb sie unter Pseudonym, doch die Tarnung flog auf, als ein Reporter eine Dokumentation über das Mädchen drehte. Fortan wussten alle, wer Malala war – auch die Taliban. Und am 9. Oktober 2012 hielten zwei Bewaffnete Malalas Schulbus an und wollten wissen, wer von den

Schülerinnen Malala sei. Als alle zu der inzwischen 15-Jährigen blickten, eröffnete einer der Männer, wie es heißt, das Feuer und schoss das Mädchen in den Kopf. Malala überlebte, wurde geheilt und weltberühmt. Als oberste Botschafterin für weibliche Bildung und Zeugin für die Unmenschlichkeit des Islam wurde sie anschließend von den globalen politischen Eliten herumgereicht und mit Preisen überhäuft – also von jenen Kreisen, die auch den Friedensnobelreis unter sich verteilen. In nicht allzu ferner Zeit könnte sie Premierministerin von Pakistan werden. Eine schöne Geschichte. Beinahe zu schön – um wahr zu sein.

Himmelfahrtskommando für eine Schülerin

Malala Youzafzais Karriere war nämlich kein Zufall. Am Anfang der Figur und des Medienereignisses Malala stehen nicht die Ideen und Initiativen eines mutigen pakistanischen Mädchens, sondern die *BBC,* die British Broadcasting Company, ein mit Zwangsgebühren finanzierter Staatssender, der seine Lizenz vom britischen Innenministerium bekommt. Schon 2008 hielt man es bei der *BBC* in Pakistan für eine gute Idee, ein Schulmädchen anonym gegen das Schulverbot für Mädchen im pakistanischen Swattal bloggen zu lassen. Das Problem war nur, dass sich keine Eltern fanden, die ihr Kind für dieses Himmelfahrtskommando hergeben wollten. Denn um diese Zeit hatten die Taliban das Swattal übernommen, Fernsehen und Musik verboten sowie Mädchen und Frauen untersagt, in die Schule beziehungsweise zum Einkaufen zu gehen. Wie verlautet, stellten die Taliban zur Abschreckung sogar die Leichen enthaupteter Polizisten öffentlich zur Schau (siehe *Wikipedia, the free encyclopedia*, Malala Yousafzai, abgerufen am 20.10.2014). In dieser Situation gegen die Taliban »anzubloggen« mag aus Sicht der *BBC* zwar eine gute Idee gewesen sein – aber nicht für ein junges Mädchen im Swattal. Und natürlich konnte auch ein Pseudonym nur ein äußerst begrenzter Schutz sein.

Ein Kind wird »verheizt«

Dass Eltern angesichts dieser Umstände keine Lust hatten, ihre Kinder zu verheizen, war da kein Wunder: Zunächst hatte der *BBC*-Korrespondent in Peshawar, Abdul Hai Kakar, Kontakte zu einem ortsansässigen Lehrer, Ziauddin Yousafzai, geknüpft, »konnte aber keine Schüler finden, die bereit gewesen wären, mitzumachen: ›Es ist zu gefährlich‹, sagten ihre Familien« (*Time*, Online-Ausgabe, 23.10.2012). Zwar hatte sich zunächst ein 15-jähriges Mädchen namens Aisha bereit erklärt, den Blog zu schreiben, »aber als ihre Eltern sie davon abhielten, weil sie Repressalien der Taliban fürchteten, sei ihm keine Alternative geblieben als seine eigene Tochter, sagte Ziauddin«, so die Website des International Institute of War and Peace Reporting IWPR (15.1.2010). Der Vater machte den Vorschlag wohl nicht ganz uneigennützig. Schließlich betreibt Yousafzai senior im Swattal eine Kette von Privatschulen, für welche die schulabstinenten Mädchen natürlich einen riesigen Markt darstellen. Gleichzeitig ist oder war er Vizepräsident des Privatschulverbands im Swattal und Mitglied im örtlichen Rotary Club. Ist dies also »die Geschichte eines jungen Mädchens, dessen Traum [von weiblicher Bildung] fast vernichtet wurde, oder ist dies der Fall eines frauenfeindlichen Vaters, der so von seinem persönlichen Kreuzzug für einen größeren Marktanteil am privaten Bildungssystem Pakistans besessen war, dass er seine Frau und Kinder leichtfertig in das Fadenkreuz der Taliban rückte?«, fragte denn auch der bekannte US-Kriegsveteran und Journalist Scott Creighton unter dem Titel »The Making of Malala« (*American Everyman*, online,17.10.2012). Tatsächlich sieht es so aus, als sei Yousafzais Tochter um politischer und geschäftlicher Interessen willen in die Schusslinie geschoben worden.

Ein Konstrukt von Anfang an

»Die Malala-Yousafzai-Geschichte ist ein Konstrukt von Anfang an«, so Creighton weiter.

> »Nichts davon war real. (...) Sie wollte Ärztin werden, aber ihr übermächtiger pathologischer Vater wollte sie dazu benutzen, um mit dem Segen des ehemaligen Kolonialherrn Großbritannien der neue ›Bildungs-Zar‹ des privaten pakistanischen Schulsystems zu werden. Bestenfalls brachte er sie in Gefahr und rückte sie direkt ins Blickfeld der am meisten gefürchteten Gruppe in Pakistan. Schlimmstenfalls verwandelte er ihr Leben in eine einzige ewige Lüge – wegen seiner eigenen Gier und seines eigenen Ehrgeizes« (*American Everyman*, online, 11.12.2012).

Auch die *BBC*-Redakteure, von denen die Idee des Blogs stammte, hatten nichts dagegen, das Kind ins Feuer zu schicken, und stimmten der Veröffentlichung des gefährlichen Tagebuchs »einstimmig zu« (*The New Yorker*, Online-Ausgabe, 10.10.2012). Ab dem 3. Januar 2009 wurde Malalas Tagebuch erstmals vom *BBC*-Auslandsdienst in Urdu, der Amtssprache Pakistans, veröffentlicht. Gleich in der ersten Ausgabe klagte das Mädchen die Taliban der Repression von schulwilligen Mädchen an.

Aber war die damals Elfjährige überhaupt in der Lage, ein solches Tagebuch zu verfassen? Hatte Malala die Texte überhaupt selbst geschrieben, oder wurde ihr hübsches Mädchengesicht nur für die Propagandatexte eines anderen benutzt? Kurz, hatte Malala einen Ghostwriter? Zweifel an Malalas Autorenschaft seien aufgekommen, als der erwähnte *BBC*-Korrespondent in Peshawar, Abdul Hai Kakar, in einem Zeitungsinterview erzählte, wie die ganze Malala-Idee entstanden sei, schrieb die bekannte pakistanische Bloggerin Madeeha Ishtiaque: »Das Konzept bestand darin, ein einheimisches Mädchen seine ›Gefühle zum Ausdruck bringen zu lassen‹ und auf diese Weise der zum Schweigen verurteilten Mehrheit der Swat-Mädchen, denen das Recht auf Bildung verwehrt werde, eine Stimme und ein Gesicht zu geben.« In dem Interview habe Abdul Hai Kakar weiter ausgeführt, dass er Malala jeden Tag angerufen habe, um sie ihre Gedanken und die Geschehnisse vor Ort schildern zu lassen. Auch das Magazin *Time* berichtete, Malala habe ihr Tagebuch dem BBC-Mann Kakar »diktiert« (a.a.O.). »Eine Menge Menschen bewegt die Frage, ob es sich nun um Malalas eigene Erzählungen handelte oder ob der Reporter Malala Antworten entlockte, die er später zu einer kindlichen Erzählung umfrisierte« (Madeeha Ishtiaque: »Is Malala a conspiracy?«, 16.10.2012). Oder anders gesagt: Wenn als Autoren eines geschliffenen literarischen Textes ein professioneller Journalist und eine elfjährige Schülerin in Frage kommen – wem sollte man dann wohl den Vorzug geben? War Malala also wirklich nur das kindliche Gesicht für eine von Politik und Medien eingefädelte Kampagne?

A Star is born

Das Malala-Tagebuch war jedoch nur das Embryonal- oder Verpuppungsstadium. Denn schließlich war da ja noch das Pseudonym. In Wirklichkeit war dieses Pseudonym jedoch nie ernst gemeint, denn Malala sollte von Anfang verheizt, das heißt im vollen Bewusstsein der Bedrohung durch die Taliban als Propagandafigur für weibliche Bildung aufgebaut werden. Keine zwei Wochen nach Veröffentlichung der ersten Folge am 3. Januar 2009 ließ Malala sich »von einem Kamerateam der *New York Times* begleiten«, berichtete der Deutschlandfunk (online, 4.11.2013). Ein Reporter des Blattes namens Adam B. Ellick drehte eine Dokumentation über die mutige Schülerin, wodurch die Identität der Bloggerin prompt aufflog. Ellick ist gleichzeitig Mitglied der US-Denkfabrik Council on Foreign Relations (CFR).

Im CFR verbünden sich die US-Geheimdienste mit den mächtigsten Branchen der USA, nämlich der Banken-, Öl- und Rüstungsindustrie, und brüten über neuen Strategien zur besseren Ausbeutung fremder Länder. Gleichzeitig ist der CFR ein Durchlauferhitzer und Personalkarussell für den personellen Austausch zwischen diesen Branchen und der Regierung. Praktisch alle US-Präsidenten und -Politiker von Rang waren bzw. sind dort Mitglied. In der CFR-eigenen Zeitschrift *Foreign Affairs* veröffentlichte der Politikprofessor Samuel Huntington 1993 auch seine Gedanken über einen »Kampf der Kulturen«, der in Wirklichkeit ein Krieg gegen den Islam ist. Teil dieses Krieges ist natürlich auch die Auflösung und Säkularisierung der traditionellen muslimischen Gesellschaften, wozu an erster Stelle die »Gleichberechtigung« der Frau gehört.

Ein Mitglied der »ehrenwerten Gesellschaft«

Von einem Mitglied dieser »ehrenwerten Gesellschaft«, dem Reporter Adam B. Ellick, wurde der Malala-Blog der *BBC* also bekannt gemacht und Malala als Ikone und internationaler Medienstar geboren. Den Taliban wurde das Mädchen so auf dem Präsentierteller serviert. Sollten ihnen bisher ein Name und ein Gesicht zu dem Tagebuch gefehlt haben, bekamen sie beides nun durch Ellicks Dokumentation serviert. Und das war nicht etwa ein Unfall. Vielmehr schildert Zafar Bangash von der internationalen islamischen Zeitschrift *Crescent International* auch die folgenden Interviews von Malala im pakistanischen Fernsehen als »kraftvoll und direkt, auch plump und provokant«:

> »Es schien, als ob die junge Malala bewusst gedrängt wurde, Dinge zu sagen, um die Taliban zu provozieren: ›In einer Situation, in der eine lebenslange Unterrichtspause von den Terroristen über uns verhängt wurde, wird der Widerstand dagegen sehr wichtig und wesentlich.‹ Wenn man bedenkt, dass selbst

pakistanische Politiker, die von einer Phalanx aus Bodyguards und anderen Sicherheitskräften umgeben sind, vorsichtiger sprechen, waren Malalas Aussagen, wie wahr auch immer, dazu geeignet, eine starke Reaktion zu provozieren. Damit soll nicht behauptet werden, dass die Taliban richtig lägen oder dass es ihnen erlaubt sein sollte, Menschen einzuschüchtern. Aber die Realität sieht so aus, dass es – solange es keine angemessene Sicherheit gegen solche Bedrohungen gibt – klug wäre, sie nicht unnötig zu provozieren« (Zafar Bangash: »Was Malala Yousafzai used for a larger US plan?«, *Crescent International*, Online-Ausgabe, November 2012).

Gecastet, aufgebaut und geschult

Malala war also nicht das empörte Schulmädchen, das von sich aus den schrecklichen Taliban die Stirn bot, sondern wurde von westlichen Medienprofis gecastet, aufgebaut und geschult. Im Jahr 2009 engagierte sich neben Ellick auch die angehende McKinsey-Unternehmensberaterin Shiza Shahid an der Kreation der Kunstfigur Malala. Schon als Studentin hatte Shahid in Islamabad ein professionelles Ausbildungslager für pakistanische Schulaktivistinnen organisiert, was gleichzeitig auch die Erklärung für Malalas geschliffene Reden und TV-Auftritte sein dürfte: »Die Mädchen bekamen Unterricht in Schreiben, Sprechen und kritischem Denken, was dazu diente, ihr Recht auf Informationen und Ideen für die persönliche Entwicklung durchzusetzen sowie eine informierte Bürgerschaft zu fördern«, beschrieb das *Stanford Magazine* das Schulungscamp (*Stanford Magazine,* Online-Ausgabe, November/Dezember 2009). So kehrte Malala 2009 als geschulte Aktivistin in das Taliban-Tal zurück.

Anschlag auf Malala

Etwas fehlte aber noch. Von Vorteil wäre es nämlich, wenn das kleine Mädchen mit einem »Riesenknall« zur weltbekannten

Märtyrerin aufgebaut werden könnte. Denn schließlich sollen ja nicht nur die Mädchen im Swattal oder in Pakistan, sondern auch anderswo endlich zur Schule gehen, am besten auf eine profitable Privatschule. Die Vereinten Nationen haben zu diesem Zweck eigens einen Botschafter für globale Bildung berufen, den früheren britischen Premierminister Gordon Brown. Denn Bildung, insbesondere Bildung für Mädchen, wird als riesiger Markt und zugleich als ideologische Notwendigkeit zur Zerstörung der traditionellen (muslimischen) Gesellschaften gesehen. Angeblich warten weltweit 600 Millionen Mädchen auf eine angemessene Schulbildung. Legt man dafür nur 1000 Dollar pro Kopf und Jahr zugrunde, bedeutet dies ein Marktvolumen von 600 Milliarden Dollar. Insgesamt wird der globale Bildungsmarkt jedoch weit höher geschätzt. Am 9. Februar 2013 verkündete die *Washington Post* »gute Nachrichten für alle, die Schulreformen als den Weg zum ganz großen Geld ansehen: Eine neue Studie beziffert den globalen Bildungsmarkt jetzt auf 4,4 Billionen Dollar – mit erheblichem Wachstum in den nächsten fünf Jahren«. Einer der Gründe sei der weltweit zu beobachtende Rückgang der öffentlichen Bildungsfinanzierung, »der Raum für private Initiativen schafft«.

First-Class-Service für ein Schulmädchen

Der bewaffnete Anschlag auf Malala Yousafzai vom 9. Oktober 2012 erschien daher gleich doppelt logisch: Zum einen könnte es tatsächlich ein authentischer Angriff einer provozierten islamischen Gruppe gewesen sein. Zum anderen könnte es sich aber auch um eine inszenierte PR-Aktion zum Aufbau einer globalen Symbolfigur gehandelt haben – als Startschuss zur Erschließung des riesigen Marktes der Mädchenbildung mit allen kulturellen Folgen und Implikationen. Jedenfalls wurde Malalas Schulbus an diesem Tag von zwei angeblichen Taliban gestoppt und das Mädchen in den Kopf geschossen. So folgerichtig der Angriff zu sein scheint, so viele Fragen gibt es doch zum Ablauf. Die erste lautet, warum der aus nächster Nähe feuernde Schütze nicht so lange schoss, bis die verhasste Bloggerin auch wirklich tot war. Der Attentäter brachte keinen Todesschuss an, wie man es von Terroristen, die jemanden endgültig ausschalten wollen, erwarten würde. Eine einzige Kugel soll über dem linken Auge in den Schädel eingetreten sein, anschließend Ober- und Unterkiefer verletzt haben und schließlich in der Schulter steckengeblieben sein. Sollte das stimmen, wäre das eine sehr schwere Verletzung gewesen, die auch erhebliche Behinderungen im Bereich des Denkens und Sprechens (Kiefer) hätte nach sich ziehen können. Exakt dort, wo die Kugel offenbar eintrat, liegt das motorische Sprachzentrum. Doch wenn Malala heute spricht, dann klingt sie vollkommen klar und konzentriert. Weder hat sie Schwierigkeiten beim Formulieren, noch scheint sie unter einer der vielen anderen Störungen zu leiden, mit denen Hirntrauma-Patienten sonst zu kämpfen haben. Die junge Pakistanerin erhielt von Anfang an eine medizinische Versorgung, wie sie sonst nur hohen Politikern und Staatsoberhäuptern zuteilwird und von der ihre Landsleute nur träumen können. Nach den Kindern, die die USA bei Drohnenangriffen in Pakistan umbringen und verstümmeln, kräht übrigens gleichzeitig kein Hahn. Allein bis 2011 sollen über 160 Kinder durch amerikanische Drohnenangriffe ums Leben gekommen sein. Malala wurde zunächst in ein Militärkrankenhaus in Peshawar geflogen und dort operiert. Am 11. Oktober 2012 entschied ein Team aus britisch-pakistanischen Ärzten, das Mädchen in das kardiologische Institut der Armee in Rawalpindi zu verlegen. Am 15. Oktober 2012 wurde die junge Yousafzai schließlich in das Queen-Elizabeth-Krankenhaus in Birmingham ausgeflogen, wo normalerweise kriegsverletzte britische Soldaten behandelt werden. Und das war Malala ja auch: eine Kriegerin im globalen Kampf der Kulturen. Die behandelnden Mediziner sahen das genauso: »Der medizinische Direktor Dr. David Rosser sagte, Malala

Yousafzai ›könnte als eine Kriegsverletzte angesehen werden‹« (*BBC News Asia*, online, 15.10.2012). Die First-Class-Behandlung in der britischen Klinik zeigt, wie wichtig Malala für den Westen war. Erst zweieinhalb Monate später, am 3. Januar 2013, wurde sie aus dem Krankenhaus entlassen. Anfang Februar 2013 soll sich Malala noch einer fünfstündigen plastischen Operation unterzogen haben.

Ein paar Wunder zu viel

Mit gespenstischem Erfolg: Wer heute hochauflösende Fotos von Malalas Kopf und Gesicht betrachtet, wird vergeblich nach Spuren oder Narben jener Kugel suchen, die über ihrem linken Auge in ihren Schädel eingedrungen sein und sich dann Richtung Ohr und Kiefer bewegt haben soll. Die linke Augenbraue sitzt an ihrem Platz, Haut und Schädel erscheinen vollkommen unversehrt. Die großflächige Titanplatte in ihrem Schädel scheint den Haarwuchs nicht zu beeinträchtigen. Gesicht, Haar und auch linke Schläfe sind vollkommen makellos. Auf vielen Abbildungen gleicht Malala eher einem Fotomodell als einem Anschlagsopfer. Selbst Malalas McKinsey-Ausbilderin Shiza Shahid staunte: »Ich sah die Entwicklung von dem Moment an, als die Ärzte sagten, sie würde sterben, bis zu dem Zeitpunkt, als es hieß, sie würde ihre Stimme verlieren. Sie dann aufwachen und so gesund, stark, unverändert und heil zu sehen – das war ein Wunder.« Allerdings. Oder war es gar kein Wunder, sondern wurde Malala nie von einer Kugel getroffen? Auch direkt nach dem Anschlag aufgenommene Bilder zeigen nicht die geringste Verletzung über dem linken Auge. Nur auf einer Aufnahme sieht man die liegende Malala mit einem kleinen Schläfenverband. Auf Fotos von Krankenbesuchen der Familie sieht man das Mädchen mit einem gesunden Teint und wachem Blick im Bett liegen – und ohne Verband oder Verletzung über dem linken Auge.

Malala-Anschlag nur ein »Drama«?

Natürlich gibt es meisterhafte Operationen und erstaunliche Heilungsprozesse. Aber in Pakistan glauben nur wenige an die offizielle Darstellung des Malala-Anschlags. »Für viele ihrer Landsleute ist Malala Yousafzai ein Handlanger der USA und ein CIA-Agent, ein Symbol des bösen Westens und eine globale Verschwörung, um ihre Heimat Pakistan zu Fall zu bringen«, notierte die Nachrichtenagentur *Reuters* (online, 11.10.2013). Zwar sollen sich die Taliban zu dem Attentat bekannt haben, doch wer sind schon »die Taliban«? Schließlich handelt es sich nicht um einen Konzern oder eine Behörde mit festgelegten Strukturen. Der Vorsitzende der Pro-Taliban-Partei Jamiat Ulema-e-Islam, Fazlur Rehman, sagte denn auch, der Angriff auf die 15-Jährige sei nur ein »Drama« gewesen: »Bilder in sozialen Medien haben das Ganze als verdächtig entlarvt«, meinte Rehman. »Da gab es kein Zeichen von Verletzungen, nachdem der Verband entfernt worden war. Das zeigt, dass die Kugel sie nicht in den Kopf getroffen hat.« – »Einige nationale Zeitungen und TV-Kabelsender berichten regelmäßig, dass die Vereinigten Staaten hinter Terroranschlägen steckten«, hieß es im britischen *Independent* (Online-Ausgabe, 20.10.2012):

> »Die neueste Verschwörungstheorie lautet, dass Amerika hinter dem Taliban-Angriff auf Malala Yousafzai steckt, die junge Schülerin, die die pakistanischen Extremistengruppe für ihre Weigerung kritisiert, Mädchen den Schulbesuch zu erlauben. (…) Der angebliche Zweck dieser Finte: Die Taliban sollten sehr, sehr schlecht aussehen, und auf diese Weise sollte öffentliche Sympathie für die Drohnenangriffe der CIA erzeugt werden.«

Außerdem solle so um Unterstützung für eine Invasion der pakistanischen Armee in Nord-Waziristan geworben werden. Dazu scheint zu passen, dass Malala nach dem Attentat in Militär-

krankenhäusern behandelt wurde. Manche seien der Meinung, so der *Independent* weiter, das Mädchen sei eine amerikanische Spionin. In diesem Zusammenhang zirkuliere ein Foto des lachenden US-Präsidenten Obama im Kreise seiner Berater mit der Bildunterschrift: »Sir – Sie glauben immer noch, dass die Taliban Malala attackiert haben!« (a.a.O.).
»Es ist eine politische Entscheidung und eine Verschwörung«, erzählte der pakistanische Journalist Tariq Khattack in einem Interview mit der BBC: »Sie ist nur ein normaler Nichtsnutz. Nichts an ihr ist besonders. Sie verkauft, was der Westen haben will« (*BBC News Islamabad*, 10.10.2014):

> »›Die Amerikaner und Malalas Vater haben sich zu dem Attentat verschworen, damit sie eine Heldin werden kann‹, war vor einigen Monaten die etwas überraschende Schlussfolgerung eines Redakteurs einer in Mingora ansässigen Zeitung. (…) Auch Tariq Khattack hatte das Bedürfnis, Malalas Vater in seinem BBC-Interview zu erwähnen: ›Ihr Vater ist ein guter Verkäufer, das ist es, und die Tochter ist auch eine Verkäuferin geworden und tanzt nach der Melodie des Westens. Sie verdienen überhaupt nichts‹, sagte er« (bezogen auf den Friedensnobelpreis).

Edel(man) sei der Mensch, hilfreich und gut

Kaum war Malala Anfang 2013 in ihrem Londoner Krankenhausbett aufgewacht, wurde sie von einer amerikanischen PR-Agentur »beraten und vermarktet, und zwar von Edelman, der größten PR-Agentur der Welt, zu deren Kunden auch die größten Marken und Konzerne des Globus zählen, wie etwa Microsoft und Starbucks. Außerdem Pfizer, General Electric, Wal-Mart, Samsung, Royal Dutch Shell, Kraft, Johnson & Johnson and Unilever« (*New York Times*, Online-Ausgabe, 15.1.2013). Gegründet wurde der PR-Konzern Edelman 1952 von Daniel Edelman, einem Journalisten und Experten für psychologische Kriegführung. Während direkte menschliche Beziehungen immer mehr verarmen, pflegen Firmen wie Edelman die Beziehungen zwischen Menschen und Marken. Und wenn eine Marke gleichzeitig auch ein Mensch ist, wie Malala, ist das natürlich noch besser. Der Name Malala überwindet jede Sprachbarriere, und ihre ikonenhafte Erscheinung mit dem Kopftuch und dem charakteristischen schwarzen Pony ist ideal für eine bildhafte Vermarktung.

Coca-Cola und Malala

Was der globale TV-Zuschauer für eine authentische Erscheinung hält, scheint in Wirklichkeit eine künstlich geschaffene Marke und Persönlichkeit zu sein. In Edelmans Kundenportfolio ist die Bildung, für die Malala so selbstlos kämpft, eine von vielen »Branchen«, die es zu promoten gilt. Wie heißt es auf der Edelman-Website so schön: »Es gibt große Chancen für Bildungsinstitutionen und -unternehmen.« Denn wäre ein kleines Schulmädchen aus Pakistan nicht so ziemlich der letzte Kunde, um den eine solche PR-Agentur sich kümmern würde? Kommt drauf an. Wenn es gelänge, Malala richtig zu »hypen«, würde man alles verkaufen können, was mit ihr in Zusammenhang steht. 2013 unterzeichnete Malala zunächst einen Buchvertrag im Wert von drei Millionen Dollar. Direkt nach dem Anschlag baute die McKinsey-Beraterin Shiza Shahid die Malala-Stiftung auf, in die sofort Spenden zum Wohle bildungshungriger Mädchen flossen. Pflichtbewusst standen Hollywood-Stars Schlange, um Gutes zu tun und sich als Menschenfreunde zu inszenieren: »Hollywood-Star Angelina Jolie sagte weitere 200 000 US-Dollar zu« (*Euronews*, 5.4.2013). Und das Geld wurde gleich weiterverteilt: »Heute darf ich den glücklichsten Moment in meinem Leben verkünden: Die erste [aktive] Spende der Malala-Stiftung«, erklärte Malala Yousafzai laut *Euronews* in einer Videobotschaft. »Die Summe von 45 000 US-Dollar (35 000 Euro)

gehe an eine Organisation im pakistanischen Swattal, kündigte die 15-Jährige in einem Video an. Das Geld soll 40 Mädchen im Alter von fünf bis zwölf Jahren den Schulbesuch ermöglichen«, hieß es am 5. April 2013 auf *diestandard.at,* der weiblichen Ausgabe der Website *derstandard.at.* Natürlich hätte man gerne erfahren, welche »Organisation im pakistanischen Swat-Tal« hier so großzügig bedacht wurde. Es handelte sich doch nicht etwa um die Privatschulkette ihres Vaters? Aber, so *diestandard.at,* »aus Sicherheitsgründen wurde der Name der Organisation nicht genannt«. Wie heißt es doch so schön auf der Website der Malala-Stiftung: »Wir glauben an die Macht lokaler Führungsfiguren und Unternehmer.«
Im Jahr 2014 half der Friedensnobelpreis bei der Vermarktung von Malala, ihrer Stiftung und ihrer Bücher. Würde man es schaffen, die Bücher weltweit zu verkaufen, könnten aus den drei Millionen Dollar des Vertrags am Ende auch 30 oder 50 Millionen Dollar werden. »Nun wird Malalas unwahrscheinliche und unglaubliche Saga sie reich machen«, schrieb die *International Business Times* (28.3.2013). Und die bekannte Bloggerin Carol Anne Grayson meinte: »Während die Schülerin gekonnt von Edelman, der weltweit größten PR-Agentur, vermarktet wird, gibt es Malala – das Buch, Malala – den Film, Malala – die Preisanwärterin, Malala – das Porträt. Das Honorar wird ohne Zweifel durch die Werbung hereinkommen, die das dem Unternehmen einbringt« (»›Brand Malala‹: Western exploitation of a schoolgirl«, 9.10. 2013).

Der Segen für eine große Zukunft

Aber der mächtige Mythos vom Schulmädchen, das Terroristen die Stirn bot und wie durch ein Wunder geheilt wurde, dient nicht nur der Schaffung einer umsatzfördernden Bildungsikone. Es geht nicht allein um Geld und finanzielle Strategien:

- Das reine unschuldige Kindergesicht,
- das einprägsame Piktogramm aus Haselnussaugen, schwarzem Haar und Schleier,
- die Geschichte ihrer wundersamen Heilung,
- die Überhäufung mit Preisen,
- die Ehrung durch alle wichtigen Staatsoberhäupter der Welt

sprechen hier eine deutliche Sprache. Wer all das nur für Freundlichkeiten hält, liegt falsch. In Wirklichkeit sind es mächtige Symbolhandlungen, mit denen die globalen Eliten Malala den Segen für eine große Zukunft erteilen. Malala selbst hatte schließlich bereits erklärt, Premierministerin von Pakistan werden zu wollen. Ein Höhepunkt war in diesem Zusammenhang ihre Rede vor der UN-Vollversammlung an ihrem 16. Geburtstag 2013: »Die Terroristen glaubten, sie würden meine Ziele und meine Ambitionen ändern, aber nichts hat sich verändert in meinem Leben, außer dies: Schwäche, Angst und Hoffnungslosigkeit vergingen – Stärke, Kraft und Mut wurden geboren. Ich will Bildung für die Söhne und Töchter der Taliban und alle Terroristen und Extremisten.« Fotos des Ereignisses bei den Vereinten Nationen zeigten sie im Kreise der Mächtigen dieser Welt. Um Kopf und Schultern trug Malala einen rosa gemusterten Schal. Es war angeblich der Schal der 2007 ermordeten pakistanischen Premierministerin Benazir Bhutto.

Thema des Monats *4.11.:*
Republikaner-Sieg – die Bushs ante portas!

2.11. Parlaments- und Präsidentschaftswahlen in der Ostukraine ***4.11. Sieg der Republikaner bei den Halbzeitwahlen in den USA*** **5.11.** Steuerskandal in Luxemburg fliegt auf **9.11.** Bei einer Volksabstimmung sprechen sich 80 Prozent der Katalanen für die Unabhängigkeit von Spanien aus

4. November
Republikaner-Sieg bei US-Wahlen: Bush ante portas?

Bei Barack Obama herrscht Katerstimmung. Die sonst demonstrativ zuversichtliche Miene des Präsidenten hat sich verdüstert. Kein Wunder: Über Nacht ist ihm ein großer Teil seiner Macht abhandengekommen. Bei den sogenannten Halbzeitwahlen vom 4. November verlieren die Demokraten auch ihre Mehrheit im Senat an die Republikaner; beide Häuser des Kongresses werden nun von den politischen Gegnern beherrscht. Obama ist jetzt endgültig die berühmte »lame duck« – die lahme Ente, die sich politisch nur noch mühsam vorwärtsschleppen kann, wenn überhaupt. Im Grunde genommen handelt es sich um die vorweggenommene Niederlage der Demokraten bei den Präsidentschaftswahlen 2016. Und damit fällt erneut ein dunkler Schatten auf die Welt. Und dieser Schatten heißt Bush. Die Bushs sind die beherrschende Dynastie der »Grand Old Party«, und ein Sieg für die Republikaner bedeutet auch einen Sieg für die Bushs. Dass sie demnächst zum dritten Mal nach dem Präsidentenamt greifen werden, pfeifen die Spatzen daher schon von den Dächern: »Familie tritt Jeb Bush in den Hintern: Werde endlich US-Präsident!«, hieß es schon kurz vor den Halbzeitwahlen auf *Focus Online*.

> »Der Bush-Clan träumt davon, 2016 zum dritten Mal das Weiße Haus zu erobern. Zuvor müssen die Republikaner aber George W. Bushs kleinen Bruder Jeb zum Präsidentschaftskandidaten küren … vom eigenen Vater über den Bruder bis hin zu seinen Söhnen scheint der Bush-Clan alles drauf- und dranzusetzen, bei den nächsten US-Präsidentschaftswahlen 2016 wieder einen Angehörigen ins Weiße Haus zu bringen« (*Focus Online*, 29.10.2014).

Eine vielköpfige Hydra

So weit, so schlecht. Erneut erhebt die vielköpfige Bush-Hydra ihr Haupt, um sich des Globus zu bemächtigen. Betrachtet man die jüngere amerikanische Geschichte, so wird sie maßgeblich von der Bush-Dynastie bestimmt. Die Amtszeiten der »Bush-Präsidenten« wurden von anderen Präsidenten lediglich unterbrochen. Während sich manche noch genau erinnern, was sie am 11. September 2001 gemacht haben, kann ich mich zum Beispiel noch genau an den Tag im Herbst 2000 erinnern, als George W. Bush sich endgültig gegen seinen demokratischen Gegenkandidaten Al Gore durchsetzte. Schon damals erfasste mich ein leises Grauen.

Krieg gegen Gott und die Welt

Mit der leichten und lockeren Clinton-Ära war es vorbei, und die Welt würde in ein dunkles Zeitalter eintreten. Schließlich hatte nur zehn Jahre zuvor der Vater von George W., George H. W. Bush (Präsident von 1989 bis 1993), die USA in einen Krieg gegen Irak geführt und dabei die Welt in Angst und Schrecken versetzt. Die Angstoperation ähnelte der psychologischen Operation des 11. September 2001. Während dieses »Golfkrieges« von 1990 bis 1991 berichteten Fernsehen und Printmedien wochenlang von brennenden Ölquellen, deren dunkle Wolken sich angeblich um den ganzen Globus legen könnten. Die Welt wurde in Angst und Schrecken versetzt, und es war zu befürchten, dass uns mit Bush junior Ähnliches blühen würde. Und so kam es am 11. September 2001 dann ja auch. Nach den Anschlägen auf das World Trade Center und das Pentagon schwang sich Präsident George W. Bush (2001 bis 2009) genau wie sein Vater zum Kriegspräsidenten auf und verwirklichte dessen altes »Irak-Projekt«, nämlich die Besetzung des Landes und die Beseitigung von Saddam Hussein. Seitdem führen die USA im wahrsten Sinne des Wortes Krieg gegen Gott und die Welt. Mit dem 11. September 2001 wurde der

Globus in Brand gesteckt und ein neues Zeitalter der Religionskriege eingeläutet. Nachdem Bush junior 2008 nicht erneut wiedergewählt werden konnte, gönnte man der Welt mit Barack Obama eine atmosphärische Atempause. Ihren Kriegskurs setzten die Vereinigten Staaten jedoch fort, wie die Drohnenattentate in Pakistan, die Ukraine-Krise und viele andere globale Krisenherde beweisen.
Der Republikaner George W. Bush kam seinerzeit mit Hilfe seines Bruders Jeb an die Macht, der im Jahr 2000 Gouverneur von Florida war. Nach allem, was wir heute wissen, kam Bush junior durch Wahlmanipulationen in diesem Bundesstaat ins Amt. In Florida hatten sich vor den Anschlägen auch die angeblichen 9/11-Hijacker herumgetrieben und den größten Teil ihres »Flugunterrichts« genommen, unter anderem in einer Flugschule in Venice, in der Nähe des Bush-Refugiums Boca Grande. Dem US-Journalisten Daniel Hopsicker zufolge wurden die Unterlagen der Flugschule schon am 12. September 2001 von Jeb Bush mit einer C-130-Transportmaschine weggeschafft. George W. Bushs Verwandte saßen auch an weiteren 9/11-Schaltstellen, zum Beispiel in der Sicherheitsfirma des World Trade Center, von United Airlines und des Flughafens Washington Dulles, von wo aus eine der »Kidnapper-Maschinen« startete.

Jede Menge Kandidaten

Und dieser Clan scharrt nun wieder mit den Hufen, seit bei den US-Halbzeitwahlen vom 4. November 2014 auch noch die demokratische Mehrheit im US-Senat verlorengegangen ist und nun die Partei der Bushs, die Republikaner, beide Häuser des Kongresses beherrscht. Und die Bushs haben noch jede Menge männliche Kandidaten in petto. Während die Männer der Kennedy-Dynastie reihenweise ermordet wurden oder bei tragischen Unfällen ums Leben kamen, zogen die Bushs unbehelligt Nachkommen auf, darunter auch jede Menge männliche. Als Nächstes wäre, wie gesagt, Jeb Bush an der Reihe, der Ex-Gouverneur von Florida. Selbst wahrscheinlich in die 9/11-Verschwörung verstrickt, zumindest aber in die Verschwörung zur Inthronisierung seines Bruders George W., dürfte der 1953 geborene Jeb wohl der »rechtmäßige« nächste Bush-Kandidat für das Präsidentenamt sein. Angeblich wird er 2016 antreten. Nach ihm kämen dann Neil M. Bush, geboren 1955, und schließlich Marvin P. Bush, geboren 1956, der zeitweise in der Leitung der Sicherheitsfirma des World Trade Center saß.

Die Welt – der Erbhof der Familie Bush?

Und natürlich haben auch diese Brüder wieder neue männliche Nachkommen gezeugt, also die Enkel von George H. W. Bush. Zum Beispiel George Prescott Bush, geboren 1976, der Anfang November 2014 Leiter der Behörde für öffentliche Liegenschaften in Texas wurde. Ein Mann mit dunklem Silberblick und gefräßigem Haifisch-Lächeln. Nach ihm kommen John Ellis »Jebby« Bush junior, geboren 1983, und Walker Bush (adoptiert, geboren 1989), der als Soldat bereits auf einem Kriegsschauplatz seines Onkels George W. stationiert war, nämlich in Afghanistan. Mit anderen Worten, die Bush-Sippe wird uns auch in den nächsten Jahrzehnten nicht erspart bleiben. Dass ihre Herrschaft hin und wieder von anderen Präsidenten unterbrochen wird, spricht keineswegs dagegen, sondern ist durchaus willkommen. Denn sonst würden die USA endgültig als das erscheinen, was sie zu Beginn des 21. Jahrhunderts nun mal sind: ein Erbhof der Familie Bush, die angetreten ist, die Welt zu beherrschen.

Trends

Krieg: Hetzen bis der Arzt kommt

Ein Trend war in diesem Jahr wohl unübersehbar: der Trend zum Krieg. Aus den Vorkriegszeiten, die in den letzten Jahrbüchern beschrieben wurden, sind endgültig Kriegszeiten geworden. Wie bereits in der Einleitung erwähnt, wurden wir 2014 hauptsächlich mit Frontberichterstattung belästigt: Syrien, Irak, Palästina, Ukraine – überall krachte es und wurde heftig gekämpft. Dazwischen marschierten finstere Terroristen über unsere Bildschirme, um ihre Waffen zu präsentieren oder gleich reihenweise Menschen zu enthaupten. Mit immer neuen echten oder auch nur inszenierten Krisen wurde das Publikum dauerhypnotisiert. Exakt 100 Jahre nach dem Beginn des Ersten Weltkriegs haben die westlichen Siegermächte des Ersten und Zweiten Weltkriegs nun den dritten im Visier – mit Deutschland und seiner Kanzlerin als willigem Werkzeug, die mit Hilfe ihres Agenten Klitschko in der Ukraine politisch zündelte. Die Mainstream-Medien haben sich dabei endgültig in Sprachrohre der Nato verwandelt und verraten die vitalen Interessen ihrer zahlenden Kunden offener als je zuvor – indem sie für Sanktionen gegen andere Länder eintreten oder gar für eine militärische Verschärfung der Lage. Ohne Rücksicht auf eigene Auflagenverluste hetzen sie gegen Russland, China, Iran, Syrien und die Türkei und werden dabei selbst schon mal auf dem psychologischen Schlachtfeld des nächsten Weltkriegs verheizt. Denn ihre Glaubwürdigkeit erreicht immer neue Tiefpunkte, ihre Auflagen und Leserzahlen brechen ein. Das Motto lautet offenbar: Hetzen bis der Arzt kommt.

Schulen: 50 Prozent Nonsens

Unsere Welt verändert sich aber auch auf anderen Gebieten rasend schnell. Beispiel Bildung: Der Unterricht an den heutigen Schulen ist mit dem Unterricht vor 20 oder 30 Jahren nicht mehr zu vergleichen. Laufend wird Lernstoff über Bord geworfen und durch politische Indoktrination ersetzt, also durch Themen wie Klimakatastrophe oder Gender Mainstreaming. Gut und gerne 50 Prozent des heutigen Lernstoffs dürften aus Nonsens und Indoktrination bestehen. Zusätzlich wird der Unterricht durch fatale Projekte wie die sogenannte Inklusion sabotiert, bei der geistig behinderte Schüler an Regelschulen unterrichtet werden. Ergebnis: Behinderte und nicht behinderte Schüler stören sich beim Lernen gegenseitig. Geistig behinderte Schüler sollen dasselbe Abitur bekommen wie gesunde, wobei man dem Reifezeugnis nicht ansehen soll, dass sein Inhaber über eingeschränkte geistige Fähigkeiten verfügt – denn das wäre ja »Diskriminierung«. Die immer kostbarer werdende Zeit an bundesdeutschen Schulen wird zudem durch inhaltsleere »Projekttage« verschwendet. Auch die Disziplin wollen oder können Schulen nicht mehr aufrechterhalten, so dass ein geregeltes Lernen kaum noch möglich ist. Das Niveau und die Motivation des Lehrpersonals verfallen rapide. Erstens, weil auch dieses Lehrpersonal nicht vom Himmel fällt, sondern derselben Gesellschaft entstammt. Und zweitens, weil immer mehr Lehrer in die innere Emigration gehen und/oder krankfeiern.

Morgens Ethik, abends *Tagesschau*

Aber nicht nur die Inhalte und die Vermittlung sind wichtig, sondern auch das ethische Koordinatensystem zur späteren Anwendung des Wissens. Doch Ethiklehrer sind gezwungen, ihren Unterricht in einer weltfremden Blase abzuhalten, die mit der Realität nichts mehr zu tun hat. Um die eigentlich brisanten Fragen drückt man sich im Unterricht herum, weil man die heutige

Politik nicht mehr mit Ethik konfrontieren darf. Morgens Ethik, abends *Tagesschau* – das passt nicht zusammen. Da die heutige Politik ethischen Maßstäben nicht standhält, würde ein ernsthafter Ethikunterricht jedes Mal an Aufstand grenzen. Also werden die Schüler zur Unehrlichkeit, zum Wegschauen und zum Lügen erzogen. Und weil die Jugendlichen das natürlich spüren, verlieren die Schule und die Erwachsenen weiter rapide an Autorität. Da niemand die wirklichen Ursachen der heutigen Krisen analysieren kann, ohne das ganze System in Frage zu stellen, lässt sich der Autoritätsverlust nicht aufhalten. In einer dekadenten Gesellschaft ist Ethikunterricht schlicht unmöglich. Ihn abzuschaffen wäre daher ehrlicher – aber die Ehrlichkeit ist ja genau das Problem.

Der buchstäbliche Irrsinn

Angesichts dieser Bildungsmisere fragt man sich, wer in 20 oder 30 Jahren unsere Flughäfen, Bahnhöfe und Kraftwerke bauen soll. Schon mit der jetzigen Generation von Politikern, Planern, Architekten und Bauingenieuren ist das offensichtlich nicht mehr so ohne weiteres möglich. Der Berliner Flughafen, die Elbphilharmonie, der Nürburgring oder das World Conference Center Bonn (WCCB) lassen grüßen. »Die Rolltreppen des Berliner Flughafens sind zu kurz, im Freizeitpark am Nürburgring explodierte die größte Achterbahn der Welt beim zweiten Probelauf, bei der Neubaustrecke der Bahn zwischen Köln und Frankfurt mussten alle Lärmschutzwände herausgerissen werden«, heißt es auf der Website der *Westdeutschen Allgemeinen Zeitung*: »Deutschland ist dabei, seinen Ruf als zuverlässiges Infrastrukturland zu verspielen« (14.1.2013). In Bremen fordert die CDU-Bürgerschaftsfraktion, den Generalplaner für den Klinikneubau Bremen-Mitte zu entlassen. Der Bau droht (genau wie der Flughafen Berlin-Brandenburg) im Chaos steckenzubleiben und zur Investitionsruine zu werden. Die Fehler des Planers hätten den

Stadtstaat bereits 20 Millionen Euro gekostet (*Radio Bremen,* online, 10.11.2014). Der buchstäbliche Irrsinn hat die Gesellschaft bereits erfasst, und zwar an Haupt und Gliedern. Und dabei war noch nicht einmal von hochabstrakten Projekten die Rede, wie etwa der »Energiewende«, dem Lissabon-Vertrag, dem ESM-Vertrag, dem TTIP-Abkommen, dem Mautsystem und anderem mehr. Um solche Projekte zu stemmen, fehlt es längst an jeglichem fachlichen, intellektuellen und ethischen Rüstzeug. Langfristig werden immer weniger Staaten oder Staatengebilde wie die EU noch in der Lage sein, sich sinnvoll selbst zu managen, stattdessen werden sie zur Beute krimineller Lobbyisten und fremder Staaten werden – die »Energiesparlampe«, der Goldesel der Elektroindustrie, lässt grüßen. In der Nordsee standen gar ganze Windparks ohne Anschlussleitungen herum. Damit sie nicht verrotteten, mussten die Windräder monatelang von Dieselmotoren angetrieben werden.

Der Abriss ethischer Institutionen

Schon in wenigen Jahren könnte es aufgrund des galoppierenden Bildungsverfalls schwierig werden, Personal zu finden, das Flugzeuge fliegen, medizinische Operationen durchführen oder U-Bahn-Tunnel bauen kann. Mit dem entsprechenden Abitur wäre es künftig durchaus möglich, dass sich auch ein geistig Behinderter zur Pilotenausbildung anmeldet. Der gezielte geistige und ethische Verfall der Gesellschaft muss zwangsläufig desaströse Folgen haben, denn unsere gesamte Wirklichkeit geht nun mal von geistigen und moralischen Bedingungen aus.

Deshalb gibt auch der Abriss einer anderen wichtigen ethischen Institution zu denken: der katholischen Kirche. Zum Teil durch eigenes Verschulden, zum Teil durch eine gezielte Medienkampagne ist die Kirche dabei, ihre moralische Autorität zu verlieren, und wird langfristig nicht mehr in der Lage sein, eine christliche Ethik zu vermitteln, auf der die Moral der westlichen Gesellschaften basiert. Auch unsere weltlichen Gesetze und Moralvorstellungen beruhen zu einem großen Teil auf der Bibel. Während sich die evangelische Kirche längst dem Mainstream angepasst hat, verteidigt hauptsächlich die katholische Kirche unumstößliche Wahrheiten und Werte. Zwar herrscht hier erheblicher Reformbedarf, wie die zahlreichen Fälle von Kindesmissbrauch und andere Skandale zeigen. Die Menschen, Kinder eingeschlossen, sind nun mal nicht für die Kirche da, sondern umgekehrt: Die Kirche ist für die Menschen da. Die Kirche muss also wieder vom Menschen ausgehen und nicht von ihrer eigenen Gier. Aber das ist wohl die wichtigste Reform, die sie benötigt.

Die totale Sabotage von Bildung und Gesellschaft

Deshalb stellt sich auch die Frage, mit welcher Ethik unsere Polizeibeamten und Richter, aber auch unsere Ärzte, Krankenschwestern und Pfleger in Zukunft unterwegs sein werden. Denn neben dem entsprechenden glaubwürdigen Unterricht fehlt es auch an Vorbildern in Politik, Kirche und Gesellschaft sowie an der nötigen Sozialisation. Wer ohne ausreichende Mutterliebe und Nestwärme im Hort von Kaugummi kauenden und »simsenden« Erzieherinnen aufgezogen wird, wird kaum über die Wärme und Empathie verfügen, um sich später einmal um Mitmenschen zu kümmern. Während Katzen- oder Hundewelpen der Mutter nicht vor dem dritten Monat nach der Geburt weggenommen werden dürfen, weil sie sonst gestört sind, sollen ausgerechnet die menschlichen Kinder möglichst kurz nach der Entbindung in die Krippe abgeschoben werden (siehe auch das Kapitel »Killer-Kinder: In einem Haus an einer ruhigen Straße« im Jahrbuch *ungeklärt – unheimlich – unfassbar. Die spektakulärsten Kriminalfälle 2014*). Die entsprechenden Phänomene wie Berufstätigkeit der Mütter, Kita-Ausbau, Inklusion, G8-Gymnasium und Lehrplan-»Reformen« sind nicht etwa Zufall, sondern greifen ineinander wie die Räder eines Uhrwerks – und münden in die totale Sabotage unseres Bildungs- und

Erziehungssystems und damit unserer Gesellschaft. Mit anderen Worten, wir steuern auf eine Welt zu, die moralisch, emotional, sozial und intellektuell total verwahrlost sein wird.

Der Mensch als Beute

Ihre Bank hat Sie mit einem Fonds übers Ohr gehauen? Ihre Regierung schröpft Sie bis zum Gehtnichtmehr? Ihr Arzt macht Sie mit Medikamenten erst so richtig krank? Und Ihr Krankenhaus operiert Sie zu Tode? Herzlich willkommen in der Welt von heute! Viele haben es noch gar nicht bemerkt, aber in Wirtschaft und Politik hat ein Paradigmenwechsel stattgefunden. Der Mensch wird nicht mehr als Bürger, Patient oder Kunde betrachtet, sondern als Beute. Früher war es so: Eines Tages kam ein netter Herr von der Sparkasse oder Bank in die Grundschule und schenkte jedem Kind ein großes Sparschwein. Da warfen die Kleinen ihre Pfennige hinein, und wenn ein größerer Betrag zusammengekommen war, eröffneten die Eltern für das Kind ein Sparkonto. Und wenn das Kind volljährig wurde, konnte es sich von dem Geld sein erstes Auto kaufen, und alle waren zufrieden: die Bank, weil sie so immer neue zufriedene Kunden heranzog; die Eltern, weil für das Kind etwas angespart wurde; und der Nachwuchs natürlich auch, weil er irgendwann über ein kleineres oder größeres Startkapital verfügte. Kurz und gut: Im Wesentlichen zogen alle an einem Strang – zum Nutzen aller.

Von wegen »Modell Deutschland«

Oder nehmen wir den Staat. Als in den siebziger Jahren des vorigen Jahrhunderts unter Bundeskanzler Helmut Schmidt das »Modell Deutschland« ausgerufen wurde, herrschte zwischen Politikern und Bürgern in vielen Bereichen ein unausgesprochener Konsens – jedenfalls innenpolitisch. Gute Ausbildung und gute Arbeitsplätze standen ganz oben auf der Agenda. Und selbstverständlich waren sich auch Eltern, Kinder, Schulen, Lehrstätten und Universitäten im Prinzip zum Wohle Deutschlands über gewisse Grundvoraussetzungen einig. Es war die Zeit, als Schmidt den US-Präsidenten wirtschaftliche Ratschläge erteilte und Deutschland zum globalen Musterländle aufstieg. Ebenso selbstverständlich war das nationale Ziel, dass es allen immer besser gehen sollte: Der Wohlstand sollte steigen, und die Arbeitszeiten sollten sinken, weshalb die Gewerkschaften konsequenterweise auch die 35-Stunden-Woche aus der Taufe hoben. Entwicklung stand auf dem Programm.

Planen die Zentralbanken einen Schwarzen Donnerstag?

Aber all das ist lange her. Und heute? Schwarze Schafe gab es zwar schon immer, aber heute bilden sie die Herde. Nehmen wir als Erstes wieder den netten Onkel von der Bank. Viele Jahre lang haben die Menschen noch im guten Glauben ihr Geld zur Bank getragen. Bis sie plötzlich merkten: Der gute Onkel hatte inzwischen Haifischzähne bekommen und fraß gnadenlos die Ersparnisse von Kindern, Eltern und Großeltern auf – ohne Rücksicht auf (deren) Verluste. Er raffte alles an sich, was er kriegen konnte, und zerstörte Zukunftspläne und Familien. Um an das Geld der kleinen Leute zu kommen, legte er auch gerne betrügerische Fonds auf oder drehte den Menschen Schrottimmobilien an, die sie in den Ruin trieben. Oder nehmen wir den netten Onkel vom Staat. Neben Telekom-Chef Aaron Lebowitsch (alias Ron Sommer) pushte Bundesfinanzminister Theo Waigel Ende der neunziger Jahre die Telekom-Aktie und suggerierte den Leuten eine sichere Altersversorgung. Woraufhin Hunderttausende ihr Geld verloren. In Wahrheit war die Telekom-Aktie lediglich ein Umverteilungsinstrument für das deutsche Volksvermögen. Zuerst wurden die deutschen Sparer hineingetrieben, dann wurden sie rasiert. Inzwischen planen die Zentralbanken den ganz großen Coup. Seit Jahren senken sie nicht nur die Zinsen, so dass fast alle traditionellen Anlagen unattraktiv werden, sondern sie haben selbst in ganz großem Stil Aktien erworben. »Die Notenbanken rund um den Planeten haben in der jüngsten Zeit heimlich, still und leise für einen zweistelligen Billionen-Dollar-Betrag Aktien gekauft«, schrieb am 18. Juni 2014 der Wirtschaftsjournalist Markus Gärtner: »Wer sich danach noch wundert, warum die Aktienkurse nur noch steigen, ist selbst schuld.« – »Überraschend ist, in welchem Maße Zentralbanken Aktien halten. Dieser Wert belaufe sich auf 13,2 Billionen Dollar …«, berichtete auch die Website *humane-wirtschaft.de:* »Sind sie damit nicht direkt an der Blasenbildung beteiligt, die am Ende nur dazu führen kann, dass alle in den Abgrund gerissen werden?« (18.6.2014)

Der größte Coup des Planeten

Und ob. Aber was heißt hier »alle« – alle bis auf die Zentralbanken und die Insiderkartelle natürlich. Der enorm hohe Aktienbesitz der Zentralbanken könnte bedeuten, dass man gedenkt, sich auf Kosten von Millionen Anlegern zu sanieren. Die Zentralbanken erscheinen als »Pusher« in eigener Sache. Planen sie etwa den größten Coup des Planeten? Denn merke: Wer Aktien pusht, will Kasse machen, und das gilt auch für die Zentralbanken. Soll so die großangelegte Enteignung des Volksvermögens funktionieren? Natürlich würde ein derartiger »Aktiencrash« auf den ersten Blick nicht als staatliche Enteignung erscheinen. Und auch nicht auf den zweiten. Sondern je nachdem, wann die Draghi-Gang die Lawine lostreten würde, hieße es dann eben »Schwarzer Freitag«, »Schwarzer Donnerstag« oder »Schwarzer Montag«. Und während sich die Zentralbanken und Staatshaushalte saniert haben, bleibt dem Volk nur der Weg in die Suppenküche.

Ist der Doktor mein Freund oder mein Feind?

Oder nehmen wir einen Arzt: Wenn man früher zum Arzt ging, konnte man darauf vertrauen, dass dieser nette Onkel im Interesse der Gesundheit des Patienten handelte. Erstens war er ziemlich gut ausgebildet und erfahren, und zweitens zog er in der Regel mit seinen Patienten an einem Strang. Zwar konnte auch er Fehler machen, aber wenn, dann tat er es normalerweise nach bestem Wissen und Gewissen. Aber auch in der Medizin hat sich der Patient zur Beute gewandelt. So werden heute Millionen Menschen mit gefährlichen Lipid- und Blutdrucksenkern oder mit neuen Gerinnungshemmern verarztet. Und während ihnen das Blut aus der Nase tropft oder die Muskeln buchstäblich aus der Harnröhre laufen (Muskelschwund/Rhabdomyolyse), streicht der gute Onkel in Weiß vermehrt Provisionen von der Pharmaindustrie ein. Gern werden auch unnötige Operationen durchgeführt oder Krebskranke mit ähnlichen Medikamenten vergiftet wie die angeblichen Aids-Kranken – oder gleich zu Tode bestrahlt. Wer heute zum Arzt geht, muss sich die Frage stellen: Ist der Doktor mein Freund oder mein Feind? Wahrscheinlich Letzteres. Denn den Patienten kennt er ja nicht so gut wie seinen Pharmavertreter. Oder hat der Arzt etwa überhaupt keine Ahnung? Ebenfalls eine häufig zu beobachtende Erscheinung.

Die »geistig-moralische Wende«

Eine wichtige Ursache für dieses Phänomen ist schon längst vergessen; es ist ein geistig-moralischer Wandel gegen Ende des letzten Jahrhunderts, nämlich der Ersatz vieler lebendiger Beziehungen durch eine einzige »tote« Beziehung. Statt Beziehungen zu Patienten, Kunden und Bürgern zu unterhalten, unterhalten Dienstleister und Produzenten heute nur eine Beziehung: die zum Geld. Statt eine Beziehung zu ihrem Beruf, ihren Kunden, ihrem Land und ihrer Familie zu pflegen, pflegen immer mehr Menschen hauptsächlich eine Beziehung zu ihrem Konto. Der Mensch und der Beruf zählen nicht mehr an sich, sondern nur als Quelle für immer mehr Geld. Statt Können zählt nur noch Erfolg, statt Kompetenz zählt das Bankkonto und statt Qualifikation das dicke Auto in der Garage. Ein begnadeter Chirurg, der sich nicht »dumm und dämlich« verdient, wird heute belächelt – falls es ihn überhaupt noch gibt. Wenn man nach den Ursachen dieses Wandels sucht, dann stellt man überrascht fest, dass er tatsächlich ausgerufen wurde – und zwar von dem damaligen Bundeskanzler Helmut Kohl. Man stößt als Erstes auf seine »geistig-moralische Wende«, die er 1982 mit Antritt seiner Kanzlerschaft einleiten wollte. Und während viele Menschen diese Wende angesichts von Kohls beklagenswerter Amtszeit für gescheitert halten (die DDR hätte schließlich jeder andere deutsche Kanzler auch »bekommen«), war sie in Wirklichkeit ein voller Erfolg. Denn einen geistig-moralischen Wandel hat Kohl ja tatsächlich bewirkt – wenn auch in die falsche Richtung. Oder war es etwa genau die richtige Richtung? Denn wohin Helmut Kohls Wende eigentlich gehen sollte, weiß heute kein Mensch mehr. Die geistig-moralische Wende aber ist Fakt – und sie führt geradewegs ins geistig-moralische Elend. Nur ein Beispiel: Niemand anderer als Helmut Kohl machte den Weg für das Privatfernsehen frei, also für Werbeunterbrechungen, Unterhaltung unter der Gürtellinie und jede Art von Niveaulosigkeit, die inzwischen auch die öffentlich-rechtlichen Anstalten angesteckt hat. Die »geistig-moralische Wende« markierte den Übergang vom Modell Deutschland zum Bordell Deutschland. Die Symptome notierte der Schriftsteller Helmut Krausser in seinem Tagebuch: »23.45 Auf RTL II wird jungen Passantinnen Geld angeboten, damit sie sich ausziehen und, nur noch im Slip, ein paar Meter durch die Fußgängerzone Ski laufen. Bei 500 Mark sagt das Girlie ja, zieht sich aus, friert sich die Nippel steif. Hübscher roter String-Tanga. So einfach kann Fernsehen sein« (Helmut Krausser: *Januar. Tagebuch des Jahres 2001*, München 2001).

Ein satanisches Programm

Wird der Mensch nicht mehr als Mensch, sondern nur noch als ausbeutbare Ressource betrachtet, wird er zum Nutzvieh. Genau wie heute ein Mastbetrieb seine Rinder und Schweine bewirtschaftet, so bewirtschaften heute viele Ärzte, Banker, Autowerkstätten und andere Branchen ihre Patienten beziehungsweise Kunden als Milchkuh oder Goldesel. Und holen so viel wie möglich aus ihnen heraus, bis es zur Lohnpfändung, Räumungsklage, Zwangsversteigerung oder – im Fall der lukrativen »Organspenden« – im wahrsten Sinne des Wortes zum Schlachthof geht. Der allgemeine Trend zur Selbsthilfe ist da nur logisch, und immer mehr Menschen kümmern sich inzwischen selbst um ihre Angelegenheiten. Der eigene gesunde Menschenverstand ist dem von Bankern, Ärzten und anderen »Experten« zunehmend überlegen. Denn es kommt ja nicht nur auf das Wissen an, sondern auch auf die Moral und die Motivation.

Das ganze Leben ist ein Video!

Der Skiunfall des Formel-1-Rennfahrers Michael Schumacher, der Anfang 2014 die Titelseiten beherrschte, hat ein Schlaglicht auf die Nutzung von sogenannten Helmkameras geworfen: Wo soll das alles hinführen? Denn Kameras sitzen nicht nur auf Helmen, sondern bekanntlich auch in Telefonen, Computern, USB-Sticks, Stiften, Autoschlüsseln, Schlüsselanhängern, Knöpfen, Krawatten, Armbanduhren, Brillen, Spielzeugmodellen, Schminkspiegeln, Taschentuchboxen, Bilderrahmen, Headsets, Weckern und anderen Gebrauchsgegenständen. Ja, sogar in Kontaktlinsen sollen künftig Kameras untergebracht werden. Kurz und gut: Videokameras schrumpfen quasi vor unseren Augen auf Streichholzkopfgröße – oder auf noch kleinere Abmessungen. Da Kameras zudem immer billiger werden, wird unsere Umwelt immer mehr von ihnen »verschmutzt«. Nichts leichter, als irgendwo eine kleine Kamera zu hinterlassen, sei es bei der Freundin, der Nachbarin oder auch bei der geschäftlichen Konkurrenz, und die Bilder und Tonaufnahmen bei nächster Gelegenheit mit dem Apparat abzuholen. Kameras verändern unser gesamtes Leben. Unsere Umwelt bekommt tausend Augen, und die ganze Welt wird durchsichtig. Wände sind keine Wände mehr, Türen keine Türen. Es gibt keinen Raum mehr, der unbeobachtet bliebe und vor den immer unauffälligeren Kameraaugen geschützt wäre. Paranoid? Eigentlich nicht: Während ich diese Zeilen schreibe, blickt mich zum Beispiel die Kamera meines Computers an. Ich sollte sie mal abkleben.

Denn prinzipiell könnten Hacker oder der Staat die Kamera von außen einschalten, auch ohne dass die Kontrolllampe aufleuchtet.

Furz oder Irrsinn

Das ganze Leben ist ein Video. Wir filmen und werden gefilmt, wir werden Kameramann und Hauptdarsteller in einem. Schon bald blicken sich die Menschen mit ihren Google-Glass-Brillen an und streamen alles live ins Internet. Die Kameras verändern unser Verhalten. Sie reißen uns aus unserem Privatleben und heben uns auf eine Bühne – zum Leidwesen von Kriminellen und zur Freude aller narzisstisch Gestörten. Bei keiner einzigen Handlung kann man in Zukunft noch davon ausgehen, unbeobachtet zu bleiben. Deswegen werden herkömmliche Formen der Kriminalität wahrscheinlich abnehmen. Bestimmte Handlungen werden wir also in Zukunft unterlassen, während wir andere extra für die Kameras unternehmen, zum Beispiel mit Flügelanzügen von Felsen springen oder ohne Sicherung auf Antennenmasten klettern. Es gibt immer mehr Handlungen, die nur wegen YouTube unternommen werden, wie extrem oder nicht extrem sie auch sein mögen. Schon gibt es »Extremsportarten«, die durch die Kameras geprägt wurden und werden. Kameras bringen Menschen dazu, Dinge zu tun und zu lassen, die man sonst nicht tun oder lassen würde, quantitativ und qualitativ. Sie verändern unsere Handlungen, unser Verhalten und schließlich auch unsere ganze menschliche Existenz. Der Mensch wird sich nie mehr alleine fühlen können und immer narzisstischer um sich selbst kreisen. Wir werden es mit neuen Generationen von selbstverliebten Egomanen zu tun bekommen, die jeden sprichwörtlichen Furz von sich auf YouTube stellen und ihr eigenes Leben als Show produzieren. Und wenn sie sich gerade nicht filmen, werden sie sich fragen, ob es diese oder jene Geste nicht wert gewesen wäre, ins Internet gestellt zu werden.

Kaspar Hauser 2.0

Ein weiterer digitaler Trend ist der Trend des zweiten Gesichts. Die Menschen blicken sich nicht mehr gegenseitig an – jedenfalls nicht mehr direkt, sondern nur noch durch Displays. Wer sich einmal in einer U- oder S-Bahn umsieht, wird feststellen, dass die allgegenwärtigen Handy-Displays dem Gesicht des Gegenübers längst die Schau gestohlen haben. Die leuchtenden animierten Displays haben das bewegliche menschliche Gesicht ausgestochen. Da sie intensivere optische Reize bieten als die Physiognomien anderer Menschen, starren wir lieber in Displays, als unsere Gegenüber anzusehen – seien es nun Fremde oder die eigenen Familienmitglieder. Betrachtet man einen typischen Familienabend, dann stellt man fest, dass man entweder Fernsehen guckt oder auf den Laptop oder in das Handy- beziehungsweise Tablet-Display schaut. Nun haben das schon viele bedauert. Die Implikationen sind jedoch weitreichender als bisher angenommen. Immer mehr Menschen kommunizieren immer öfter nicht mehr mit einem menschlichen, sondern mit einem zweiten, künstlichen Gesicht, und zwar in Farbe. Und das Beste ist: Man kann das zweite Gesicht auch zärtlich berühren – entweder durch zartes Tippen oder Darüber-Streichen –, und es reagiert. Der Mensch verliebt sich in diese betörenden elektronischen Gesichter und berührt sie zärtlich wie das Antlitz einer Geliebten. Berühren wir unseren »Touchscreen« nicht schon jetzt häufiger als einen geliebten Menschen? Wo wird das hinführen? Wie verändert dieses Verhalten unsere Selbst- und Fremdwahrnehmung und unser soziales Verhalten? Wie werden unsere Gehirne auf die andere »Mimik«

von künstlichen Benutzeroberflächen reagieren? Was ist ein natürliches menschliches Gesicht gegen Android 4.0 oder die bunten Kacheln von Windows 8.1? Tatsächlich werden wir immer mehr zu elektronischen Kaspar Hausern werden, die mit dem Antlitz eines Menschen nichts mehr anfangen können – insbesondere dann nicht, wenn sie schon mit Displays aufgewachsen sind. Bereits heute wacht an manchem Kinderbett statt der Augen der Mutter eine Kamera.

Das Spiegelbild der Diktatur

Letztes Thema: Wenn eine Diktatur in den Spiegel sehen könnte, was würde sie da sehen? Nun, natürlich würde sie sich selbst sehen, also eine Diktatur. Richtig – aber mit einem kleinen Unterschied: Alles wäre spiegelverkehrt, also »andersherum«; links wäre rechts, und rechts wäre links. Nehmen wir zum Beispiel das Dritte Reich. Das Dritte Reich war schlecht: die Rassenpolitik, die Familienpolitik, die Erziehung, das Männerbild, die Frauenrolle, der Führerkult usw. Was haben die Menschen also nach dem Zweiten Weltkrieg getan? Sie fingen an, genau das Gegenteil von dem zu tun, was sie unter den NS-Diktatur gemacht hatten, und hielten das für ehrenwert: An die Stelle von Nationalismus trat Antinationalismus, Selbstverherrlichung wurde verdrängt von Selbsthass, statt Abgrenzung wurden alle Grenzen geöffnet, statt die Familie zu fördern, wurde sie bekämpft, statt Homosexualität zu ächten, wurde sie glorifiziert, Behinderte erfuhren plötzlich »Inklusion« statt Ausgrenzung usw. Mit welcher Folge? Antwort: Unversehens läuft der neue deutsche Staat Gefahr, zu einem Spiegelbild der Diktatur zu werden, die er angeblich hinter sich lassen wollte. Inhaltlich geschieht das genaue Gegenteil, aber es ist ebenso extremistisch, absolut und selbstgerecht. Schon wieder werden Meinungen herausgefiltert und geächtet, nur sind es diesmal die gegenteiligen Meinungen. Schon wieder gibt es Propaganda, nur mit den gegenteiligen Inhalten. Schon wieder wird zum Krieg gehetzt, aber mit anderen Begründungen. Schon wieder wird ein europäisches Großreich gegründet, nur unter gegenteiligen Vorzeichen. Für eine Demokratie halten wir das Ganze nur deshalb, weil alles »genau andersherum« ist. Zwar ist dieses Spiegelbild noch nicht perfekt. Aber immer deutlicher zeichnet sich im Spiegel eine nur allzu bekannte Fratze ab …

BILDNACHWEIS

S. 17 picture alliance/Geisler-Fotopress; S. 55 The Arseniy Yatsenyuk Foundation nach: http://www.theoccidentalobserver.net; S. 58 picture alliance/dpa/EPA/DENNIS M. SABANGAN; S. 68, 75, 79, 197, 214, 273, 274, 297 Computerkartographie Carrle; S. 119 picture alliance/Foodcollection; S. 151 li. picture alliance/AP Photo/Ronald Zak; S. 151 re. picture alliance/Kainerstorfer; S. 184 picture alliance/Sven Simon; S. 217 action press; S. 228 picture alliance/AP Photo/Abbas Dulleh; S. 264 picture alliance/ZUMAPRESS.com; S. 280 picture alliance/Soner Kilinc/Anadolu Agency; S. 321 picture alliance/Photoshot; S. 338 picture alliance/AP Photo/Gerald Herbert

REGISTER

9/11-Attentate 14, 61–65, 68 f., 76, 78, 87 f., 97 ff., 101, 104, 153 f., 270 f., 281, 340 ff.

Abbas, Mahmud 206 ff.
Abbott, Tony 84 f.
Abendzeitung 58
Adolf-Hitler-Platz 17
Afghanistan 14, 87, 99, 153, 253 f., 342
Ägypten 53
Aigner, Ilse 313
Airbus 11
Air-France-Flug AF447 85 f.
Air Mobility Command (AMC) 96
Aktien 184, 192–198, 349 f.
Aktionsbündnis Gegenwind-Oberfranken 309, 313
al-Sabah, Nayirah 322
Alternative für Deutschland (AfD) 169 f., 172 ff., 179–183, 264
Amazonien 316 f.
Ametrano, Joseph 261
Amnesty International 323
Ankara 151
Anonymous Ukraine 33, 35, 101, 104
Arnold, Manja 220
Arzt 350 f.
Ashchurch Army Camp 44–49
Ashton, Catherine 39 ff.
Atlantik-Brücke 199
Atta, Mohammed 65
Atzmon, Gilad 211
Australien 83 ff., 87, 99
Awakow, Arsen 105
Ayrshire Barracks, Mönchengladbach 44, 49

Baade, Lucas 218
Bajc, Sarah 69, 77, 81 ff., 91, 95
Baker & McKenzie 11
Bangash, Zafar 328 f.
Barschel, Uwe 202
Batkiwschtschina (Vaterland) 40
Bauchmüller, Michael 192
Bayerischer Rundfunk (BR) 167 ff.
Bayerischer Verfassungsgerichtshof (VGH) 166 ff.
BBC 290, 324–328
Beck, Volker 109
Bennett, Nafatali 211
Bhutto, Benazir 337
Biedenkopf, Kurt H. 35
Bildung 322–327, 330, 335 ff., 344–348
Binalshibh, Ramzi 76
Black Sea Trust 53 f.
Bociurkiw, Michael 282 f., 289
Boeing 11, 87
Bohomolez, Olha 39 f., 42
Boko Haram 119, 154, 246, 323

Bönte, Bernd 29
Brasilien 61, 228
Bregolat, Eugenio 188
BRICS 61, 99
Brown, Gordon 330
Brzezinski, Zbigniew 11, 101
Bulgarien 17
Bundesverfassungsgericht 32, 58
Burchard, Dieter 234
Bush, George H. W. 78, 340 ff.
Bush, George Prescott 342
Bush, George W. 63, 78, 114, 222, 339 ff.
Bush, Jeb 78, 339, 341 f.
Bush, John Ellis »Jebby« junior 342
Bush, Marvin 78
Bush, Marvin P. 342
Bush, Neil M. 342
Bush, Walker 342

Camp Justice 93, 96
Campos, Eduardo 228
Cantley, Lewis 127
CDU 27, 34, 173 f., 345
Ceaușescu, Nicolae 290
Celente, Gerald 30
Centers for Disease Control (CDC) 238
Central Intelligence Agency (CIA) 87 f., 102, 333
Chan, Margaret 238
Chatham House 54
Chemotherapie 125, 134, 137, 141 ff.
China 15, 60 f., 87, 98 ff., 185–191, 246 f., 343
Church of England 217
Clark, Gregory 187 ff.
Clinton, Bill 186 f., 340
Clinton, Hillary 112 f.
Council on Foreign Relations (CFR) 327 f.
Creighton, Scott 325 f.
Crousaz, Pascal de 208
CSU 167, 170, 173 f.
Cyrus, Miley 114

Daley, Richard J. 116 f.
Daley, Richard M. 117
Daley, William 117
Danon, Danny 212
Dansk Folkeparti 172
Dassault 11
Defense Advanced Research Projects Agency (DARPA) 240
Demokraten (USA) 339 f.
Deutsche Krebshilfe 134, 137, 139
Deutscher Aktienindex (DAX) 192 ff.
Deutscher Fußball-Bund (DFB) 19 f.
Deutsches Krebsforschungszentrum (DKFZ) 120 f., 145
Diät, ketogene 140–145
Dickinson, Mark 80 f.
Diego Garcia (Militärstützpunkt) 66, 74–78, 83, 88, 90, 92 f., 95 f., 100

Diktatur 356 f.
Draghi, Mario 194, 196, 350
Dutch Safety Board (DSB) 265, 291
Dweik, Aziz 209

Earnshaw, Graham 188
Ebola 217, 228–247
Edathy, Sebastian 32
Edelman 334 ff.
Edelman, Daniel 334
Eibe, Joachim 220
Eichelmann, Ulrich 315 f., 318
Ellick, Adam B. 327 ff.
Elsässer, Jürgen 182
Energie, regenerative 308–320
Englisch, Andreas 149 f.
Epidemic Intelligence Service (EIS) 238
Erdoğan, Recep Tayyip 39
Ethik 344 ff.
Europäische Kommission 321
Europäische Union (EU) 17, 24 f., 32, 50 f., 54, 60, 119, 176–180, 191, 201, 225 f., 237, 321 f., 346
– Kritiker 170–183
Europäischer Auswärtiger Dienst (EAD) 182
Europäischer Gerichtshof 119
Europäischer Stabilitätspakt (ESM) 58
Europaparlament 172, 175, 179, 181 f., 321
Europawahl 32, 151, 169–183
European Medicines Agency 237

Fahrenschon, Georg 194
Fashanu, Justin 23
Fatah 206 ff., 213
FDA 239
FDP 167, 174 f.
Federal Reserve Bank 17
Fenbert, Karin Maria 156
Finanzkrise (1929) 195
Flade, Martin 31
Foley, James 228, 247 ff., 302
Fonvielle, Dominique 290
FPÖ 172
Frankreich 171, 175
Franz-Ferdinand von Österreich-Este 184, 268
Franziskus, Papst 58, 106
Frazier, Mondo 115
Freescale Semiconductor 59
Frenkel, Naftali 205, 211
Friedhof für lesbische Frauen 119
Friedrich, Hans-Peter 32
Friedrich-Ebert-Stiftung 26
Friedrich-Naumann-Stiftung 26
Front National (FN) 172, 175, 179 f.

Gärtner, Markus 350
Gates, Bill 54, 200
Gender Mainstreaming 20, 158 ff., 162, 165, 192, 344
Genscher, Hans-Dietrich 51
George, Francis 152, 155
German Marshall Fund (GMF) 54
Ghana 217

Gilead Sciences 230 f.
Gillmann, Ingolf 203
Girkin, Igor 281 ff., 289
GlaxoSmithKline 232
Glosser, Matthew B. 116 f.
Goethe, Johann Wolfgang von 229
Goldman Sachs 196
Google Maps 17
Gore, Al 340
Graf, Petra 230
Graužinienė, Loreta 36
Grayson, Carol Anne 336
Greenpeace 184
Gresh, Jason P. 102
Greulich, Reinhard 219
Großbritannien 56 f., 78 f., 83, 99, 171, 175 f., 238, 264, 326
– Panzermobilmachung 32, 43–52
Grüne 48, 167, 174 f., 312 f.
Guinea 229, 243 ff.
Gurlitt, Cornelius 119

Hagelüken, Alexander 193 ff.
Haider, Jörg 202
Haiti, Henri Arihano 151
Hamas 206 ff., 211 ff., 215, 228
Hamdallah, Rami 207
Hamid, Fariq Abdul 59, 72
Hammond, Philip 47
Hanns-Seidel-Stiftung 26
Harbinger Group 78
Hartmann, Ludwig 313
Hasankeyf 318
Haslinger, Josef 201
Heiligsprechung 119, 146–150
Heinrich-Böll-Stiftung 26
Heinz, Franz X. 242
Hendricks, Barbara 109
Henkel, Hans-Olaf 182
Herbert, Ulrich 201
Herrhausen, Alfred 202
Herzog, Roman 35
Hesse, Albrecht 169
Hill & Knowlton 323
Hishammudin, Datuk Seri 87
Hitzlsperger, Thomas 15, 17–23, 158 f.
Hochhardt, Josef 220
Hoeneß, Uli 58, 166
Hoffmann-La Roche 145, 231, 233
Holmes, Ian 44 f.
Homosexualität 15, 17–23, 58, 106–118, 157 f.
– Friedhof 119
Homs 151
Hopsicker, Daniel 341
Hou Dejian 189
Houston, Angus 84 f.
Huber, Karl 167 f.
Human Rights Campaign 107
Hunter, Timothy 261
Huntington, Samuel 328
Hussein, Saddam 340

Ibrahim, Anwar 70
ICAO 292
Indien 61
Inmarsat 78–82, 85
Introvigne, Massimo 152

Irak 14, 87, 99, 153 f., 222, 247 f., 322 f., 340, 343
Iran 39, 60 ff., 64 ff., 98 ff., 185, 216, 343
IS/ISIS 154, 246 ff., 264
Ishtiaque, Madeeha 326 f.
Islamismus 152–156, 252, 264, 271, 323
Israel 62, 99, 184, 205–217, 228
Istanbul 151

Jackson, Michael 114
Janukowytsch, Wiktor 24 ff., 32, 34, 37, 40, 52, 60, 271
Jasinna 221
Jazenjuk, Arsenij 32, 52–56, 60, 224, 271
Jebsen, Ken 221
Johannes Paul II., Papst 146–150
Johannes XXIII., Papst 146
Joint Agency Coordination Centre (JACC) 84 f.
Jolie, Angelina 335
Jonathan, Goodluck 17
Jonavičius, Laurynas 36 ff., 40
Jones, Olivia (alias Oliver Knöbel) 109
Jostmeier, Werner 34
Juan Carlos, König von Spanien 184
Juncker, Jean-Claude 13 f., 269, 321
Junge Alternative 170
Jürgens, Udo 164
Juschtschenko, Wiktor 25, 40

Kaczynski, Lech 62, 279
Kaeser, Joe 199 f.
Kakar, Abdul Hai 325 ff.
Kameras 353 f.
Kannengießer, Christoph 244
Kartopolow, Andrey 273
Katholizismus 150–157, 346 f.
Kelly, Natália 164
Kennedy, John F. 63, 117, 270
Kersten, Stephan 168
Khattack, Tariq 334
Kieny, Marie-Paule 237
KIRCHE IN NOT 156
Kleber, Claus 199, 202
Klimaschutz 307–320, 344
Klitschko Management Group GmbH (KMG) 27, 29 f., 43
Klitschko, Vitali 24 f., 27–38, 40 ff., 52, 60, 101, 226, 343
Klitschko, Wladimir 27 ff., 31
Knobloch, Peggy 119, 166
Koch, Marianne 40
Kohl, Helmut 352
Kohlendioxid (CO_2) 192, 264, 308, 315, 317
Köhler, Horst 35
Kölmel, Bernd 182
Kolyarny, Oleg 103 f.
Kongregation der Kleinen Schwestern der Katholischen Kreißsäle 149
Konrad-Adenauer-Stiftung (KAS) 26 ff., 34 ff., 54, 60
Krausser, Helmut 352
Kräutler, Erwin 317

Krebs 16, 119–146
– Diät 119, 137, 140–146
Kretschmann, Winfried 312
Krieg 343
Krim 13, 15, 57 f., 60, 99, 101 f., 105, 182, 226
Krisendarsteller 250–258, 261 ff., 301 ff.
Krivonis, Vasil 102 ff.
Kuba 62 f.
Kuda Huvadhoo 73, 75, 79
Kulac, Ulvi 119, 166
Ky, Murat 219

Lagarde, Christine 11 ff., 97, 266 f., 269
Lahm, Philipp 228
Landsman, Jonathan 136
Lange, Nico 27
Lanza, Adam 259 f.
LeafBio 240
Lebowitsch, Aaron 196, 349
Leeb, Hermann 168
Lego 192
Leitner, Michael 236, 238 ff.
Lemnitzer, Lyman 62
Lenin, Wladimir Iljitsch 26
Lettland 17
Leyen, Ursula von der 253
Liberia 229, 243 ff.
Libyen 14 f., 51
Linke 174
Lippmann, Walter 249
Litauen 36 f., 40 f.
Lockheed Martin 11
Longo, Valter 142 f.
Löscher, Thomas 234
Lucke, Bernd 179 ff.

Mais 319
Maischberger, Sandra 109
Malala-Stiftung 335
Malaria 233 ff., 239
Malaysia-Airlines-Flug MH17 15, 217 f., 222 ff., 228, 250, 264–307
– Absturzstelle 276–286, 296, 298 f., 303 f.
– Formalingeruch 284 f., 288, 290, 300
– Leichen ohne Blut 281–285, 288, 290, 293 ff.
– Route 272 ff., 305
– Vögel 287 f.
Malaysia-Airlines-Flug MH370 15, 58–101, 265, 267 f., 272, 299 f.
Malkmus, George 143 f.
Mapp Biopharmaceutical 240
Maschal, Chalid 215 f.
Mathews, Jay 185 ff.
McCain, John 272
McCray Rincon, Jennifer 256
Medwedew, Dmitri 51
Meisner, Joachim 156
Merk, Beate 167
Merkel, Angela 17, 24 f., 27, 32 ff., 37, 43, 52, 109, 220, 226
Mesopotamien 318, 320

Middle East Forum 248
Migräne 123 f.
Miller, Wally 281
Mixa, Walter 156
Mohamad, Mahathir 86 f.
Mohammed, Khaled Sheikh 76
Mollath, Gustl 166
Möllemann, Jürgen 202
Moninger, Jochen 243
Monroe, Marilyn 114
Mossad 64 f., 205, 210 f., 216
Müller, Gerhard Ludwig 153, 156
Müller, Klaus-Peter 35
Mullis, Kary 236

Nannini, Gianna 119
Narkolepsie 232 f.
National Endowment for Democracy 54
NATO 25, 32, 36, 50–57, 60, 174, 191, 200, 224, 226, 253, 270 f., 321, 343
NATO Information and Documentation Centre (NIDC) 54
Naturschutzbund Deutschland 312
Naumann, Klaus D. 35
Netanjahu, Benjamin 205, 207 ff., 215
Neue Koalition (Ukraine) 40 f.
Neuwirth, Thomas (»Conchita Wurst«) 15, 151, 157–165
New Development Bank (NDB) 61
Newtown, Massaker in 258 f., 261 ff.
Nigeria 14, 17, 119, 154, 229 f., 246
Normand, Marie Simon-Pierre 147 ff.
NSA-Untersuchungsausschuss 119
NSU 166 f.
Nuland, Victoria 39
Nuvoloni, Pietro 22

Obama, Barack 11, 39, 58, 101, 106–118, 246 f., 262, 322, 334, 339, 341
Obama, Barry jr. 117
Obama, Malia Ann 115
Obama, Michelle 110, 113, 115 ff.
Obama, Natasha 115
Oder, Slawomir 148
Odessa, Brandmassaker in 151
Open Ukraine 53, 55 f.
Operation False Flag 58, 101–105
Operation Northwoods 62, 66, 69, 99, 104
Orwell, George 14, 52, 191

Paet, Urmas 39 ff.
Pakistan 323 ff., 329 ff., 333, 336 f., 341
Palästina 14, 205–215, 228, 321, 343
Pandemie 233 f., 237 f.
Pandemrix 232 f.

Pardo, Tamir 210 ff.
Parker, Robbie 261
Parkinson 147 ff.
Pasquale, Mauro di 144
Pearce, Rupert 80
Pentagon 102, 238 ff., 246
Peters, Deborah 323
Pfizer 134, 334
Pistorius, Oscar 264, 321
Pius IX., Papst 147
Polland, Ronald J. 114
Pope, Mia Marie 107 f., 110
Protsyk, Igor 102
Putin, Wladimir 57, 60, 190 f., 217 f., 220–227, 266, 268, 271

Quest, Richard 80

Ramin, Stefan 151
Rasmussen, Anders Fogh 321
Ratiu, Gheorghe 291
Reagan, Ronald 51
Rehman, Fazlur 333
Reich-Ranicki, Marcel 200, 202
Religionskrieg 151–157
Republikaner (USA) 338–342
Reynolds 217
Ricci, Jay 143
Riesending-Höhle 184
Rivers, Joan 118
Robathan, Andrew 49
Robert Koch-Institut (RKI) 230, 234
Roberts, Paul Craig 51
Robertson, Laurence 49
Robinson, Fraser III 116 f.
Robinson, Marian Shields 116 f.
Robinson, Michael LaVaughn 116
Rockefeller 54
Ross, Michael 64 f.
Rosser, David 331
Rousseff, Dilma 228, 321
Royal Institute of International Affairs (RIIA) 54
Rumänien 17, 290 f.
Rumsfeld, Donald 231
Rundfunkabgabe 151, 166 ff.
Russland 11, 13, 15, 24 ff., 43, 50 ff., 56 ff., 60 f., 98–103, 105, 181 ff., 190 f., 204, 218–228, 246, 265 f., 268, 270 ff., 291 f., 343

Sarajevo-Attentat 184
Schausten, Bettina 179 ff.
Schavan, Annette 58
Schewardnadse, Eduard 51
Schirrmacher, Frank 16, 184, 199–205
Schmidt, Helmut 348 f.
Schmiedel, Claus 312
Schöneberger, Barbara 162
Schottland 264
Schumacher, Michael 18, 353
Schweden 195, 232, 321
Schweinegrippe 231 f., 236
Schweiz 32
Securitate 291
Sehrbrock, Ingrid 35
Seibert, Steffen 34
Seligsprechung 147 f.

Shaar, Gilad 205, 211
Shah, Zaharie Ahmed 59, 76, 88
Shahid, Shiza 329, 332, 335
Shanghai Cooperation Organization (SCO) 61
Sieben 12 f., 97, 267, 269
Sierra Leone 229, 235, 243 f., 247
Simmons, John 256
Sinclair, Larry 110 ff.
Sinn, Hans-Werner 311
Soetoro, Barry 108
Sommer, Ron 196, 349
Sophie, Herzogin von Hohenberg 184
Sowjetunion 50 f., 190 f.
SPD 167, 170, 174
Spiegel 217–227
Stamm, Barbara 168
Starbatty, Joachim 182
Staudämme 316 ff.
Steinfeld, Thomas 205
Steingart, Gabor 204
Steinmeier, Frank-Walter 174
Stolte, Dieter 35
Stoltenberg, Jens 321
Stone, Oliver 270
Strauß, Franz Josef 171
Südafrika 61, 65
Sun Tsu 48
Supply & Service Team (SST) 252
Swoboda (Freiheit) 40
Syrien 14 f., 60 f., 99, 151, 190, 216, 246, 248, 343

Taliban 322–330, 333 f., 337
Tamiflu 230 f.
Tan Daoji 104
Tarasenko, Paschko 103
Tebartz-van Elst, Franz-Peter 58, 153, 156 f.
Tekmira Pharmaceuticals Corporation 239
Telekom 196 f., 349
Teltschik, Horst 35
Teufel, Erwin 35
Thailand 17
Thea Meulenberg Casting 250, 302
Theile, Charlotte 192
Tiananmen-Massaker 15 f., 184–191
Tietmeyer, Hans 35
Timoschenko, Julia 40
Tjagnibok, Oleg 40
Tracy, James 262
Transsexualität 15, 20, 107, 109, 118, 158, 165
Tumor *siehe* Krebs
Türkei 318, 343
Turtschniow, Alexander 272
TV-Zwangsabgabe 151, 166 ff.

Ukraine 13, 15, 17, 24–43, 50–57, 60 f., 99, 101 f., 104 f., 151, 178 f., 181 ff., 217, 221 f., 224, 226, 228, 268, 307, 338, 341, 343 *siehe auch* Malaysia-Airlines-Flug MH17

Ukrainische Demokratische Allianz für Reformen (UDAR) 27, 33 f., 40
United Airlines 78, 341
United Kingdom Independent Party (UKIP) 172, 175, 179 f.
USA 11, 56 f., 62, 78 f., 83, 99, 105, 195, 199, 208, 246 f., 252 f., 323, 328, 331, 333 f., 338–342
US-State Department 54

Van Der Beek, David Lory 262 f.
Vereinte Nationen (UN) 182, 211, 213 ff., 264, 307, 330, 337
Visionbox 255 ff.
Vodafone 184
Vogel, Bernhard 35
Vogelgrippe 230, 233
VoiceStream 196
Vorratsdatenspeicherung 119

Waigel, Theo 196 f., 349
Walter, Tanja 146
Washington Dulles Airport 78, 341
Weiß, Manfred 168
Weltgesundheitsorganisation (WHO) 120, 228 f., 233, 237 f., 240–245
Weltklimarat 322
Weltsicherheitsrat 264
Westerwelle, Guido 109
Wiestler, Otmar 120 f.
Wilders, Geert 172
Windkraftanlagen 308–314, 346
Wood, Philip 69, 77, 91–95
World Cancer Research Fund 135
World Trade Center 78, 341 f. *siehe auch* 9/11-Attentate
Wowereit, Klaus 109, 228
Wu'er Kaixi 185
Wulff, Christian 32
Wunderheilung 146–150
Wurst, Conchita *siehe* Neuwirth, Thomas

Xiaoping Li 189
Xingu 316 f.

Yeffet, Isaac 66
Yellen, Janet 17
Yifrach, Eyal 205, 211
Yokota Airforce Base 95 f.
Young, Donald 112
Young, Norma Jean 112
Yousafzai, Malala 321–337
Yousafzai, Ziauddin 325

Zapata Corporation 78
Zechner, Kathrin 165
Zentralbanken 198, 349 f.
ZMapp 240
Zucker 127–134, 136–142, 145
Zwanziger, Theo 19 ff.

LES TIRAGES *DU FRANC-JEU*

Voici trois méthodes pour consulter l'oracle *Franc-jeu*. Le but du jeu est de recevoir des conseils et des réponses rapides et directes. Tu bénéficieras ainsi d'une guidance franche, qui ne tourne pas autour du pot et qui te fera rire... ou pas !

Ces méthodes de tirage sont des points de départ pour explorer l'univers de l'oracle, mais il est important de rester à l'écoute de ton intuition et de tes ressentis. Donc adapte ces méthodes selon tes envies ou besoins tout en restant simple et direct.

1/ TIRAGE TAC-AU-TAC

Ce tirage te propose d'avoir une réponse immédiate et claire à ta question ou à celle de ton consultant.

Commence par mélanger ton oracle puis étale-le devant toi. Ensuite pense à ta question et laisse ton intuition piocher une carte au hasard.

Pour une question fermée (à laquelle on ne peut répondre que par « oui » ou par « non »), il suffit de te référencer à la couleur de la carte.
Les cartes bleu ciel et bleu foncé ont une tendance positive.
En revanche, les cartes orange et rouges ont quant à elles une tendance négative.
Quant aux cartes grises, elles tendent vers un « peut-être ».

EXEMPLE

Question : « Vais-je décrocher cet entretien ? »
Réponse : carte bleu foncé, c'est donc un **oui**.

Question : « Mon ex-compagnon va-t-il revenir ? »
Réponse : carte rouge, c'est donc un **non**.

Question : « Vais-je avoir mon permis ? »
Réponse : carte grise, c'est donc un **peut-être**.

CARTE BLEUE, C'EST UN OUI !

2/ LE CONSEIL FRANC DU JOUR

Ce tirage te propose de recevoir chaque jour un conseil du Spiritualiste.

Commence par mélanger ton oracle et étale-le devant toi, puis choisis une carte au hasard.

Tu n'as plus qu'à te référer au livret pour lire ton conseil du jour. Ce dernier te permettra d'obtenir une vision externe sur une situation, ce qui est toujours bénéfique si des décisions doivent en découler.

EXEMPLE

Une situation te chagrine et tu aimerais avoir un conseil franc et direct. Ainsi, demande au Spiritualiste et laisse son conseil mûrir dans ton esprit.

Situation : « Je suis anxieux concernant mon travail. »

Le conseil du Spiritualiste : les doutes font partie de la vie et il est normal d'en avoir. C'est comme ça que l'on évolue. Pour autant, ne les laisse pas te paralyser. Au lieu de te laisser envahir par l'incertitude, prends du recul et analyse la situation de manière rationnelle. Mais n'oublie pas, il n'y a pas de réponse parfaite. Écoute-toi et tranche une bonne fois pour toutes. Il n'y a pas de mauvais choix. Et puis bon, les doutes ne sont que des pensées, pas des faits incontournables.

LE FRANC-JEU
35
DOUTE

3/ LE TIRAGE DROIT AU BUT

Ce tirage à 3 cartes te propose de voir avec clarté ta problématique, le conseil associé et la finalité de la situation.

Commence par mélanger ton oracle, puis étale-le devant toi. Choisis ensuite 3 cartes seulement et dispose-les en ligne verticale.

La carte 1 (celle du bas) représente **ta problématique**.

La carte 2 (au milieu) te donne **un conseil** concernant ta problématique.

La carte 3 (celle du haut) représente la **finalité de ta situation**, ce qu'il en découlera.

EXEMPLE

Question : « Dois-je avoir confiance en cette personne ? »

Carte 1 : Doute (tu es actuellement dans une période de confusion et de questionnements).

Carte 2: Peur (on te conseille de ne pas laisser tes peurs prendre le dessus).

Carte 3 : Confiance (elle t'invite à avoir foi en cette personne).

PROBLÉMATIQUE

CONSEIL
SUR TA PROBLÉMATIQUE

FINALITÉ

1
ABONDANCE

2
JOIE

3
VICTOIRE

4
TRANSFORMATION

5
LIBÉRATION

SIGNIFICATION DES CARTES
TRÈS POSITIVES

1. ABONDANCE 17
2. JOIE 20
3. VICTOIRE 23
4. TRANSFORMATION 26
5. LIBÉRATION 29

1. ABONDANCE *CARTES TRÈS POSITIVES*

MOTS-CLÉS

- ***COMPLÉTUDE***
- ***RESSOURCES ILLIMITÉES***

GÉNÉRAL

Cette carte indique que tu te trouves dans une période de grande prospérité et de générosité. Elle annonce une aisance procurée par des ressources importantes, quelles qu'elles soient. Elle annonce de très bonnes choses à venir dans n'importe quel domaine de ta vie. Tu es empli·e d'un sentiment de sécurité et de confort.

FINANCIER

Elle annonce une période de prospérité. Tu peux t'attendre à des rentrées d'argent inattendues ou à de meilleures opportunités financières. Veille à gérer tes ressources avec sagesse et reste conscient·e de tes dépenses afin de maintenir cette abondance.

SENTIMENTAL

Tu es entouré·e d'amour et de soutien, ta relation est empreinte de confiance et de respect mutuels. C'est le moment de cultiver cette abondance émotionnelle et de faire grandir l'amour entre ton·ta partenaire et toi. Si tu es célibataire, reste attentif·ve, une rencontre pourrait bien arriver dans les jours à venir.

PROFESSIONNEL

Elle signifie que de nombreuses opportunités pourraient se présenter à toi. L'avenir de ta carrière s'annonce de très bon augure et te promet des expériences enrichissantes. Sois attentif·ve aux signes sur ton chemin, ils indiquent que tu es sur le point d'atteindre tes objectifs professionnels.

BIEN-ÊTRE

Elle rappelle de prendre soin de toi et de nourrir ton corps, ton esprit et ton âme. Accorde-toi des moments de détente et de plaisir. Tu sembles avoir conquis un parfait équilibre physique et mental. Veille à t'entourer de personnes qui alimentent cet état d'abondance personnelle.

SPIRITUEL

Tu es connecté·e à une source infinie d'amour et de sagesse. Tu as accès à une richesse spirituelle profonde qui peut t'apporter un sentiment de complétude. Prends le temps de méditer, de te connecter à ton intuition et d'explorer ta spiritualité pour accroître cette abondance.

Le conseil du Spiritualiste : ah ! L'abondance, le rêve de beaucoup ! Pour l'atteindre, commence par comprendre qu'elle se produit d'abord à l'intérieur de toi. L'Univers ne te donne pas ce que tu veux, mais il te donne ce que tu es.
Et puis la vraie richesse se trouve dans les moments de joie, pas dans le nombre de chiffres sur ton compte en banque.

2. JOIE CARTES TRÈS POSITIVES

MOTS-CLÉS

- ***BONHEUR***
- ***POSITIVITÉ***

GÉNÉRAL

Cette carte indique que des moments de bonheur et de joie sont à venir dans ta vie. C'est le moment de profiter de ces instants de positivité et de les partager avec tes proches.

FINANCIER

Cette carte indique que tu pourras connaître une période d'aisance financière. Cependant, il est important de rester prudent·e et de gérer tes ressources avec sagesse pour maintenir cette stabilité.

SENTIMENTAL

Tu partages une période de bonheur et de complicité avec ton·ta partenaire. Votre relation sera épanouissante et vous pourrez vivre des moments de joie et de complicité ensemble. Si tu es célibataire, tu sembles traverser une période de légèreté et tu te laisses volontiers porter par ces énergies de joie.

PROFESSIONNEL

Elle annonce des réussites et des accomplissements. Ton travail sera gratifiant et tu pourras voir les fruits de tes efforts. Profite de cette période pour t'épanouir dans ta carrière.

BIEN-ÊTRE

Cette carte met en avant ton bien-être global. Tu te sentiras énergique, positif·ve et enthousiaste. C'est le moment idéal pour prendre soin de toi, t'adonner à des activités qui te font plaisir et cultiver ta joie de vivre.

SPIRITUEL

Elle représente une connexion profonde avec ton être intérieur. Tu ressentiras un sentiment de paix et de plénitude. Profite de cette période pour te connecter à ta spiritualité et cultiver la gratitude.

Le conseil du Spiritualiste : si tu veux vraiment être heureux·se, arrête de te soucier de ce que pensent les autres. Danse comme si personne ne regardait et chante à tue-tête même si tu chantes comme une casserole.
Laisse aller ta folie et profite de chaque instant avec un grand sourire, même si les autres te prennent pour un·e échappé·e de l'asile de fous !

3. VICTOIRE *CARTES TRÈS POSITIVES*

MOTS-CLÉS

- ***RÉUSSITE***
- ***SUCCÈS***

GÉNÉRAL

Cette carte indique que tu vas triompher sur une situation ou face à un défi. Tu atteindras tes objectifs et remporteras la victoire.

FINANCIER

Elle indique que tu vas connaître une période de prospérité financière. Tes investissements seront fructueux et tu pourras profiter de stabilité et de sécurité financière. C'est le moment idéal pour tenter ta chance aux jeux de hasard.

SENTIMENTAL

Cette carte annonce une période de bonheur et d'harmonie dans tes relations amoureuses. tu peux t'attendre à des moments de joie et d'épanouissement dans ta vie sentimentale. En couple ou célibataire, cette carte annonce de bonnes nouvelles concernant tes demandes.

PROFESSIONNEL

Elle suggère que tu vas réussir dans ta carrière. Tes efforts et ta détermination seront récompensés et tu pourras célébrer tes succès. Que tu aies demandé une augmentation, une promotion ou une mutation, une victoire arrive à toi.

BIEN-ÊTRE

Elle annonce une période de vitalité et d'énergie positive. Tu te sentiras fort·e et plein·e de confiance en toi, ce qui contribuera à ton bien-être physique et mental.

SPIRITUEL

Cette carte symbolise ta connexion à ton moi spirituel. Tu vas atteindre une compréhension plus profonde de toi-même et de ton chemin spirituel. Tu es sur le point de remporter des victoires intérieures et de trouver la paix.

Le conseil du Spiritualiste : n'oublie pas de faire la danse de la victoire ! Peu importe où tu es, dans le bureau ou au supermarché, lâche-toi et montre au monde ta joie ! Tu as triomphé, alors fais-le savoir avec une chorégraphie digne d'une émission de télé. On verra pour l'humilité un peu plus tard.

4. TRANSFORMATION

CARTES
TRÈS POSITIVES

MOTS-CLÉS

- ***CHANGEMENT***
- ***RENAISSANCE***

GÉNÉRAL

Des changements importants sont en cours dans ta vie. Tu es sur le point de faire une transition vers un nouveau cycle. Sois ouvert·e et prêt·e à embrasser ces changements, car ils pourraient apporter de nouvelles opportunités.

FINANCIER

Une transformation positive de ta situation économique arrive à toi. Cela peut indiquer une augmentation de tes revenus, ou bien une réorganisation de tes finances.

SENTIMENTAL

Cette carte indique de grands changements dans tes relations. Cela peut signifier une rupture, une nouvelle rencontre amoureuse ou une évolution profonde d'une relation. Sois prêt·e à te remettre en question, à laisser les vieilles habitudes et à t'ouvrir à de nouvelles possibilités.

PROFESSIONNEL

Tu es prêt·e à évoluer dans ta carrière. Tu pourrais te retrouver face à de nouvelles responsabilités, à des projets excitants ou même à une reconversion. C'est le moment de t'adapter, de te former et d'explorer de nouvelles voies.

BIEN-ÊTRE

Elle t'encourage à prendre soin de toi et à embrasser de nouvelles habitudes plus saines. Cela peut impliquer de modifier ton alimentation, de commencer une nouvelle activité physique ou de travailler sur ton développement personnel.

SPIRITUEL

Elle indique une période de croissance et d'éveil spirituel. Tu es prêt·e à t'engager dans un chemin de transformation intérieure et à explorer de nouvelles pratiques spirituelles. Sois ouvert·e aux enseignements et aux expériences qui te permettront de te connecter plus profondément à ta spiritualité.

Le conseil du Spiritualiste : qui dit nouveau cycle, dit ménage et tri ! Permets le changement dans tous les domaines de ta vie afin de rester aligné·e. Vois ça comme quand tu changes la décoration, il faut enlever les anciens meubles pour accueillir les nouveaux !

5. LIBÉRATION

CARTES TRÈS POSITIVES

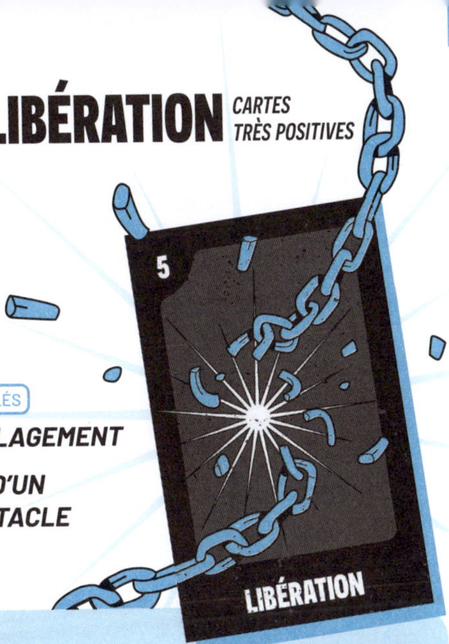

MOTS-CLÉS

- ***SOULAGEMENT***
- ***FIN D'UN OBSTACLE***

GÉNÉRAL

Elle indique que tu es sur le point de te libérer d'une situation ou d'un fardeau qui t'a pesé pendant longtemps. C'est le moment de laisser aller les vieilles croyances ou les schémas de pensées limitants et d'embrasser le changement et la transformation. Tu pourras ressentir un grand soulagement et une nouvelle liberté en te débarrassant des choses qui te retiennent.

FINANCIER

Elle t'encourage à te libérer de dettes, de dépenses excessives ou de schémas de comportement qui t'empêchent d'atteindre une stabilité financière. Il est temps de prendre des décisions éclairées et responsables pour améliorer ta situation financière.

SENTIMENTAL

Tu es prêt·e à te libérer des relations toxiques ou douloureuses. Tu as compris qu'il est temps de te prioriser et de t'entourer de personnes qui te soutiennent. Cela peut indiquer la fin d'une relation qui ne te convient plus ou la possibilité d'une nouvelle rencontre.

PROFESSIONNEL

Tu es prêt·e à t'affranchir des contraintes et des limites qui t'empêchent de réaliser ton plein potentiel. Cela peut signifier prendre des risques, sortir de ta zone de confort et explorer de nouvelles opportunités. Tu pourrais être amené·e à quitter un emploi ou à faire des choix audacieux pour avancer dans ta carrière.

BIEN-ÊTRE

Cette carte t'invite à te libérer des habitudes ou des modes de vie qui ne te servent plus. Il peut s'agir de mauvaises habitudes alimentaires, de pensées négatives ou de routines qui t'épuisent. Tu es encouragé·e à adopter de nouvelles pratiques et à prendre soin de toi.

SPIRITUEL

Elle indique une période de croissance et d'expansion de ta conscience. Tu es prêt·e à te libérer des croyances limitantes et à explorer de nouveaux horizons spirituels. Tu es prêt·e à t'ouvrir à de nouvelles perspectives et de nouveaux mondes.

Le conseil du Spiritualiste : n'aie pas peur de dire non aux choses ou personnes néfastes pour ton bien-être ! Et puis si ça ne plaît pas, laisse ta porte ouverte et indique-leur la sortie.

6
RÉUSSITE

7
AMOUR

8
CRÉATIVITÉ

9
GRATITUDE

10
ÉPANOUISSEMENT

11
GUÉRISON

12
INSPIRATION

13
CONNEXION

14
COURAGE

SIGNIFICATION DES CARTES
PLUTÔT POSITIVES

6. RÉUSSITE 35
7. AMOUR 38
8. CRÉATIVITÉ 41
9. GRATITUDE 44
10. ÉPANOUISSEMENT 47
11. GUÉRISON 50
12. INSPIRATION 53
13. CONNEXION 56
14. COURAGE 59

6. RÉUSSITE *CARTES PLUTÔT POSITIVES*

MOTS-CLÉS

- ***VICTOIRE***
- ***SUCCÈS***
- ***ACCOMPLISSEMENT***

GÉNÉRAL

Cette carte indique que tu es sur la voie de la réussite dans ta vie en général. Elle suggère que tes efforts et tes actions porteront leurs fruits et que tu atteindras tes objectifs. C'est une carte positive qui t'encourage à continuer à persévérer et à croire en toi-même.

FINANCIER

Cette carte indique que tu connaîtras la prospérité et la stabilité financières. Elle suggère que tes efforts en matière de gestion financière seront récompensés. C'est une carte encourageante qui te rappelle de continuer à travailler intelligemment et à prendre des décisions financières avisées.

SENTIMENTAL

Elle indique que tu vivras une relation épanouissante et harmonieuse. Elle suggère que ton couple est solide et que tu trouves le bonheur dans ta relation. Si tu es célibataire, elle est annonciatrice de nouvelles rencontres qui pourraient bien conduire à une histoire passionnelle. Rappelle-toi de l'importance de la communication pour maintenir une relation équilibrée.

PROFESSIONNEL

Elle indique que tu atteindras des succès significatifs. Elle suggère que ta carrière prendra de l'essor. Tu seras reconnu·e pour tes compétences et tes réalisations. Cette carte te rappelle de rester concentré·e sur tes objectifs et de continuer à travailler dur pour atteindre tes ambitions professionnelles.

BIEN-ÊTRE

Cette carte suggère que tu atteindras un état d'équilibre et d'harmonie. Elle indique que tu te sentiras épanoui·e et satisfait·e sur les plans physique et émotionnel. Elle rappelle également l'importance de prendre soin de toi-même et te conseille de trouver un équilibre dans tous les domaines de ta vie.

SPIRITUEL

Elle indique que tu connaîtras une croissance spirituelle et une connexion plus profonde avec ton être intérieur. Elle suggère que tu trouveras la paix et que tu seras en harmonie avec l'Univers. Reste ouvert·e aux enseignements spirituels et suis ton intuition.

Le conseil du Spiritualiste : la réussite, c'est comme un selfie parfait. Tu dois trouver le bon angle, mettre en valeur tes atouts et, surtout, ne pas oublier le filtre de la confiance en toi ! Attention, si tu te prends trop au sérieux, tu risques de te perdre dans les pixels de l'ego.

7. AMOUR *CARTES PLUTÔT POSITIVES*

MOTS-CLÉS

- ***AFFECTION***
- ***SENTIMENTS***
- ***ENTICHEMENT***

GÉNÉRAL

Cette carte indique que l'amour et les relations seront au centre de tes préoccupations. Cela peut signifier que tu seras entouré·e d'amour et de soutien dans ta vie quotidienne. Il est important d'être ouvert·e aux opportunités d'amour et de connexion aux autres.

FINANCIER

Elle indique que tes finances seront influencées par tes relations. Cela peut signifier que tu pourrais recevoir un soutien financier de la part d'un de tes proches. Elle t'invite également à partager cette énergie d'abondance avec ceux que tu aimes. Donne pour recevoir.

SENTIMENTAL

Cette carte souligne que tu peux t'attendre à une période de romance et d'harmonie. Si tu es en couple, cela peut signifier que ta relation sera renforcée et que tu te sentiras plus connecté·e à l'autre. Si tu es célibataire, elle annonce l'arrivée d'une nouvelle personne dans ta vie.

PROFESSIONNEL

Elle suggère que tu pourrais trouver un équilibre entre ton travail et tes relations. Cela peut être le bon moment pour créer des liens avec tes collègues ou bien pour suivre un projet de cœur qui te fait vibrer.

BIEN-ÊTRE

Elle te rappelle l'importance de t'aimer toi-même et de prendre soin de toi. Prends le temps de te connecter à tes émotions et de nourrir tes relations affectives. Accorde-toi des moments de détente et entoure-toi de personnes qui te font du bien.

SPIRITUEL

Elle suggère que tu peux trouver une connexion plus profonde avec toi-même et avec l'autre, à travers l'amour inconditionnel. Cela peut t'encourager à pratiquer la compassion, la gratitude, et à cultiver des relations fondées sur l'amour.

Le conseil du Spiritualiste : l'amour, c'est un peu comme une partie de cache-cache. Parfois, tu cherches désespérément et tu ne trouves personne. Et puis, quand tu t'y attends le moins, bam ! L'amour te saute dessus et te fait chanter du Édith Piaf à tue-tête. L'amour ne se cherche pas, il se présente au bon moment.

8. CRÉATIVITÉ *CARTES PLUTÔT POSITIVES*

MOTS-CLÉS

- ***CRÉATION***
- ***ORIGINALITÉ***

GÉNÉRAL

Cette carte indique que c'est le moment idéal pour exprimer ta créativité et ton originalité. Que ce soit dans ta façon de penser, de résoudre des problèmes ou de te divertir, laisse ta créativité s'épanouir et te guider.

FINANCIER

Cette carte indique qu'il est temps de trouver des moyens créatifs de gérer tes ressources financières. Sois ouvert·e aux idées novatrices pour améliorer tes finances et trouver des solutions originales pour atteindre tes objectifs.

SENTIMENTAL

Elle informe que tu devrais envisager d'apporter une touche de piment à ta relation. Expérimente de nouvelles activités, crée des moments spéciaux et montre ton amour de manière inventive. Si tu es célibataire, cette carte te conseille de faire preuve d'originalité et de laisser exprimer ta créativité. Reste fidèle à ta personnalité.

PROFESSIONNEL

Elle suggère que tu dois explorer de nouvelles idées, approches ou projets. Ta capacité à penser de manière innovante et à trouver des solutions uniques sera valorisée. Utilise ta créativité pour te démarquer et apporter une valeur ajoutée à ton travail.

BIEN-ÊTRE

Elle t'encourage à trouver des moyens créatifs d'améliorer ta santé et ton bien-être. Explore différentes pratiques, découvre de nouvelles activités physiques ou engage-toi dans des passe-temps artistiques. Laisse ta créativité te guider vers un épanouissement total.

SPIRITUEL

Elle t'invite à explorer ta connexion avec le Divin de manière originale et personnelle. Expérimente différentes pratiques spirituelles, médite, écris, crée. Cela te permettra d'approfondir ta compréhension de toi-même.

Le conseil du Spiritualiste : la créativité consiste à oser être différent·e. Ne te préoccupe pas de ce que les autres pensent ou disent. Laisse ton esprit s'épanouir et s'évader dans une multitude d'idées et de possibilités. N'aie pas peur de laisser briller ta lumière créative, et cela même si tes œuvres ressemblent aux dessins de mes neveux.

9. GRATITUDE

CARTES PLUTÔT POSITIVES

MOTS-CLÉS

- ***RENDRE GRÂCE***
- ***RECONNAISSANCE***

GÉNÉRAL

Cette carte t'invite à cultiver une attitude de gratitude envers tout ce qui t'entoure. Elle t'encourage à reconnaître les petites choses qui t'apportent de la joie et à exprimer ta reconnaissance, notamment envers les personnes qui te soutiennent. Pratique la gratitude pour attirer davantage de positivité dans ta vie.

FINANCIER

Elle te rappelle d'être reconnaissant·e pour ce que tu as déjà. Elle t'encourage à adopter une attitude de gratitude envers l'argent et à gérer tes ressources de manière responsable. Cultiver cette gratitude te permettra d'ouvrir la voie à l'abondance.

SENTIMENTAL

Elle t'invite à apprécier et à exprimer ta reconnaissance envers ton·ta partenaire. Si tu es célibataire, elle suggère que tu devrais prendre le temps d'apprécier ta solitude afin de créer une atmosphère d'amour.

PROFESSIONNEL

Elle indique que reconnaître et apprécier les opportunités et les réussites est essentiel. Elle t'encourage à exprimer ta reconnaissance envers tes collègues, tes supérieurs et tes clients. La gratitude t'aidera à créer des relations harmonieuses et à attirer davantage d'opportunités professionnelles.

BIEN-ÊTRE

Cette carte met à l'honneur ton corps, ta santé et ton énergie. Pratiquer la gratitude envers ton bien-être t'incite à prendre soin de toi-même et à adopter des habitudes saines. La reconnaissance crée un état d'esprit positif propice à une meilleure santé physique et mentale.

SPIRITUEL

Elle t'encourage à cultiver une gratitude envers l'Univers, la vie et les expériences qui t'ont façonné·e. La reconnaissance envers les leçons apprises et les moments de croissance spirituelle t'ouvre à une connexion plus profonde avec ton essence spirituelle.

Le conseil du Spiritualiste : si tu veux vraiment exprimer ta gratitude, n'attends pas Noël pour dire merci. Les dindes risqueraient de se sentir vraiment exclues !

10. ÉPANOUISSEMENT

CARTES
PLUTÔT POSITIVES

MOTS-CLÉS

- ***ÉCLOSION***
- ***ESSOR***

GÉNÉRAL

Cette carte indique que tu es sur le point de vivre une période de croissance personnelle et d'épanouissement. Tu vas te sentir plus confiant·e, motivé·e et prêt·e à relever de nouveaux défis. C'est le moment idéal pour explorer de nouvelles opportunités et t'ouvrir à de nouvelles expériences.

FINANCIER

Elle suggère que tu vas connaître une période de stabilité et de prospérité. Tes efforts et ta gestion financière prudente porteront leurs fruits. Il est possible que tu reçoives une augmentation de salaire, une opportunité d'investissement rentable ou une amélioration de ta situation financière.

SENTIMENTAL

Cette carte indique une période de bonheur et de satisfaction dans tes relations amoureuses. Si tu es célibataire, tu pourrais rencontrer quelqu'un de spécial qui t'apportera joie et épanouissement. Si tu es en couple, ta relation sera épanouissante et vous vous sentirez plus proches et plus connecté·e·s l'un·e à l'autre.

PROFESSIONNEL

Elle suggère que tu vas connaître une période de succès et de réalisations. Tes efforts seront reconnus et récompensés. Tu pourrais obtenir une promotion, être félicité·e pour ton travail ou atteindre tes objectifs.

BIEN-ÊTRE

Elle indique que tu vas te sentir énergisé·e, équilibré·e et en harmonie avec toi-même. Tu seras en mesure de prendre soin de ton corps, de ton esprit et de ton âme de manière holistique. C'est le moment idéal pour t'engager dans des pratiques de bien-être telles que la méditation, le yoga ou la relaxation.

SPIRITUEL

Elle suggère que tu vas te sentir plus connecté·e à ton essence spirituelle et que tu vas développer une plus grande compréhension de toi-même. Tu pourrais ressentir un éveil spirituel ou être attiré·e par des pratiques spirituelles qui t'apportent une profonde satisfaction.

Le conseil du Spiritualiste : pour trouver ton épanouissement, ne cherche pas à être une fleur parmi les autres. Sois plutôt un cactus ! Sois unique, piquant·e et fier·ère de ton originalité. Et n'oublie pas, même le cactus a besoin d'amour et de soins, donc entoure-toi de personnes qui t'apprécient pour ce que tu es, épines et tout !

11. GUÉRISON *CARTES PLUTÔT POSITIVES*

MOTS-CLÉS

- ***RÉTABLISSEMENT PHYSIQUE***
- ***ÉMOTIONNEL***
- ***OU SPIRITUEL***

GÉNÉRAL

Tu es en train de guérir et de te transformer sur le plan général. Cela peut signifier que tu es en train de surmonter des obstacles ou des blessures passées, et que tu es en train de te reconstruire de manière positive. C'est le moment de te concentrer sur ta croissance personnelle et de prendre soin de toi.

FINANCIER

Tu guéris ta relation avec l'argent et tu trouves un équilibre financier. Cela peut signifier que tu es en train de te remettre d'une période de difficultés financières ou que tu es en train de changer tes habitudes de dépenses. Sois conscient·e de tes choix et travaille sur une gestion saine de tes ressources.

SENTIMENTAL

Tu guéris et tu te libères de blessures émotionnelles passées. Cela peut être le moment de pardonner, de laisser aller les ressentiments et de reconstruire des relations saines. Si tu es célibataire, cette carte peut indiquer que tu es en train de guérir de relations passées, ce qui te permettra d'accueillir à nouveau l'amour dans ta vie.

PROFESSIONNEL

Tu es en train de trouver comment te remettre d'une période difficile ou de défis professionnels. Tu trouves des solutions et tu te rétablis. Cela peut également indiquer une période de transition ou de changement positif dans ta carrière. Reste ouvert·e aux nouvelles opportunités et continue à travailler sur ta carrière.

BIEN-ÊTRE

Elle indique que tu es en train de guérir physiquement, émotionnellement ou mentalement. Cela peut être le moment de prendre soin de toi, de te reposer. Écoute les besoins de ton corps et de ton esprit et prends les mesures nécessaires pour te sentir mieux.

SPIRITUEL

Tu guéris et tu te reconnectes à ta spiritualité. Tu te libères de croyances limitantes ou de schémas de pensées négatifs, et tu t'ouvres à une plus grande conscience spirituelle. Prends le temps de méditer, de te connecter à ton intuition.

Le conseil du Spiritualiste : rappelle-toi que la guérison ne se trouve pas au rayon biscuits du supermarché. Alors arrête de chercher des solutions rapides et magiques à tes problèmes. Prends le temps de te soigner, de te reconstruire et de te rétablir avec patience et persévérance. Et n'oublie pas, la guérison ne se mesure pas en calories, donc n'essaie pas de la compenser avec une tonne de chocolat !

12. INSPIRATION CARTES PLUTÔT POSITIVES

MOTS-CLÉS

- ***ILLUMINATION***
- ***IDÉES***

GÉNÉRAL

Elle indique que tu es sur le point de faire une découverte ou de recevoir une inspiration qui peut avoir un impact significatif. Elle suggère que tu devrais être ouvert·e à de nouvelles idées et perspectives, car elles pourraient apporter des solutions innovantes à tes problèmes.

FINANCIER

Cette carte indique que tu pourrais avoir une idée ingénieuse pour améliorer ta situation financière. Il est possible que tu trouves de nouvelles sources de revenus ou des solutions à tes problèmes financiers.

SENTIMENTAL

Cette carte indique que tu pourrais vivre une période d'illumination dans ta relation. Il se peut que tu aies des idées nouvelles pour renforcer ta connexion avec ton·ta partenaire. Célibataire, elle indique que de nouvelles idées ou opportunités pourraient bien se présenter à toi. Tu pourrais faire une nouvelle rencontre qui pourrait conduire à une révélation.

PROFESSIONNEL

Elle suggère que tu es sur le point de faire une percée importante. Tu pourrais avoir une idée créative qui pourrait stimuler ta carrière ou tes projets. C'est le moment idéal pour suivre ton intuition.

BIEN-ÊTRE

Elle suggère que tu pourrais recevoir des idées inspirantes pour améliorer ta santé et ton bien-être. Il est possible que tu découvres de nouvelles pratiques de soins personnels ou que tu trouves un moyen créatif de gérer le stress. Écoute ton intuition et explore les différentes approches qui t'inspirent.

SPIRITUEL

Elle indique que tu pourrais recevoir des illuminations et des idées qui t'aideront à approfondir ta connexion spirituelle. Il est possible que tu cherches à nourrir ton âme par le biais de nouvelles pratiques ou par des enseignements.

Le conseil du Spiritualiste : quand la foudre de l'illumination te frappe, n'oublie pas de garder les pieds sur terre. Les grandes idées peuvent être géniales, mais veille à prendre des notes pratiques. Sinon, tu risques de te retrouver avec une tête pleine d'idées brillantes et une mémoire de poisson rouge. Écris tout, ne garde rien dans ta tête que tu ne puisses mettre sur papier.

13. CONNEXION

CARTES PLUTÔT POSITIVES

MOTS-CLÉS

- *ALCHIMIE*
- *ACCORD PARFAIT*

GÉNÉRAL

Tu vas ou viens de faire une rencontre significative. Cette carte peut également indiquer que tu établis un lien spécial avec quelqu'un ou quelque chose. Reste ouvert·e aux opportunités de connexion qui se présentent à toi.

FINANCIER

Elle indique que tu pourrais trouver une opportunité de croissance ou de prospérité grâce à une collaboration. Cela peut également indiquer des investissements stratégiques qui rapportent. Tu sembles avoir trouvé une solution qui fonctionne et apporte stabilité à tes finances.

SENTIMENTAL

Elle annonce une période propice pour créer un rapport profond avec ton·ta partenaire ou rencontrer quelqu'un qui te correspond parfaitement. Elle peut également indiquer la rencontre d'une personne avec qui tu as un lien d'âme.

PROFESSIONNEL

Cette carte suggère que tu pourrais bientôt établir une relation fructueuse. Cela peut être un partenariat ou une collaboration. Sois attentif·ve aux possibilités d'alliances qui peuvent t'aider dans ta carrière.

BIEN-ÊTRE

Elle t'encourage à chercher des liens profonds et des activités qui t'apportent du bonheur. Entoure-toi de personnes positives, pratique des activités qui te font du bien. Cultive une relation équilibrée avec toi-même.

SPIRITUEL

Tu es sur le point de faire une union profonde avec ta spiritualité. Tu es aligné·e avec tes croyances et attires des personnes sur la même longueur d'onde que toi. Sois ouvert·e à l'exploration de différentes pratiques spirituelles et cherche des moments de calme pour te connecter à ton être intérieur.

Le conseil du Spiritualiste : si tu cherches une connexion significative, évite de passer trop de temps à swiper à droite sur les applications de rencontres. Parfois, la vraie connexion se trouve juste en face de toi, dans la file d'attente du cinéma ou lors d'une soirée entre amis. Ouvre les yeux, ouvre ton cœur et laisse la magie opérer !

14. COURAGE *CARTES PLUTÔT POSITIVES*

MOTS-CLÉS

- ***FORCE***
- ***RÉSILIENCE***

GÉNÉRAL

Tu fais preuve de force, de bravoure et de détermination pour affronter les défis qui se présentent à toi. C'est un rappel que tu as les ressources nécessaires pour faire face à toutes les situations de la vie, avec confiance et résilience. N'aie pas peur d'aller de l'avant et de prendre des risques, car le courage sera ton allié.

FINANCIER

Elle te rappelle d'être audacieux·se et persévérant·e dans tes efforts, pour atteindre tes objectifs financiers. Elle t'invite à sortir de tes croyances limitantes et à aborder l'aspect financier sous un autre angle. Fais preuve de résilience face aux difficultés financières et utilise ton courage pour prendre les mesures nécessaires.

SENTIMENTAL

Tu as la force nécessaire pour affronter les difficultés dans tes relations amoureuses. Cela peut signifier prendre des décisions courageuses pour te libérer d'une relation toxique ou avoir le courage d'exprimer tes sentiments à une personne. Le courage t'aidera à construire des relations saines et épanouissantes.

PROFESSIONNEL

Elle t'encourage à affronter les obstacles avec audace et persévérance. Ne crains pas de sortir de ta zone de confort et d'explorer de nouvelles opportunités. C'est le moment idéal pour prendre des décisions et pour montrer ta détermination. Ta force intérieure te permettra de surmonter tous les défis professionnels qui se présenteront à toi.

BIEN-ÊTRE

Elle te rappelle de faire preuve de courage pour prendre soin de toi-même. Cela peut signifier avoir le courage de demander de l'aide au besoin, de faire face à tes peurs et de prendre des mesures pour améliorer ton bien-être.

SPIRITUEL

Explore de nouvelles voies spirituelles avec audace et détermination. N'aie pas peur d'approfondir ta connexion avec ton moi intérieur. Ose explorer de nouvelles pratiques, cela te guidera vers une meilleure compréhension de toi-même.

Le conseil du Spiritualiste : si tu veux être courageux·se, il te suffit de fermer les yeux, de faire un vœu et de croire très fort que tout se passera bien. Non, en fait, oublie tout ça ! Le vrai courage, c'est affronter ses peurs, prendre des décisions difficiles et se relever après chaque échec. Ce n'est pas glamour, mais c'est ça, la vraie vie.

15
MASCULIN

16
FÉMININ

17
ÉQUILIBRE

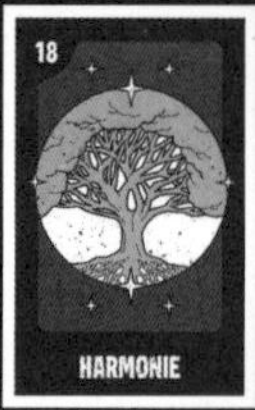
18
HARMONIE

19
ADAPTATION

20
STABILITÉ

21
TRANSITION

22
RÉFLEXION

23
SIMPLICITÉ

24
PATIENCE

25
ACCEPTATION

26
CONFIANCE

27
RESSOURCES

28
OPPORTUNITÉS

SIGNIFICATION DES CARTES NEUTRES

15. MASCULIN 65
16. FÉMININ 68
17. ÉQUILIBRE 71
18. HARMONIE 74
19. ADAPTATION 77
20. STABILITÉ 80
21. TRANSITION 83
22. RÉFLEXION 86
23. SIMPLICITÉ 89
24. PATIENCE 92
25. ACCEPTATION 95
26. CONFIANCE 98
27. RESSOURCES 101
28. OPPORTUNITÉ 104

15. MASCULIN *CARTES NEUTRES*

MOTS-CLÉS

- ***ACTION***
- ***ÉNERGIE***
- ***ASSURANCE***
- ***MAÎTRISE***

GÉNÉRAL

Cette carte t'indique une énergie masculine, un homme, ou peut aussi représenter le consultant. C'est une carte qui t'invite également à faire preuve de confiance en toi et à prendre des initiatives.

FINANCIER

La carte « Masculin » annonce une période de stabilité et de prospérité. Tu es en mesure de gérer efficacement tes finances et de prendre des décisions financières judicieuses. C'est le moment idéal pour investir, économiser et planifier ton avenir financier. Utilise ton énergie masculine pour atteindre une sécurité financière.

SENTIMENTAL

Cette carte représente un homme important dans ta vie. Elle peut indiquer un homme aimant, protecteur et responsable. Si tu es célibataire, elle peut signifier que tu es prêt·e à rencontrer quelqu'un de spécial. Si tu es en couple, elle souligne l'importance d'une communication claire avec ton·ta partenaire.

PROFESSIONNEL

Tu fais preuve de force, de détermination et de confiance. Tu te sens en contrôle de ta carrière et as l'énergie nécessaire pour atteindre tes objectifs. C'est un moment encourageant pour poursuivre tes ambitions et prendre des initiatives.

BIEN-ÊTRE

Tu te sens fort·e, énergique et en bonne santé physique. C'est le moment de t'engager dans des activités sportives, des exercices physiques ou des projets qui renforcent ton corps et ton esprit. Veille à équilibrer cette énergie masculine avec des moments de détente et d'autosoin pour maintenir un bien-être global.

SPIRITUEL

Cette carte t'encourage à développer une connexion plus profonde avec ton énergie masculine. Elle implique d'embrasser des qualités telles que la confiance en soi, la détermination et la volonté de suivre ton propre chemin spirituel.

Le conseil du Spiritualiste : il est temps de te mettre en mode *Action Man* ! Prends tes super-pouvoirs de confiance en toi, enfile ton costume de super-héros et fonce vers tes objectifs ! Mais attention, ne te transforme pas en Macho Man, reste toujours à l'écoute des autres et fais preuve d'empathie.
Allez, en avant, cape au vent !

16. FÉMININ *CARTES NEUTRES*

MOTS-CLÉS

- ***DOUCEUR***
- ***CALME***
- ***CRÉATIVITÉ***
- ***INTUITION***

GÉNÉRAL

La carte « Féminin » symbolise la féminité, une femme ou la consultante. Elle représente également l'intuition et la créativité. Elle indique que c'est le moment idéal pour écouter ta voix intérieure et faire confiance à ton instinct. Sois à l'écoute de tes émotions et laisse ta créativité s'exprimer dans tous les aspects de ta vie.

FINANCIER

Fais preuve de créativité dans la gestion de tes ressources. Utilise ton intuition pour prendre des décisions financières avisées et n'hésite pas à explorer de nouvelles opportunités pour augmenter tes revenus. Sois également conscient·e de l'importance de l'équilibre entre donner et recevoir.

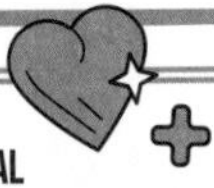

SENTIMENTAL

Tu devrais te connecter à ta féminité et écouter tes émotions dans tes relations amoureuses. Sois à l'écoute des besoins de ton·ta partenaire et exprime tes sentiments de manière authentique. Laisse ton intuition te guider vers des relations épanouissantes et harmonieuses.

PROFESSIONNEL

Cette carte suggère que tu devrais mettre en avant tes qualités féminines telles que l'intuition, la diplomatie et la capacité à travailler en équipe. Fais confiance à ton instinct dans tes prises de décisions et n'hésite pas à utiliser ton charme et ta sensibilité pour créer des relations harmonieuses avec tes collègues.

BIEN-ÊTRE

Prends soin de toi en accordant du temps pour la relaxation, la méditation ou des activités créatives qui t'apportent de la joie. Fais confiance à ton intuition pour choisir les pratiques de bien-être qui te conviennent le mieux.

SPIRITUEL

Au niveau spirituel, cette carte t'encourage à développer ta connexion intérieure et à t'ouvrir à ta spiritualité. Fais confiance aux messages que tu reçois de ton intuition et explore différentes pratiques spirituelles qui résonnent en toi. Sois à l'écoute de ta sagesse intérieure et laisse-la guider ton chemin spirituel.

Le conseil du Spiritualiste : l'intuition est comme un GPS interne, c'est ton meilleur allié. Mais il arrive parfois que l'intuition devienne comme cet ami bourré après une soirée trop arrosée. Alors écoute ton intuition, mais veille à ne pas te retrouver à une fête de pingouins au bord de la plage !

17. ÉQUILIBRE *CARTES NEUTRES*

MOTS-CLÉS

- ***STABILITÉ***
- ***CONSTANCE***
- ***SOLIDITÉ***

GÉNÉRAL

Cette carte indique que tu es en équilibre dans ta vie actuelle. Tu as réussi à trouver un juste milieu entre tes différentes responsabilités et tu te sens en harmonie avec toi-même et ton environnement.

FINANCIER

Cette carte suggère que tu as une bonne gestion de tes ressources financières. Tu es capable de trouver un équilibre entre tes dépenses et tes revenus, ce qui te permet de maintenir une situation financière stable.

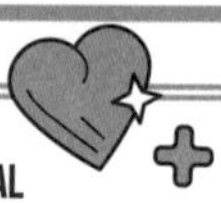

SENTIMENTAL

Elle symbolise une relation équilibrée et harmonieuse. En couple, ton·ta partenaire et toi vous soutenez mutuellement et vous vous comprenez. Célibataire, elle peut également indiquer que tu es en train de trouver un équilibre intérieur te permettant de t'ouvrir aux rencontres.

PROFESSIONNEL

Elle suggère que tu as trouvé un équilibre entre ta vie professionnelle et ta vie personnelle. Tu parviens à gérer tes tâches et obligations tout en prenant soin de toi. Cela peut également indiquer que tu es apprécié·e pour ta capacité à maintenir une atmosphère harmonieuse au travail.

BIEN-ÊTRE

Elle t'encourage à prendre soin de toi de manière équilibrée. Cela signifie trouver un juste milieu entre le repos et l'activité physique. Écoute ton corps et trouve un équilibre qui te convient.

SPIRITUEL

Cette carte t'invite à rechercher l'harmonie intérieure et la paix de l'esprit. Trouve un équilibre entre tes pratiques spirituelles, ton introspection et ton engagement dans le mode extérieur. L'harmonie spirituelle peut t'aider à te sentir plus connecté·e et aligné·e avec ta véritable essence.

Le conseil du Spiritualiste : rappelle-toi que la vie est comme
une balançoire : pour rester en équilibre,
il faut parfois se balancer un peu plus haut que prévu.
Alors ne sois pas timide,
donne-toi un bon élan et profite de l'aventure !
Si tu as peur du vide, alors vole plus haut !

18. HARMONIE *CARTES NEUTRES*

MOTS-CLÉS

- ***PAIX INTÉRIEURE***
- ***CONNEXION AVEC LES AUTRES***

GÉNÉRAL

Cette carte indique que tu es en équilibre et en paix intérieure. Tout semble harmonieux dans ta vie actuellement. C'est le moment idéal pour cultiver des relations positives avec les autres et créer un environnement homogène autour de toi.

FINANCIER

Elle suggère que tes finances sont stables. Tu es capable de gérer tes ressources de manière harmonieuse et de créer une certaine stabilité matérielle. Cependant, il est important de maintenir cet équilibre financier en restant conscient·e de tes dépenses et en évitant les excès.

SENTIMENTAL

Cette carte t'indique que tu es en phase avec ton·ta partenaire, si tu es en couple. Ta relation semble équilibrée et apaisante. Célibataire, elle suggère que tu ressens une connexion profonde avec toi-même et avec les autres. C'est le moment idéal pour renforcer tes relations et les cultiver.

PROFESSIONNEL

Elle te suggère que tu travailles dans un environnement favorable et que tu entretiens des relations équilibrées avec tes collègues. Ton travail est fluide et tu te sens en accord avec tes tâches et responsabilités. Cela peut également indiquer une période propice à la collaboration et à la résolution pacifique des conflits au travail.

BIEN-ÊTRE

Elle t'informe que tu es aligné·e avec ton corps, ton esprit et ton âme. Tu es en paix intérieure et tu te sens équilibré·e. Cette énergie est propice à la pratique d'activités qui t'apportent du bien-être, comme la méditation, le yoga ou bien la marche en pleine nature.

SPIRITUEL

Elle représente une connexion profonde avec ton essence spirituelle. Tu ressens une paix intérieure et ne fais qu'un·e avec l'Univers. Profite de cet alignement pour approfondir ta pratique spirituelle et cultiver cette connexion avec ton moi intérieur.

Le conseil du Spiritualiste : si la vie est une danse, assure-toi de toujours danser sur le rythme de l'harmonie. Et si tu as deux pieds gauches, alors danse quand même, mais assure-toi de ne pas piétiner les orteils de ton·ta partenaire !
La clé de l'harmonie, c'est de ne pas perdre le sens du rythme, même si tu danses comme un coq avec des chaussettes.

19. ADAPTATION *CARTES NEUTRES*

MOTS-CLÉS

- ***AJUSTEMENT***
- ***RÉGLAGES***
- ***ADAPTATION AUX CHANGEMENTS***

GÉNÉRAL

Cette carte te conseille de faire preuve de flexibilité et d'adaptabilité dans toutes les situations de ta vie. Il est important d'être ouvert·e au changement et de t'ajuster aux circonstances qui se présentent. Sois prêt·e à sortir de tes zones de confort et à faire face aux défis avec souplesse.

FINANCIER

Elle te conseille d'être flexible dans ta gestion de l'argent. Adapte ton budget en fonction des fluctuations financières et sois prêt·e à ajuster tes habitudes de dépenses si nécessaire. La faculté de t'adapter aux situations financières changeantes t'aidera à maintenir ton compte en banque stable.

SENTIMENTAL

Cette carte te rappelle l'importance de la flexibilité et de la compréhension mutuelle. Les relations évoluent et changent avec le temps, il est donc essentiel de t'adapter aux besoins et aux émotions de ton·ta partenaire, si tu es en couple. Si tu es célibataire, sois ouvert·e à la communication et aux propositions.

PROFESSIONNEL

Cette carte te suggère d'être adaptable et de développer des compétences polyvalentes. Sois prêt·e à apprendre de nouvelles choses, à t'adapter aux évolutions du marché du travail et à saisir les opportunités. Ta capacité à t'ajuster aux changements te permettra de prospérer dans ta carrière.

BIEN-ÊTRE

Elle t'informe de l'importance de t'adapter aux changements de ton corps et de ton esprit. Sois conscient·e de tes besoins physiques et émotionnels. Adapte ton mode de vie en conséquence et fais preuve de flexibilité. Explore différentes pratiques pour trouver celles qui te conviennent le mieux.

SPIRITUEL

Cette carte t'invite à être ouvert·e aux différentes méthodes pour élargir ta conscience. L'adaptation spirituelle te permettra de grandir et d'évoluer sur ton chemin spirituel.

Le conseil du Spiritualiste : si la vie te donne des citrons,
ne te contente pas de serrer les dents.
Fais-en une boisson pétillante comme de la limonade,
et pourquoi pas avec une touche de vodka !
Dans tous les cas, adapte-toi à la fête qui s'annonce !

20. STABILITÉ *CARTES NEUTRES*

MOTS-CLÉS

- ***SOLIDITÉ***
- ***FIABILITÉ***

GÉNÉRAL

Cette carte t'informe que tu es dans une période de stabilité dans ta vie. Les choses se déroulent bien, tu peux te sentir en sécurité et en équilibre. Profite de cette période pour consolider tes fondations et prendre des décisions réfléchies.

FINANCIER

Elle signifie que tu te trouves dans une situation financière solide et fiable. Tes efforts passés portent leurs fruits et tu peux te sentir en sécurité dans le domaine des finances. Cependant, il est important de continuer à les gérer avec prudence et de rester vigilant·e.

SENTIMENTAL

Cette carte indique que ta vie sentimentale est stable et solide. En couple, ton·ta partenaire et toi pouvez compter l'un·e sur l'autre et vous soutenir mutuellement. Célibataire, c'est le moment idéal pour accueillir l'amour dans ta vie. Ta stabilité te permet de t'ouvrir à de nouvelles rencontres.

PROFESSIONNEL

Elle suggère que tu as atteint un certain niveau de sécurité et de solidité dans ta carrière. Tes compétences et ta fiabilité sont reconnues, ce qui peut t'apporter des opportunités de croissance et de progression.

BIEN-ÊTRE

Elle indique que tu es dans une période de stabilité émotionnelle et physique. Tu te sens en adéquation avec toi-même. Prends le temps pour prendre soin de toi, maintenir de bonnes habitudes de vie et cultiver ton bien-être.

SPIRITUEL

Elle suggère que tu as trouvé une certaine solidité et un certain équilibre dans ta pratique spirituelle. Tu as développé des croyances et des valeurs qui te guident et t'apportent la paix intérieure. Continue à nourrir ta connexion spirituelle et reste ouvert·e aux nouvelles perspectives.

Le conseil du Spiritualiste : la stabilité, c'est comme un burger bien équilibré : tu as besoin d'une bonne base, d'ingrédients savoureux et d'une structure solide pour que tout tienne en place. Alors assure-toi de nourrir ta vie avec une dose saine de stabilité, tout comme tu le ferais avec un bon gros burger !

21. TRANSITION *CARTES NEUTRES*

MOTS-CLÉS

- ***CHANGEMENT***
- ***TRANSFORMATION***

GÉNÉRAL

Cette carte indique que tu es sur le point de passer d'une phase à une autre dans ta vie. Cela peut signifier un changement d'environnement, de situation ou de perspective. Sois ouvert·e aux nouvelles opportunités et prêt·e à t'adapter aux circonstances changeantes.

FINANCIER

Des changements financiers peuvent se produire. Cela peut être une amélioration de ta situation financière, une nouvelle opportunité d'investissement ou même une période de réajustement budgétaire. Reste attentif·ve aux signes de changement et adapte-toi en conséquence.

SENTIMENTAL

En amour, elle peut indiquer une période de transformation dans tes relations. Cela peut signifier la fin d'une relation si tu es en couple. Si tu es célibataire, elle suggère que tu pourrais faire de nouvelles rencontres. Sois prêt·e à faire face aux changements et à t'ajuster pour que la relation soit épanouissante.

PROFESSIONNEL

Elle suggère que des changements importants peuvent se produire dans ta carrière. Cela peut être une promotion, un nouveau poste ou même une reconversion professionnelle. Reste ouvert·e aux possibilités et sois prêt·e à t'adapter aux nouvelles circonstances.

BIEN-ÊTRE

Cette carte indique que tu es sur le point d'entreprendre un voyage de transformation personnelle. Cela peut signifier des changements dans tes habitudes de vie, ton régime alimentaire ou même ton approche de la santé mentale. Sois ouvert·e aux nouvelles méthodes et prêt·e à t'engager dans un processus de croissance personnelle.

SPIRITUEL

Tu es sur le point d'expérimenter une transformation spirituelle profonde. Cela peut être le résultat d'une remise en question de tes croyances, d'une recherche de sens plus profond ou d'une ouverture à de nouvelles perspectives spirituelles.

Le conseil du Spiritualiste : vois la vie comme un buffet à volonté, la carte « Transition » étant ton ticket pour essayer de nouvelles saveurs. Ne te contente pas de la même vieille salade de carottes de la vie. Ose goûter aux plats exotiques, même si tu ne sais pas les prononcer. Qui sait, peut-être que tu découvriras de nouvelles passions gustatives et, au pire, si tu regrettes, tu auras au moins une histoire drôle à raconter au prochain repas de mamie Jacqueline.

22. RÉFLEXION *CARTES NEUTRES*

MOTS-CLÉS

- ***PENSER***
- ***S'INTERROGER***
- ***PRENDRE DU RECUL***

GÉNÉRAL

Cette carte indique qu'il est temps de faire une pause et de réfléchir à tes objectifs, tes valeurs et tes choix de vie. Prends le temps de te poser les bonnes questions et d'évaluer les différentes options qui s'offrent à toi avant de prendre une décision.

FINANCIER

Elle te conseille de réévaluer tes dépenses et tes investissements. Réfléchis à tes habitudes de consommation, à tes priorités financières et à tes objectifs à long terme. Prends le temps de planifier et de prendre des décisions judicieuses pour assurer ta sécurité financière.

SENTIMENTAL

Elle t'invite à songer à tes relations amoureuses. Prends le temps de réfléchir à tes attentes, tes besoins et tes valeurs dans une relation. Évalue également la compatibilité et la sincérité de ton·ta partenaire si tu es en couple. La réflexion t'aidera à prendre des décisions éclairées concernant ta vie amoureuse.

PROFESSIONNEL

Elle t'encourage à réfléchir à ta carrière. Prends le temps d'évaluer tes compétences, tes ambitions et tes aspirations professionnelles. Réfléchis à ce que tu veux vraiment accomplir et mets en place une stratégie pour atteindre tes objectifs.

BIEN-ÊTRE

Cette carte t'invite à porter attention à ta santé physique et mentale. Accorde-toi du temps pour te reposer, te ressourcer et réfléchir à tes besoins en matière de bien-être. Identifie les ajustements nécessaires dans ton mode de vie pour te sentir mieux et plus équilibré·e.

SPIRITUEL

Elle t'encourage à te connecter à ton moi intérieur. Prends du temps pour méditer, réfléchir et te connecter à ta spiritualité. Explore tes croyances et tes valeurs spirituelles et cherche la guidance intérieure pour t'aider dans ton cheminement spirituel.

Le conseil du Spiritualiste : prends du recul, mais n'oublie pas de revenir ! Sinon tu risques de finir en méditation prolongée sur le canapé avec une boîte de cookies à la main. Réfléchis bien, mais n'oublie pas d'agir aussi ! Après tout, la vie attend rarement que l'on ait fini de réfléchir avant de nous lancer des défis.

23. SIMPLICITÉ *CARTES NEUTRES*

MOTS-CLÉS

- ***FACILITÉ***
- ***LÉGÈRETÉ***

GÉNÉRAL

Cette carte indique que tu as besoin de simplifier ta vie. Il est temps de te débarrasser des complications inutiles et de te concentrer sur l'essentiel. Adopte une approche simple et légère pour trouver l'équilibre et la clarté dans tous les aspects de ta vie.

FINANCIER

Cette carte t'invite à réduire les dépenses superflues et à simplifier tes finances. Évalue tes besoins réels et évite les dépenses impulsives. Adopte une approche simple et responsable pour gérer tes finances, en favorisant l'épargne et la stabilité.

SENTIMENTAL

Elle suggère de revenir à l'essentiel dans tes relations. Laisse de côté les complications et les attentes démesurées. Apprécie les moments simples et légers avec ton·ta partenaire, en cultivant la complicité et la communication authentique.

PROFESSIONNEL

Elle encourage à simplifier tes objectifs et tes tâches. Évite la surcharge de travail et concentre-toi sur ce qui est vraiment important. En réduisant les complications et en adoptant une approche simple, tu pourras atteindre tes objectifs plus facilement et efficacement.

BIEN-ÊTRE

Cette carte t'encourage à te libérer du stress et des contraintes inutiles. Cherche des activités simples qui t'apportent de la joie et de la détente. Fais de ton équilibre mental, physique et émotionnel une priorité en simplifiant ton mode de vie.

SPIRITUEL

Elle t'invite à te connecter à ton essence profonde. Lâche prise sur les dogmes complexes et reviens à l'essentiel. Cultive la méditation, la gratitude et la simplicité dans ta pratique spirituelle pour trouver la paix intérieure.

Le conseil du Spiritualiste : je vois la simplicité comme un plat de pâtes au sel. Rien de plus simple, il suffit de quelques ingrédients pour se régaler. Alors ne complique pas les choses inutilement, achète des coquillettes !

24. PATIENCE *CARTES NEUTRES*

MOTS-CLÉS

- ***LENTEUR***
- ***ATTENTE***

GÉNÉRAL

Cette carte indique qu'il est temps de ralentir et de prendre le temps de réfléchir avant d'agir. Elle suggère que les choses ne se dérouleront peut-être pas aussi rapidement que tu le souhaites, mais qu'il est important d'être patient·e et de faire preuve de persévérance.

FINANCIER

Elle te rappelle qu'il est important de ne pas prendre de décisions hâtives. Elle suggère que des retards peuvent se produire dans tes projets financiers, mais qu'il est préférable de prendre le temps de bien planifier et de faire des choix judicieux plutôt que de se précipiter et de prendre des risques inutiles.

SENTIMENTAL

Cette carte indique que des retards peuvent se produire dans tes relations ou que celles-ci n'évoluent pas comme tu l'aurais souhaité. Elle t'encourage à être patient·e et à laisser le temps faire son œuvre. Parfois, les meilleures choses se mettent en place lentement, il est important de cultiver la patience et la compréhension dans tes relations amoureuses.

PROFESSIONNEL

Elle t'encourage à ne pas précipiter les décisions importantes. Elle suggère que des retards peuvent survenir, mais qu'il est préférable de prendre le temps nécessaire pour bien faire les choses plutôt que de se précipiter et de commettre des erreurs.

BIEN-ÊTRE

Elle t'invite à adopter une approche lente et régulière pour atteindre tes objectifs de santé et de bien-être. Elle suggère de ne pas se décourager si les résultats prennent du temps à se manifester, mais plutôt de rester motivé·e et de continuer à avancer avec patience et persévérance.

SPIRITUEL

Elle te rappelle l'importance de la patience dans ton cheminement spirituel. Elle suggère que la croissance spirituelle ne se produit pas du jour au lendemain, mais qu'elle nécessite du temps et de la patience. Elle t'encourage à rester ouvert·e et réceptif·ve aux leçons que la vie te présente, même si elles prennent du temps à se manifester.

Le conseil du Spiritualiste : la patience est une vertu, mais, parfois, elle peut être aussi difficile à trouver que le wifi dans une forêt. Alors prends une grande respiration, compte jusqu'à dix et rappelle-toi que la patience est la clé. Lâche prise !

25. ACCEPTATION CARTES NEUTRES

MOTS-CLÉS

- ***LÂCHER-PRISE***
- ***RÉSIGNATION***

GÉNÉRAL

Cette carte te conseille de lâcher prise et d'accepter les choses telles qu'elles sont. Il est temps d'arrêter de lutter contre ce que tu ne peux pas changer et de trouver la paix en acceptant la réalité. Cela te permettra de faire face aux défis avec plus de sérénité.

FINANCIER

Dans le domaine de l'argent, elle te conseille d'accepter ta situation financière présente et d'éviter de te focaliser sur ce que tu n'as pas. Lâche prise sur les préoccupations excessives liées à l'argent et trouve la gratitude pour ce que tu as déjà. Cela t'aidera à prendre des décisions financières plus équilibrées.

SENTIMENTAL

Côté cœur, cette carte te rappelle d'accepter ton·ta partenaire tel·le qu'il·elle est, avec ses qualités et ses défauts. Elle t'indique également de lâcher prise sur les attentes irréalistes et les désirs de contrôle. Accepte l'amour et la connexion tels qu'ils se manifestent dans ta relation. Si tu es célibataire, elle t'invite à rester dans le moment présent et à ne pas idéaliser des choses qui n'existent pas encore.

PROFESSIONNEL

Elle t'encourage à accepter les circonstances actuelles et à éviter de résister aux changements. Sois ouvert·e aux opportunités qui se présentent et adapte-toi aux nouvelles situations. En acceptant les défis et en les abordant avec calme, tu pourras trouver des solutions plus facilement.

BIEN-ÊTRE

Elle te suggère d'accepter ton corps et ton esprit tels qu'ils sont, sans jugement ni critique excessive. Lâche prise sur les attentes perfectionnistes et cultive l'amour-propre et la bienveillance envers toi-même. Accepte et apprécie chaque étape de ton parcours vers le bien-être.

SPIRITUEL

Elle t'invite à accepter le flux de la vie et à te connecter à l'instant présent. Lâche prise sur les résistances et les attachements et ouvre-toi à la guidance spirituelle. En acceptant les leçons et les expériences spirituelles qui se présentent, tu pourras avancer sur ton chemin spirituel avec plus de clarté.

Le conseil du Spiritualiste : accepte de ne pas pouvoir changer le fait que les lundis arrivent chaque semaine, mais tu peux toujours choisir d'accueillir le café avec un large sourire et beaucoup d'acceptation. Et si ça ne suffit pas, tu peux tout aussi bien accepter le fait de retourner te coucher.

26. CONFIANCE CARTES NEUTRES

MOTS-CLÉS

- ***ASSURANCE***
- ***FOI***

GÉNÉRAL
Cette carte indique que tu devrais avoir foi en toi-même et en tes capacités. C'est le moment de croire en tes choix et de te faire confiance pour atteindre tes objectifs.

FINANCIER

Elle t'encourage à nourrir l'assurance en tes capacités à gérer tes finances. Fais confiance à ton instinct et à tes compétences judicieuses. Sois prêt·e à prendre des risques calculés et à avoir foi en tes investissements.

SENTIMENTAL

Cette carte te rappelle d'avoir confiance en ton·ta partenaire et en la solidité de votre relation. Laisse tomber les doutes et les peurs, et crois en l'amour que vous partagez. Si tu es célibataire, elle rappelle l'importance de faire preuve d'assurance et de reconnaître tes valeurs.

PROFESSIONNEL

Elle te conseille d'avoir confiance en tes compétences professionnelles. Crois en tes talents et en ta capacité à réussir dans ta carrière. Ose prendre des initiatives et aie confiance en tes décisions.

BIEN-ÊTRE

Elle te rappelle d'avoir foi en ton corps et en ta santé, mais également confiance en toi. Tu as la capacité de prendre soin de toi et de trouver un équilibre physique et mental. Écoute ton intuition pour prendre les meilleures décisions concernant ton bien-être personnel.

SPIRITUEL

Elle te recommande de croire en ton propre cheminement spirituel. Elle t'invite à te fier à ton intuition et à tes croyances intérieures. N'aie pas peur d'explorer de nouvelles voies et de suivre ton propre cheminement.

Le conseil du Spiritualiste : vois la confiance comme un parachute : il ne sert à rien si tu ne l'ouvres pas ! Alors arrête d'avoir peur de te lancer et fie-toi à ton intuition. Après tout, si un bout de tissu peut te sauver la vie, imagine ce que tu peux faire avec ta confiance !

27. RESSOURCES *CARTES NEUTRES*

MOTS-CLÉS

- ***RESSOURCES MATÉRIELLES ET SPIRITUELLES***
- ***CONNAISSANCES***

GÉNÉRAL

Cette carte indique que tu as à ta disposition les ressources nécessaires pour faire face aux défis de la vie. Cela peut être des compétences, des connaissances ou même des soutiens extérieurs. Elle t'encourage à utiliser ces ressources de manière efficace et à avoir confiance en ta capacité à trouver des solutions.

FINANCIER

Elle montre que tu as les moyens de gérer tes finances de manière responsable. Elle suggère de faire preuve de prudence et d'utiliser tes ressources avec sagesse. Cela peut également indiquer que tu peux bénéficier de nouvelles opportunités financières ou de conseils avisés pour améliorer ta situation financière.

SENTIMENTAL

Concernant les relations sentimentales, elle suggère que tu as la capacité d'apporter de la stabilité et du soutien à ton·ta partenaire. Elle indique que tu possèdes les qualités nécessaires pour construire une relation solide et harmonieuse. Si tu es célibataire, cette carte t'encourage à puiser dans tes ressources intérieures pour attirer un·e partenaire compatible.

PROFESSIONNEL

Dans le domaine du travail, elle indique que tu as les compétences et les qualités nécessaires pour réussir dans ta carrière. Elle suggère de mettre en valeur tes talents et d'exploiter tes ressources pour atteindre tes objectifs professionnels. Tu pourrais également bénéficier de l'aide ou des conseils de personnes ayant plus d'expérience dans ton domaine.

BIEN-ÊTRE

Elle te rappelle d'utiliser tes ressources intérieures pour prendre soin de toi. Elle souligne l'importance de maintenir un équilibre entre ton corps, ton esprit et ton âme. Elle t'encourage à explorer différentes méthodes de soins et de développement personnel pour renforcer ton bien-être global.

SPIRITUEL

Elle indique que tu as accès à une source de sagesse et de guidance intérieure. Elle t'encourage à te connecter à ta spiritualité et à utiliser tes ressources spirituelles pour trouver la paix, la clarté et la guidance dans ta vie. Cela peut impliquer la méditation, la prière, l'étude spirituelle ou toute autre pratique qui t'aide à te connecter à ton essence profonde.

Le conseil du Spiritualiste : cette carte te rappelle que tu as tout ce qu'il faut pour réussir, alors ne sois pas comme une chèvre qui court après sa queue ! Utilise tes talents et tes ressources avec confiance et assurance, tu as toutes les clés en toi !

28. OPPORTUNITÉS

CARTES NEUTRES

MOTS-CLÉS

- ***ÉVÉNEMENTS INATTENDUS***
- ***NOUVELLES INATTENDUES***

GÉNÉRAL

Cette carte indique que de nouvelles occasions inattendues vont se présenter dans ta vie. Sois ouvert·e à ces possibilités et saisis-les lorsque tu les rencontres. Cela pourrait être le début d'une période passionnante et pleine de changements positifs.

FINANCIER

Cette carte indique que des aubaines financières pourraient se présenter à toi. Cela pourrait être une augmentation de salaire, un investissement fructueux ou même une rentrée d'argent inattendue. Sois prudent·e et fais preuve de discernement dans tes décisions financières.

SENTIMENTAL

Elle suggère que de nouvelles rencontres ou de nouvelles possibilités pourraient se présenter à toi. Garde l'esprit ouvert et sois prêt·e à explorer ces possibilités. Cela pourrait être le début d'une relation passionnante ou le renouvellement d'une relation existante.

PROFESSIONNEL

Elle annonce l'arrivée de nouvelles opportunités significatives. Cela pourrait se manifester par une promotion, un nouveau projet stimulant ou même une offre d'emploi intéressante. Sois prêt·e à prendre des risques et à explorer de nouvelles voies professionnelles.

BIEN-ÊTRE

Cette carte t'informe que de nouveaux atouts pour améliorer ton bien-être pourraient arriver jusqu'à toi. Cela pourrait être l'occasion de commencer une nouvelle pratique, d'explorer des activités qui te passionnent ou même de prendre du temps pour te ressourcer. Sois attentif·ve à tes besoins et saisis ces opportunités pour prendre soin de toi.

SPIRITUEL

Elle indique que de nouvelles occasions de croissance et d'expansion spirituelle arrivent à toi. Peut-être est-ce le moment de suivre un enseignement spirituel, de pratiquer la méditation ou de te connecter à des personnes alignées avec tes croyances ? Laisse ton intuition te guider et entoure-toi de personnes ayant la même approche spirituelle que toi.

Le conseil du Spiritualiste : lorsqu'une opportunité frappe à ta porte, c'est comme recevoir un texto de ton ami qui te propose de partir en soirée; souvent, on ne s'y attend pas mais finalement, ce sont souvent les soirées imprévues qui sont les meilleures !

29
OBSTACLE
30
DÉCEPTION
31
PERTE
32
ÉPUISEMENT
33
ILLUSION
34
BLOCAGE
35
DOUTE
36
PEUR
37
RÉSISTANCE

SIGNIFICATION DES CARTES
PLUTÔT NÉGATIVES

29. OBSTACLE 111
30. DÉCEPTION 114
31. PERTE 117
32. ÉPUISEMENT 120
33. ILLUSION 123
34. BLOCAGE 126
35. DOUTE 129
36. PEUR 132
37. RÉSISTANCE 135

29. OBSTACLE

CARTES PLUTÔT NÉGATIVES

MOTS-CLÉS

- ***ÉVÉNEMENT IMPRÉVU***
- ***ÉPREUVES***

GÉNÉRAL

Cette carte indique que tu pourrais rencontrer des obstacles ou des problèmes dans ta vie actuelle. Cela peut être lié à des circonstances extérieures ou à des défis internes que tu dois surmonter. Il est important de faire preuve de persévérance et de détermination pour surmonter ces épreuves et atteindre tes objectifs.

FINANCIER

Cette carte indique que tu pourrais rencontrer des difficultés ou des revers. Cela peut être lié à des dépenses imprévues, des dettes ou des difficultés à gérer tes finances. Il est essentiel d'établir un plan financier solide, de faire preuve de prudence dans tes dépenses pour améliorer ta situation.

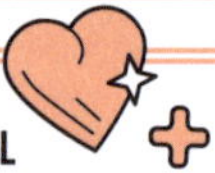

SENTIMENTAL

Elle indique que tu pourrais rencontrer des difficultés dans tes relations amoureuses. Cela peut être lié à des malentendus, des conflits ou des problèmes de communication. Il est important d'être ouvert·e et honnête avec ton·ta partenaire. Si tu es célibataire, cette carte peut indiquer que tu as certains blocages d'ordre sentimental.

PROFESSIONNEL

Elle suggère que tu pourrais faire face à des difficultés sur le plan professionnel. Cela peut prendre la forme de projets qui stagnent, de relations tendues avec tes collègues ou de difficultés à atteindre tes objectifs. Il est essentiel de rester concentré·e, de trouver des solutions créatives et de rester optimiste face à ces obstacles.

BIEN-ÊTRE

Cette carte indique que tu fais face à des défis dans ton bien-être physique et émotionnel. Cela peut se présenter sous la forme de soucis de santé, de stress ou de difficultés à maintenir un équilibre dans ta vie. Il est important de prendre soin de toi, de demander de l'aide si nécessaire et de trouver des stratégies pour surmonter cette période creuse.

SPIRITUEL

Elle suggère que tu pourrais rencontrer des obstacles dans ton cheminement spirituel. Cela peut être lié à des doutes, des conflits de croyances ou des difficultés à trouver ta voie. Explore différentes pratiques spirituelles, reste ouvert·e d'esprit et cherche des conseils qui te guideront sur ton chemin.

Le conseil du Spiritualiste : plutôt que de voir les obstacles comme des murs en béton armé, vois-les comme une piñata ! Prends ta meilleure batte de baseball et explose-la de toutes tes forces ! Il ne te restera plus qu'à récolter les bonbons qu'elle aura libérés. Affronte les obstacles avec le sourire et montre-leur que tu as de la poigne !

30. DÉCEPTION

CARTES PLUTÔT NÉGATIVES

MOTS-CLÉS

- ***ATTENTE NON RÉALISÉE***
- ***DÉSILLUSION***
- ***DÉSENCHANTEMENT***

GÉNÉRAL

Cette carte indique que tu pourrais être confronté·e à des situations où tu te sens trompé·e ou trahi·e. Il est important d'être prudent·e et de ne pas prendre tout ce que les autres disent ou font pour argent comptant. Garde des attentes réalistes et prends le temps de bien évaluer les personnes et situations avant de t'engager.

FINANCIER

Cette carte peut indiquer des pertes ou des escroqueries. Sois vigilant·e dans tes transactions financières et évite les investissements risqués. Si tu soupçonnes une fraude ou une tromperie, il est important de prendre les mesures nécessaires pour protéger tes avoirs.

SENTIMENTAL

Elle suggère qu'il pourrait y avoir des tensions et des désillusions dans ta relation. Il peut y avoir des secrets ou des mensonges qui viennent perturber ton couple. Ouvre la communication et exprime tes préoccupations. Des décisions difficiles seront certainement à prendre. Si tu es célibataire, cette carte peut indiquer que tu fais face à une déception concernant d'éventuelles attentes.

PROFESSIONNEL

Elle indique des problèmes de confiance ou de trahison dans le milieu du travail. Tu pourrais découvrir des comportements malhonnêtes ou être victime de manipulation. Sois vigilant·e et assure-toi de protéger tes intérêts. Il peut être nécessaire de revoir tes alliances et de t'entourer de personnes dignes de confiance.

BIEN-ÊTRE

Cette carte indique une période de confusion et de déception émotionnelle. Tu pourrais te sentir trahi·e par toi-même ou par les autres. Prends du recul pour te comprendre et te guérir. Cherche le soutien d'ami·e·s de confiance ou d'un·e professionnel·le si nécessaire.

SPIRITUEL

Elle invite à la prudence et à la méfiance envers les enseignements ou les pratiques spirituelles qui semblent trop beaux pour être vrais. Sois critique et fais confiance à ton intuition pour discerner ce qui est authentique. Prends le temps de te recentrer et de te connecter à ta propre sagesse intérieure.

Le conseil du Spiritualiste : la déception, c'est un peu comme un grand coup de pied aux fesses. Mon conseil est simple : lève-toi, secoue-toi et montre à la vie que tu n'es pas du genre à te laisser abattre ! Transforme cette déception en une motivation féroce. Les plus grands succès sont souvent précédés par les plus grands revers. La vie ne te décevra que si tu lui en laisses l'occasion.

31. PERTE *CARTES PLUTÔT NÉGATIVES*

MOTS-CLÉS

- ***SÉPARATION***
- ***MORT***
- ***FIN***

GÉNÉRAL

Cette carte suggère que tu pourrais traverser une période de chamboulements et de pertes dans différents aspects de ta vie. Cela peut inclure la perte d'une relation, d'un emploi… Fais preuve de résilience et garde espoir, en sachant que les périodes de perte font souvent place à de nouvelles opportunités.

FINANCIER

Elle suggère des difficultés et des pertes financières. Tu pourrais faire face à des dépenses imprévues, à des dettes ou à une diminution de tes revenus. Il est crucial d'établir un budget réaliste et de faire preuve de prudence dans tes dépenses.

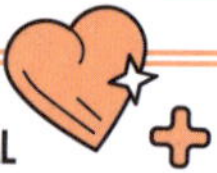

SENTIMENTAL

Elle indique des difficultés dans ta relation de couple. Tu pourrais faire face à des désaccords, des séparations temporaires ou même à une rupture définitive. Si tu es célibataire, elle indique que tu traverses une période de solitude et de déception amoureuse. Tu pourrais rencontrer des obstacles dans tes rencontres ou vivre des expériences de déceptions romantiques.

PROFESSIONNEL

Elle indique des difficultés et des pertes potentielles. Tu pourrais faire face à un licenciement, une réduction de salaire ou des changements significatifs dans ta carrière. Il est important de rester ouvert·e aux nouvelles opportunités et de développer de nouvelles compétences pour t'adapter à ces changements.

BIEN-ÊTRE

Cette carte indique une période de tristesse, de démotivation ou de déséquilibre émotionnel. Prends le temps de te soutenir et de t'entourer de personnes bienveillantes. Cherche des activités qui t'apportent du réconfort et de la joie. Considère cette période comme une opportunité de te recentrer sur toi-même.

SPIRITUEL

Elle t'invite à te connecter à la dimension plus profonde de toi-même pour trouver la force et l'espoir, dans les moments de perte. Explore des pratiques spirituelles qui t'aident à te recentrer et à trouver du réconfort. Sois ouvert·e à de nouvelles perspectives.

Le conseil du Spiritualiste : eh bien, la perte est comme cette chaussette que tu perds mystérieusement à chaque fois que tu fais une lessive. Tu ne sais jamais où elle va.
Alors je te conseille de considérer cette période comme une chasse au trésor. Qui sait ce que tu vas finir par retrouver ?
Une nouvelle opportunité, une leçon précieuse ou même cette satanée chaussette perdue. Garde le smile, après tout, la vie est pleine de surprises.
Tu sais, si l'Univers t'enlève quelque chose, c'est souvent pour faire de la place pour ce que tu désires réellement.

32. ÉPUISEMENT

CARTES PLUTÔT NÉGATIVES

MOTS-CLÉS

- ***FATIGUE***
- ***BURN-OUT***

GÉNÉRAL

Cette carte suggère que tu pourrais ressentir une grande fatigue et un manque d'énergie pour faire face aux exigences de la vie quotidienne. Prends du temps pour te reposer et te ressourcer. Écoute ton corps et ton esprit, accorde-toi des pauses régulières pour te revitaliser.

FINANCIER

Cette carte suggère que tu pourrais te sentir financièrement épuisé·e. Tu peux faire face à des difficultés financières, à des dépenses imprévues ou à une pression pour atteindre tes objectifs. Fais preuve de prudence dans tes dépenses, cherche des moyens de réduire le stress lié à l'argent.

SENTIMENTAL

Elle suggère que tu peux ressentir une fatigue émotionnelle dans ton couple. Les responsabilités et les défis peuvent peser sur ta connexion avec l'autre. Si tu es célibataire, tu peux te sentir désintéressé·e des relations amoureuses. Prends du recul et concentre-toi sur ton bien-être personnel avant de t'engager dans une relation.

PROFESSIONNEL

Elle indique que tu es probablement surchargé·e de travail et que tu te sens dépassé·e. Tu pourrais être confronté·e à un stress intense, à des délais serrés et à une pression excessive. Trouve un équilibre entre ton travail et ta vie personnelle. Priorise tes tâches, délègue si possible et n'oublie pas de faire des pauses.

BIEN-ÊTRE

Cette carte indique que tu dois prendre soin de toi et t'accorder du repos. Tu pourrais ressentir un épuisement physique et mental qui demande une attention particulière. Écoute ton corps et tes besoins, et pratique des activités qui t'apportent du calme et de la détente.

SPIRITUEL

Elle t'invite à ralentir, à méditer et à te connecter à ton essence intérieure. Prends le temps de te recentrer, de te ressourcer et de te connecter à ta spiritualité. Écoute ton intuition et trouve des moments de tranquillité pour te reconnecter à ton moi spirituel.

Le conseil du Spiritualiste : l'épuisement, c'est comme la batterie de ton téléphone qui est à 1 % de charge. Tu sais que tu es sur le point de te retrouver complètement à plat. Arrête de courir comme un hamster dans une roue et trouve une prise pour te recharger ! Prends soin de toi et ne laisse pas ton téléphone mourir avant d'avoir trouvé le chargeur.

33. ILLUSION CARTES PLUTÔT NÉGATIVES

MOTS-CLÉS

- ***CHIMÈRE***
- ***IDÉALISME***

GÉNÉRAL

Cette carte indique que tu peux être trompé·e par des apparences ou des idées fausses. Tu pourrais avoir du mal à voir les choses telles qu'elles sont réellement et être influencé·e par des illusions ou des mensonges. Fais preuve de discernement et cherche à voir les choses avec clarté.

FINANCIER

Cette carte met en garde contre les investissements ou les opportunités financières qui semblent trop belles pour être vraies. Méfie-toi des promesses de gains rapides ou des schémas d'enrichissement hâtifs qui pourraient s'avérer illusoires. Fais preuve de prudence dans tes décisions financières. Recherche des informations fiables et demande conseil si nécessaire.

SENTIMENTAL

Elle suggère que tu pourrais être pris·e dans une relation fondée sur des illusions ou des faux-semblants. Il peut y avoir des malentendus ou des mensonges qui créent une distorsion de la réalité dans ta relation. Célibataire, tu pourrais être attiré·e par des illusions ou des fantasmes dans tes rencontres amoureuses. Tu pourrais idéaliser une relation qui n'est pas réaliste. Sois conscient·e de tes propres attentes et de tes désirs.

PROFESSIONNEL

Elle indique que tu pourrais être victime de tromperies ou de fausses promesses dans ta carrière. Il peut y avoir des situations où les apparences sont trompeuses et où tu pourrais être induit·e en erreur. Sois prudent·e dans tes interactions professionnelles. Vérifie les informations que tu reçois et fais confiance à ton intuition. Cherche la vérité et la transparence dans ta carrière.

BIEN-ÊTRE

Elle indique que tu pourrais être influencé·e par des idées fausses ou des croyances limitantes qui nuisent à ton bien-être mental et émotionnel. Il est important de faire preuve d'autoréflexion, de remettre en question tes pensées et tes croyances, et de chercher la clarté et la vérité. Évite de te laisser emporter par des illusions ou des idées négatives qui t'empêchent d'avancer.

SPIRITUEL

Elle t'invite à remettre en question les croyances et les pratiques spirituelles qui peuvent être fondées sur des illusions ou des dogmes rigides. Cherche une spiritualité fondée sur l'authenticité, la clarté et l'ouverture d'esprit. Méfie-toi des enseignements ou des gourous qui prétendent détenir la seule vérité. Cultive ta propre connexion intérieure.

Le conseil du Spiritualiste : ah ! L'illusion, cette merveilleuse menteuse qui te promet monts et merveilles, mais qui ne t'apporte que déceptions et désillusions. Croire que tout est parfait et que tu peux obtenir ce que tu veux en un claquement de doigts, c'est comme croire au Père Noël à l'âge adulte. Alors arrête de te bercer d'illusions et commence à faire face à la réalité. La première étape sera d'arrêter de regarder Netflix et de sortir de ta grotte.

34. BLOCAGE

CARTES PLUTÔT NÉGATIVES

MOTS-CLÉS

- *IMPASSE*
- *ARRÊT*

GÉNÉRAL

Elle indique que tu pourrais faire face à des difficultés qui semblent te bloquer dans la vie. Cela peut être lié à des problèmes de communication, des retards ou des frustrations. Il est nécessaire de prendre du recul et de chercher à emprunter d'autres chemins.

FINANCIER

Elle indique des difficultés ou des obstructions dans la gestion de tes finances. Il peut y avoir des retards dans les paiements ou des barrages dans tes projets financiers. Sois prudent·e et prends des décisions éclairées pour traverser cette période creuse.

SENTIMENTAL

Cette carte peut indiquer une période de lassitude, de stagnation ou de tensions dans ta relation. Il peut y avoir des difficultés à communiquer ou à trouver un terrain d'entente. Tu pourrais traverser une période compliquée qui nécessitera une prise de décisions. Célibataire, tu pourrais faire face à une impasse dans ta recherche d'amour. Cela peut être un problème de compatibilité ou des difficultés à rencontrer de nouvelles personnes. Prends le temps de réfléchir à tes attentes.

PROFESSIONNEL

Cette carte suggère que tu pourrais rencontrer des freins ou des limitations dans ta carrière. Il peut y avoir des retards dans tes projets ou des problèmes relationnels avec tes collègues ou supérieurs. Cela indique la nécessité de revoir ta stratégie ou de chercher de nouvelles opportunités pour avancer.

BIEN-ÊTRE

Elle peut signaler une période de stagnation ou de frustration dans ton bien-être. Il est possible que tu te sentes bloqué·e dans tes efforts pour atteindre l'équilibre. Identifie les causes de ces barrages et cherche des moyens de les surmonter. Tu peux te mettre en quête de nouvelles activités qui t'aideront à retrouver ton énergie.

SPIRITUEL

Cette carte suggère que tu pourrais faire face à des obstructions ou à des doutes dans ta pratique spirituelle. Il est possible que tu te sentes bloqué·e dans ta croissance personnelle ou dans ta connexion avec tes mondes intérieur et extérieur. Il t'est conseillé de prendre le temps de la réflexion, méditer et te recentrer. Il est nécessaire de prendre du recul.

Le conseil du Spiritualiste : tu es dans une impasse ? Je te dirai seulement que si tu ne peux pas passer par la porte, essaie la fenêtre ! Qui a dit que les blocages empêchaient d'avancer ? Sois créatif·ve ! Si la vie te ferme une porte, ouvre une fenêtre et saute par-dessus ! Elle est fermée ? Alors essaie la cheminée.

35. DOUTE *CARTES PLUTÔT NÉGATIVES*

MOTS-CLÉS

- ***INCERTITUDE***
- ***QUESTIONNEMENT***

GÉNÉRAL

Elle indique que tu pourrais être confronté·e à des incertitudes ou des questionnements dans ta vie quotidienne. Tu pourrais te sentir indécis·e quant aux choix à faire ou aux décisions à prendre. Il est nécessaire de prendre du recul, d'écouter ton intuition et d'analyser les différentes options. Le doute peut être une opportunité d'explorer de nouvelles perspectives.

FINANCIER

Elle annonce que tu pourrais avoir des doutes concernant tes finances. Tu pourrais hésiter à prendre des risques ou à faire des investissements. On te suggère de ne pas prendre de décisions hâtives et de prendre du recul. Le calme apporte de la perspective. Peut-être te faudra-t-il prendre des décisions éclairées afin de te sortir de cette incertitude ?

SENTIMENTAL

Cette carte indique que tu pourrais nourrir certains doutes et embarras concernant ta relation. Tu pourrais remettre en question tes sentiments ou tes attentes. On te conseille d'ouvrir le dialogue et de crever l'abcès afin d'envisager des solutions pour retrouver l'équilibre. Célibataire, tu pourrais te demander si tu es prêt·e pour une relation ou si tu dois continuer à explorer tes options. Écoute ton intuition et tes besoins afin de te positionner.

PROFESSIONNEL

Cette carte indique que tu pourrais avoir des zones d'ombre ou des questionnements concernant ta carrière. Tu pourrais remettre en question tes choix professionnels ou te demander si tu es sur la bonne voie. Explore tes intérêts et fais des recherches au besoin. Le doute est une invitation à réévaluer tes objectifs professionnels.

BIEN-ÊTRE

Elle indique que tu pourrais avoir du mal à prendre soin de toi ou à prendre des décisions pour ton épanouissement. Sois à l'écoute de ton corps et de tes émotions. Il est nécessaire de prioriser tes besoins afin de retrouver un équilibre intérieur. Connecte-toi à ton moi profond et trouve des solutions adaptées à tes besoins.

SPIRITUEL

Elle suggère que tu pourrais remettre en question ta pratique spirituelle ou tes croyances. Tu pourrais être amené·e à revoir tes convictions ou à te demander quelle est ta véritable voie spirituelle. Explore différentes philosophies, médite et prends du recul si nécessaire. Ces périodes de remise en question sont essentielles pour approfondir ta spiritualité et pour te permettre de grandir.

Le conseil du Spiritualiste : les doutes font partie de la vie et il est normal d'en avoir. C'est comme ça que l'on évolue. Pour autant, ne les laisse pas te paralyser. Au lieu de te laisser envahir par l'incertitude, prends du recul et analyse la situation de manière rationnelle. Mais n'oublie pas, il n'y a pas de réponse parfaite. Écoute-toi et tranche une bonne fois pour toutes. Il n'y a pas de mauvais choix. Et puis bon, les doutes ne sont que des pensées, pas des faits incontournables.

36. PEUR *CARTES PLUTÔT NÉGATIVES*

MOTS-CLÉS

- ***ANXIÉTÉ***
- ***PESSIMISME***

GÉNÉRAL

Cette carte indique que des craintes et des inquiétudes peuvent être présentes dans ta vie actuelle. Tu pourrais ressentir de l'anxiété face à des situations ou des défis que tu dois affronter. Il est essentiel d'identifier la source de ces peurs afin de les surmonter pour avancer.

FINANCIER

Elle signifie que tu te sens inquiet·ète ou stressé·e concernant tes finances. Tu pourrais avoir des craintes quant à ta sécurité financière ou à ta capacité à gérer tes dépenses. Il est important de faire face à ces peurs en établissant un plan financier solide et en demandant de l'aide si nécessaire.

SENTIMENTAL

Cette carte peut refléter des tensions ou des préoccupations dans ta relation. Tu pourrais t'inquiéter de l'avenir de ton couple ou craindre des conflits. La communication ouverte sera la clé pour surmonter cette période. Si tu es célibataire, elle indique des appréhensions ou des doutes concernant tes rencontres amoureuses. Tu pourrais craindre d'être blessé·e ou de faire les mauvais choix. Prends le temps de te comprendre, ces peurs indiquent ce qui doit être travaillé.

PROFESSIONNEL

Elle peut indiquer que tu te sens incertain·e ou inquiet·ète par rapport à ta carrière. Tu pourrais craindre de prendre des risques ou de te lancer dans de nouvelles opportunités. Fais face à ces peurs et trouve des moyens de te sentir plus confiant·e dans ton travail.

BIEN-ÊTRE

Elle indique que tu ressens de l'anxiété ou du stress qui affectent ton bien-être physique et émotionnel. Il est important de prendre soin de toi en trouvant des moyens de gérer tes angoisses, comme la méditation ou l'exercice physique. Trouve un défouloir.

SPIRITUEL

Elle suggère que tu as des préoccupations ou des doutes quant à ta connexion spirituelle. Tu pourrais craindre de ne pas être sur la bonne voie ou de ne pas comprendre pleinement ton cheminement. Ouvre-toi à de nouvelles expériences spirituelles et cherche des réponses à travers diverses pratiques, comme la méditation.

Le conseil du Spiritualiste : la prochaine fois que la peur se pointe, fais-lui face avec un sourire narquois et rappelle-lui qu'elle peut venir te chatouiller les orteils, mais qu'elle ne te fera pas tomber.
Souviens-toi que la peur n'a de pouvoir que si tu lui en donnes. Alors laisse-la danser seule sur la piste pendant que toi tu profites de la fête de la vie !

37. RÉSISTANCE

CARTES PLUTÔT NÉGATIVES

MOTS-CLÉS

- ***DÉSOBÉISSANCE***
- ***RÉBELLION***

GÉNÉRAL

Elle indique que tu peux ressentir un fort sentiment de désobéissance ou de rébellion dans ta vie. Tu pourrais être enclin·e à remettre en question les normes établies ou à résister aux autorités. Trouve un équilibre entre ton besoin de liberté et le respect des règles sociales pour éviter tout conflit inutile.

FINANCIER

Elle annonce que tu peux être tenté·e de transgresser les règles ou les conseils financiers donnés. Tu peux être attiré·e par des investissements risqués ou par des opportunités non conventionnelles. Fais preuve de prudence et de bon sens dans la prise de décisions financières, cela évitera d'éventuelles conséquences négatives.

SENTIMENTAL

Cette carte peut refléter des tensions ou des désaccords entre ton·ta partenaire et toi. Tu pourrais être tenté·e de manquer aux attentes ou aux normes de la relation, ce qui peut entraîner des conflits. Célibataire, tu es réticent·e à te conformer aux attentes ou aux normes sociales en matière de rencontres amoureuses. Écoute ton intuition et trouve un équilibre entre tes attentes et la réalité des choses.

PROFESSIONNEL

Elle suggère que tu peux faire preuve d'une certaine forme de révolte ou de résistance vis-à-vis de ton travail ou de tes supérieurs. Tu pourrais remettre en question les méthodes et règles établies, ou chercher à innover de manière non conventionnelle. Canalise cette énergie afin de trouver des solutions qui allient créativité et respect.

BIEN-ÊTRE

Elle indique que tu peux résister aux conseils ou aux méthodes traditionnelles de maintien de la santé. Tu pourrais être attiré·e par des approches alternatives pour prendre soin de toi. Veille à garder l'équilibre dans l'expérimentation de nouvelles pratiques.

SPIRITUEL

Elle suggère que tu peux être enclin·e à défier les dogmes religieux ou les croyances traditionnelles. Tu pourrais chercher ta propre voie spirituelle en dehors des sentiers battus. Veille à rester ouvert·e d'esprit et à cultiver le respect des croyances d'autrui.

Le conseil du Spiritualiste : cher·ère rebelle, souviens-toi que la résistance peut être une force puissante, mais choisis bien tes batailles. Demande-toi si ça vaut la peine de te battre pour obtenir cette nouveauté chez Kiko. Garde ta rébellion pour des causes qui en valent vraiment la peine, et tant pis pour le nouveau mascara de chez Fenty.

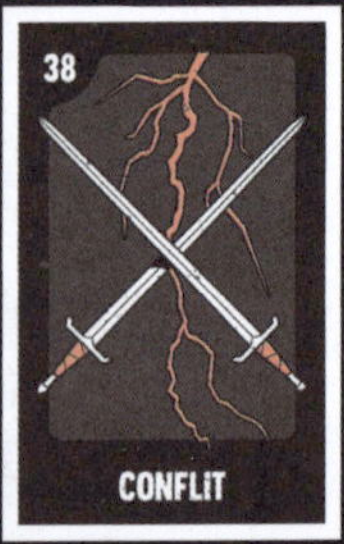
38
CONFLIT

39
CHAOS

40
ÉCHEC

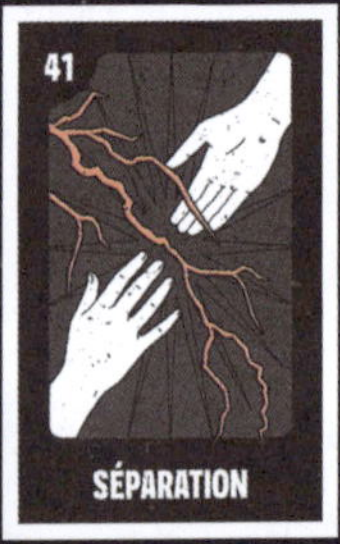
41
SÉPARATION

42
CONFRONTATION

SIGNIFICATION DES CARTES
TRÈS NÉGATIVES

38. CONFLIT 141
39. CHAOS 144
40. ÉCHEC 147
41. SÉPARATION 150
42. CONFRONTATION 153

38. CONFLIT *CARTES TRÈS NÉGATIVES*

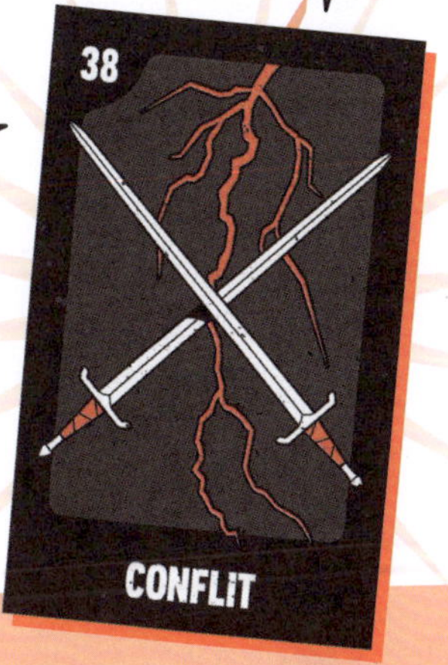

MOTS-CLÉS

- ***DÉSACCORD***
- ***TENSIONS***

GÉNÉRAL

Elle indique la présence d'oppositions et de tensions dans ta vie actuelle. Tu pourrais faire face à des différends, des disputes ou des rivalités. Tente d'aborder ces problèmes avec patience et de chercher des solutions pour résoudre les conflits.

FINANCIER

Cette carte indique des heurts ou des tensions liés à l'argent. Tu pourrais rencontrer des problèmes avec des partenaires financiers, des litiges ou des difficultés dans la gestion de tes finances. Il est important de faire preuve de prudence et de trouver des solutions équitables pour résoudre ces conflits financiers.

SENTIMENTAL

Cette carte indique des oppositions ou des désaccords dans ta relation. Tu fais face à des différences d'opinions, des disputes récurrentes ou des problèmes de communication. Si tu es célibataire, tu es confronté·e à des obstacles ou des désaccords dans tes rencontres. Tu pourrais faire la connaissance de personnes avec lesquelles tu as du mal à t'entendre ou à établir une connexion.

PROFESSIONNEL

Elle suggère qu'il peut y avoir des luttes au travail. Tu pourrais rencontrer des problèmes de communication, des divergences d'opinions ou des rivalités avec tes collègues. Il est crucial de trouver des compromis et de chercher des moyens de résoudre ces conflits, pour maintenir un environnement de travail harmonieux.

BIEN-ÊTRE

Elle suggère que tu pourrais ressentir des frictions ou des luttes internes. Tu fais face à des déséquilibres émotionnels, des conflits intérieurs ou des difficultés à prendre soin de toi-même.

SPIRITUEL

Elle indique des crises ou des troubles dans ton cheminement spirituel. Tu pourrais te sentir en conflit avec tes croyances, avoir du mal à trouver ta voie ou rencontrer des obstacles dans ta spiritualité. Reste ouvert·e d'esprit et continue à explorer différentes voies pour trouver celle qui résonne le mieux en toi.

Le conseil du Spiritualiste : si tu te retrouves au milieu d'une lutte, rappelle-toi que l'humour est souvent la meilleure arme. Désamorce le malaise en lançant une blague bien placée. Qui sait, peut-être que tout le monde se mettra à rire ! Sinon, contacte-moi, j'ai un bon code promo sur les pelles.

39. CHAOS CARTES TRÈS NÉGATIVES

MOTS-CLÉS

- *ANARCHIE*
- *DÉSORDRE*

GÉNÉRAL

Cette carte indique une période de grande confusion et de désordre dans ta vie. Tu pourrais te sentir dépassé·e par les événements, avoir du mal à trouver une direction claire et ressentir une grande instabilité.

FINANCIER

Cette carte indique des difficultés et de l'instabilité. Tu pourrais faire face à des problèmes d'argent ou des imprévus financiers. Il t'est conseillé de gérer tes finances avec prudence, de créer un plan financier solide et de chercher des moyens de stabiliser ton porte-monnaie.

SENTIMENTAL

Cette carte indique des turbulences et de l'instabilité dans ta relation. Tu pourrais faire face à des grosses disputes ou à des désaccords majeurs, voire à une séparation. Célibataire, tu traverses un chaos émotionnel. Tu pourrais te sentir déboussolé·e et avoir du mal à trouver une connexion stable avec quelqu'un.

PROFESSIONNEL

Elle suggère qu'il peut y avoir une situation chaotique au travail. Tu pourrais rencontrer des conflits, des changements inattendus ou des difficultés dans la gestion de tes responsabilités. Trouve des moyens de ramener de l'ordre dans ton environnement professionnel.

BIEN-ÊTRE

Elle suggère que tu pourrais ressentir du désordre émotionnel et mental. Tu pourrais faire face à des difficultés à te concentrer, à gérer tes émotions ou à maintenir un équilibre. Veille à prendre du recul afin d'éviter des conséquences négatives.

SPIRITUEL

Elle indique une période de confusion et d'incertitude concernant ta spiritualité. Tu peux te sentir perdu·e, avoir du mal à trouver une connexion spirituelle ou te questionner sur tes croyances. Prends le temps de te recentrer.

Le conseil du Spiritualiste : quand le chaos débarque dans ta vie, imagine que tu es le réalisateur d'un film d'action déjanté. Transforme chaque obstacle en une scène épique ! Saute par-dessus les problèmes, esquive les imprévus comme un ninja et résous les conflits avec des répliques dignes de Hollywood. Bah quoi ? Si la vie est un film, autant en faire une production à la *Hunger Games*. Et... ACTION !

40. ÉCHEC *CARTES TRÈS NÉGATIVES*

MOTS-CLÉS

- ***DÉFAITE***
- ***INSUCCÈS***

GÉNÉRAL

Elle indique qu'il peut y avoir des obstacles ou des difficultés dans ta vie actuelle. Tu pourrais faire face à des échecs ou des revers. Cependant, garde à l'esprit que les échecs sont des opportunités d'apprentissage et de croissance. C'est en tombant que l'on apprend à se relever.

FINANCIER

Cette carte indique des pertes financières, des investissements infructueux ou des obstacles qui entravent ta situation financière. Prends du recul afin de revoir ta stratégie et cherche des solutions alternatives pour surmonter cette période creuse.

SENTIMENTAL

Cette carte indique des problèmes de communication, des désaccords ou des conflits qui peuvent conduire à des échecs dans ta relation. Ouvre le dialogue, travaille sur la compréhension mutuelle et prends des décisions importantes. Si tu es célibataire, tu éprouves des difficultés à rencontrer quelqu'un ou tu essuies une série de déceptions amoureuses. Peut-être est-il temps de te refocaliser sur toi-même. Veille pour autant à ne pas te fermer totalement aux rencontres.

PROFESSIONNEL

Elle signale des projets qui ne se déroulent pas comme prévu ou des objectifs qui ne sont pas atteints. Cela peut représenter des difficultés au travail, des revers dans ta carrière ou des échecs dans tes projets professionnels. Persévère, apprends de ces défaites et recommence.

BIEN-ÊTRE

Elle indique des moments de découragement, d'insatisfaction ou de manque de motivation. Cela peut être lié à des objectifs de santé ou de bien-être non atteints. Ne te laisse pas abattre par ces échecs et cherche des moyens de te remotiver et de retrouver une harmonie intérieure.

SPIRITUEL

Elle indique des difficultés ou des blocages dans ton cheminement. Cela peut se manifester par des doutes, des déceptions ou des désillusions dans ta spiritualité. Reste ouvert·e à de nouvelles perspectives. La résilience et la persévérance sont essentielles dans ta quête spirituelle.

Le conseil du Spiritualiste : tu sais, la vie n'est pas toujours un succès à la première tentative, mais cela ne veut pas pour autant dire que tu dois abandonner. Vois cette carte comme ton pire date ; c'est peut-être décevant, oui, mais cela ne veut pas dire renoncer à l'amour ; tu es d'accord ?
Alors ne vois pas ça comme un échec, mais comme une occasion de faire mieux. Allez, debout ! La vie est un terrain de jeu, pas une compétition.

41. SÉPARATION

CARTES TRÈS NÉGATIVES

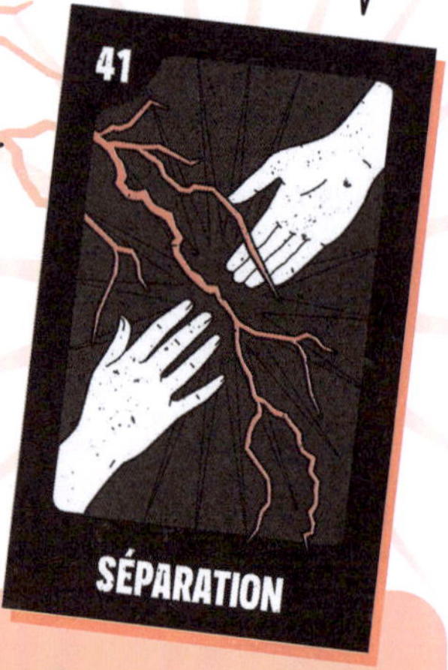

MOTS-CLÉS

- ***RUPTURE***
- ***FIN DE CYCLE***

GÉNÉRAL

Elle indique qu'il va y avoir des changements majeurs dans ta vie. Cela peut signifier la fin d'une situation, d'une relation ou d'un projet. Même si cela est difficile à accepter, il est important de comprendre que la séparation peut ouvrir à de la nouveauté.

FINANCIER

Cette carte indique des pertes financières importantes ou une division de biens. Cela peut être dû à une rupture commerciale, à des dépenses imprévues ou à des investissements qui ne se sont pas avérés fructueux. Mets en place des mesures d'économie pour rebondir.

SENTIMENTAL

Cette carte indique un éloignement ou la fin d'une relation. Cela peut être le résultat de divergences d'opinions ou de conflits. Célibataire, elle indique une période de solitude ou de célibat après une rupture amoureuse. Cette période peut être difficile émotionnellement, mais c'est aussi une opportunité de te recentrer sur toi-même.

PROFESSIONNEL

Elle signale une séparation avec un emploi, un partenariat ou une entreprise. Cela peut représenter une perte de travail, un licenciement ou des désaccords qui conduisent à la fin d'une collaboration. Utilise cette finalité pour réévaluer tes objectifs professionnels.

BIEN-ÊTRE

Elle indique une période de stress, de tristesse ou de confusion. La fin d'un cycle peut provoquer des émotions intenses. Il est essentiel de prendre soin de toi, de t'entourer de soutiens favorisant ton bien-être émotionnel et mental.

SPIRITUEL

Elle indique une altération avec une croyance ou une pratique spirituelle. Cela peut être une période de remise en question et de recherche de nouvelles voies spirituelles. Utilise cette séparation comme une opportunité pour explorer différentes philosophies et pratiques qui résonnent en toi.

Le conseil du Spiritualiste : tu sais, l'Univers ne t'enlève pas des personnes de ta vie pour rien. J'aime dire que c'est parce qu'il a entendu des conversations que toi tu n'as pas écoutées. Vois ça comme un changement de décoration : pour accueillir les nouveaux meubles, il faut d'abord virer les anciens.

42. CONFRONTATION

CARTES TRÈS NÉGATIVES

MOTS-CLÉS

- ***OPPOSITION***
- ***RIVALITÉ***

GÉNÉRAL

Elle représente le besoin de faire face à des défis ou des situations difficiles. Elle indique qu'il est temps d'affronter directement les problèmes plutôt que de les éviter. Cette carte t'encourage à établir des limites claires et à faire preuve de détermination face aux obstacles.

FINANCIER

Cette carte indique des oppositions ou des litiges concernant l'argent. Il est important de rester vigilant·e envers tes transactions financières et de chercher des solutions équitables en cas de conflit. La prudence t'aidera à éviter les situations financières difficiles.

SENTIMENTAL

Cette carte indique des désaccords ou des luttes avec ton·ta partenaire. Écoute et comprends le point de vue de chacun·e, tout en cherchant des compromis. Célibataire, il se peut qu'il y ait des heurts dans tes rencontres amoureuses. Sois attentif·ve aux signes de tension et cherche des personnes qui favorisent une communication saine et harmonieuse.

PROFESSIONNEL

Elle suggère qu'il peut y avoir des désaccords ou des tensions avec tes collègues ou tes supérieurs. Il est essentiel de rester professionnel·le et de chercher des compromis pour éviter que la situation ne s'aggrave.

BIEN-ÊTRE

Elle suggère que les tensions et les altercations peuvent avoir un impact négatif sur ton équilibre émotionnel. Trouve des moyens de gérer le stress et de prendre soin de toi. La méditation, le sport ou les activités créatives peuvent t'aider à surmonter ces difficultés.

SPIRITUEL

Elle indique des désaccords ou des combats dans ton cheminement spirituel. Veille à rester ouvert·e d'esprit et à respecter les croyances des autres. Personne ne détient LA vérité, même pas toi. La recherche de paix intérieure et de l'harmonie spirituelle peut t'aider à traverser ces périodes de tensions.

Le conseil du Spiritualiste : si tu veux une confrontation réussie, rappelle-toi que le silence est d'or…
Mais si l'autre personne parle trop,
tu peux toujours lui demander si elle vend des billets pour son spectacle !

LE MOT DE LA FIN

Et voilà, nous arrivons à la fin de cette petite aventure avec l'oracle *Franc-jeu* ! J'espère que tu as apprécié son style direct, sans chichis et plein d'humour. C'est un compagnon divinatoire qui ne se prend pas au sérieux et qui aime te bousculer gentiment pour t'aider à voir les choses sous un nouvel angle.

Que tu aies posé des questions sérieuses ou farfelues, cet oracle a toujours été là pour t'offrir des réponses franches et percutantes. Il t'a peut-être fait rire, réfléchir, ou t'a même surpris·e avec ses révélations inattendues. Mais finalement, il te guide et t'encourage à prendre la vie avec légèreté.

Alors n'oublie pas de garder cette touche de fun et de franchise dans ton quotidien. L'oracle *Franc-jeu* est un outil qui est conçu pour t'accompagner chaque jour. À toi d'adapter son utilisation selon tes besoins et tes croyances ; il convient à tout le monde. Aussi, veille à ne pas le laisser prendre la poussière, car il a son caractère !

Allez, continue à explorer le monde merveilleux et tranchant de l'oracle *Franc-jeu* et rappelle-toi : **la vie est un terrain de jeu, alors autant la vivre avec le sourire !**

58, rue Jean-Bleuzen – 92178 Vanves cedex

Préparation de copie : Clémentine Sanchez
Principe de maquette et mise en pages : Studio Pekelo
Illustrations et réalisation des cartes : Nicolas Galkowski
Fabrication : Anne-Laure Soyez

Dépôt légal : avril 2025
ISBN : 978-2-01-726734-8
83-9534-1

Imprimé en Chine

Pour Felicia, Amélia, Marion et Vincent.

Merci à Marc ainsi qu'à toutes les personnes ayant travaillé
de près ou de loin sur ce projet.

Merci également à Séverine pour son écoute et sa confiance
ainsi qu'à Nicolas pour avoir capté et réalisé
les illustrations que j'imaginais.